运动及锻炼心理学理论与实践

刘靖东　主编

Sport and Exercise Psychology Theory and Practice

·广州·

版权所有　翻印必究

图书在版编目（CIP）数据

运动及锻炼心理学理论与实践 / 刘靖东主编. -- 广州：中山大学出版社，2024.10. -- ISBN 978-7-306-08161-2

Ⅰ．G806；G804.8

中国国家版本馆CIP数据核字第2024DX1083号

YUNDONG JI DUANLIAN XINLIXUE LILUN YU SHIJIAN

| 出 版 人：王天琪
| 策划编辑：王旭红
| 责任编辑：王旭红
| 封面设计：林绵华
| 责任校对：杜　遥
| 责任技编：靳晓虹
| 出版发行：中山大学出版社
| 电　　话：编辑部 020-84111997，84113349，84111946，84110779
|　　　　　发行部 020-84111998，84111981，84111160
| 地　　址：广州市新港西路135号
| 邮　　编：510275　传　真：020-84036565
| 网　　址：http：//www.zsup.com.cn　E-mail：zdcbs@mail.sysu.edu.cn
| 印 刷 者：广州一龙印刷有限公司
| 规　　格：787mm×1092mm　1/16　24.5印张　596千字
| 版次印次：2024年10月第1版　2024年10月第1次印刷
| 定　　价：88.00元

如发现本书因印装质量影响阅读，请与出版社发行部联系调换

本书编委会

主　　编　刘靖东（中山大学）

副主编　梁　崴（深圳大学）　张书歌（英国德比大学）

编　　委　（按姓氏拼音排序）

　　　　　　卜丹冉（湖北大学）

　　　　　　尚博睿（河北体育学院）

　　　　　　苏　宁（深圳大学）

　　　　　　王丹丹（广东省二沙体育训练中心）

　　　　　　王　远（广州体育职业技术学院）

　　　　　　张　茹（华南师范大学）

　　　　　　赵大亮（广州体育学院）

前　言

　　运动及锻炼心理学是对个体在运动和锻炼情景下的心理和行为进行研究的学科。其目的在于：第一，理解心理因素如何对个体的行为表现产生影响；第二，理解运动和锻炼活动如何对个体的心理发展和健康产生影响。在过去二十年，运动及锻炼心理学相关理论更新迭代，相关研究成果数量显著增加，进而促进了运动及锻炼心理学应用实践工作的蓬勃发展。作为一门应用学科，如何让运动及锻炼心理学相关理论和前沿研究成果，有效指导和应用于实践工作一直是该学科发展和完善的重中之重。与已有运动及锻炼心理学类教材不同，《运动及锻炼心理学理论与实践》选取在应用实践工作中突出的重要议题进行介绍，侧重于理论与实践的联系。在大部分章节中，我们通过案例呈现的方式提出相关议题，通过对相关概念、理论以及前沿研究成果的介绍，过渡到对案例的分析，并提出实践建议。同时，对相关议题可能涉及的主要测量工具进行汇总，使得教材更具可读性、实用性和可操作性。尽管目前国内已有一些运动及锻炼心理学相关教材，但我们依然抱持对该领域积极更新和不断完善的想法，积极开展此教材的编写，以期学生可以从中汲取更具时效性、应用性和可操作性的知识。

　　《运动及锻炼心理学理论与实践》教材主要有两个特点：一是基础性与前沿性相结合，我们既重视对运动及锻炼心理学领域的基础知识和相关理论的介绍，也重视将近年来本领域内相关议题的新成果有选择地纳入教材；二是理论性与实践性相结合，通过案例描述相关现象和问题，引出对相关理论的介绍和阐释，以及将理论应用于实践的方法与思路，最后落脚于为具体案例提供解决方法和建议。

　　本教材由中山大学体育部刘靖东博士担任主编，深圳大学体育学院梁崴博士和英国德比大学张书歌博士担任副主编。本教材主要由运动心理学和锻炼心理学两方面构成。第一章至第八章主要与运动心理学议题有关，第九章至第十二章主要与锻炼心理学议题有关。各章具体执笔人如下：第一章，刘靖东（中山大学）；第二章，张书歌（英国德比大学）；第三章，王远（广州体育职业技术学院）、卜丹冉（湖北大学）；第四章，苏宁（深圳大学）；第五章，赵大亮（广州体育学院）；第六章，张书歌（英国德比大学）；第七章，卜丹冉（湖北大学）；第八章，王丹丹（广东省二沙体育训练中心）；第九章、第十章，梁崴（深圳大学）；第十一章，尚博睿（河北体育学院）；

第十二章，张茹（华南师范大学）。全书最终由刘靖东博士负责统稿并定稿。

  本教材的编写历时三年，最终能够正式出版得益于多位同仁和老师的大力支持。在编写过程中，我们数易其稿，各位执笔者辛勤付出、笔耕不辍，在此表示衷心感谢！本教材由中山大学研究生院重点发展项目（综合改革专项）资助完成，特别感谢中山大学体育部张新萍教授对本教材编写的大力支持。感谢中山大学出版社王旭红等编辑老师的辛勤付出和细致把关，确保本教材顺利付梓。在教材的编写过程中，我们参考了多种国内外相关教材书籍和前沿文献，在此也向这些作者表示敬意和感恩！

  在编写《运动及锻炼心理学理论与实践》的过程中，我们虽秉持贯彻科学性、应用性、前沿性、可读性等原则，但本教材中仍难免存在疏漏和不足之处，敬请专家学者及读者不吝指正。

刘靖东

2024 年 1 月

目　录

第一部分　运动心理学 ··· 1

第一章　动机 ··· 2

第一节　案例 ··· 2
第二节　动机理论 ··· 3
第三节　实践应用 ·· 17
第四节　测量工具 ·· 26
本章小结 ·· 30
思考问题 ·· 30

第二章　竞技运动中的人格与个性化差异 ·························· 31

第一节　案例 ·· 31
第二节　人格的概念与理论 ·· 32
第三节　竞技运动中的传统人格研究 ································ 45
第四节　实践应用 ·· 50
本章小结 ·· 53
思考问题 ·· 53

第三章　注意 ·· 54

第一节　案例 ·· 54
第二节　注意的概述 ··· 57
第三节　注意理论和模型 ·· 60
第四节　实践应用 ·· 65
本章小结 ·· 73
思考问题 ·· 73

第四章 应激与焦虑 …… 74

- 第一节 案例 …… 74
- 第二节 应激与焦虑的相关概念 …… 75
- 第三节 应激与焦虑的相关理论 …… 78
- 第四节 实践应用 …… 81
- 第五节 应激与焦虑的测量 …… 89
- 本章小结 …… 90
- 思考问题 …… 90

第五章 心理技能训练 …… 91

- 第一节 案例 …… 91
- 第二节 心理技能训练概述与应用 …… 92
- 本章小结 …… 118
- 思考问题 …… 118

第六章 运动情景中的人际互动 …… 119

- 第一节 案例 …… 119
- 第二节 运动队内的冲突 …… 120
- 第三节 运动员－教练员关系 …… 123
- 第四节 运动情景中的社会支持 …… 129
- 第五节 运动情景下人际互动的其他评价指标 …… 131
- 第六节 测量工具 …… 134
- 本章小结 …… 135
- 思考问题 …… 135

第七章 运动员心理健康 …… 136

- 第一节 案例 …… 136
- 第二节 心理健康相关概念和理论 …… 137
- 第三节 运动员心理健康问题和风险因素 …… 139
- 第四节 筛查与评估 …… 145
- 第五节 实践应用 …… 148
- 本章小结 …… 152
- 思考问题 …… 152

第八章　运动心理咨询职业伦理操守 ……………………………………… 153
第一节　案例 …………………………………………………………… 153
第二节　运动心理咨询师实践伦理规范 ……………………………… 154
第三节　中国运动心理咨询工作中的常见伦理问题 ………………… 164
本章小结 ………………………………………………………………… 166
思考问题 ………………………………………………………………… 167

第二部分　锻炼心理学 ……………………………………………………… 169

第九章　身体活动的心理效益 …………………………………………… 170
第一节　身体活动相关概念介绍与活动标准推荐 …………………… 170
第二节　身体活动对情绪的积极影响 ………………………………… 176
第三节　身体活动与认知功能 ………………………………………… 178
第四节　身体活动与心理健康 ………………………………………… 183
第五节　身体活动的其他心理效益 …………………………………… 186
第六节　身体活动的心理效益机制 …………………………………… 188
本章小结 ………………………………………………………………… 190
思考问题 ………………………………………………………………… 190

第十章　影响锻炼行为的因素及相关理论 ……………………………… 191
第一节　影响锻炼行为的因素 ………………………………………… 191
第二节　锻炼行为改变的相关理论 …………………………………… 193
本章小结 ………………………………………………………………… 210
思考问题 ………………………………………………………………… 211

第十一章　促进锻炼行为的心理学手段 ………………………………… 212
第一节　心理学理论的应用示例 ……………………………………… 212
第二节　干预模式的选择 ……………………………………………… 219
第三节　促进锻炼行为的心理学干预简要流程 ……………………… 222
本章小结 ………………………………………………………………… 224
思考问题 ………………………………………………………………… 224

第十二章　环境构成与身体活动 225
第一节　社会生态学理论简述 225
第二节　基于社会生态学理论促进身体活动的研究进展 231
第三节　建成环境的测量方法 236
第四节　展望 238
本章小结 240
思考问题 240

参考文献 243

附　录 297

- 附录1-1　运动领域任务和自我取向问卷（TEOSQ） 298
- 附录1-2　2×2成就目标问卷-运动领域（AGQ-S） 299
- 附录1-3　运动行为调节问卷（BRSQ-6） 300
- 附录1-4　运动动机量表-2（SMS-Ⅱ） 302
- 附录1-5　运动领域知觉激励氛围问卷-2（PMCSQ-2） 303
- 附录1-6　教练员赋权去权激励氛围问卷（EDMCQ-C） 305
- 附录1-7　教练员需求支持执教风格量表（修订版） 308
- 附录1-8　控制执教行为量表（CCBS） 309
- 附录1-9　心理需求满足与阻碍量表 310
- 附录1-10　运动员基本心理需求满足量表（修订版） 311
- 附录1-11　运动员基本心理需求阻碍量表（修订版） 312
- 附录1-12　运动员训练投入量表 313
- 附录1-13　运动员倦怠问卷（ABQ） 315
- 附录4-1　运动员应激量表 317
- 附录4-2　竞赛状态焦虑问卷-2（CSAI-2） 319
- 附录5-1　动作表象问卷-修订版（MIQ-R） 321
- 附录5-2　动作表象生动性问卷-2（VMIQ-2） 323
- 附录5-3　运动表象问卷（SIQ） 324
- 附录5-4　自我谈话使用问卷（STUQ） 327
- 附录5-5　自我谈话问卷（S-TQ） 329
- 附录5-6　自我谈话功能问卷（FSTQ） 330

附录 5-7	A. 简单运动表现概况（SPP）	332
	B. 目标设置网格（我的目标）	332
	C. 运动表现剖面环（PPC）	333
附录 5-8	五因素正念问卷（FFMQ）	333
附录 6-1	组内冲突量表（Intragroup Conflict Scale）	335
附录 6-2	教练员-运动员关系问卷（CART-Q）	336
附录 6-3	运动感知支持问卷（PASS-Q）	337
附录 6-4	团队感知社会支持问卷（TASS-Q）	338
附录 6-5	社会支持行为量表（ISSB）	339
附录 6-6	多维运动团队协作量表（MATS）	341
附录 7-1	运动领域心理健康识别工具 1（SMHRT-1）	346
附录 7-2	运动员心理压力问卷（APSQ）	347
附录 7-3	病人健康问卷-9（PHQ-9）	348
附录 7-4	广泛焦虑障碍量表-7（GAD-7）	349
附录 7-5	运动员睡眠筛查问卷（ASSQ）	350
附录 7-6	酒精使用障碍识别测试（AUDIT-C）	352
附录 7-7	减药、因批评而恼怒、内疚感和含有药物的助醒物问卷（CAGE-AID）	353
附录 7-8	运动员简明进食障碍问卷（BEDA-Q）	355
附录 7-9	心理健康连续体问卷（简版）（MHC-SF）	356
附录 7-10	运动心理健康连续体问卷（简版）（Sport MHC-SF）	358
附录 11-1	国际身体活动问卷（简版）	360
附录 11-2	锻炼行为变化相关的社会认知因素"阶段问卷"	361
	风险感知问卷	361
	态度问卷	362
	意向问卷	363
	自我效能问卷	364
	计划问卷	365
	行为控制问卷	366
	习惯强度问卷	367
	锻炼身份认同问卷	367
	社会支持问卷	368
附录 12-1	社区环境可步行性量表（NEWS）	370
附录 12-2	社区环境可步行性量表（简版）（NEWS-A）	375

第一部分　运动心理学

第一章 动机

本章导读

动机是人类行为的动力因素,是理解和解释个体行为质量和情感体验的重要角度。因此,动机一直以来都是心理学和行为科学持续关注的重要议题。在竞技体育领域,运动员的运动动机对其训练质量和竞技表现具有直接影响。本章第一节呈现两个案例,分别描述了两名运动员在运动生涯不同阶段的运动训练行为状态和其背后的原因。本章第二节主要介绍了动机的相关概念以及在运动领域被广泛使用的动机理论(驱力理论、期望理论、逆转理论、成就目标理论、归因理论、自我决定理论)。同时,针对案例,从不同动机理论视角加以分析、解释和评述。本章第三节主要关注动机的实践应用,基于相关动机理论和已有研究成果,介绍了可供运动员和实践工作者用于有效促进运动员动机水平的策略和方法。最后,本章第四节介绍了可用于有效测量和评估动机及其相关概念的工具,以期为读者的实践和科研工作提供参考。

第一节 案例

运动员A:我是在读小学的时候,体校教练去学校选材时把我选上的。当时从来没有接触过这个项目,一点概念都没有,去试了一下,感觉还可以,关键是当时读书也不行,家里觉得职业运动员是条出路,就去了体校。我对这个项目一直没有形成兴趣,也谈不上喜爱,只是当一份工作在做。刚开始的时候,我进步比较快,而且年龄比较小,想法比较少,目标也挺清晰的——要进省队,然后转正,再进国家队,像其他师兄师姐一样,代表国家出去打比赛,为国增光。后来,我虽然进入省队,也转正了,但随着年龄的增长,进步开始缓慢下来,后面的很多新人进步又很快,导致自己基本上总是回头看,所以目标也不那么清晰了,特别是成绩上没有突破的时候,个人的压力越来越大。达不到教练的要求,教练一开始会训斥和惩罚,之后则冷言冷语,现在对我的关注也越来越少了。而我总觉得自己像是被一辆车在前面拉着走,必须紧紧地跟着跑,一刻也不敢放松,总担心稍微一放松就可能会"摔倒"。我每天都感觉很辛苦，非常不喜欢这种感觉。我的头脑中反复出现一个疑问："我干啥要天天这么辛苦地训练，过得这么累呢？"我经常会有放弃的想法，但身边的人（父母、朋友）都建议我继续坚持下去。为了不让他们失望，我只能继续下去，但总是无法调动自己。

运动员 B：我小时候身体不太好，总生病。由于我喜欢玩水，妈妈就给我报了一个游泳兴趣班。通常都是放学后，父母直接送我去游泳，每周三四次。我很快就学会了游泳，之后一段时间不那么容易生病了，我也开始对游泳产生了兴趣。业余体校的队员也在那个地方训练，教练觉得我是块游泳的料，就跟我妈妈商量有没有兴趣让我跟着业余体校的队员一起训练。然后，我就跟着业余体校的孩子开始了相对正规一点的训练，比游泳班要累一些，但进步很快，过程中我也很开心。后来业余体校的教练问是否愿意去市体校训练，他可以推荐，未来可以往游泳这个方向发展。当时我的学习成绩一直挺好的，家里有些犹豫，就问我的想法。我觉得游泳挺有意思的，而且游泳让我越来越自信，于是我决定去。当时对于未来走"游泳"这条路可能意味着什么并没有做深入的思考。到了市体校，虽然也在上课，但我的心思都不在学习上，慢慢地在学习方面也懈怠了。不过当时周围的人都说我在游泳方面确实挺有天赋，一定可以靠游泳走出一条路。果然，因为游泳成绩好，我顺利地进入省队。省队的训练强度和比赛密度都很大，我刚刚来的时候很兴奋、很投入，而且很快就拿到了健将运动员技术等级证书，顺利转正成了正式队员。但慢慢地，我面对的压力越来越大，一方面自身成绩的提升变得越来越缓慢，而教练的要求越来越高；另一方面，这里的人都太优秀了。不过我每天仍然很努力地训练，因为我坚信自己还有提升的空间，而且教练对我的指导也越来越细，对我的改善更有针对性，所以我现在很享受不断挑战自己潜能的过程。

第二节　动机理论

在日常生活中，人类的大多数行为属于目标指向行为（goal-directed behavior），即以明确目标为导向而发生或维持的行为（区别于非目标指向行为，即无具体目标的行为）。运动员的日常运动训练行为通常会指向一定的目标。例如，大的目标可能是未来成为奥运会冠军，小的目标可能是提升某个技术动作的稳定性或加强某块肌肉的力量。这些或大或小、或近或远的目标对运动员训练行为具有引向作用。因此，目标为行为提供方向。有关目标的理论和研究主要探讨的是"行为指向什么内容"（what）等相关问题。动机（motivation）是发起、支配和维持个体行为活动的原因，是行为的动力因素。有关动机的理论和研究主要探讨的是"行为为什么发生"（why）等相关问题。因此，动机和目标是目标指向行为的两个核心构成。在日常生活中，人们容易将动机与目标混淆。例如，运动员经常会遇到的一个问题是："你从事竞技体育的原因是什么？"而很多运动员可能给出的答复是"因为我想代表国家参加国际比赛"或"我想当冠军"等。此类回复并未有效回答有关动机的问题，而是针对目标的回复，即从事竞技体育是为了能够达成"代表国家参加国际比赛"这一目标，或为了达成"当冠军"的目标。根据自我决定理论框架的目标内容理论，前者的目标内容属性为内部目标（intrinsic goal），而后者为外部目标（extrinsic goal）（有关目标的进一步论述请参见目标内容理论，Ryan & Deci，2017）。

目标对行为活动发生的影响主要体现在为行为活动提供方向指引。对于非目标指向行为而言，因行为所指向的目标不明确，行为的发生具有随意性和不稳定性。非目标指向行为的动机可能与个体内部需求和内隐动机相关。按照是否经过意识加工以及是否可识别和可描述等特点，动机可分为外显动机（explicit motivation）和内隐动机（implicit motivation）。外显动机是指意识化的、可分析的、可描述的原因，内隐动机则是指非意识化的、不可分析的、难以描述的原因（Brunstein，2018）。通常而言，对于外显动机主要通过个体主观报告的方法进行测量，也有研究开始尝试采用脑科学技术对动机进行现象分析（Di Domenico & Ryan，2017）；对于内隐动机主要通过投射测试［例如，主题统觉测试（thematic apperception test，TAT）］、联想测试［例如，内隐联想测验（implicit association test，IAT）］以及观察法（observational approach）进行测量（杜建政、李明，2007；Brunstein，2018）。

有关动机的理论非常丰富，不同理论从不同角度基于不同假设理解和解释动机及其影响。鉴于运动训练行为主要为目标指向行为，本节仅选取部分适用于运动训练情景的外显动机相关理论（驱力理论、期望理论、逆转理论、成就目标理论、归因理论和自我决定理论）进行介绍［有关内隐动机的理论及内容，可参见 Brunstein（2018）等文献］。

一、驱力理论

赫尔（Hull，1943，1952）基于生物体倾向于维持生理动态平衡状态而提出了驱力理论，认为行为主要由被唤醒的内部驱力驱动。例如，生物体体温和能量供应平衡被打破或失衡时，就会产生某种心理上的紧张，进而激活内部驱力。而这些驱力会促使生物体采取消除驱力的行为，当行为（结果）使得平衡状态得以恢复，生物体就会停止相关行为。例如，觅食或进食行为可能是因为个体感受到饥饿（生物体内部能量供应平衡被打破的结果），于是个体觅食或进食驱力被唤醒，通过执行觅食和进食行为，伴随着进食行为的发生，内部紧张感得以消除，内部平衡得以恢复，进食行为停止。因此，驱力理论所尝试解释的行为较多与本能需求满足相关，如饮食、睡眠和性等生理需求。然而，人类的很多行为并非由驱力理论所基于的生理平衡状态所驱动。例如，我们较难看到驱力理论如何有效对两名运动员（如本章案例运动员 A 和运动员 B）的运动训练行为进行解释。但有早期理论基于对动物的观察，提出有机体的很多行为是由本能（包括生理和心理本能）驱动的。有学者（James，1890）认为人类对本能驱动行为的依赖甚至比动物更多，如同情、谦卑和社会化等心理行为。行为主义者对这一观点提出质疑，并通过实验揭示上述行为的产生主要是学习的结果（行为主义者认为，学习是刺激与反应之间的联结，行为是学习者对环境刺激所做出的反应），认为所有行为都是习得的结果，而非基于个体的本能。行为主义者认为界定和研究动机问题本身有些多余，因为基于行为主义观点，要想解释行为发生的原因，只需要看特定行为是否受到了强化（Gerring，2014）。换句话说，行为的发生是因为对刺激－反应联结的强化，如果行为没有发生，那是因为相关联结未受到强化或强化不够。然而，行为主义的刺激－反应强化机制对很多行为的解释力度较弱。个体的认知评价可以轻易打破行为主义所宣称建立的刺激－反应联结模式。例如，当个体不认为某一行为可以获得预期结果时（行为是徒劳的、行为是没有意义的等），强化的效应可能就会消失。因此，认知流派提出，人类动机并非主要基于客观事实，而更多地依赖于个体对客观事实的主观认知评价，假设个体的行为更多的受控于个体对过去行为结果的主观评价和对未来行为结果的期望评价。期望理论就是秉持这一观点的动机理论。

二、期望理论

罗特（Rotter，1954）提出个体对行为结果的期望对行为的发生具有重要作用，认为个体对达成某一目标行为的期望程度与这一目标行为对个体而言的现实价值之间的差距是决定目标行为是否发生的关键。后期研究者（Vroom, 1964）通过对期望与目标指向行为的进一步研究，提出了期望理论（expectancy theory）。该理论假设，当个体选择或决定是否（通过从事某些行为或任务）追求某一目标时，对相关行为和任务的预期值（expectancy, E）、工具性（instrumentality, I）和效价（value, V）进行综合评估得到的结果会对个体行为产生重要影响。预期值是指个体基于自身经验（平衡个人努力程度和个人能力）对既定行为目标达成可能性的评估（例如，能否做到）；工具性是指目标达成可能导致积极结果发生的可能性（例如，结果会否发生）；效价是指目标达成产生的结果对个体的重要性和吸引力（例如，结果有多重要）。期望理论提出的动机公式表示为：

$$动机（M）= 预期值（E）\times 工具性（I）\times 效价（V）$$

三者乘积越高，其行为的动机越高；当三者中任何一个组成数值为零时，动机则为零，即对某一行为或任务的动力为零。

期望理论主要关注的是个体需求、自身能力与目标结果之间的关系，凸显的是行为的工具属性。运动员 A 对运动训练的预期值（进步小、达不到教练的要求）、工具性（目标不清、相关结果指向不明）和效价（怀疑、无意义感）均较低，因此其继续从事运动训练的动机较低。运动员 B 对运动训练的预期值（进步、能力感）、工具性（坚信有提升空间）和效价（享受追求潜能的过程）均较高，因此，其训练动机较高。例如，对于运动员 B 来说，他非常期望能够取得好的运动成绩，且好的运动成绩对于他来说是至关重要的（差距小），那么他很可能会改变自己在训练中的投入程度。但值得注意的是，运动员 B 对训练本身的关注程度比对训练可能带来的外部结果的关注程度更高。

三、逆转理论

阿普特（Apter，1987）摆脱了驱力消除和行为主义思路，沿用认知学派的观点，增加了对行为目标和主观评价的关注，提出了逆转理论（reversal theory）。该理论假定存在四对元动机状态（metamotivation），每对元动机状态的内容对立、彼此排斥，即在不同情况下，每对元动机状态中只有一种内容会被激活（见表 1-1）。逆转理论主要关注的是个体对其自身动机体验的解读，以及在不同动机状态之间的转换（跨时间、跨情景）。有目的状态（telic state）和超目的状态（paratelic state）与目标和行为本身有关，前者关注目标成就，后者关注行为愉悦感受。在有目的状态下，目标最重要，而行为只是用于目标达成的尝试。如果个体发现某一活动或行为无法帮助实现其目标，就会倾向于寻求更可能实现其目标的其他活动或行为（目标不变，改变具体活动或行为）；在超目的状态下，行为和体验更为重要，而目标主要用于促进行为的发生和体验感受的提升。如果个体通过某一活动或行为无法达到其目标，就可能会改变或放弃其目标，继续执行这一活动或行为。处于有目的状态的运动员行为可能是认真严肃的、目标指向的以及关注未来的。在具有明确训练目标和效率要求的情境中，运动员通常更喜欢体验较低的唤醒水平。处于超目的状态的运动员行为可能是自发的、感受指向的，并努力延续相关活动，运动员通常更愿意体验更高的唤醒水平。虽然可能会有目标的存在，但目标的作用是使其可以更好地体验行为活动中的愉悦感。服从状态（conformist state）和抗拒状态（negativistic state）主要与规则和约束有关，前者关注责任，后者关注自由。服从状态将规则视为行为发生的促进因素，而抗拒状态将规则视为阻力和限制。处于服从状态的运动员更加友好、合作，愿意服从相关规则，此类状态经常在比赛中出现；处于抗拒状态的运动员可能更加反叛、固执，感觉需要对他人或事物进行反抗，容易做出攻击性行为。驾驭状态（mastery state）与同情状态（sympathy states）主要与外界（他人、事务或情景）的互动有关，前者关注权力，后者关注情感。驾驭状态将互动视为或主导或被支配，而同情状态将其视为给予或被给予。处于驾驭状态的运动员在比赛或对抗中具有更强的获胜欲望，表现得更加坚强；处于同情状态的运动员感觉需要对他人境遇予以同情，看重和谐与团结。个人取向（autic state）与他人取向（alloic state）主要与关系（与他人、与事务、与情景）的体验有关，前者关注自身，后者关注他人。个人取向状态倾向于将他人视为无关的、分离的，而他人取向状态倾向于对他人的认同。个人取向的运动员更关注自己以及在自己身上发生了什么，在成功情境中会体验到更多的愉悦感，在失败情境中会更加痛苦；他人取向的运动员更加关注他人以及在他人身上发生了什么，会为他人的成功感到开心。在不同情景中，被激活的四对元动机状态组合（任何时间情景，每对元动机状态中只有一种被激活）可能同时对个体行为产生影响。

表 1-1 四对元动机状态的核心价值和特点

相关项	四对元动机状态	核心价值	特点
目标和行为本身	有目的的（telic）	成就	严肃的、目标指向的、未来相关的
	超目的的（paratelic）	愉悦	嬉戏的、感觉指向的、自发的
规则和约束	服从的（conformist）	责任	服从的、同意的、合作的
	抗拒的（negativistic）	自由	反抗的、固执的、叛逆的
与外界的互动	驾驭的（mastery）	权力	竞争的、好胜的、坚强的
	同情的（sympathy）	情感	同情的、和谐的、团结的
与关系的体验	个人取向（autic）	个人	个人取向、自我相关的
	他人取向（alloic）	他人	他人取向、他人相关的

阿普特及其同事（Apter & Batler, 1997）对跳伞者（跳伞俱乐部会员）在跳伞过程中所报告的情绪感受（紧张与兴奋的逆转）进行了研究，用以解释动机逆转的发生。这一研究设计同时对驱力理论提出了挑战。因为从飞机上跳下这一行为通常会增加而非消除个体的紧张状态（打破个体唤醒水平的内部平衡），说明行为的发生并不总是由"恢复内部平衡需求"所驱动。有关跳伞者的研究发现，在有目的状态下（愿望达成：没有跳过伞，希望尝试一下），从飞机上跳下产生的高度刺激导致了紧张不安的情绪；而在超目的状态下（娱乐与享受：跳伞带来的兴奋），同样的高度刺激产生的是极度的兴奋（而非紧张情绪）。逆转理论认为，不同动机状态的转换具有非自主性和不可预期性。换句话说，个体不能突然决定让自己处于某种动机状态。因此，逆转理论假设转换的发生主要有偶然性（contingency）、挫败感（frustration）和饱和感（satiation）三种途径。逆转理论的转换过程详见图 1-1。偶然性转换体现在外界因素可能会诱发个体动机状态的转换，具有不确定性；挫败感转换体现在个体处于挫败情景时，产生的挫败感可能直接诱发动机状态的转换；饱和感转换体现在个体长时间持续处于某种动机状态导致达到某一饱和程度，很可能会引发动机状态转换的发生。然而，通过对四对元动机状态的内容进行深入分析可以发现，较多元动机内容与个体特质因素（个人取向和他人取向、顺从的和服从的）有关，逆转理论将行为原因的范围进一步复杂化，模糊了原因的属性（例如，纳入了人格因素）。同时，逆转理论虽然对不同动机状态所对应的行为状态进行了深入描述，但对于动机状态转换过程的解释较为笼统，增加了对动机状态如何影响行为的解释难度。

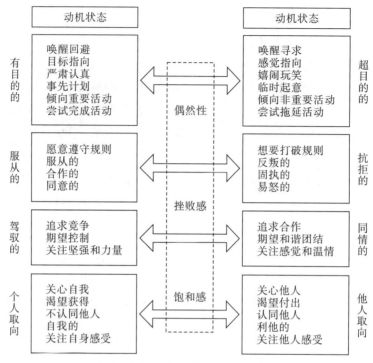

图 1-1　逆转理论元动机类型及转换过程

四、成就目标理论

在 20 世纪初，莫里（Murry, 1938）提出人们对成就的需求存在个体差异，进而对个体追求成功的倾向和对自身表现的评价产生影响。麦克格兰德（McCleland, 1961）后续通过主题统觉测试（TAT）揭示人类存在成就需求（need for achievement, n Ach），并发现成就需求可以预测个体后期职业发展和成就表现。后续研究者（Nicholls, 1984; Dweck, 1986）基于早期成就需求观点，提出了成就目标理论（achievement goal theory, AGT），重点关注在追求成就的过程中，成就目标对个体情感、行为和认知结果的调节作用。因此，成就目标理论虽然被作为动机理论介绍，但其核心主要与个体在追求目标过程中结合情景对自身能力的评估以及对成功的定义和理解有关（Nicholls, 1984）。成就目标被认为是影响个体行为动机过程的重要前因变量（Duda, 2001）。成就目标理论认为，个体自身能力感知与其过去相关行为表现或与他人能力比较结果密切相关，进而导致个体可能形成掌握取向（mastery orientation）或表现取向（performance orientation），也有学者将两者称为任务取向（task involvement）和自我取向（ego involvement）。例如，当个体的能力感知主要来自对任务的掌握和自身能力的改善时（以自身为参照），个体的目标取向为掌握取向；当个体的能力感知主要来自证明比他人能力或表现更好时（以他人或规范标准为参照），个体的目标取向为表现取向。上述内容主要来自个体层面（intrapersonal level）因素对个体目标取向的影响。同时，个体所在情景因素（situational level）对个体目标取向同样具有重要影响。例如，个体所在情景（教练、队友、父母等）所强调的目标结构（goal structures）属性对个体成就目标取向具有直接影响（Duda & Balaguer, 1999; Bardach et al., 2020; Chazan et al., 2022）。目标结构是指社会环境强调某些类型的成就目标更加重要，并鼓励环境中的个体采用此类成就目标（也被称为激励氛围，motivational climate）。对应掌握/任务目标取向和表现/自我目标取向，目标结构分为掌握/任务目标结构和表现/自我目标结构。具体而言，以掌握/任务目标结构为主的环境更加关注任务掌握，强调个体努力、自我完善与团队合作的重要性，个体更可能形成掌握取向目标，会以任务本身（执行或学习）和能力提升为关注重点，注重通过努力提升或改善任务表现和能力；以表现/自我目标结构为主的环境更加关注胜负，强调获胜、竞争和强于他人的重要性，个体更可能发展出表现取向目标，会以任务的结果（输赢或是否表现优于他人）为关注重点，注重如何取得胜利（Ames, 1992; Netwon, Duda & Yin, 2000）。已有大量研究结果表明，鼓励掌握目标结构的环境氛围有助于运动员形成良性心理和行为表现，鼓励表现目标结构的环境氛围可能导致运动员产生不良心理和行为表现。例如，教练员鼓励掌握目标结构对运动员努力程度、改善程度和合作学习具有促进作用，并且对运动员掌握目标取向、自信、自尊、能力感、内部动机、积极情感、亲社会行为和训练投入等具有积极影响；而教练员鼓励表现目标结构与运动员一系列不良表现密切相关，例如，表现目标取向、负面情感、反社会行为和低训练投入等（Bortoli, et al., 2012; Curran et al., 2015）。同伴鼓励掌握目标结构的环境氛围有助于运动员掌握目标取向、积极躯体概念、愉悦感、积极情感、运动员承诺、亲社会态度等的发展；而同伴鼓励表现取向目标结构的环境氛围导致运动员形成表现目标取向、欺骗行为以及倦怠症状等（Davies et al., 2016; Ntoumanis, Taylor & Thogersen-Ntoumani, 2012; Vazou, Ntoumanis & Duda, 2006）。

后续研究者（Elliot, 1999; Elliot & McGregor, 2001）结合有关个体存在追求成功和避免失败倾向观点的启发，进一步提出趋近-回避维度（approach vs avoidance）。结合任务-表现维度，个体成就目标取向可分为四类（2×2分类），即表现-趋近（performance-approach）、表现-回避（performance-avoidance）、掌握-趋近（mastery-approach）和掌握-回避（mastery-avoidance）。表现-趋近取向是指个体倾向于证明自身表现或能力优于他人，表现-回避取向是指个体倾向于避免自身表现或能力弱于他人，掌握-趋近取向是指个体关注提升对任务的学习、理解和掌握，掌握-回避取向是指个体倾向于避免在任务学习和技能掌握过程中退步或犯错。后续研究也进一步提出与四类目标取向相对应的目标结构，即表现-趋近目标结构（强调展现能力和胜于他人为主要目标）、表现-回避目标结构（强调避免能力不足和表现差于他人）、掌握-趋近目标结构（强调学习、努力、掌握和发展完善能力）和掌握-回避目标结构（强调避免犯错和退步）。大量研究发现，不同成就目标取向与个体行为、认知和情感之间呈现不同关系。例如，表现-趋近取向与内部动机、能力感、生活满意度、任务投入等呈显著正相关（Roberts, Treasure & Conroy, 2007; Curran et al., 2015），与外部动机、害怕失败以及威胁评价呈显著负相关（Adie et al., 2008）；表现-回避取向与焦虑水平、内部动机、无动机和自尊水平呈显著正相关（Roberts et al., 2007; Nien &

Duda, 2008）；掌握 – 趋近取向与内部动机、生活满意度、自尊、低焦虑以及任务投入具有显著正相关关系（Adie et al., 2008）；掌握 – 回避取向与威胁评价和无动机水平呈显著正相关（Adie et al., 2008; Nien & Duda, 2008）。已有研究也一致发现，目标结构与其相对应的目标取向关系最为密切（Bardach et al., 2020）。

回到本章案例，运动员 A 在后期，对运动训练的目标以表现 – 回避取向为主（"后面的很多新人进步又很快，导致自己基本上总是回头看"），担心自己的成绩表现不及年轻运动员。运动员 A 的目标取向发展可能受到教练员与运动队环境氛围强调竞争和社会比较的影响较大，同时与运动员自身人格特点有关。运动员 B 对运动训练的目标以掌握 – 趋近取向为主（"我坚信自己还有提升的空间"，而且"我现在很享受不断挑战自己潜能的过程"），主要关注自身能力的提升，而非与他人能力和表现的比较。运动员 B 的目标取向可能与教练员在强调竞争的同时，对运动员能力提升和技能精进给予一定的关注有关。成就目标理论经常被作为动机理论提及，但其主要关注的是个体在成就情景中对自身目标和能力的认知评价。

五、归因理论

不同于上述介绍的驱力消除、行为预期和成就需求等理论视角，海德（Heider, 1958）提出的归因理论更加注重个体在人际事件（interpersonal event）中对自己和他人感受的评价及其可能对个体行为产生的影响。海德在个体及环境对行为产生影响的论述中，提及一个对后续动机理论具有重要影响的概念——因果控制点（perceived locus of causality, PLOC），认为行为及其结果可能被知觉为有意向的（intentional）和无意向的（nonintentional）。前者受个人因素（personal）影响（如个体能力和努力等因素），而后者受非个人因素（impersonal）影响（如不受个人能力、努力和意愿控制的因素）。因此，海德提出，个体将事件或行为归因为个人因素或非个人因素会对后续行为产生不同影响。例如，你点的外卖预计应该在下单后 30 分钟内送达，但外卖小哥迟到了一个小时。如果你将迟到归因为配送员在足够用心或努力的情况下完全可以在预计时间内送达，你对迟到的反应表现可能会是差评、愤怒或怨言；相反，面对相同的情景，如果你将迟到归因为配送员是遇到了不受他个人努力和能力控制的突发事件（如堵车、下大雨、意外等），你对他迟到的反应表现可能会是理解、同情、体谅或不给差评（甚至仍然给好评）等。由此可见，个体对人际事件的归因，对个体后续的行为表现具有重要影响。

德查姆斯（DeCharms, 1968）在海德观点基础上进一步提出意向行为并不总是由个人控制、决定和选择的，有时我们的意向行为可能受迫于外部规则和压力。例如，对于职员来说，执行工作任务属于意向行为（通过自身努力、投入等），但并不代表职员想要或愿意执行此工作任务，可能是因为只有完成了工作，才能得到相应的报酬，或者是担心如果不完成工作，可能会产生不好的结果（如被扣除绩效、被开除）。所以，为了区分以自愿为基础的意向行为和基于外部压力的意向行为，德查姆斯提出了内部因果控制点（internal PLOC, I-PLOC）和外部因果控制点（external PLOC, E-PLOC）：

前者涉及的意向行为是个体主动的、自愿做的行为，后者涉及的意向行为是个体被迫的、不得不做的行为。例如，本章案例中，对于运动员 A 来说，虽然每天都会按时、按量完成教练员布置的训练任务，但他可能对训练任务内容是排斥的、令他郁闷的，认为是不得不做的，因为他不想被罚或者被教练员责备（E-PLOC）。对于运动员 B 来说，同样每天都会按时、按量完成教练员布置的训练任务，但他可能是出于对运动项目的热爱和兴趣，自愿而且主动地完成训练，因为他在训练过程中能够看到自己的进步和体验到成就感（I-PLOC）。虽然运动员 B 也不想被罚或责备，但他更倾向于以训练活动发起者的角色去面对训练，所以他的自主性和自愿程度更高；运动员 A 则更倾向于以训练的被动执行者角色去面对训练，因此，相对而言，他可能更加被动，自主性和自愿程度更低。海德与德查姆斯有关因果控制点的论述对个体行为发生的原因进行了细化，提出以主体姿态为主要特点的自主性原因——I want to do（我想做）和以受体姿态为主要特点的受控性原因——I have to do（我不得不做）。后续研究者基于原因控制点归类，提出或许可以通过改变环境因素，改变个体对行为的原因控制点归类倾向，进而影响个体行为及行为效果。例如，当环境以压力和控制为主要特点时，个体的原因控制点可能会以外部为主或从内部向外部转换；当环境以选择和自主为主要特点时，个体的原因控制点可能以内部为主或从外部向内部转换（Ryan & Deci, 2017）。

维纳（Weiner, 1985, 1986）在前人研究的基础上进一步提出个体对成就行为表现（成功或失败）的归因可以分为三大类，即因果控制点、稳定性和可控性，每个大类下又分别包含两个小类。因果控制点包含内部和外部属性（个人因素或非个人因素），稳定性包括稳定与不稳定（持续稳定或动态变化），可控性包括可控与不可控（是否在个体控制范围之内），维纳归因分类详见图 1-2。当个体将自身行为表现结果归咎为不同类别原因时，可能对个体后续行为表现（趋近或回避）、认知（期望或选择）和情感体验（积极或消极）产生不同影响。一般情况下，在成功情景下，如果个体认为自身的成功主要与稳定（如有天赋）、可控（如足够努力）和内部（如积极应对）等属性有关时，更有助于个体在未来面对相似行为或情景时表现出高期望、高自信、高意愿和高投入等积极心理和行为。如果个体认为自身的成功主要与不稳定（如运气好）、不可控（如顺风）和外部（如对手伤病）等属性有关时，会弱化自身能力感，这不利于个体自信心的建立。在失败情景，如果个体认为自身失败的原因主要与稳定（如能力差）、可控（如已尽力）和内部（如高焦虑）等属性有关时，个体在未来面对相似行为或情景时可能会表现为低自信、无价值感、愤怒和逃避等消极心理和行为。如果个体认为自身失败的原因主要与不稳定（如运气差）、不可控（如裁判误判）和外部（如对手超常发挥）等属性相关时，个体在未来面对相似行为或情景时可能体验到无力感和消极情绪。值得注意的是，不同原因的内容可能同时具备多类归因属性。例如，努力属于个体内部且自身可控的非稳定因素，因为努力程度取决于个体自身的意愿程度，稳定与否受到个体投入和情境因素影响；天赋是个体内部且自身不可控的稳定因素，因为它不以个体的意志为转移，个体无法掌控，主要由基因决定且相对稳定，较难改变；天气属于外部因素且不受个体自身控制的非稳定因素，因为天气是动态变化的且个体无法控制或改变天气；裁判因素属于外部因素且不受个体控制的非稳定因素，因为裁判在场上的判罚标准和偶然误判的发生受到裁判自身因素的影响，充满变化性且不受个体控制。已有研究表明，个体因素（如人格特质、完美主义倾向、自尊水平等）对个体归因倾向具有重要影响（Watkins & Stilla, 1980; Flett et al., 1998; Gordon, 2008; Levine et al., 2017）。

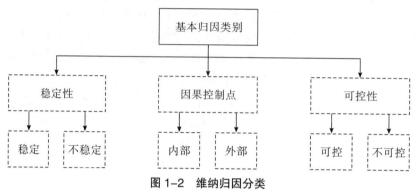

图 1-2　维纳归因分类

归因理论为理解行为或事件结果提供了新的视角，但其对行为发生的解释和预测力度不足。有学者提出，竞技体育情景中的成功与失败并非绝对的客观事件，也不完全以输与赢作为评价标准，具有较大的主观性和情境性（Biddle et al., 2001; Rees et al., 2005）。例如，我们经常会在奥运会颁奖典礼上观察到，一些铜牌获得者表现出的喜悦程度比银牌获得者更高，可能是因为铜牌获得者取得的已经是个人历史最佳成绩，而银牌获得者是上届的冠军。显然，这两位运动员对于成功与失败理解的不同对其行为和感受产生着重要的影响。另外，个体用于描述归因的词语未必能够被准确表达或正确理解。例如，不同运动员在赛后可能均会提到"我已经尽力了"（内部、可控因素、不稳定因素），但其含义可能截然不同。可能一位运动员想表达的是失望和无力感，而另一位运动员想表达的是释然与无憾。同时，归因具有时效性。例如，某位运动员在赛后即刻对自己和团队的表现给出的评价可能是"虽然我/我们输掉了比赛，但我/我们团队每个人都发挥了应有的水平"。而经过一段时间或观看了比赛录像后，这位运动员可能会给出截然不同的评价，例如，"如果我们对那个关键球处理得更好些，比赛的走向可能会完全不同"。虽然，归因理论存在上述一些不足，但归因理论（特别是维纳归因分类）为运动心理学实践工作提供了重要的应用思路和操作指引。

六、自我决定理论

德西和瑞恩（Deci & Ryan, 1985, 2000, 2017）基于对因果控制点观点的延伸和对内部动机的系列研究，提出了自我决定理论（self determination theory, SDT）。自我决定理论是一个有关人类动机和人格的宏观理论，包括六个分支理论（认知评价理论、有机整合理论、基本心理需求理论、目标内容理论、因果定向理论和关系动机理论），分别用于解释不同的心理及行为现象［具体理论内容参见 Ryan & Deci（2017）］。其中，认知评价理论（cognitive evaluation theory, CET）和有机整合理论（organismic integration theory, OIT）阐述了自我决定理论有关动机的大部分观点：前者主要关注内部动机的影响因素及其作用机制，后者则主要关注不同类型的外部动机的影响因素及其作用机制。自我决定理论动机观点与已有动机理论的不同之处主要体现在该理论提出人类行为受不同类型动机的调节（behavioral regulation），不同社会环境因素对不同类型动机具有不同影响，进而产生不同的行为及结果。

自我决定理论认为，驱动人类目标指向行为的原因可概括为内部动机（intrinsic motivation）、外部动机（extrinsic motivation）、无动机（amotivation）三种动机类型。不同动机类型根据其自我决定程度的不同分布在一个自我决定连续体上（self-determination continuum），自我决定理论动机分类详见图1-3，反映了个体对行为的调节过程（behavioral regulatory process）。内部动机的自我决定程度最高，位于自我决定连续体的最右端，指个体从事行为活动的原因主要来自行为活动本身（兴趣、愉悦感和满足感），属于内部调节（intrinsic regulation），与逆转理论的超目的动机状态相似。例如，有些运动员从事竞技体育主要是出于对项目的喜爱、兴趣，并能从中获得满足感、刺激感和挑战性等，此类运动员的运动训练行为主要由内部驱动。外部动机的自我决定程度弱于内部动机，在自我决定连续体上的位置介于无动机（自我决定连续体最左端）和内部动机之间，指个体从事行为活动的原因出于从事或不从事行为活动可能带来的结果和产生的影响（认同感、重要性、愧疚感、奖励、规则要求或避免处罚等）。具体又由自我决定程度从低到高的四种行为调节形式构成：外部调节（external regulation）、内摄调节（introjected regulation）、认同调节（identified regulation）和整合调节（integrated regulation）。外部调节是指行为活动发生的原因主要是外部要求和压力（规则要求、迫于外部压力、获得奖励或者免于受到惩罚等）。例如，有些运动员执行训练任务是因为被要求服从教练安排，或为了获得物质奖励，或为了避免受到惩罚。内摄调节是指行为活动的发生主要出于个体的内部要求和压力（一种对外部要求和压力的内化，如避免产生愧疚感、向他人证明自己的能力、提升自尊水平等）。例如，有些运动员刻苦训练主要是因为不想让父母或教练失望，不想被别人看不起，或是向别人证明自己的能力和价值。认同调节是指行为活动的发生主要是出于个体对行为结果的重视（行为活动可能产生的结果对其自身极为重要）。例如，有些运动员坚持训练是因为他们知道，从事专项训练对于取得好的竞技表现至关重要，对未来发展产生重要影响，是未来发展的出路。整合调节是指个体在认同调节基础上，意识到行为活动带来的结果对其至关重要，同时将这一看法整合至个体价值信念体系和自我结构之中。例如，有些运动员坚信训练对提升竞技表现和未来发展至关重要，并符合其对目标追求的意愿。整合调节是在自我决定程度上与内部调节最为接近的外部动机调节形式。整合调节的高自我决定程度反映的是一种个体对行为结果的高度内化（internalization）但未被完全内化的状态，因此非常接近内部调节；整合调节仍然属于外部动机是因为其关注的重点仍然是行为带来的结果，而非行为本身（内部动机）。最后，无动机是一种非自我决定状态，位于自我决定连续体的最左端，指个体无意向从事相关行为活动，因此属于无调节（non-regulation）。但无动机状态所反映的目标指向性趋于弱化。例如，有些运动员虽然仍在从事运动训练，但怀疑其价值和意义，觉得训练是浪费时间（无目标或实现目标无望），因此训练的意愿极低。

上述三种动机类型所反映的六种行为调节形式，从无动机、四种调节形式的外部动机到内部动机所反映的自我决定程度依次升高。值得注意的是，已有研究发现整合调节维度与认同调节维度或内部动机维度的区分效度不理想，这一现象在儿童和青少年人群中体现更加明显。

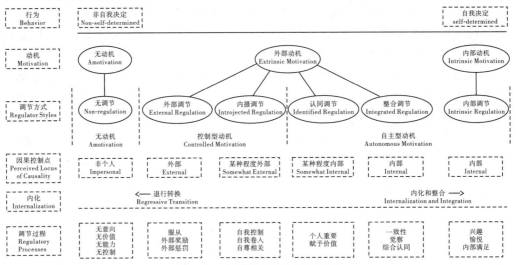

图 1-3　自我决定理论动机分类

自我决定理论根据不同行为调节形式在自我决定连续体上的分布特点提出并发现存在"准单一模式"（quasi-simplex pattern），即在自我决定连续体上临近行为调节形式之间的关系强于与远端行为调节模式之间的关系。例如，整合调节与认同调节之间的相关程度理论上高于其与内摄调节、外部调节和无动机之间的相关强度（见表1-2）。自我决定理论除了采用无动机、外部动机和内部动机三种动机分类方式，根据因果控制点的内外部特点又将动机分为控制型动机（controlled motivation）和自主型动机（autonomous motivation）。外部调节和内摄调节在因果控制点以外部为主，被称为控制型动机；而认同调节、整合调节和内部调节在因果控制点以内部为主，被称为自主型动机。自我决定理论动机观点认为，自主型动机有助于个体发展适应性认知、行为和情感结果，而控制型动机可能导致个体发展非适应性认知、行为和情感结果。上述研究假设得到来自不同领域的大量实证研究和元分析研究（meta-analysis）结果的支持（Ng et al., 2012; Sheeran et al., 2020; Vasconcellos et al., 2020; Ntoumanis et al., 2021）。

表 1-2　不同行为调节形式准单一模式举例

项目	内部动机	整合调节	认同调节	内摄调节	外部调节
整合调节	0.46	—	—	—	—
认同调节	0.34	0.48	—	—	—
内摄调节	0.16	0.25	0.34	—	—
外部调节	−0.06	0.01	0.11	0.40	—

续表 1-2

项目	内部动机	整合调节	认同调节	内摄调节	外部调节
无动机	−0.31	−0.17	−0.01	0.07	0.27

资料来源：Ryan & Deci（2017）。

自我决定理论动机观点认为，社会环境因素对个体不同类型动机的形成和发展具有重要影响。认知评价理论主要关注社会环境因素对内部动机的影响及作用机制，而有机整合理论主要关注社会环境因素对个体不同类型动机的形成转换及作用机制（Ryan & Deci, 2017）。二者的理论假设均基于自我决定理论提出的基本心理需求这一核心概念展开。已有大量来自不同领域的研究指出，个体的健康成长和发展均需以基本生理需求（basic physiological needs，如氧气、干净的水源、足够的营养以及躲避伤害的自由等）为基础。当基本生理需求得到满足时，个体更可能积极健康地成长与发展；当基本生理需求无法得到满足时，个体可能出现疾病或发展不良。自我决定理论沿用上述逻辑提出，个体安全成长、健康发展、人格完整和幸福感发展等需要以基本心理需求（暂时提出存在三种基本心理需求：自主性、能力感和关联感）为基础。自主性需求（need for autonomy）是个体有对自身经验和活动进行选择和决定的需求，被定义为个体所从事行为或活动符合其自身意愿和意志的程度感，主要与个体意愿、同一性和自我整合等功能有关；能力感需求（need for competence）是个体有对自身行为有效性和掌控感的需求，被定义为个体与社会环境互动过程中的行为表现和能力的有效感，主要与个体在环境内是否有机会体验到能力和展示天赋有关；关联感需求（need for relatedness）[①]是个体有与他人互动联系的需求，被定义为个体与他人之间的联系、投入以及归属感程度，主要与个体受到他人关心以及关心他人的程度有关。自我决定理论假设上述基本心理需求受到环境的直接影响，当基本心理需求得到满足时，个体会朝向积极健康的方向发展；当基本心理需求受到阻碍时，个体会朝向消极不良的方向发展（Ryan & Deci, 2017）。

认知评价理论认为，个体体验到的自主性需求和能力感需求的满足程度是内部动机发展和维持的核心要素，而社会环境因素对个体的自主性需求和能力感需求产生直接影响（支持或阻滞）。具体而言，当社会环境因素支持自主性需求和能力感需求满足时，有助于提升内部动机；相反，当社会环境因素对自主性需求和能力感需求产生阻碍时，将损害内部动机。已有研究表明，当社会环境因素具有信息性支持和自主支持等属性时，有助于个体自主性需求和能力感需求的满足，进而提升内部动机。当社会环境氛围具有控制性奖励、威胁性惩罚、强加性目标、竞争性评价和监督等属性时，对个体自主性需求和能力感需求会产生负面影响，进而削弱内部动机。值得注意的是，认知评价理论提及个体关联感需求的满足有助于内部动机的发展，但并非提升或发展内部动机的核心要素。例如，很多内部动机驱动的个体行为（如内部动机驱动

[①] 有中国学者将 relatedness 翻译为"关系"。鉴于"关系"研究在中国文化研究相关领域中是一个特殊的主题（Chen et al., 2015），且其内涵和外延与自我决定理论中的 relatedness 概念存在明显不同。笔者沿用以往发表文章中的观点，将其翻译为"关联感"（刘靖东 等，2013）。

的长距离游泳、越野跑、艺术创作等）受关联感需求满足的影响较小。

有机整合理论认为，社会环境因素可能有助于较低自我决定程度的行为调节形式通过内化和整合（integration）的方式向自我决定程度较高的行为调节形式转化（见图1-3）。例如，对于以外部调节为主的个体，当处于具备自主支持和选择、承认个体感受与困难、及时提供积极反馈等特点的环境中时，可能会向自我决定程度更高的认同调节和整合调节方向发展；相反，社会环境因素也可能导致具有较高自我决定程度的行为调节形式通过退行转化的方式向自我决定程度较低的行为调节形式转化。例如，以内部调节为主的个体，在处于高压力和高要求、过度关注奖罚和他人比较的环境中时，很可能逐渐失去对行为活动的兴趣和热爱，退行产生其他较低自我决定程度的行为调节形式（具体取决于个体和环境特点）。上述转化的发生主要与社会环境因素对个体基本心理需求的满足与阻碍有关，进而产生不同类型的行为调节形式或多行为调节形式的组合。有机整合理论认为，个体某一行为活动可能同时受多种动机类型共同影响，可根据具体动机类型的强度探讨行为活动和相关结果质量，亦可以通过探讨相对自主系数（relative autonomy index, RAI）反映行为活动动机强度及其相关结果质量（具体计分方法及优劣势分析可参考 Howard et al., 2020）。

综上所述，从自我决定理论动机视角出发，对于本章案例的运动员 A 而言，其在运动生涯早期以认同调节为主（家里觉得职业运动员是条出路，他就去了体校），内部动机较低（对这个项目一直没有形成兴趣也谈不上喜爱，只是当一份工作在做）。但随着年龄的增长和进步缓慢，加之年轻队员的提升，他个人的压力越来越大，外部调节（"总觉得自己像是被一辆车在前面拉着走，必须紧紧地跟着跑，一刻也不敢放松，总担心稍微一放松就可能会'摔倒'。我每天都感觉很辛苦，非常不喜欢这种感觉"）、无动机（"我的头脑中反复出现一个疑问：'我干啥要天天这么辛苦地训练，过得这么累呢？'我经常会有放弃的想法"）和内摄调节［"身边的人（父母、朋友）都建议我继续坚持下去。为了不让他们失望，我只能继续下去"］开始占据主导。由于运动员 A 的控制型动机（外部调节和内摄调节）和无动机状态明显，其继续从事竞技体育或运动训练的动力不足（但总是无法调动自己），并产生消极情感体验和对训练的排斥感。从运动员 A 有关教练对其态度的描述，可以看出其教练所营造的环境氛围（执教方式、沟通方法）对运动员 A 而言可能（通过对基本心理需求的阻碍）强化了其外部动机，甚至加剧了其向无动机状态发展的倾向。对于本章案例的运动员 B 而言，早期从事体育运动主要出于内部动机（"我喜欢玩水……我也开始对游泳产生了兴趣"），虽然逐渐开始发展出认同调节（"教练觉得我是块游泳的料""他可以推荐，未来可以往游泳这个方向发展""不过当时周围的人都说我在游泳方面确实挺有天赋，一定可以靠游泳走出一条路。果然，因为游泳成绩好，我顺利地进入省队"），但内部动机并未受到明显损害（"进步很快，过程中我也很开心""我觉得游泳挺有意思的""很兴奋、很投入"）。但随着竞技水平越来越高，感受到来自外部压力（"但慢慢地，我面对的压力越来越大，一方面自身成绩的提升变得越来越缓慢，而教练的要求越来越高；另一方面，这里的人都太优秀了"），外部调节在起作用，但此时的训练行为主要由整合调节（"不过我每天仍然在很努力地训练，因为我坚信自己还有提升的空间")和内部动机("我现在很享受不断挑战自己潜能的过程")驱动。运动员 B 有关自己教练的描述对其能力感有明显促进作用("而且教练对我的指导也越来越细,对我的改善更有针对性"),有助于对运动员 B 的内部动机起到维持和推动作用。

第三节 实践应用

驱力理论、期望理论和逆转理论主要关注个体行为活动动机的特点,但对行为的解释范围和力度存在一定的局限,并且动机-行为转化过程的可操作性较低(例如,驱力理论和逆转理论)。因此,本节主要从归因理论、成就目标理论和自我决定理论动机观点出发,分别从运动员层面和运动队层面提出有助于运动员动机的形成与积极发展的实践建议和方法。

一、运动员层面

在本章第二节首先对行为的种类进行了区分,即人类行为可分为目标指向行为和非目标指向行为。针对目标指向行为,虽然内隐动机会对目标指向行为产生影响,但已有理论和研究工作主要围绕外显动机展开。因此,运动员需要明确目标指向行为与非目标指向行为以及内隐动机和外显动机之间的区别,进而有意识地对自身行为(训练和比赛)的属性进行区分。同时,提升区分训练比赛相关行为的原因和目标内容的能力,即能够准确区分"我训练的原因是什么"(动机:为什么训练)和"我训练是为了达成什么目标"(目标内容:目标是什么)之间的不同。因此,运动员需要提升对自身行为目标状态进行持续觉察的意识,掌握结合自身生涯发展阶段和现实情况设置及调整行为目标的相关技能。另外,本节所介绍的多数动机理论均强调个体能力感知对动机形成和发展的重要影响。尼科尔斯(Nicholls, 1984)认为随着年龄增长,儿童(7~11 岁)逐渐开始区分能力和努力,意识到对有些任务有些人可以完成而有些人无法完成,并开始通过与他人比较看待自己的能力;发展至青少年阶段(12~14 岁),他们基本可以完全区分能力和努力的区别,此阶段个体对自身能力的判断很可能对其后续体育参与行为产生影响。因此,运动员应掌握更多对自身能力进行有效评估的方法,增加对自身优势和不足的准确了解程度。该举措将有助于促进运动员生涯发展过程中(训练和比赛相关)目标设置和目标调整的效率。在具备上述意识、知识和技能的基础上,运动员可通过有效协调和匹配行为目标要求与自身能力水平,进而达到保持和促进目标行为动机水平的目的。

根据归因理论假设及相关研究结果,当个体将成功经验归因为内部、稳定和可控因素时,相对于外部、不稳定和不可控因素更有助于个体发展出更高的自信水平、控制感和能力感,体验到更加积极的情绪体验和良性适应行为;当个体将失败经验归因为内部、稳定和不可控因素时,相对于外部、不稳定和可控因素个体更可能表现出低自信水平、无助感和无力感,产生更加消极的情绪体验和不良适应行为。因此,运动员可以通过对自身习惯性归因方式进行评估和反思，进而调整自身对成功和失败的理解方式和归因模式。在此基础上，运动员应注重学习区分可控因素和不可控因素、内部因素和外部因素、稳定因素和不稳定因素之间的区别，了解其可能对运动员行为表现和心理状态产生的影响，进而择优执行。例如，运动员在面对成功情景时，应更多地关注自身投入了多少努力、付出了多少心血、主动克服了哪些困难等。运动员的上述归因模式有助于强化可控和内部因素与自身取得成就的联系，进而帮助提升运动员的自信水平，推动其继续努力训练的动机，保持从容面对未来相似情景的心态。运动员在面对失败情景时，应减少对裁判误判、对手发挥、不利天气等外部因素的关注，弱化将失败归因为自身能力不足、天赋不够等因素的倾向，增加对可改善、可控制因素的关注。例如，更加努力训练、学习更多解决问题的方法、寻求更多教练员的建议等。运动员采用此类归因方式，可减少失败结果对自信的打击、弱化无助感和消极情绪感受，有利于其发展出问题解决思维和提升解决问题的能力。一般而言，基于归因理论及相关研究成果，运动员针对训练和比赛应更加关注可控因素，例如，关注自己、任务过程以及当下，而非不可控因素，如他人、结果和过去与未来（举例见表1-3）。上述工作均可通过知识技能传授的方式，由运动员个体具体学习和练习得以实现。

表1-3 训练比赛中注意指向

项目	可控因素	不可控因素
指向	自己（行为、努力和目标等）	他人（对手、教练、裁判、父母等）
事件	过程（任务、技术、动作等）	结果（胜负、输赢、名次等）
时间	当下（此时此刻）	过去与未来（以往成绩、赛后事情等）

二、运动队层面

成就目标理论及已有研究结果表明，掌握-趋近取向更有助于个体积极行为表现；掌握-回避取向可能偶尔会产生积极行为结果，但多数情况与不良行为结果密切相关；表现-趋近取向在产生积极行为结果的同时，也可能产生副作用（努力停止和自我绑架）；表现-回避取向通常对个体行为表现产生不良影响。因此，教练员在实践工作中应注重对运动员掌握-趋近目标取向的培养。如前所述，大量研究表明社会环境所强调的目标结构对个体目标取向形成和发展产生直接影响，提示教练员应在其执教过程中强调掌握-趋近目标结构，引导运动员关注任务本身、强调学习、技能掌握和能力提升等目标相关内容，而非鼓励队内竞争、社会比较，以及避免退步等目标相关内容。来自教育领域的研究者（Epstein，1988）提出了促进掌握-趋近目标结构的TARGET计划（"TARGET"为计划各项目名称的英文首字母缩写），并发现TARGET计划的实施可以有效改善学生的认知、情感和行为结果（Bardach et al.，2020）。有研究者认为TARGET计划同样适用于运动训练情景，用来提升运动员掌握-趋近目标取向的发展（Ames，1992）。有关TARGET在运动训练情景应用的研究发现，TARGET计划可有效提高运动员的愉悦感、内部动机、能力感、努力程度和运动技能水平（Theeboom et al., 1995; Cecchini et al., 2014）。已有研究和实践工作表明，在特定情景下同时强调积极的人际关系氛围，更加有助于个体掌握取向的发展（Patrick et al., 2011; Miller et al., 2017; Ryan & Deci, 2017）。因此，后续有研究者提议将社会关系（social relationships）纳入 TARGET 计划，形成 TARGETS 计划（Chazan et al., 2022），该计划的具体内容见表 1-4。

表 1-4　TARGETS 计划

项目	内容
任务 Task	教练员在制订训练计划和任务安排时，应该强调技能掌握与完善、个体努力的重要性，弱化竞争和社会比较
授权 Authority	教练员可考虑邀请运动员参与决策制定过程，增加运动员对训练任务的参与感和自我决定感
认可 Recognize	教练员对个体运动员以及整个团队的努力、进步和提升可及时给予承认和认可
团队 Group	教练员应鼓励运动员的多样性，引导不同能力水平的运动员之间的团队合作，协力共同应对困难、面对挑战以及解决问题，弱化运动员间不计代价的竞争
评估 Evaluation	教练员在整个执教工作过程中，强调以提升训练质量为目的，为个人和团队表现提供评估性反馈
时间 Time	教练员需有耐心为运动员提供足够时间去掌握技能和完成任务，并给予及时有效的反馈
关系 Social relationships	教练员应注重对队内积极人际关系氛围的营造，鼓励运动员彼此间互相支持、互相尊重和相互促进

资料来源：Ames（1992）。

根据自我决定理论及相关研究工作，教练员作为运动员训练比赛情景的重要角色，其与运动员的人际行为（interpersonal behaviors）通过对运动员基本心理需求的影响（满足或阻碍），进而影响运动员的运动动机、训练投入和幸福感。根据自我决定理论，教练员人际行为可分为需求支持型（need-supportive style）和需求阻滞型（need-thwarting style），前者有助于促进运动员基本心理需求的满足（need satisfaction），后者会引发运动员基本心理需求的阻碍（need frustration）。需求支持型人际行为是指教练员在与运动员互动过程中的行为有助于运动员三种基本心理需求的满足，包括自主性支持（autonomy-support）、能力感支持（competence-support）和关联感支持（relatedness-support）。三者不但分别对应促进自主性需求、能力感需求和关联感需求的满足，同时对其他基本心理需求满足也具有促进作用。需求阻滞型人际行为是指教练员在与运动员互动过程中有意通过不同行为手段方法对运动员三种基本心理需求造成阻碍，包括自主性阻滞（或控制，control）、能力感阻滞（competence-thwarting）和关联感阻滞（relatedness-thwarting）。三者分别对应自主性需求、能力感需求和关联感需求的阻碍，但同时对其他基本心理需求具有一定的阻碍作用。另外，新近研究提出了区别于需求支持型和需求阻滞型的第三种人际行为，即需求不关心型（need-indifferent style）。它是指教练员在与运动员互动过程中将自身事务作为重心，不将运动员福祉和基本心理需求放在心上（Bhavsar et al., 2019），包括自主性不关心（autonomy-indifferent）、能力感不关心（competence-indifferent）和关联感不关心（relatedness-indifferent）。三种人际行为类型特点及举例见表1-5。

表1-5 教练员人际行为的分类、内涵及举例

人际行为类型	子类型	内涵	举例
需求支持型	自主性支持	教练员以运动员内部激励资源为关注重点，考虑运动员的想法和观点	1. 在合理边界内提供选择；2. 理解和承认运动员的感受和观点；3. 提供说明和解释；4. 将运动员纳入决策过程；5. 提供自主行为机会
	能力感支持	教练员关注运动员的能力感受，注重对运动员在不同情境（如挑战或压力）中能力感的培养	1. 提供明确期望和标准；2. 提供有效信息以解决困难和问题；3. 认可运动员的努力和付出；4. 提供积极反馈；5. 鼓励学习和技能改善
	关联感支持	教练员关心运动员，注重对与运动员关系和联系的培养	1. 关心运动员发展；2. 关注运动员情绪状态；3. 构建和谐教练员-运动员关系；4. 提供关爱和无条件支持
需求阻滞型	自主性阻滞	教练员有意通过施加压力使运动员按照教练员期望的方式思考和行为，贬低运动员的想法和观点	1. 施加过度个人控制；2. 恫吓；3. 威胁；4. 奖励；5. 惩罚；6. 侮辱性及批判性语言
	能力感阻滞	教练员打压和否定运动员的进步和改善，过度关注运动员的失误与不足	1. 质疑运动员能力和改善空间；2. 反复强调失误和不足；3. 过度批评和否定；4. 持续性消极评价和反馈
	关联感阻滞	教练员对运动员充满敌意和排斥	1. 对运动员存在敌意；2. 表露对运动员的不喜欢；3. 有针对性排斥；4. 有意回避和不理睬；5. 有意疏离和拒绝
需求不关心型	自主性不关心	教练员不关心运动员的内部激励资源、想法和观点	1. 对运动员观点不感兴趣；2. 对运动员意愿不关注；3. 对运动员意见和看法不回应
	能力感不关心	教练员忽视或不关注运动员的能力感，未提供足够的指导和反馈	1. 训练组织结构混乱；2. 布置任务与运动员技术能力水平不匹配；3. 任务要求和标准不清
	关联感不关心	教练员忽视与运动员关系感的建立和培养	1. 忽视运动员的关联感需求；2. 不关注与运动员关系的培养

已有研究发现，当教练员采用需求支持型人际行为方式时，运动员更可能发展出自主型动机、体验到更积极的情感，从而更积极努力地投入到训练比赛之中（Delrue et al., 2017；Reynders et al., 2019，王忠浩，2021）。例如，教练员在制定和安排训练任务过程中，在条件允许情况下，可邀请运动员提出和表达有助于训练任务高效执行和训练目标有效实现的建设性意见，增加和提升运动员对训练任务安排与制定的参与程度和决策机会（自主性需求满足）。运动员作为训练执行的主体，其对训练任务的认同度越高越有助于运动员的执行和投入。同时，教练对运动员在训练过程中面临的困难和挑战，以及消极情感体验予以接受和理解，给予积极反馈和鼓励，有助于运动员以更积极的情绪状态和态度面对训练任务（能力感需求满足）。另外，将运动员作为有尊严的个体予以尊重和关爱，使其在训练过程中体验到教练员的关心与体谅，有助于运动员与教练员之间的有效沟通，进而促进训练过程的良性推进（关联感需求满足）。虽然需求支持型人际行为有助于运动员基本心理需求满足，并对运动员训练行为和情感体验具有积极影响，但在实践工作中，很多教练员更倾向于采用需求阻滞型人际行为（如奖励或惩罚控制）。这背后的原因可能包括三个方面：第一，有些教练员认为需求支持型人际行为太过"柔和"，不适用于强调坚强和意志的竞技体育情景，甚至可能将需求支持型行为特点与放任状态画等号。但是需要指出的是，需求支持型人际行为强调在增加运动员参与感、提供运动员选择、尊重和承认运动员感受和观点（自主性支持）的同时，需要提供明确的解释说明，与任务相关的合理期望、标准、要求和规则，以及及时且足够的反馈和指导（能力感支持）。因此，需求支持型互动方式并不意味着教练员在示弱，或处于放任状态。三类需求支持型人际行为的有效整合和实施，不但不会影响训练任务的有效组织和安排，还有助于训练氛围的营造以及运动队内部关系的协调发展（影响运动员心理健康水平和训练动机的核心问题之一是教练员–运动员关系与有效沟通）。第二，一些运动员出身的教练员和具备丰富实践经验的教练员，可能对需求支持型行为的重要性和效果持抵触态度。他们基于自己作为运动员时被对待的方式（例如，他的教练员可能是需求阻滞型，但他的成绩依然出色）以及自身的执教经验，可能更加倾向于维护自身执教的权威感，进而可能降低其对新的理念和方法的接受程度。权威型教练员更可能使用自主性阻滞型互动方式（如控制），坚信该方法在短期内更容易见到效果，并且将运动员的改善和进步归因于该方法的使用，进而使得使用该方法的思路受到强化，形成循环效应。第三，有些教练员更多关注且更擅长技战术和体能训练，对于运动员动机的激励和目标培养等方面关注不足，可能出现将相关知识和方法转化为实践的能力和经验不足的情况。即使有些教练员总结出自己的一套激励运动员的方法，但在实际操作过程中可能因未考虑运动员个体特点而效果不佳或自己逐渐失去耐心。新近研究围绕如何推广和提升教练员使用需求支持型互动方式等问题进行了探讨，发现可以通过教育培训课程（横跨9周的4次课程）有效提升教练员的需求支持型人际行为特点（对非团体类项目效果更好），进而改善运动员的训练动机和训练投入（Reynders et al., 2019）。

结合成就目标理论和自我决定理论在运动员动机促进方面的优势，有研究者将这两个理论的核心要点结合使用，提出了不同的运动员动机激励计划和模型。霍伍德

（Harwood，2008）基于积极青年发展（positive youth development）观点，认为对于青少年运动员而言，承诺（commitment）、沟通（communication）、专注（concentration）、控制（control）和自信（confidence）五个方面（即5C）是其未来职业发展所需的核心特征。其具体内容、特点和促进措施举例见表1-6。霍伍德和安德森（Harwood & Anderson, 2015）在TARGET计划的基础上，结合自我决定理论和归因理论的观点，进一步提出PROGRESS计划（见表1-7）。该计划旨在通过改善教练员执教效能感，使其在执教过程中增加对运动员5C的培养，进而对运动员的运动动机和行为表现产生积极影响。教练员可以根据PROGRESS计划内容，采用本章介绍的具体促进策略，应用于执教实践工作中。

表1-6 5C的内容、特点和促进措施举例

5C的内容	特点	促进措施举例
承诺 Commitment	不断提升努力的程度 在失败挫折情况下仍然继续坚持 对掌握的兴趣投入且不回避困难	提供技能相关反馈与强化 在挫败情境下提供鼓励 对趋近行为给予强化
沟通 Communication	向教练员请教专项相关问题 与教练员交换信息并接受意见 鼓励、赞扬和支持队友	演示言语和非言语沟通 指定具体队员作为沟通监督 强化队员间的鼓励、赞扬和支持行为
专注 Concentration	持续关注技术不被打扰 认真听指导并保持目光接触 助人专注并明确团队专注点	强调不同类型注意的重要性 演示"好的"和"坏的"注意类型特点 训练中使用干扰策略
控制 Control	快速恢复状态，不因失误做消极行为和表现负向情绪 所有赛事中持续保持积极身体语言，避免在负面情绪下与队友争执、冲突	强化快速从失误中恢复和调整的重要性 演示"好的"和"坏的"自我控制特点 介绍具体情境下的可能处理策略和方法
自信 Confidence	直面比赛和需求，不怕失误 以自信满满的状态进行训练和比赛 积极面对所有训练比赛并信念坚定	提供有助于队员成就实现感受的针对性练习 鼓励成员间对彼此进步、改善、成就的积极反应 提供队员表现和体验自信状态的机会

表1-7 PROGRESS计划的内容及特点

项目	内容及特点
P	在执教过程中介绍和强调技术和战术的同时，促进运动员5C的发展（Promote the Cs），解释5C的原理并强调其对专项发展的重要性
R	教练员示范（Role-model）适当的模范行为促进5C的发展，通过教练员力行或列举领域内的例子（"好的"和"不好的"）强调5C对生活的重要性
O	强调运动员学习主体权（Ownership of their learning）意识，让运动员参与决策制定过程，允许运动员发表自己的看法和观点，强化运动员在实践中体验自身优点和长处

续表 1-7

项目	内容及特点
G	通过为运动员提供练习 5C 的机会，促进运动员 5C 的成长（Grow the Cs），并在压力性比赛情景中进行锻炼和检验
R	通过赞扬运动员 5C 相关技能或行为，进而强化运动员 5C 的发展（Reinforce the Cs）
E	通过鼓励运动员彼此之间对 5C 相关表现和行为的赞扬与支持（Empower peer support），建立个体和团队自信
S	对彼此支持的队员给予支持和鼓励（Support the supporter），并联系到 5C 对团队氛围的重要性
S	对运动员的 5C 水平持续评估并鼓励继续实践；每次训练后做好系统性复盘，鼓励运动员针对训练内容进行回顾和反思（Self-review and reflection）

杜达（Duda, 2013）基于成就目标理论和自我决定理论观点，认为教练员的执教行为或具有"赋权"（empowering）特点，或具有"去权"（disempowering）特点。赋权执教（empowering coaching）主要表现为对掌握目标取向（mastery-orientation）的促进，同时提供自主性支持（autonomy support）和社会支持（social support）；去权执教（disempowering coaching）主要表现为对表现目标取向（performance-orientation）的鼓励和对运动员行为的控制（control）（具体特点及举例见表 1-8）。赋权执教所营造的氛围更有利于运动员产生适应性结果（如自主型动机、幸福感、积极行为意愿等），因为赋权执教强调内部目标（掌握目标取向）和对运动员基本心理需求的满足；相对而言，去权执教所营造的氛围更可能导致运动员产生非适应性结果（如控制型动机、心理疾病、退出行为等），因为去权执教强调表现目标取向和对运动员基本心理需求的阻碍（Alvarez et al., 2012; Appleton et al., 2016; Castillo-Jiménez et al., 2022），作用机制模型见图 1-4。因此，教练员在实践工作中可考虑采用更多赋权执教行为，同时减少去权执教行为的使用。

表 1-8 赋权执教与去权执教的特点举例

执教行为	子维度	举例
赋权执教	掌握目标取向	强调任务相关能力反馈 向运动员解释角色的重要性 强调并认可努力和改善 使用合作学习方法
	自主性支持	承认运动员的感受和观点 提供有意义的选择 解释任务/要求/限制的理由 鼓励运动员的主动性
	社会支持	确保运动员都参与训练活动任务中 鼓励非训练指导相关的沟通和交流 采用关怀和温暖的沟通方式 给予运动员无条件关注

续表 1-8

执教行为	子维度	举例
去权执教	表现目标取向	惩罚失误/错误 强调能力/表现的优劣等级 鼓励队内竞争和较量
	控制	强调外部奖励 使用控制性语言 依靠恐吓手段 贬低运动员的观点和看法

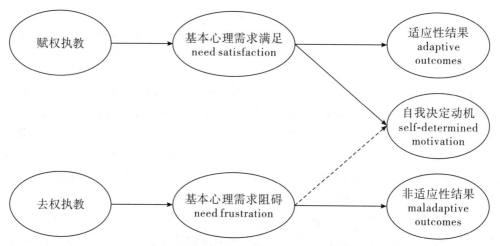

图 1-4　赋权执教与去权执教的作用机制模型

在运动训练情景中，教练员和运动员的情感状态、想法和行为彼此相互影响。乔伊特及其同事（Jowett & Ntoumanis, 2004）基于此，初期提出了教练员 - 运动员关系的 3C 模型，即亲密感（closeness）、承诺感（commitment）和互补性（complementary），认为上述三个方面是反映教练员 - 运动员关系的重要构成。乔伊特（Jowett, 2017）后续增加了共同定向（co-orientation）维度来进一步反映教练员 - 运动员关系，修订并提出了 3+1 C 模型（或 4C 模型），相关定义和举例见表 1-9。已有研究发现，高质量的教练员 - 运动员关系与运动员的积极心理状态、运动表现和幸福感密切相关，例如，动机（Adie & Joweet, 2010）、团队凝聚力（Jowett & Chundy, 2004）、自我效能感（Hampson & Jowett, 2014）、满足感（Davis et al., 2019）、身体和认知表现（Davis et al., 2018）等；而低质量的教练员 - 运动员关系与人际冲突（Wachsmuth et al., 2018）和运动员倦怠（Isoard-Gautheur et al., 2016）密切相关。乔伊特认为教练员 - 运动员关系是影响教练员执教效果的核心因素，因此有效处理教练员 - 运动员关系问题对教练员执教效果具有积极影响（Jowett, 2017）。莱茵德和乔伊特基于前期研究发现，设想通过改变教练员和运动员的（双向）沟通方式可以有效改善教练员 - 运动员关系质量，进而提出了 COMPASS 模型（Rhind & Jowett, 2010），见图 1-5。该模型介绍了教练员和运动员可用于有效改善教练员 - 运动员关系的七种沟通策略（内涵和举例见表 1-10）。

表 1-9 4C 模型的定义及举例

4C	定义	举例
亲密感 Closeness	教练员和运动员彼此之间情感紧密度的人际感受	我信任我的队员/教练 我尊重我的队员/教练 我感激队员/教练的付出
承诺感 Commitment	教练员和运动员关于保持彼此关系的人际想法	我对我的队员/教练做出承诺 我的运动生涯与我的队员/教练紧密联系在一起
互补性 Complementary	教练员和运动员有关领导与配合的人际行为	我与队员/教练训练时感到安心 我与队员/教练训练时能积极反应 我与队员/教练训练时会尽全力 我与队员/教练训练时持友好姿态
共同定向 Co-orientation	教练员和运动员之间的人际依赖感	我觉得我与队员/教练想法一致 我觉得我与队员/教练目标一致 我觉得我与队员/教练步调一致

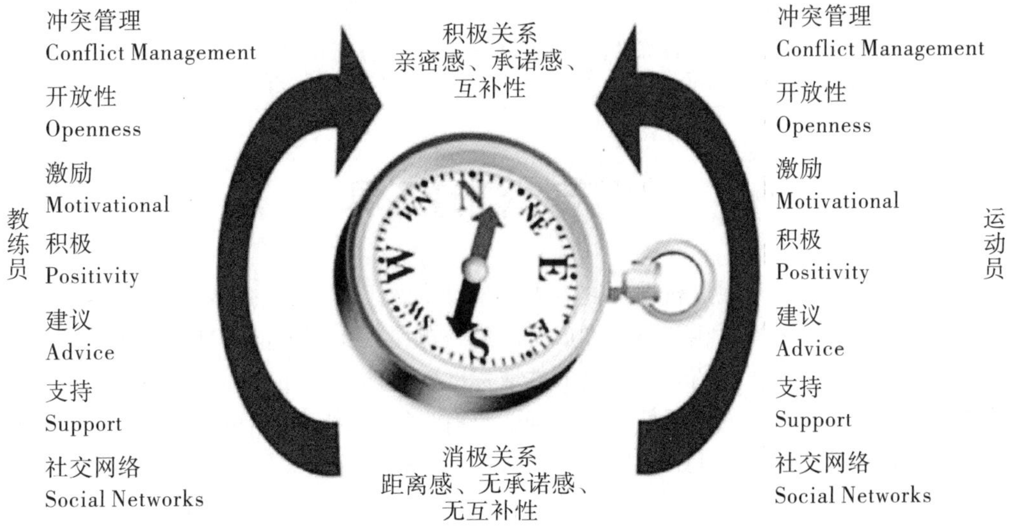

教练员

冲突管理 Conflict Management
开放性 Openness
激励 Motivational
积极 Positivity
建议 Advice
支持 Support
社交网络 Social Networks

积极关系
亲密感、承诺感、互补性

消极关系
距离感、无承诺感、无互补性

运动员

冲突管理 Conflict Management
开放性 Openness
激励 Motivational
积极 Positivity
建议 Advice
支持 Support
社交网络 Social Networks

图 1-5 COMPASS 模型

表 1-10　COMPASS 模型沟通策略的定义及举例

COMPASS	定义	举例
冲突管理 Conflict Management	针对在合作、期望、未达到期望的后果等方面的冲突进行讨论	进一步澄清期望和避免冲突 以配合的态度展开讨论不一致的问题
开放性 Openness	开放自己的感受和想法	谈论与训练比赛无关的事情 尝试理解教练员/队员的感受和想法
激励 Motivational	教练员激励队员继续努力/队员表达与教练员合作的意愿	尝试去激励队员/教练员 鼓励队员更加努力 表达促进关系的能力 尝试在关系中体验愉悦感
积极 Positivity	积极采取有助于教练员-运动员关系的行为和想法	尝试努力提升个人适应性 实践体育精神 积极应对外部压力
建议 Advice	表达自己的观点，给出和接受反馈	讨论与训练比赛相关的问题 适当表扬和肯定 提供有助于改善的反馈而非批评
支持 Support	表现出对教练员-运动员关系的承诺，并尽力提供彼此支持	表达对彼此的承诺 训练比赛相关的支持 训练比赛以外的支持
社会网络 Social Networks	运动员/教练员在训练比赛情景之外的人际互动	与运动员/教练员在休闲时间互动 与其他朋友的互动沟通

第四节　测量工具

有效的测量工具是促进科学研究发展和推动实践工作开展的重要手段。本节整理并介绍了可用于测量本章相关概念和成分的有效测量工具（测量工具的内容、计分方式、文献出处等）。所介绍测量工具的选取标准包括两个方面：①动机及动机相关变量的测量工具；②领域内广泛使用且被证实具有良好信效度的测量工具。本节整理并介绍了现有的中文版测量工具，对于中文版不可获得（已发表但未能获得问卷全文）和未修订为中文版的重要测量工具也均进行了说明，读者可根据自身需求予以参考使用。在内容上，本节所介绍测量工具涉及四方面：①动机相关；②激励氛围相关；③人际互动行为相关；④动机的前因和后效相关。

一、动机测量工具

杜达和尼科尔斯（Duda, 1989; Duda & Nicholls, 1992）研发了"运动领域任务和自我取向问卷"（Task and Ego Orientation in Sport Questionnaire, TEOSQ），该问卷包含13个条目，测量任务取向（7个条目）和自我取向（6个条目）两个维度。陈坚和姒刚彦（1998）对该问卷进行了翻译并检验，形成了中文版问卷（见附录 1-1）。

埃利奥特等（Elliot & McGregor, 2001）研发了适用于学业情景的"2×2 成就动机问卷"（2×2 Achievement Goal Questionnaire, AGQ）。康罗伊等（Conroy, Elliot & Hofer, 2003）将该问卷进行修订并在运动员人群进行了检验，形成了"2×2 成就动机问卷-运动领域"（2×2 Achievement Goal Questionnaire for Sport, AGQ-S）。该问卷共包含 12 个条目，测量掌握 - 趋近取向（3 个条目）、掌握 - 回避取向（3 个条目）、表现 - 趋近取向（3 个条目）和表现 - 回避取向（3 个条目）四个维度。有研究者（谢圣松、董侠，2017）将问卷翻译为中文，但未对中文版问卷进行心理测量学属性相关检验。中英文对照版问卷内容见附录 1-2。

基于自我决定理论框架，已有研究者针对运动员人群研发了不同的测量运动动机的问卷如 Sport Motivation Scale（SMS）（Pelletier et al., 1995）、Behavioral Regulation in Sport Questionnaire（BRSQ）（Losdale, Hodge & Rose, 2008）。初步的 SMS 未包含整合调节维度，后续研究（Pelletier et al., 2013）补充了该维度并对问卷内容进行了调整，形成了 Sport Motivation Scale-Ⅱ（SMS-Ⅱ）。国内学者分别对 BRSQ-6（尤日虹等，2017）和 SMS-Ⅱ（Li et al., 2018）在中国大学生运动员人群进行了检验，中文版 BRSQ-6 和 SMS-Ⅱ 问卷分别见附录 1-3 和附录 1-4。

二、激励氛围相关测量工具

基于成就目标理论，早期研究者（Seifriz et al., 1992; Walling et al., 1993）研发了"运动领域知觉激励氛围问卷"（Perceived Motivational Climate in Sport Questionnaire, PMCSQ）。该问卷包含 21 个条目，用于测量掌握激励氛围（9 个条目）和表现激励氛围（12 个条目）。后期研究者对 PMCSQ 进行了修订，提出了问卷的二阶结构模型，发展出了 PMCSQ-2（Newton, Duda & Yin, 2000）。该问卷包含 33 个条目，分别用于测量任务卷入（task-involving）和自我卷入（ego-involving）。前者包含三个子维度：合作学习（cooperative learning）、重要角色（important role）和努力改善（effort/improvement）；后者包括三个子维度：惩罚失误（punishment for mistakes）、不平等认可（unequal recognition）和队内竞争（intra-team member rivalry）。英文版 PMCSQ-2 内容见附录 1-5。虽然有国内研究者在研究报告中使用了中文版 PMCSQ-2，但问卷内容未发表（Wu et al., 2021）。值得注意的是，虽然国内有学位论文翻译并使用了 PMCSQ-2（蔡端伟，2016），但中文版与英文版的问卷信息不一致。

基于成就目标理论和自我决定理论动机观点，杜达（Duda, 2013）提出教练员的执教行为或具有"赋权"特点，或具有"去权"特点。后续研究者（Appleton et al., 2016）基于杜达的研究理论设想，研发了"教练员赋权去权激励氛围问卷"（Empowering and Disempowering Motivational Climate Questionnaire-Coach, EDMCQ-C）。该问卷包含 34 个条目，用于测量赋权激励氛围和去权激励氛围两个维度。前者又包含任务卷入、自主支持和社会支持三个子维度，后者包含自我卷入和控制执教两个子维度。因尚未见有中文版问卷发表，本书仅列出英文版问卷供参考（见附录 1-6）。有研究者（Smith et al., 2015）基于杜达提出的赋权去权激励氛围设想，研发了"多维度激励氛围观测系统"（Multidimensional Motivational Climate Observation System, MMCOS），鉴于该测量工具尚未见中文版本且其信效度信息不明确，因此未在此处介绍，感兴趣的读者可参见 Smith 等（2015，2017）的研究。

三、人际互动行为测量工具

基于自我决定理论框架，已有研究者（Liu & Chung, 2017）基于"教师作为社会环境问卷"（Teacher as Social Context Questionnaire, TASCQ）（Skinner & Belmont, 1993）研发了中文版"体育课需求支持执教风格量表"（Need-Supportive Teaching Style Scale for Physical Education, NSTSSPE）用于测量体育课情景教师需求支持执教风格。该量表包含 10 个条目，分别测量自主性支持（3 个条目）、能力感支持（4 个条目）和关联感支持（3 个条目）。可修订用于测量教练员需求支持执教风格，修订版量表见附录 1-7。

基于自我决定理论框架，已有研究者（Bartholomew et al., 2010）研发了"控制执教行为量表"（Controlling Coach Behaviors Scale, CCBS），用于测量教练员控制型执教行为。该量表包含 15 个条目，分别测量奖励控制（4 个条目）、消极条件关注（4 个条目）、威迫（4 个条目）和过度个人控制（3 个条目）。有国内学者将 CCBS 翻译为中文，并在运动员人群中进行了检验。中文版"控制执教行为量表"（见附录 1-8）包含 13 个条目（条目 1 和条目 4 被删除），测量上述 4 个维度。

基于自我决定理论框架，新近研究（Delrue et al., 2019）将"学校情景问卷"（Situation-in-School Questionnaire, SISQ）（Aelterman et al., 2019）修订并应用于运动情景，形成"运动情景问卷"（Situation-in-Sport Questionnaire, SISQ-S）。该问卷包含 15 个情景，分别反映 4 种执教风格（自主性支持、结构、控制和混乱）的 8 个分领域。该问卷尚未见中文译版。详细问卷内容可参见 Aelterman 等（2019）和 Delrue 等（2019）的研究。

四、动机前因和后效相关测量工具

（一）基本心理需求

早期运动训练领域研究者主要通过修订其他领域"心理需求满足与阻碍量表"的方法实现对运动员人群心理需求满足与阻碍的测量。中文版相关测量工具包括适用于一般情景的"心理需求满足与阻碍量表"（Chen et al., 2015; 见附录 1-9）以及适用于体育课情景的"体育课基本心理需求满足量表"（Liu & Chung, 2014）和"体育课基本心理需求阻碍量表"（Liu & Chung, 2015）。其中，Chen 等（2015）研发的英文版一般情景"心理需求满足与阻碍量表"被修订应用于国外运动员人群（Delrue et al., 2019）；Liu 和 Chung（2014，2015）研发的上述两张体育课情景量表被修订应用于中国运动员人群（转引自李志杰，2022），修订后的量表见附录1-10、附录1-11。国外新近研究通过对已有各领域心理需求满足与阻碍相关测量工具进行汇总编制了"心理需求状态运动领域量表"（Psychological Need States in Sport-Scale, PNSSS）。目前该量表未见中文版，英文版量表参见Bhavsar等（2020）的研究。

（二）运动员训练投入

早期有关运动员训练投入的测量主要通过修订其他领域测量工具实现。例如，Reynders等（2019）借鉴学习投入相关问卷条目，将"教师"改为"教练"，将学习相关活动改为运动训练或比赛等，进而达到对运动员训练或比赛中行为投入（如我在训练或比赛中努力做好）、情感投入（如我喜欢学习有关训练或比赛的新知识）和认知投入（如我试图将我所学的与我在训练或比赛中已经知道的联系起来）进行测量的目的。国内研究者王忠浩（2021）和Liu等（2024）基于工作投入和学习投入相关研究成果研发了"运动员训练投入量表"（见附录1-12）并在多个运动员人群样本中进行了检验，为测量运动员训练投入提供了符合心理测量学属性的测量工具。

（三）运动员倦怠

早期运动训练领域研究者主要通过"马氏倦怠量表"（Maslach Burnout Inventory, MBI）对运动员倦怠进行评估。MBI主要发展自卫生和服务行业相关从业人员，在应用于运动员人群时显现出一些偏差和不足。为解决这一现实问题，Raedeke和Smith（1997）以运动倦怠形成的压力模型和承诺模型为基础，借鉴MBI相关测量条目，通过一系列研究研发了用于评估运动员倦怠状态的测量工具——"运动员倦怠问卷"（Athlete Burnout Questionnaire, ABQ; Raedeke & Smith, 2001）。该问卷被译成多种语言，如法语版、西班牙语版、德语版、挪威语版、葡萄牙语版、瑞典语版等。中国台湾学者（卢俊宏 等，2006）将ABQ翻译成繁体中文，并在大专院校运动员人群中对其信效度进行了检验。繁体版ABQ包含11个条目，测量原问卷的三个维度，具有良好的信效度。陈作松、周爱光（2007）将ABQ翻译成简体中文，并进行了修订。但ABQ测量模型拟合指数不理想，且个别分量表（成就感降低）内部一致性信度偏低。虽然研究者对中文版ABQ进行了修订，但对原有问卷的内容改动较大。其他学者（Liu et al., 2022）对ABQ进行了翻译并在大学生运动员和专业运动员人群中进行了检验，发现3个条目（条目1、3、14）表现不良并将之进行删除，12个条目的中文版ABQ具有良好的信效度。后续研究进一步对中文版ABQ（见附录1-13）进行了检验，得出与Liu等（2022）研究相似结果（李志杰，2022）。

本 章 小 结

本章从具体案例出发引出对运动训练情景下运动员动机相关问题的探讨，通过对相关动机理论的介绍，链接至具体个案情景，尝试从不同角度理解和解释以案例为代表的运动员动机问题。结合相关理论设想和已有研究证据，为运动实践工作中有关动机问题的处理和预防提出了一些建议与方法。最后，本章介绍了谈及动机理论相关测量工具，为未来的运动动机相关实践和研究提供参考。

思 考 问 题

1. 动机与目标的区别是什么？
2. 什么是动机？动机的前因和后效有哪些？
3. 解决运动员动机问题可从哪些角度入手？
4. 教练员对于运动员动机的形成和发展有什么影响？
5. 如何有效测量运动动机？

第二章 竞技运动中的人格与个性化差异

本章导读

20世纪80年代中至90年代初,基于"主效应"(main effects)模型的人格研究曾是运动心理学领域的"重头戏"。由于这类研究的一些误区与限制(例如,缺乏理论依据、令人困惑的实用价值),它们似乎日渐没落。直到近十多年来,"交互效应"(interactive effects)模型人格研究的兴起,为其在竞技运动领域的研究和应用注入新生。本章将从心理学史上人格研究的"六大派"说起,引出当前广泛流行的人格特质定义,并着重介绍几大基础人格特质理论(包括三大特质、大五人格模型、强化敏感人格理论)和与竞技运动紧密相关的两种典型人格特质(包括完美主义人格、自恋人格)。同时,本章将阐述这些理论模型如何定义、评测不同的人格特质,也将讨论不同人格特质可能带来哪些独特的行为表现和心理需求,以及它们如何与竞技运动息息相关等重要议题。在这一基础上,回顾竞技运动中传统人格研究的主要发现与局限,并展开对近十多年来运动心理学中基于"交互效应"模型人格研究的探讨。最后,本章将详细探讨交互模型人格研究在竞技运动中的发展与应用,并给出有关运动员个性化培养的方案与建议。

第一节 案例

李明(化名)是一位年轻的教练员,他带领运动员们备战几个月后的全国性赛事,并力争好成绩。基于公平、公正和系统化的标准,李明为他的队员们制订了统一的备赛训练计划。在该计划执行了一段时间之后,李明察觉到有些运动员竞技水平显著提升甚至超出预期,而有些运动员却仿佛找不到状态,常常分心且不能很好地执行备赛计划。李明认为此情况是因为某些运动员的备战态度不端正,因此召集这些运动员做了一次带有批评性质的思想教育工作,希望以此激发他们的上进心。然而,结果却不尽如人意,这些被约谈的运动员在备赛进程中毫无起色。李明为此请教了一名经验丰富的运动心理咨询师,被告知上述情况的出现可能与统一的备战方案计划未能很好地契合具有不同人格特质运动员的心理需求有关。因此,针对具有不同人格特质的运动员而制定更有效的个性化训练方案迫在眉睫。那么，李明该如何评测队员们的人格特质，又该怎样制定个性化的训练方案呢？

第二节 人格的概念与理论

一、什么是人格

广义地来说，人格被视为特定个体内在特质及其相应行为模式的集成反映。根据马腾斯人格结构模型（Martens, 1975），人格至少包含三个层次的表现形式，即心理核心特质（psychological core）、典型应激反应（typical responses）以及角色相连的行为表现（role-related behaviours），马腾斯人格结构理论见图2-1。心理核心特质是对个人基本价值观和世界观的反映，通常受到个人成长经历、人际关系乃至信仰、信念的影响，因此相对隐晦、稳定且很难被改变。心理核心特质更关注我们作为独立个体如何解读外在世界、经历或事件，而非我们希望他人如何看待自己。因此，个人的心理核心特质通常决定了我们的典型应激反应。典型应激反应是个人日常行为模式的外在表现，也是个人核心特质的反映。例如，拥有更多外向性特质（extraversion）的个体在生活中更热衷于社交活动，而拥有更多随和性特质（agreeableness）的个体通常表现得更为谦逊、直率。与心理核心特质的相对隐晦的形态相比，典型应激反应更容易被观测和评估。然而，个人外在的表现或特定场景下的应激反应未必总能精确地反映个人的心理核心特质。举例来说，虽然大多数学生在课堂上总是表现得安静有序，但我们并不能仅依据此情景下的行为表现便认为他们都是相对内向及自律的——他们在课堂上的表现可能受到了"学生"这一角色的制约，而非其内向性和自律性的体现。这恰好反映了人格结构的第三个层次：角色相连的行为表现。个体的行为表现确实或多或少会受到其所属社会"角色"的影响，例如一名高水平的专业运动员很可能同时拥有多重身份（子/女、学生、运动员、助教、家长等），而其在每个不同身份下的行为表现通常不尽相同，这并非该运动员心理核心特质的真实反映。由此可见，在人格研究和实践运用中，过度单一地侧重于人格组成的某一个部分很可能会以偏概全。这或许解释了为什么在心理学历史上人格研究分化出了多种学派。

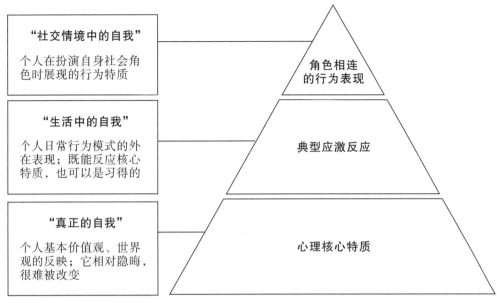

图 2-1 马腾斯人格结构理论（Martens, 1975）

二、"六大派"人格

尽管古今中外的心理学家对于人格研究的派别分类尚有分歧，学界泰斗罗伯特·温伯格（Robert S. Weinberg，前北美运动和身体活动心理学会（North American Society for Psychology of Sport and Physical Activity, NASPSPA）及应用运动心理学会 AASP 主席）及丹尼尔·古德（Daniel Gould，被誉为史上最伟大的运动心理学家之一）在其 2019 年新版著作《运动及锻炼心理学基础》（Foundations of Sport and Exercise Psychology）中总结回顾了人格研究历史上的"六大派"：心理动力学派（psycho-dynamic approach）、特质模型学派（trait approach）、情境模型学派（situational approach）、现象模型学派（phenomenal approach）、生理心理社会模型学派（biopsychosocial approach）和交互模型学派（interactionist approach）。值得注意的是，这里提及的"六大派"并非一群研究人员或心理学家正式成立的"学派"（school），而是迄今为止人格研究中采用的六种"方法"（approach）。这些方法分别对应了解读人格这一心理概念的不同"理论框架"（见表 2-1）。本部分基于温伯格和古德的回顾（Weinberg & Gould, 2019），结合已有研究工作成果介绍人格"六大派"的发展脉络。

心理动力学派源自西格蒙德·弗洛伊德（Sigmund Freud）和他的追随者。心理动力学派认为，人格或人的精神涵盖了本我（id）、自我（ego）和超我（superego）三个层面，强调来自潜意识的本能驱动（即本我）是外在行为的先决因素，且通常与意识层面的自我和超我存在分歧（Cox, 1998）。例如，经历了童年创伤的运动员似乎能在高水平竞技中展现出更强的心理韧性，也拥有更强的自恋及完美主义倾向（Hardy et al., 2017）。这些更"优越"的心理特质或许正是对童年创伤带来的潜意识里的自卑

（而非自信）的一种保护机制。尽管潜意识这一概念已在现代临床心理治疗中得到广泛应用（Stiles et al., 2006），但其在心理科学研究和非临床领域（如竞技运动）的应用因其"不可观测性"受到较大限制（潜意识非但无法被观测，也很难被干预，它真伪难辨）。

表 2-1　人格研究中的"六大派"及其核心观点与代表理论

学派	核心观点
心理动力学派	人格是人们内心潜意识的反应与驱使，如弗洛伊德力比多驱力理论（Freud, 1931）
特质模型学派	人格是与生俱来的特质，有遗传性，在人的一生中是相对稳定的，如艾森克人格理论（Eysenck & Eysenck, 1965）
情境模型学派	人们在特定经历中习得了相应的行为习惯及与之相应的特质，如社会学习理论（Bandura, 1971）
现象模型学派	个人对情境的解读是影响个人特质与行为表现的重要因素，如自我决定理论（Bandura, 1971）
生物心理社会模型学派	人格研究必须从"全人"（whole person）的角度去理解在个人成长经历中生理特质、心理因素以及社会环境因素是如何协同作用的（McAdam & Pals, 2006）
交互模型学派	每个个体都有着自己的特质，然而这些特质于行为表现上的反映却因应环境因素的变化而变化，如个人环境交互理论（Lewin, 1936）

相较于心理动力学派，特质模型学派、情境模型学派和现象模型学派在主流心理学及其应用学科中（如运动和锻炼心理学）得到了更为广泛的拥护。特质模型学派认为人格是与生俱来的内在特质（trait），有着遗传学基础、由基因决定且在人的一生中相对稳定（Eysenck & Eysenck, 1965）。基于先天和稳定的特质体系，传统特质模型学派提出个体的外在行为倾向（disposition）是人格的具象表现，且很难因应情境变化而改变。例如，拥有更多外向型特质的运动员更容易在训练中"走神"；神经质特性更高的运动员在训练中更难应对逆境；高尽责性特质（conscientiousness）的运动员在大强度训练中则表现得更自律（虽然这些倾向可以被干预，却很难被消除或扭转，Woodman et al., 2010; Zhang et al., 2019）。已有基于大五人格模型（The Big Five Model）在运动领域的综述研究指出，无论在竞技体育还是休闲运动领域，人格特质均能较为准确地预测人们的行为倾向（Allen, Greenlees & Jones, 2013）。

尽管人格特质和行为倾向之间存在紧密联系，但人格特质并不总能准确预测或解释个体在不同场景下的行为表现。举例来说，低外向特质的人通常更愿意独处，不喜爱社交，然而当其与亲密好友在一起时，低外向特质的个体同样可能表现得像高外向性特质个体所表现出的活跃与热情。情境模型学派恰好对这一现象提供了更好的解释，即认为人格及其外在的行为表现受特定情境或处境（situation）影响。情境模型学派源自行为主义学说（behaviorism）中的社会学习理论（social learning theory）（Bandura, 1971），认为，人们在特定经历中"习得"的行为习惯或特质会在之后的经历或情境中得到"强化"（reinforcement）。从情境模型的角度看，有些个体之所以更愿意独处并非因为他们的低外向性特质，而是因为他们在（与陌生人的）社交中曾有过不愉快的体验。这使得他们较其他没有类似经历的个体更排斥社交。对这些个体而言，与不愉快的社交体验相比，与好友相处则通常尽兴愉悦。他们也因此在好友面前表现得更为热情、活跃，这些行为表现并非取决于其内在特质，而是由其所处的外在环境所决定。在竞技运动中，平时稳重的运动员在特定场景下表现得暴躁或具有攻击性等现象为情境模型学派的观点提供了支持。

然而，和特质模型学派相似，情境模型学派的观点也并非没有缺陷。例如，情景模型学派无法解释为何在相同情境下或拥有类似经历的前提下，不同个体的行为倾向或行为表现常常不尽相同等现象。现象模型学派的崛起源于对此类现象的探讨。现象模型学派强调个体对情境的解读是影响个体行为表现的重要因素。换句话说，行为或人格的外在表现是由个体内在特质和其所处外部情境共同决定的（Vealey, 2002）。例如，相对于低自我效能感（self-efficacy）的运动员而言，高自我效能感的运动员能承受更多压力和挑战，并更持久地保持高水准竞技表现（Beattie & Davies, 2010）。从现象模型学派的角度看，这或许是因为高自我效能感的运动员对压力与挑战有着更积极的解读（Jones & Swain, 1992）。虽然现象模型学派同样强调内在心理特质的重要性（如自我效能感、驱动力），但与特质学派不同的是，它更重视心理核心特质中相对动态的状态（state）而不是相对固化的特性（trait）。当前对应用心理学（包括运动和锻炼心理学）有着广泛影响的自我效能理论（Self-Efficacy Theory）（Bandura, et al., 1977）、自我决定理论（Self-Determination Theory）（Deci & Ryan, 1985）、成就目标理论（Achievement Goal Theory）（Elliot, 1999; Elliot & McGregor, 2001）等均属于现象模型学派的理论。

相对于上述人格研究观点，生理心理社会模型学派反映的是最新近出现的另一派观点。生理心理社会模型学派认为必须从"全人"（whole person）视角去理解人格，强调在个人成长经历中生理特质、心理因素以及社会环境因素之间的协同作用（McAdams & Pals, 2006）。作为一个新兴的理论框架，生理心理社会模型学派对竞技运动中运动员的培养与发展相关研究与实践工作具有重要的促进作用。研究者可以从基于"全人理论框架"开展的有关奥运级别教练员（Mallett & Coulter, 2016）和超精英奥运选手（多次获得奥运会奖牌的运动员）的人格研究（Hardy et al., 2017）一窥究竟。

交互模型学派是人格"六大派"中最神秘的一派。其神秘感体现在，虽然交互模型学派的理论观点由来已久且备受推崇，但其于运动及锻炼心理学中的研究和实践却相形见绌。交互模型学派的起源可以追溯到犹太裔心理学家库尔特·勒温（Kurt Lewin）于1936年发表的著作《拓扑心理学原理》（Principles of Topological Psychology）。勒温认为，个体的性格特点（dispositional characteristics）和外在因素的交互作用是决定个体行为的"基石"，这一观点在近现代心理学中受到了广泛的拥护。不同于更加重视心理"动态状态"（如自我效能、动机或驱动力）的现象模型学派，交互模型学派更关注"以人为本",强调每个独立的个体都有着自己的特性或特质,这与特质模型学派的观点不谋而合。而交互模型学派观点更优于特质模型学派之处在于,它在人格研究和应用中更强调"因材施教"。虽然竞技运动领域相关人格研究发现,不同性格特性的运动员有着各自独特的行为倾向(例如,高外向性运动员在训练中更容易分心、高神经质性运动员应对逆境的表现更差),但若根据个体不同人格特质需求,通过有针对性地进行执教指导或提供心理技能训练等措施,均可能实现对具有不同性格特点运动员潜能的挖掘(例如,高外向性运动员也能在训练中高度集中,高神经质性运动员也能良好应对逆境)(Woodman, et al., 2010; Roberts et al., 2013; Roberts et al., 2015; Zhang, et al., 2019)。基于交互模型的研究能够帮助研究者和实践者更好地了解,如何通过发展个性化的培养模式去挖掘和实现具有不同特质个体的潜能。因此,交互模型人格理论被认为是竞技运动领域乃至其他高压领域(如军队、商务机构)人格研究的未来。本章后段将着重展开对交互模型人格研究及其应用的探讨。

由于交互模型学派的人格研究以人格特质(personality trait)观点为基础,接下来的内容将简要回顾当下心理学界有关人格特质定义的主流观点,并以此引出与竞技运动相关的人格特质。

三、人格的定义与四项核心特性

根据丹尼尔·瑟沃恩(Daniel Cervone)和劳伦斯·佩文(Lawrence A. Pervin)2018年的著作《人格心理学:理论与研究》(*Personality: Theory and Research*)所述,人格是一种典型的心理特质,它反映了个体相对持久且独特的情感、思维及行为模式。基于这个被广泛认可的人格特质定义,瑟沃恩和佩文进一步提出了人格的四项核心特性,即持久性(enduring)、独特性(distinctive)、行为表现性(contributing to behaviours)和普适性(accounting for all aspects of a person)。具体而言,持久性指人格特质在不同情境及人生阶段中相对稳定。独特性指人的特质因人而异,换言之,每个人都是独立的个体,而这个世界上也没有拥有完全相同特质的两个个体。行为表现性指人格特质决定了个体的行为模式和习惯,因此可以通过行为观测实现对人格特质的测量。普适性指人格对个体的影响涵盖了生活的方方面面,换言之,只影响个体某一特定方面的心理因素不属于人格特质范畴。

关于人格特质的理论阐述可追述至古希腊时期。亚里士多德(Anton, 1957)在他的著作《矛盾理论》(*Theory of Contrariety*)中对信心与恐惧的描述诠释了两种截然不同的人格特质。20世纪初期,弗洛伊德(Freud, 1931)的性心理发展模型(Model of Psychosexual Development)以及后来由阿尔波特(Gordon Allport)、卡特尔(Raymond B. Cattell)、艾森克(Hans J. Eysenck)等开展的理论探讨,均构成了当前人格特质研究的雏形。基于对人格特质定义及其四项核心特性的理解,接下来将着重介绍对现今人格研究有着重大影响力的几个基础人格特质模型和典型人格特质。

（一）基础人格特质模型

1. 早期人格模型

对于人格特质系统化的研究可以追溯到 20 世纪早中期，例如，阿尔波特和卡特尔分别提出了人格特质模型。阿尔波特的人格模型将人格特质分为与他人"共享"的共同特质（common traits）和个体"独有"的个体特质（unique traits）。卡特尔的人格模型则将人格特质分为可被观测的表面特质（surface traits）和决定个人行为习惯的根源特质（source traits），并进一步在其研究中归纳总结出 16 种根源特质（16 personality factors 或 16PF）。

阿尔波特与卡特尔的人格模型都为早期人格特质研究做出了卓越的贡献。然而，相对于他们更注重人格特质的"隐性"或"根源"，英国心理学家艾森克对人格研究与观测提出了截然不同的观点。他认为人们应该用更高层次（与行为表现相关）的表面特质来定义、观测和研究人格。艾森克（Eysenck & Eysenck, 1965）的人格模型展示了人格的三个基本维度，也称为三大特质模型（The Giant-Three），包括外向性（extraversion）、神经质（neuroticism）和精神质（psychoticism）。艾森克认为，我们每个人都或多或少拥有这三种基本人格特质，而它们组成了我们独特的人格且影响着我们的行为模式。例如，外向性特质较高的个体通常更健谈、自信、精力充沛且热爱社交活动；相对而言，外向性特质较低的个体通常表现得更安静、保守且更享受独处。神经质特性较高的个体通常更容易紧张、焦虑和情绪化；相对而言，神经质特性较低的个体通常更冷静、放松。精神质特性较高的个体会表现得更好斗、冲动，却也更意志坚强；相对而言，精神质特性较低的个体则通常更富同理心、自律且深思熟虑。我们可以看到，艾森克运用了"相对"的方式去评价人格特质，即每个不同的个体都一定程度地拥有几大基础人格特质而不是拥有不同"类型"的人格特性。这种"相对"而非"绝对"的人格特质概念对后世的人格研究有着深远的影响，且一直被沿用至今。

虽然心理学界对艾森克提出的三大特质人格存在争议，但脱胎于此的大五人格模型（Costa & McCrae, 1992; Goldberg, 1992）及强化敏感人格模型（Reinforcement Sensitivity Theory）（Gray & McNaughton, 2000; Gray, 1982）在主流心理学和运动心理学领域有着重大的影响力。我们首先来回顾这两种当下广为流行的经典基础人格模型。

2. 大五人格模型

大五人格模型是对艾森克三大特质人格的延伸和拓展。自艾森克提出三大特质人格至 20 世纪 80 年代中后期，心理学家们通过多次因素分析（factor analysis）逐步达成了共识，即艾森克的三大特质人格需要被进一步细分，以更好地帮助我们了解人格的基本组成特质（John & Srivastava, 1999）。研究人员通过因素分析发现，相对于外向性和神经质性良好的因素结构表现，精神质的单一因素结构（unidimensional factor structure）很难被还原和重现，且涵盖了三种未曾被发现及命名的人格特质，即开放性（openness）、随和性（agreeableness）和尽责性（conscientiousness）。开放性特质反映了个体对于艺术、情感、冒险、幻想等各类体验或经验经历的接受度。开放性特质较高的个体通常更有求知欲、愿意尝试新事物，同时，他们也对美更敏感且更富有创造力。随和性特质反映了个体在人际关系中愿意为他人妥协的程度。随和性特质较高的个体通常更重视与他人相处，也表现得更为直率、利他且温和、谦逊。尽责性特质反映了个体自律、负责的程度。尽责性特质较高的个体通常有着更强的自我约束力和责任心，也更努力去达成高于外界预期的成就。这三项由精神质特性演化而来的"全新"的人格特质，在因素分析中展现了优秀的稳定性和可重复性，并由此将三大特质模型拓展成了大五人格模型。而该模型中人格五项基本特质的英文首字母恰好组成了OCEAN［即分别指开放性（openness, O）、尽责性（conscientiousness, C）、外向性（extraversion, E）、随和性（agreeableness, A）和神经质性（neuroticism, N）］，意为涵盖基础人格特质的"海洋"。

如今，每当提及大五人格模型，人们总是不约而同地将其归功于三位享誉心理学界的美国心理学家：保罗·科斯塔（Paul T. Costa）、罗伯特·麦克雷（Robert R. McCrae）和路易斯·高柏（Lewis R. Goldberg）。1992年，科斯塔和麦克雷（Costa & McCrae, 1992）编制了"NEO人格问卷修订版"（Neuroticism Extraversion Openness Personality Inventory revise, NEO-PI-R）。近乎同一时间，高柏（Goldberg, 1992）也发表了全新的"人格检测题库"（International Personality Item Pool, IPIP）。这两个版本的人格量表分别拥有288项（NEO-PI-R）和300项（IPIP）问卷条目，实乃大五人格检测的百科全书。在研究与应用中为了更方便检测和评价大五人格，心理学家们基于完整版的NEO-PI-R和IPIP编制了多种简化版问卷（详见大五人格检测题库https://ipip.ori.org/newMultipleconstructs.htm）。在这琳琅满目的大五人格量表中，目前最广泛应用的当属高柏于1999年修订的IPIP-50（Goldberg, 1999）和戈斯林等（Gosling, Rentfrow, Swann, 2003）编制的TIPI（Ten Item Personality Inventory）。

3. 强化敏感人格模型

杰弗里·格雷（Jeffrey Gray）提出的强化敏感人格模型（Gray, 1982; Gray & McNaughton, 2000）是艾森克三大人格特质的"变种"和"进化"。不同于艾森克采用个体的表面行为特质来定义人格，强化敏感人格模型认为人格存在神经生物学基础（neurobiological basis），提出神经网络功能中最为重要的两个部分——奖励敏感性（reward sensitivity）与惩罚敏感性（punishment sensitivity）组成了两大基础人格特质。奖励敏感性是神经网络中被称为行为激活系统（behavioural activation system, BAS）的反映。行为激活系统对应了神经网络中多巴胺奖赏回路（dopaminergic reward circuitry），也与大脑前额叶皮层（prefrontal cortex）的活动息息相关。惩罚敏感性则对应了神经网络中的行为抑制系统（behavioural inhibition system, BIS）及战斗-逃跑-冻结系统（fight-flight-freeze system, FFFS）。行为抑制系统和战斗-逃跑-冻结系统共同掌管着中脑导水管周围灰质（periaqueductal grey）、内侧下丘脑（medial hypothalamus）和杏仁核（amygdala）。与此同时，行为抑制系统还涉及隔海马系统（septo-hippocampal system）、后扣带皮层（posterior cingulate）、前额叶背流（pre-frontal dorsal system），而战斗-逃跑-冻结系统还包含了前扣带皮层（anterior cingulate）和前额叶腹流（prefrontal ventral stream）。

在神经网络中，这些神经系统对人的行为表现有着不同的影响。行为激活系统通过响应环境中的奖励刺激（reward stimuli）激活人们的目标导向行为。例如，给予完成训练项目的运动员以奖励能有效帮助运动员提升训练积极性——这便是行为激活系统起到了作用。战斗－逃跑－冻结系统则通过响应环境中的厌恶刺激（aversive stimuli）激活人们的主动回避行为。例如，运动员不敢挑战曾经在重大比赛中失误的技术动作——这便是战斗－逃跑－冻结系统在作祟。而行为抑制系统则在人们不得不面对厌恶刺激时被激活，参与调节来自本能的回避与目标驱使之间的冲突，进而唤醒、强化生理反应，并常常引发焦虑相关的感受。例如，运动员伤愈康复后再参与高强度竞技比赛时常常显得尤为焦虑——这便是行为抑制系统在起作用，它不仅抑制了运动员因"创伤后遗症"而退赛的行为或想法，也唤醒了更多焦虑。

根据格雷的强化敏感模型，奖励敏感性较高的个体通常对奖励刺激更敏感，也更容易激活行为激活系统；而惩罚敏感性较高的个体通常对厌恶刺激更敏感，也更容易激活行为抑制系统及战斗－逃跑－冻结系统。虽然对基础人格特质有着截然不同的定义及命名，格雷认为，艾森克人格特质中的三大特质通过一定的"变形"恰好可以准确地"捕捉"奖励敏感和惩罚敏感这两大强化敏感特质。具体来说，格雷的研究显示，行为激活系统与精神质特性呈现几乎完美的正相关，而行为抑制系统及战斗－逃跑－冻结系统与精神质特性呈现近乎完美的负相关。与此同时，根据艾森克的三大特质理论，外向性和神经质特性是互不关联且相互独立的两种基础人格特质，犹如一个平面坐标系的两轴。而格雷发现，测量个体外向性和神经特质性并标记在平面坐标系的两轴（外向性位于水平轴，神经质性位于纵轴）后，再逆时针旋转该坐标系约30°，原本标记外向性的坐标轴恰恰能很好地预测神经网络中行为激活系统的活动水平。而原本标记神经质特性的坐标轴则恰恰能很好地预测行为抑制系统及战斗－逃跑－冻结系统的激活程度。基于这个"新颖"的发现，格雷指出可以利用艾森克三大人格特质量表去准确地预测人们的奖惩敏感性。根据多年的测试和验证，菲利普·科尔（Philip J. Corr）在2001年修订了基于艾森克人格问卷简版（Eysenck Personality Questionnaire Revised-Short, EPQR–S）（Eysenck, Eysenck & Barrett, 1985）的强化敏感特质测量方法（Corr, 2001）：

奖励敏感性 = 外向性总分 ×2 + 神经质性总分 + 精神质性总分
惩罚敏感性 =（12 - 外向性总分）+ 神经质性总分 ×2 - 精神质性总分

近年来，虽然心理学家（Corr, 2016）编制了强化敏感模型专属的心理测量问卷（如RST-PQ），科尔于2001年修订的基于艾森克人格问卷简版的转化公式仍显示出卓越的可靠性、有效性和实用性（更简短），也因此在诸多主流心理学及运动心理学研究、应用中备受推崇。

以上主要回顾了早期几大基础人格特质模型，并着重探讨了目前仍然广泛运用的大五人格模型及强化敏感人格模型。这些理论模型涵盖的人格特质被认为是人格最为基础的组成部分，在竞技运动人格研究与应用中也均占据一席之地。然而，人格特质的"种类"并不仅限于此,在这些基础人格特质之外,心理学家们还发现了一系列其他"更典型"的人格特质,它们具有各自独特的行为表现形态。其中,有两种人格特质与竞技运动尤为密不可分,即完美主义人格和自恋人格。因此,本节接下来将逐一介绍这些人格特质的理论模型、评测方式,以及它们在竞技运动中的表现形态。

(二)典型人格特质

1. 完美主义人格

完美主义人格(perfectionism)的最初起源可追溯到美国精神医学学会(American Psychiatric Association, 1980)发布的第三版《精神障碍诊断与统计手册》(*Diagnostic and Statistical Manual of Mental Disorders*, DSM-Ⅲ)。根据该手册的指引,完美主义在各类精神病理学中扮演着举足轻重的角色(此处的完美主义是指与过度的强迫性自我要求相关的病态症状,而非在普通人群中常见的人格特质)。在1983年的美国精神医学学会杰出专业贡献奖的颁奖仪式上,获奖者亚瑟·派屈(Asher Pacht)的演讲主要围绕完美主义这一当时尚未受到广泛关注的主题展开。派屈认为,完美主义特质有着广泛的人群基础,它并非只存在于精神障碍患者中;在非极端(非病态)的程度下,完美主义很可能反映的是一种和高度自我批判与苛刻的自我要求相关的典型人格特质(即完美主义人格)。

在派屈之后,心理学家们对完美主义人格特质展开了研究。经过一系列的理论探究和因素分析,兰迪·弗罗斯特(Randy O. Frost)等在1990年首先提出了完美主义人格六维度模型(Frost et al., 1990),认为完美主义人格特质包含与高度自我批评和苛刻要求相关的六种心理因素:对犯错的忧虑(concerns over mistakes)、对自身行为的怀疑(doubt about actions)、个人标准(personal standards)、组织性(organisation)、来自父母的期望(parental expectations)和批评(parental criticisms)。弗罗斯特等基于六维度模型编制了"多维度完美主义人格量表"(Multidimensional Perfectionism Scale),并通过系列研究揭示了完美主义人格的典型行为模式。例如,完美主义人格特质较高的个体(健康人群,非精神障碍患者)可能体验更多自我批评型抑郁症状和依赖型抑郁症状,也可能具有更严重的强迫症和拖延症的倾向。这些发现与派屈的观点不谋而合。然而,虽然研究显示健康人群中的完美主义人格与精神障碍相关的行为表现息息相关(尤其是采用多维度量表的总分去评价完美主义程度时),不同维度的完美主义人格特质会展现出截然不同的行为表现(Frost et al., 1990)。例如,不同于其他几个维度,个人标准和组织性特质较高的个体具有更高的自我效能感(self-efficacy)与更低的拖延症和强迫症倾向。这些现象表明,完美主义人格特质的不同维度具有不同的功能属性,也并非所有完美主义人格特质都与消极或"病态"相关,它也可以对个体心理健康和良性发展起促进作用。

基于弗罗斯特提出的完美主义人格六维度模型,保罗·休伊特(Paul L. Hewitt)和戈登·弗利特(Gordon L. Flett)紧随其后编制了全新的"完美主义人格多维度量表",并提出了完美主义的三维度模型(Hewitt & Flett, 1991)。休伊特和弗利特认为,完美主义人格有三个重要的维度,即自我导向性(self-oriented perfectionism)、社会定向性

（socially prescribed perfectionism）和他人导向性（other-oriented perfectionism）。自我导向性反映了完美主义特质中的积极部分，是对弗罗斯特提出的完美主义个人标准和组织性的延伸。它不仅包括严格的个人标准和自我批评，还与个体趋近动机（approach motivation）密切相关。社会定向性反映了完美主义特质对感知和回应他人期望的心理需求，是对弗罗斯特六维模型中对犯错的忧虑和来自父母的期望与批评等因素的整合和拓展。这种特质较高的个体对来自重要他人（如父母、教练员、伙伴）的期望更加敏感，且不受其感知到的来自他人的标准和评估是否真实所影响，会与一些不健康的行为表现（如焦虑、拖延）息息相关。他人导向性则是一个全新的完美主义维度，它反映了在人际关系中人们对他人的严苛要求或不切实际的期望。根据休伊特和弗利特的理论与研究，人们都或多或少拥有一定程度的自我导向性、社会定向性、他人导向性的完美主义特质，而这些特质的组成与程度则决定了完美主义人格的表现形态。

随着针对完美主义的研究不断深入，心理学家们（Dunkley, Zuroff & Blankstein, 2003; Stoeber & Otto, 2006）趋向于达成的新共识是从两个更广义的维度对完美主义人格特质进行测量与研究，即奋斗型完美主义（perfectionistic striving）和忧虑型完美主义（perfectionistic concerns）。奋斗型完美主义也被称为个人标准完美主义（personal standards perfectionism, PSP），是对休伊特和弗利特三维度模型中完美主义自我导向性的延伸，强调个体设立高标准和追求卓越的内部动力。忧虑型完美主义也被称为评价关注完美主义（evaluative concerns perfectionism, ECP），是对休伊特和弗利特三维度模型中完美主义社会定向性的拓展，强调个体基于外界评价和期望而产生的严苛标准与自我批评。这两种类型完美主义人格特质在竞技运动领域均得到广泛应用。已有研究发现，拥有较高奋斗型完美主义特质的运动员展现出更高的自信水平（Hall, Kerr & Matthews, 1998）、更强的应对挑战的能力（Gaudreau & Blondin, 2004），以及体验更少的焦虑（Dunn et al., 2006）；而忧虑型完美主义特质较高的运动员则更容易体验到焦虑（Koivula, Hassmén & Fallby, 2002）、抑郁（Rice & Mirzadeh, 2000）、精神疲惫和倦怠等症状（Hill & Curran, 2016）。如上所述，人格是一种"相对"的而非"绝对"的概念。因此，个体或多或少拥有一系列不同"类型"的人格特质。多维度的完美主义模型揭示了完美主义人格的表现形态由完美主义特质不同维度的交互作用所决定。基于此，帕特里克·戈德罗（Patrick Gaudreau）和阿曼达·汤普森（Amanda Thompson）于2010年提出了完美主义人格的交互模型（2×2 Model of Perfectionism）。该模型认为，个体完美主义表现形态基于两大维度特质（奋斗型完美主义和忧虑型完美主义）高低程度的不同，可能表现为低－低（低完美主义特质）、低－高（忧虑型完美主义倾向）、高－低（奋斗型完美主义倾向）和高－高（混合型完美主义倾向）四种交互形态。这一交互模型在学界获得了广泛的认可（Gaudreau, 2012, 2013）。后续研究（Gaudreau, 2015）也进一步证实完美主义两大维度的交互作用可以有效预测个体的自我决定动机、目标导向、生活满意度等积极结果变量（奋斗型完美主义倾向 ＞ 低完美主义特质/混合型完美主义倾向 ＞ 忧虑型完美主义倾向），并编制了"完美主义人格亚型自测量表"（Self-Assessment of Perfectionism Subtypes, SAPSG）。这一交互模型被认为是未来运动心理学领域有关完美主义人格研究与应用的核心方向（Hill & Madigan, 2017）。

2. 自恋人格

自恋人格（narcissism）在运动心理学领域受到越来越多的关注。"自恋"一词的由来可追溯到罗马诗人奥维德（Ovid，公元前 43 年至公元约 18 年）汇编的古希腊神话。其中一则故事讲述了年轻人纳喀索斯（Narcissus）因美貌而备受瞩目，他想要找一位伴侣却因为找不到比自己更美的人而一直未能如愿，甚至还拒绝了女神伊珂（Echo）的求爱，最终在天神涅墨西斯（Nemesis）的引诱下来到一汪清澈的水池边，并在那里因沉迷于自己的倒影溺水而亡。自此，"自恋"一词就被用来描述那些深陷自我迷恋的人。心理学中最初对自恋的描述源自弗洛伊德（Freud，1914）的专著《论自恋》（*On Narcissism*）。在这本著作中，弗洛伊德认为，自恋是一种恋爱关系中的核心心理特质，它反映了通过操纵他人来实现支配欲和满足自我迷恋的行为倾向。随着心理动力学派的发展，弗洛伊德（Freud，1931）在其晚年的著作《欲望的类型》（*Libidinal Types*）中提出自恋是一种典型的人格特质。根据弗洛伊德的理论，自恋特质主要包含四个重要维度，即争强好胜、自我满足、独立和（过度）自信。这一全新的理论体系，将与自恋相关的心理分析从"狭隘"的恋爱关系延伸至人际关系和个体日常行为的方方面面。它恰巧符合了特质学派对人格组成的见解（即满足人格特质的四项核心特性），也在很大程度上反映了后世心理学界广泛认同的自恋人格定义。如今，每当谈论起这一人格特质，心理学家通常指的是一种广泛存在于正常人群（非精神障碍者）的心理行为特征，如自以为是、自我提升（self-enhancement）、支配操控和权力欲（Morf，Horvath & Torchetti，2011）。

自恋人格与海因茨·科胡特（Heinz Kohut）于 1968 年提出的自恋型人格障碍（narcissistic personality disorder, NPD）有所不同。虽然两者都有自我膨胀倾向，以及感受崇拜和对支配、操控的需求，但高自恋人格特质的"正常人"不会像自恋型人格障碍患者一般沉沦于对自我崇拜和权力支配的幻想，也不会像后者那样非将自恋幻想付诸现实不可（Campbell，1999）。更重要的是，与自恋型人格障碍所采用的"绝对化"诊断方式不同[见美国精神医学学会（American Psychiatric Association，2013）《精神障碍诊断与统计手册》第五版（DSM-V）]，自恋人格的评测沿用了人格特质"相对化"的概念（个体不同程度的拥有一系列自恋相关的心理、行为特征）。因此，为了更加科学系统地研究自恋人格，并将其与自恋型精神障碍加以区分，罗伯特·拉斯金（Robert N. Raskin）与卡尔文·霍尔（Calvin S. Hall）于 1979 年编制了"自恋人格量表"（Narcissistic Personality Inventory，NPI）。该量表包含 40 项双选自测条目（每项包含 1 条自恋特征描述及 1 条非自恋特征描述），涵盖了自恋人格的 7 个维度：权威性（authority）、自我表现欲（exhibisionism）、优越感（superiority）、虚荣心（vanity）、剥削欲（exploitativeness）、权力欲（entitlement）和自负（self-sufficiency）。回答者选择的自恋特征越多说明其自恋倾向程度越高。虽然后续研究者研发了多种其他用于测量自恋的工具。例如，"心理权利量表"（Psychological Entitlement Scale，PES）（Campbell et al.，2004）、"病态自恋量表"（Pathological Narcissism Inventory，PNI）（Pincus et al.，2009）、"自恋浮夸尺度量表"（Narcissistic Grandiosity Inventory，NGI）

（Rosenthal & Hooley, 2010）和"自恋崇拜与竞争问卷"（Narcissistic Admiration and Rivalry Questionnaire, NARQ）（Back et al., 2013）等，"自恋人格量表"仍然是心理学研究中最为广泛应用的自恋测评量表。米勒等（Miller, Price & Campbell, 2012）的研究表明，尽管编制于20世纪70年代末，"自恋人格量表"依旧是最能全面有效"捕捉"和"检测"自恋核心特征的心理测量工具。艾姆斯等（Ames, Rose & Anderson, 2006）于2006年从原版"自恋人格量表"筛选出16项条目编织成"自恋人格简化量表"（NPI-16），为后续研究和实践工作提供了更加经济有效的测量工具。两个版本的"自恋人格量表"已普及于竞技运动领域的人格研究与应用中（Roberts, Woodman & Sedikides, 2018; Zhang, Roberts & Woodman, 2024）。

　　基于已有研究发现，当前学者普遍认为自恋特质较高的个体可能表现出更加卓越的抗压表现能力，因为自恋人格与一系列有助于竞技表现的心理因素都呈现高度关联性，如信心（Gabriel, Critelli & Ee, 1994）、果敢（Campbell, Goodie & Foster, 2004）、乐观（Farwell & Wohlwend-Lloyd, 1998）和掌控欲（Morf & Rhodewalt, 2001）等。除此之外，也有研究者认为，拥有自恋人格特质的个体之所以表现出优越的抗压能力是因为其独特的心理特质及需求。具体而言，自恋特质较高的个体会更积极迫切地去发掘、追寻及投身于能够使他们获得自我提升的机会以满足他们的虚荣心，进而让他们膨胀的自我能够继续维持下去。竞技运动情景恰好提供了这样的机会：在比赛中战胜对手或展现非凡实力的选手将获得"无上的荣耀"。高自恋特质的个体视压力和困难环境为让自己"鹤立鸡群"的契机，也因此更能在高压竞技环境中保持高水准的表现。当然，高自恋特质运动员的表现并非总能脱颖而出，他们也对某些特定的心理技能训练和运用尤为"敏感"（比自恋特质较低的运动员收获更好的成效）。

　　尽管"自恋人格量表"在主流及运动心理学研究中被广泛运用，但该量表的多维结构与总分计量评测方法间的矛盾受到较多批评。"自恋人格量表"包含7个维度，而在实际使用中，研究者通常使用这些维度的总和来评测个人的自恋特质水平。上述矛盾产生的原因主要与"自恋人格量表"7维度结构在不同人群和样本未能稳定复制和重复等现状有关，甚至个别研究发现了若干不同维度结构的模型（Watson et al., 1984; Watson & Biderman, 1993; Ackerman et al., 2011; Brown, Stanton & Watson, 2020）。同时，"自恋人格量表"不同维度之间存在较高相关，说明维度间的区分度较低。因此，已有研究者主要使用"自恋人格量表"的总分而非其各维度得分来评定自恋人格特质。然而，此类"约定俗成"的方式可能以损害测量工具的心理测量学属性为代价。

　　有研究者对"自恋人格量表"的测量结构和使用方法提出了不同看法，认为或许可以依据"良性"自恋（adaptive narcissism）和"不良"自恋（maladaptive narcissism）两个维度结构使用"自恋人格量表"（Barry, Frick & Killian, 2003; Barry et al., 2007; Barry & Malkin, 2010）。"良性"自恋包括"自恋人格量表"中的权威性和自负这两个维度，它与个体的自信心、自我意识、外向性和自尊呈高度正相关（Ackerman et al., 2011）；"不良"自恋反映了"自恋人格量表"中的自我表现欲、剥削欲和权力欲三个维度，它与高神经质性、低同理心和统治欲取向呈现强烈关联性（Cai & Luo, 2018）。已有研究表明，"不良"自恋特质较高的个体表现出更多的问题行为（如人际冲突、攻击性、反社会性）；相比之下，"良性"自恋较高的个体并未出现上述问题，并且似乎有着更高的人际关系满意度（Cai & Luo, 2018）。基于"良性"和"不良"自恋维度分类的研究启示是，研究者不应过度依赖采用"自恋人格量表"总分的评估思路，而应增加对自恋不同维度的关注。然而，有研究者对"良性"自恋和"不良"自恋的结构思路和命名方式提出了质疑，认为此类逻辑关注的是自恋人格在人际关系和社会行为方面的功能性，而非其心理特质本身的特征或属性。同时，这种命名方法容易导致对自恋人格特质产生偏见性评判，即良性或不良（Zhang et al., 2020; Zhang et al., 2021）。在抗压表现以及运动员训练和发展的相关研究中，有研究者发现所谓的"不良"自恋特质对"良性"自恋特质有着保护和辅助作用。例如，只有在"不良"自恋特质较高的情况下，高"良性"自恋特质的个体才会展现出卓越的抗压能力（Zhang et al., 2020），并且在高强度训练中更专注、更投入（Zhang et al., 2021）。上述研究发现为自恋特质二维分类结构的效度提供了支持，并进一步提出可采用膨胀型自恋（self-inflated narcissism）和统治型自恋（dominant narcissism）取代"良性"自恋和"不良"自恋等概念。这是因为，至少在竞技运动领域和其他高压表现领域，所谓的"良性"自恋并非像它的命名一样无害，而所谓的"不良"自恋也并非如它的命名所展现的"第一印象"那般让人避之不及。已有研究发现，膨胀型自恋特质较高的个体通常表现得更加自负、不切实际且趋于幻想，展现出更强的自我迷恋并以此满足自我提升的心理需求；统治型自恋特质更高的个体则通常表现得更争强好胜且富有竞争力，他们展现出更强的统治及竞争意识并通过实现掌控来满足自我提升的心理需求。这一理论框架为自恋人格的交互模型研究带来了更多的可能，也被认为是运动心理学中人格研究的指向标（Roberts & Woodman, 2017; Zhang, Roberts & Woodman, 2024）。

以上内容深入探讨了自恋人格的由来及自恋研究中最广泛运用的特质模型。已有研究多指出自恋人格是"多面"的，而基于"自恋人格量表"的研究和应用仅反映了自恋人格在自我层面相对宏大和浮夸的表现形态，如浮夸型自恋（grandiose narcissism）。实际上，自恋人格可以是敏感的和脆弱的表现形态，如脆弱型自恋（vulnerable narcissism）（Wink, 1991; Hendin & Cheek, 1997）。同时，浮夸的自恋形态，如公共型自恋（communal narcissism）也可以更倾向于反映在社会和人际关系，而非仅停留在个人层面（Gebauer et al., 2012）。相对于浮夸型自恋（基于"自恋人格量表"）的高外向性和低神经质性，脆弱型自恋展现出更低的外向性和更高的神经质性，对来自外界的批评或负面评价亦尤为敏感、警觉。公共型自恋则反映了个体对自身在社会和人际关系中所处地位、角色的迷恋，而非对自身特质和能力的迷恋。虽然当前的运动心理学研究中几乎没有涉及脆弱型与公共型自恋，但这两种不同的自恋形态与竞技运动可能相关。例如，脆弱型自恋可能对危机和负面后果有更敏感的感知，这对高压下的竞技表现可能是有帮助的；而公共型自恋则可能对团队的和谐性和凝聚力产生影响。这些均是未来有关自恋人格在竞技运动中可行的研究与应用方向。

总结而言，完美主义人格和自恋人格均是典型且复杂的人格特质，它们具有多维度属性且涉及多个方面。这些人格特质在心理学中有着稳固的理论基础，而研究者对他们的理解和认识也在随着心理学研究的不断发展得到相应的推进。近十多年来，关于这两种特质在竞技运动领域的研究也如雨后春笋般蓬勃发展。因此，心理学工作者和实践者应该如何继续深入开展相关研究，以及如何更好地将已有研究成果应用于实践，将是一个极为重要且富有挑战的议题。本章第三节内容将对竞技运动领域的传统人格研究进行回顾，同时探讨已有研究可能存在的误区与弊端。

第三节 竞技运动中的传统人格研究

一、人格与竞技表现

早期的运动心理学研究认为，运动员的人格特质对其竞技水平起着决定性的作用。威廉·摩根（William P. Morgan）指出不同运动员竞技表现差异中有20%～45%的比例受到运动员人格特质的影响（Morgan, 1980）。后续研究也发现运动员人格特质与其取得的成就密切关联，这间接为摩根的观点提供了支持。例如，与业余运动员相比，精英运动员表现出更高的外向性和更低的神经质性特质（Williams & Parkin, 1980; Egloff & Gruhn, 1996）；与地区级运动员相比，国家级运动员表现出较低的神经质性、较高的尽责性与随和性（Allen, Greenlees & Jones, 2011）。同时，对于惩罚敏感性、奋斗型完美主义或浮夸自恋特质得分较高的运动员，其在高压力竞技环境下更可能维持竞技水平甚至超常发挥（Gould, Dieffenbach & Moffett, 2002; Geukes et al., 2013; Hardy, Bell & Beattie, 2014）。另外，已有研究发现，个别在运动员人群表现"优越"的人格特质可以有效预测青少年运动员未来（七年）入选职业队的可能性（Aidman, 2007），但对运动员在短期内竞技表现的预测有效性不足。一系列关于首发运动员和替补运动员的比较研究发现，两个群体的人格特质并不存在显著差异（Evans & Quarterman, 1983; Garland & Barry, 1990），而且人格特质与单一场次或者短期内的竞技表现不存在关联性（Rogulj et al., 2006）。同时，来自大样本的研究证据表明，运动员与非运动员人群在人格特质方面并不存在显著性差异。这一研究发现对早期基于小样本研究得出的结论提出了质疑（Roberts & Woodman, 2015）。

二、人格与人际关系

相比于竞技表现相关的人格研究，人格特质与竞技运动中人际关系的相关研究是一个更为"年轻"的主题。与竞技表现的研究发现类似，几项大五人格特质似乎能够很好地预测竞技运动领域的人际关系（运动员－教练员关系、运动员－运动员关系）。例如，杰克逊等（Jackson et al., 2010）的研究显示，随和性、尽责性、开放性较高的运动员与其他团队成员间的关系更为亲密，在团队中也更受欢迎。其他研究发现，开放性、外向性和尽责性较高的运动员能更好地与教练员相处，并且更受团队中其他成员的信赖（Jackson et al., 2011）。另外，当教练员与运动员的外向性和开放性特质契合度更高时（即两个群体人格特质水平更相似），运动员与教练员彼此之间更加信赖，关系更加密切（Jackson et al., 2011）。已有研究还发现，更高的团队平均外向性和更低的神经质性特质与更强的社交凝聚力显著相关，而更高的团队平均尽责性和开放性与更卓越的任务凝聚力显著相关（Barrick et al., 1998; van Vianen & De Dreu, 2001）。同时，这些人格特质也与团队满意度密切相关（Peeters et al., 2006）。

三、人格与应对功能

除竞技表现和人际关系之外，应对功能（coping function）是运动心理学传统人格研究的另一重要主题。20世纪80年代中期，心理学家提出了"应对"（coping）这一概念，它是指个体根据外界环境的特定需求或挑战不断调整自身认知和行为并做出相应努力的一种状态或过程（Lazarus & Folkman, 1984）。在竞技运动及其他高压表现领域，个体应对功能的"优劣"与其成绩表现的好坏密切相关（Poczwardowski & Conroy, 2002; Neil & Woodman, 2017; Rice et al., 2019）。已有研究发现，外向性和尽责性人格特质均与（更优秀的）问题聚焦应对（problem focus coping，即注重通过分析和努力来解决问题）密切相关；而具有高神经质性特质的个体则更多使用情绪聚焦式应对（emotion focus coping，即注重调节、管理情绪）和回避式应对（avoidance coping，即注重摆脱或离开压力环境，而非针对问题、解决问题）（Carver, Scheier & Segerstrom, 2010）。除了来自单一具体人格特质的影响，拥有不同人格特质组合的个体间，在应对功能上也存在显著差异。例如，相对于高神经质性-低尽责性组合的个体，高外向性-高尽责性组合的个体更注重问题聚焦式应对（Vollrath & Torgersen, 2000; Grant & Langan-Fox, 2006）。概括而言，较高的尽责性、外向性和较低的神经质性特质被认为是运动员卓越应对功能的基石（Allen et al., 2011）。

四、人格"主效应"模型的误区与迷思

通过对竞技运动领域传统人格研究文献的回顾，我们可以发现，已有研究主要在尝试回答两大类问题：①不同运动员的人格特质有何不同；②不同的人格特质在竞技运动中有何功能性分别。此类研究的核心思路是针对不同人格特质在竞技运动中的"主效应"（只考虑人格本身对运动员竞技水平、人际关系和应对能力等的影响力）的探讨，并且存在两大明显的局限性，即较低的实用价值和过高的随机性误差。

低实用价值指的是这类传统研究对提升竞技水平和运动员发展很难起到指导作用。例如，虽然已有研究发现，较高水平的运动员与较低水平的运动员在人格特质组成上似乎存在差异，并且特定的人格特质也与高竞技水准和良性应对功能密切相关，但在实践工作中是否能够通过改变或重塑运动员的人格特质，进而提升其竞技表现呢？基于当前的研究成果和技术手段，似乎很难付诸实践。另外，基于当前有关人格的研究发现是否能够为运动员筛选提供有效依据呢？回答这一问题仍然是充满挑战的，因为对当前有关人格测量的准确性是存疑的，而且其同时涉及伦理与诸多其他方面的

问题。因此，在现实情境下，测量亦存在极高的操作难度。高随机误差指的是竞技运动领域人格相关研究普遍缺乏足够的理论支撑。例如，为何外向性更高的运动员就应该有更强的竞技表现和问题聚焦式应对能力？很明显，其作用机制尚未明晰。因此，大多现有研究主要依赖于探索型（exploratory）而非验证型（confirmatory）研究范式展开。有研究者针对这一问题进行了阐释，认为此类研究范式具有较强的随机性，存在一定的研究者偏见，并且在统计学上承担着较高的一类错误风险（Type I Error，即错误地将在单一样本中随机观测到的结果当作是人群中具有统计学意义的普遍现象）（Roberts & Woodman, 2015）。

为了弥补上述总结的"主效应"模型遇到的困境，采用"交互效应"模型，并结合严谨的理论推导（theoretical reasoning）和假说演绎（hypothetical deduction），或许是另外一个可行的选择。如前所述，人格研究中的"交互效应"模型着重探讨的是人格特质与环境和外在因素的交互作用。此类模型更有助于增加研究者和实践者基于运动员不同人格特质的心理需求，从而提高有针对性地为不同运动员制订相应训练计划和备赛方案的可行性，最终实现最大程度挖掘运动员潜能的目的。换句话说，交互模型强调不同人格特质对运动员训练和竞技表现的随外界因素（不同的训练环境、心理技能运用等）的改变而变化（Woodman et al., 2010; Roberts et al., 2013, 2015; Manley et al., 2017; Zhang et al., 2019, 2021）。因此，只要使用适合不同个体特点的训练方法，拥有不同人格特质的运动员均有机会获得"成功"。本节接下来将主要采用严谨的理论推导和假说演绎方法，阐释人格的"交互效应"模型，说明相关的实践应用思路。

五、竞技运动中的交互模型人格研究

（一）巅峰表现"金字塔"模型

竞技运动中的交互模型人格研究大约可以从英国传奇运动心理学家卢·哈迪（Hardy, Jones & Gould, 1996）创立的巅峰表现"金字塔"模型（pyramid model of peak performance）说起。哈迪等指出，巅峰表现是人格与心理技能运用、应对功能和训练备战策略等外在因素交互作用的产物。在巅峰表现"金字塔"模型（见图2-2）中，人格被认为是巅峰表现的基石，不同的心理技能运用、应对方式的采用，以及训练备战策略的使用则是通往巅峰表现的路径。这一理论强调，拥有不同人格特质的个体达成巅峰表现的路径可能存在差异。例如，运用同样的心理技能、采用相似的应对策略和处于相同的训练环境，并不必然对所有个体产生同样的效果。换言之，只有找到与不同人格特质更契合的训练方式和应对策略（即人格与外因的交互效应），才能更有效地挖掘个体的潜能。近十多年来兴起的竞技运动交互模型人格研究大都以此理论为基。以下，我们将详细介绍竞技运动交互模型人格研究的一些最新发现，希望能对竞技运动中的人格研究与实践有所启发。

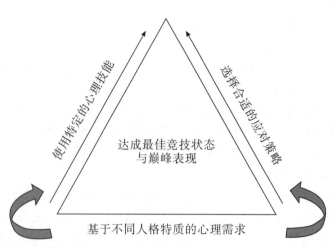

图 2-2 巅峰表现"金字塔"模型（Hardy, Jones & Gould, 1996）

（二）高低起伏的竞技表现

在竞技场上，运动员的表现水平常常会出现波动。在一些特定的情形下，这很可能是人格与外因交互作用的结果。例如，虽然自恋特质与许多对竞技表现有积极作用的心理因素存在关联（信心、乐观、统治欲等），但研究表明自恋特质较高的个体并未有更好的表现（Wallace & Baumeister, 2002）。考虑到自恋特质中对自我提升和追逐来自外界赞美和荣耀的需求，华莱士和鲍迈斯特认为，已有研究未发现自恋人格与表现水平的确切关系的可能原因是未考虑到外在环境是否提供了能够满足自恋特质心理需求的机遇（如奖励、荣耀）。他们还提出，自我迷恋的满足也可以使运动员个体相信自己能在高压竞技中脱颖而出，并且外界压力越大，其满足感越强（因为对高自恋特质个体而言，在更高压力环境下达成高水准表现才更能体现出自己的与众不同）。华莱士和鲍迈斯特发现，在一系列不同运动或智力相关任务的竞赛实验中，只有在设置充足的奖励、严重的惩罚，给予消极反馈，或面对高强度压力时，自恋特质较高的运动员个体才能表现得更好；相反，在设置"中性"环境（没有奖励或惩罚），给予积极反馈，或面对较低压力时，自恋特质较低的个体则在表现上能脱颖而出。这一发现在后续的竞技运动研究中得到了验证和延伸。例如，在对个人表现和团队表现进行独立评价时（Woodman, Roberts et al., 2011）、关注度更高的比赛中（Geukes et al., 2012）或更重要的高压力赛事下（Roberts et al., 2013），自恋特质更高的运动员更能够展现出高水准的竞技表现。这些发现说明，自恋特质与外部因素的交互作用对运动员竞技水平的发挥具有重要影响。设置严格的奖惩机制、提升关注度、增加危机感和压力感，对自恋特质较高的运动员保持高竞技水准尤为重要，而自恋特质较低的运动员则更能从低压力、积极反馈和鼓励中获益。

除了自恋特质，其他交互模型也从不同的人格特质角度解释了竞技场上运动员表现的高低起伏。例如，已有研究发现，板球运动员在竞技场上对不同形势做出的判断和应对是比赛结果的主要决定因素；然而神经质性特质程度不同的运动员，应当采取不同的决策策略以避免失误和赢取比赛（Bell, Mawn & Poynor, 2013）。在理论假设阶段，贝尔等提出，虽然运动员每一次做出决策的速度与决策准确性通常是负相关的（speed-accuracy trade-off），即越深思熟虑做出正确决定的准确性越高，但这一效应并不适用于高神经质特质个体。根据注意控制理论（Eysenck et al., 2007），焦虑会占据有限的大脑认知处理资源，使得注意力从当前任务转移到与任务无关且无助的负面情绪上。高神经质性特质运动员更容易产生过度焦虑，由于焦虑的影响在压力环境下做决策时越"深思熟虑"，可能越容易"分心"，也因此可能更受益于快速的决断。贝尔等进而在一批板球精英运动员中进行了模拟决策测试，让受试者观看一系列提前录制的比赛片段，并对下一步运动员该如何做出行动决策进行分析。研究结果为先前的假设提供了支持，发现神经质性特质较高的运动员用越短的时间做出的决策准确性越高，而神经质性特质较低的运动员做出决策的准确性随着决策时间缩短而下降（Bell et al., 2013）。

此外，基于惩罚敏感性特质的交互模型对个体高压环境下的竞技表现也有着重大影响。例如，有研究者提出，虽然惩罚敏感性特质较高的个体更容易感知到外界的危机和风险，并激发神经网络中的战斗–逃跑–冻结系统和行为抑制系统，但这些神经系统的激发究竟是让个体感到更焦虑（Corr & McNaughton, 2012），还是提升其心理韧性（Hardy et al., 2014），可能取决于外界的危机被感知到或被发现的时机早或晚（Manley et al., 2017）。当危机更早地被发现时，惩罚敏感性特质更高的个体能够更好地抑制回避行为并做出积极的应对（由于行为抑制系统更早的被激活）；若危机在临近任务（比赛）时才被发觉，则惩罚敏感性特质更高的个体更容易产生回避心态和体验到高焦虑（由于行为抑制系统更晚被激活及其与战斗–逃跑–冻结系统的给予神经网络的指令冲突）。为了检验这一假说，曼利等将一批自愿受试者分成两组，参与一项身体活动和认知相关的实验任务（psychomotor task）。第一组受试者在实验最初便被告知在测试最后阶段会进行一项竞赛且会有相应的奖惩措施，而第二组受试者直到实验最后一个阶段开始前才被告知竞赛相关设置及相应的奖惩措施（Manley et al., 2017）。实验结果显示，两组受试者的焦虑水平在最后的竞赛阶段没有显著差异，但第一组受试者中惩罚敏感性特质越高的个体表现得越好；相反，第二组受试者中，惩罚敏感性特质越低的个体表现得越好。上述研究发现说明，对惩罚敏感性特质高的运动员而言，在离赛事更早的阶段树立强烈的危机意识有助于备战及竞技水平的发挥；对惩罚敏感性特质低的运动员，赛前过早或过度树立危机感则可能对其备战和竞技水平有害无益。

以上这些研究均运用了严谨的理论推导和假说演绎，通过精妙的实验设计，完成了对各自交互模型假说的检验。相关研究结果传递的一个重要信息是，人格特质与竞技表现并非一一对应的关系，不同的人格特质对于竞技表现而言并没有高低好坏之分，但其影响在与达成高竞技表现所需的环境和策略结合时得以体现。接下来，本章第四节主要介绍如何将上述相关理论和研究发现应用于竞技运动实践工作中。

第四节　实践应用

一、量身定制的训练方案

交互模型人格研究除了让我们更好地理解运动员竞技水平的高低起伏，是否能够指导教练员制定更完善、有效的个性化训练方案？答案是肯定的。例如，已有研究发现，拥有不同自我效能感的运动员在接受不同训练反馈时，在后续训练中的表现存在显著差异（Beattie et al., 2015）。对于自我效能感较高的运动员，提供尽可能详细的训练反馈有助于其在紧随其后的训练中进步或维持高水准表现；相反，对于自我效能感较低的运动员，提供尽可能简略的训练反馈对其在之后的训练中更有帮助。根据上述假说，自我效能感高的运动员对达成训练目标更有信心，因此能更好地运用来自教练员的详细反馈；而自我效能感低的运动员由于对达成训练目标缺乏信心，来自教练员关于训练细节的反馈很可能使他们更加不自信且过度焦虑，这可能使得他们接下来的训练表现继续滑入恶性循环。这项研究的启示是，教练员应定期积极准确评估运动员在训练中的自我效能感（达成训练目标的信心），并依此调整提供反馈的频率及程度。

除了提供恰到好处的训练反馈，合适的激励氛围也是提升运动员训练效果的重要影响因素。例如，结合教练员执教的目标结构内容（掌握取向激励氛围和表现取向氛围）（Newton, Duda & Yin, 2000; Fry & Newton, 2003），有研究者提出了基于不同激励氛围和自恋人格的交互模型，认为由于自恋特质较高的运动员拥有更强的竞争意识和攀比心（统治欲和自我迷恋的体现），因此在表现取向激励氛围占主导的训练环境中会表现得更努力（Roberts et al., 2015）。相关研究结果表明，在认为训练氛围更注重个人表现和竞争的运动员中，自恋特质与训练努力程度呈正相关；但在认为训练环境中个人表现激励氛围较低的运动员中，自恋特质与训练努力程度呈负相关。也就是说，教练员可以通过调整训练环境中的激励氛围来改善运动员训练中的努力和投入程度。另外，有研究者提出了大五人格特质与教练员领导力行为交互模型，并发现训练中教练员的领导力行为特点对拥有不同人格特质的运动员具有不同影响（Zhang et al., 2019）。虽然传统人格研究表明，外向性特质较高的运动员在训练中通常更容易分心且备赛参与度较低，而神经质性特质较高的运动员在训练中更倾向于回避困难和挑战，但上述结论并非绝对。Zhang 等（2019）认为，外向性特质高的运动员，在训练中容易分心且参与度较低的原因很可能是受到了其外向性人格特质中喜好活跃和追求刺激等特点的影响，也因此在枯燥的训练中更容易丧失目标感和动力。针对此类运动员，如果教练员在训练中设置更严格的标准，提出更具挑战性的要求，或许可以激励（满足心理上追求刺激的需求）并促使其专注于训练。神经质性特质较高的运动员更容易产生焦虑情绪，如果教练员能够对此类运动员给予有针对性的积极鼓励，很可能可以促进其克服训练中的困难和挑战（Zhang et al., 2019）。有关大学联赛运动员和职业联赛运动员的研究结果表明，只有在运动员认为教练员的训练要求不够高时，外向性特质较高的运动员才更容易出现训练专注力和参与度低下的情况；也只有在运动员认为教练员没有积极鼓励和缺少积极反馈时，神经质性特质较高的运动员才会出现难以克服训练中的困难与挑战的情况。然而，上述措施对于外向性及神经质性特质较低的运动员则没那么有效（Zhang et al., 2019）。因此，在训练中设置高标准严要求和提供积极鼓励、积极反馈等措施，更有助于外向性和神经质性特质较高的运动员从训练中获益。

二、标靶式的心理技能运用

在同样专注于大五人格外向性与神经质性的研究中，蒂姆·伍德曼（Tim Woodman）等提出了基于这些人格特质与心理技能运用的交互模型（Woodman et al., 2010）。他们认为，高外向性特质运动员在训练中容易分心是因为其对社交和活跃氛围的需求使其丢失了目标感，而高神经质性特质运动员在训练中难以应对困难和挑战是因为受到波动情绪的影响。因此，在训练中使用目标设置（goal-setting）（Kingston & Wilson, 2008）和情绪控制（emotional control）（Lane et al., 2004）两种心理技能可能分别对外向性特质和神经质性特质较高的运动员产生更多的积极影响。伍德曼等（2010）在两个精英运动员样本中对上述设想进行了检验，发现外向性特质更高的运动员在使用目标设置技能时更能专注于训练。然而，与神经质性与情绪控制交互作用的假说不同，研究发现神经质性特质较低（而非较高）的运动员在运用情绪控制时能更好地应对训练中的困难。这说明，运用心理技能去调节情绪并不能有效地帮助高神经质性特质运动员应对困难。但如前所述，教练员的积极鼓励与制定基于运动员个人需求的训练、备战方案，对此类运动员更加有效（Zhang et al., 2019）。

如前所述，自恋特质的一项核心心理需求是通过自我提升（self-enhancement）来塑造、维持膨胀的自我（inflated-self），而当外部环境能够提供相应机会时（如奖惩机制、关注、危机、竞赛等），自恋特质较高的个体通常会表现得更努力奋进（Roberts et al., 2019），且能展现出更强的抗压能力（Zhang et al., 2020）。那么，当外部环境不足以实现自我提升时（如枯燥的训练、关注度不高或不够重要的比赛），运动员能否通过心理技能的运用去满足自恋人格对自我提升的需求呢？罗伯茨等首先提出了基于自恋特质的心理技能训练交互模型（Roberts et al., 2010; Roberts et al., 2013），认为常用于辅助训练、备赛及临场应对的表象训练（imagery）技能是一种可以调节个体自我提升感知的机制（Roberts et al., 2010）。具体而言，内表象（internal imagery）和外表象（external imagery）训练对个体自我提升感知会有不同的影响。相对于内表象训练，外表象训练有助于运动员以旁观者的姿态"看到"自己成功达成某项艰巨且富有挑战的任务（如在重大比赛中完成难度系数极高的技术动作），使运动员获取更为强烈的自我提升感并有助于塑造和维持膨胀的自我。因此，罗伯茨等认为，外表象训练对自恋特质较高的运动员尤为有效（Roberts et al., 2010）。来自不同样本和基于不同竞赛任务的研究数据为上述假说提供了支持。例如，研究发现，当使用外表象训练时，高自恋特质运动员的表现得到显著提升（无论面对的压力高低）；而当使用内表象训练时，低自恋特质运动员的表现得到显著提升（面对的压力较低时尤为明显）。说明根据运动员的自恋特质特点，选取和使用相应的表象训练技术，效果更好。总体而言，外表象训练对高自恋特质运动员更有效，内表象训练对低自恋特质运动员更有效。运用类似的理论推导和假说检验思路，罗伯茨等通过后续研究发现，自我谈话（self-talk）和放松（relaxation）技能的使用对高自恋特质运动员在高压环境下的临场竞技表现具有积极影响（对低自恋运动员甚至有副作用），而情绪控制（emotional control）技能的使用对低自恋特质运动员在高压环境下的临场竞技表现具有积极影响，却对高自恋运动员无效（Roberts et al., 2013）。

另外，有研究者指出，目标设置也是一种能够有效调节自我提升感知的心理技能，并以此提出了基于浮夸自恋特质分型（膨胀型与统治型）的交互模型（Zhang et al., 2021）。该交互模型认为，目标设置对于调节枯燥训练环境中的自我提升感知尤为重要，因为它可以帮助运动员"预见"训练［通常被认为是缺乏自我提升机遇且缺乏关注的情境，参考 Roberts 等（2018）］能够通过怎样的方式（过程目标，process goals）达成理想的成就（结果目标，outcome goals）和个人竞技表现（表现目标，performance goals）。由于膨胀型自恋反映了不切实际的高度自我迷恋，这类特质较高的运动员很可能由于过度自信或自负在训练中缺乏动力且不够专注投入。目标设置能够让此类运动员更好地意识到投入训练才是达成理想成就的途径，也因此对枯燥的训练赋予了更多和个人荣耀相关的意义，并能有效提升高膨胀型自恋特质运动员对训练环境的自我提升感知。这项涵盖多项大学联赛、职业联赛及青年国家队运动员的大样本多层分析（multilevel analysis）研究发现，相对于在训练中较少使用目标设置技能的运动员，更受益于使用目标设置技能去辅助训练的运动员，更专注于训练和达成更高质量的赛前准备（教练评测），而这一效应在膨胀型自恋特质较高的运动员中尤为明显（Zhang et al., 2021）。

三、如何评定人格特质的"高"与"低"

本章前面介绍了竞技运动中基于交互模型人格相关研究结果而发展的应用方法和策略。其中，人格特质普遍被视为"相对"而非"绝对"的概念（每个个体都或多或少拥有不同类型的人格特质）。这一概念是人格研究和应用中的核心理念（Cervone & Pervin, 2018; Zhang et al., 2024）。然而，已有人格研究广泛使用了"高""低"，或者"较高""较低"等概念。如果人格特质是"相对"的（采用基于连续数值的心理评测量表来评价），那么我们实际该如何评定运动员人格特质程度的高低？较早期的人格研究倾向于使用平均值来划分高低，即人格特质评分高于样本均分的个体被认为具有较高该特质水平（Wallace & Baumeister, 2002; Roberts et al., 2010; Woodman et al., 2011）。此类评定方式的弊端是评分紧密分布在样本均分附近的运动员会被定义为"较高"或者"较低"，但他们的实际评分可能并没有显著性差异。近期的文献显示，研究者们倾向于用样本均分上下的一个标准差作为区分某项特质较高或较低的标准（Woodman et al., 2010; Roberts et al., 2013, 2015; Zhang et al., 2019, 2020, 2021）。

这种评定方式将样本中特质评分排名高于样本均分一个标准差的个体定为"较高"或"高",而特质评分排名低于样本均分一个标准差的个体定为"较低"或"低"。这种评定方式可以更有效区分特质属性高低的人群,并且与目前交互模型研究中的效应检测相匹配。在竞技运动的实际运用中,可以根据实际情况灵活运用以上两种评定方式。同时,评定某项人格特质的"高""低"应当在特定的情境中进行。例如,为了解运动员的心理需求以及制定更加个性化的训练、竞技方案而进行的人格特质评测,应当考虑到运动员所属团队或竞技项目的特殊性,样本均分也应当在运动团队或项目中评定而非与"普罗大众"做横向对比。这也是人格特质评测中"相对"性原则的应用。

本 章 小 结

回到本章第一节的案例,研究者和实践者可运用本章提及的不同测量工具对运动员的人格特质及与之对应的心理需求进行评估,并根据本章介绍的交互模型人格研究成果和建议,为不同运动员设置与其特质更加契合的训练方案。需要指出的是,除了本章介绍的交互模型人格研究,竞技运动领域有关人格的研究仍有许多空白有待进一步填补。只有不断深入地了解人格特质及其与外因的交互效应,才能够更好地帮助运动员发挥其内在潜能。

思 考 问 题

1. 心理学中人格研究的"六大派"分别是什么?哪一派的学说对当下广为流传的人格定义有着重大影响,而哪一派的理念又对人格研究在竞技运动中的应用有着举足轻重的意义?
2. 早期人格理论中的艾森克三大特质人格模型与阿尔波特及卡特尔的人格模型有何分别?
3. 20世纪80年代前后涌现并沿用至今的大五人格模型和强化敏感模型与艾森克三大特质人格模型之间有什么渊源?
4. 完美主义人格有哪些表现形态?我们可以怎样评测?
5. 自恋人格有哪些独特的心理需求?我们可以怎样评测?
6. 传统竞技运动人格研究有哪些重要发现?它们又有怎样的弊端?
7. 巅峰表现"金字塔"模型阐述了怎样的理论概念?
8. 近十多年来的交互模型人格研究对设计个性化训练方案有什么启示?
9. 如何评定某项人格特质程度的"高"与"低"?

第三章 注意

本章导读

注意是人类意识活动的基础，更是影响运动员竞技表现的重要因素之一。本章第一节呈现三个案例，分别描述了在不同运动项目中注意相关因素可能对运动员运动表现产生的影响。本章第二节和第三节分别介绍了注意的相关概念以及接受与认可程度较高的注意理论模型（包括过滤器模型、衰减模型、后期选择模型、中枢资源能量模型和多资源理论模型）。本章第四节主要介绍了六种有助于运动员训练投入和比赛发挥的注意控制及训练方法，并结合本章提及的案例对不同方法的具体操作进行了介绍，以期为读者的实践应用提供参考。

第一节 案例

案例1：射击运动员埃蒙斯的传奇故事

马修·埃蒙斯（Matthew Emmons）于1981年出生于美国新泽西州芒特霍利，他是射击历史上一位著名的运动员。他在生涯早期因天赋异禀，被称为"射击神童"。在2004年雅典奥运会男子50米步枪三姿比赛的决赛中，23岁的埃蒙斯最后一枪意外脱靶，将金牌拱手"让给了"中国选手贾占波，因而"一战成名"。预赛时，中国选手贾占波以1171环排名第一进入决赛，美国选手埃蒙斯以1169环排名第二进入决赛。预赛成绩带入决赛，决赛采取十枪计算总成绩决定最终排名。第8枪结束时，美国选手埃蒙斯领先中国选手贾占波0.8环。第9枪，中国选手贾占波打出7.8环，美国选手埃蒙斯打出10.0环，埃蒙斯将领先优势扩大到3.0环。前9枪，埃蒙斯的单枪成绩均在9.3环以上。在决赛最后一枪结束后，美国选手埃蒙斯经裁判认定他的靶子上没有子弹痕迹，被判脱靶，成绩记为0环。而中国选手贾占波最后一枪打出10.1环，总成绩反超埃蒙斯最终获得金牌。

四年之后的2008年北京奥运会，经历了上一届奥运会最后一枪丢金的埃蒙斯，在男子50米步枪三姿比赛决赛中，一路保持领先。在9枪结束之后，他领先第二名的优势比上一届奥运会还要大，达到 3.9 环。然而，令人匪夷所思的事再次发生，埃蒙斯击发的第 10 枪此次虽然没有脱靶，但成绩仅有 4.4 环。最后时刻，被中国运动员邱健反超，又一次错失唾手可得的金牌。

2012 年伦敦奥运会上，在男子 50 米步枪三姿比赛的决赛中，埃蒙斯第 9 枪结束后，落后第一名 5.8 环。只要埃蒙斯最后一枪正常发挥，就可以稳获银牌。然而，最后一枪，他打出了全场最低的 7.6 环，最终获得铜牌。埃蒙斯在连续三届奥运会决赛的最后一枪，书写了一段特别的历史。

案例 2：网球场上的较量

2019 年的温布尔登网球锦标赛（以下简称"温网"）上，闯入男子单打决赛的两名运动员是被称为"网坛四大天王"的瑞士选手罗杰·费德勒（Roger Federer）和塞尔维亚选手诺瓦克·德约科维奇（Novak Djokovic）。本场比赛中德约科维奇与费德勒上演"神仙打架"，不仅让男单决赛时隔十年再现长盘决胜，战至 12-12 平局后触发了温网新规（温网为避免比赛时间过长，当年起规定长盘 12 平后抢七，不再继续），最终德约科维奇在决胜盘挽救两个赛点，以 7-6（5）/1-6/7-6（4）/4-6/13-12（3）险胜费德勒，成功卫冕，夺得个人生涯的温网第五冠。

但是有意思的是，本场决赛的比赛现场，除了少数几位德约科维奇的亲友团与教练之外，观众一边倒地支持瑞士选手费德勒，为他加油助威。而通过视频转播观看比赛的观众们，大部分人也希望瑞士选手费德勒能够获胜夺冠——这个情况源于费德勒因伤病在 2019 赛季表现低迷，所以在该赛季为数不多的能打入最后决赛之时，大部分中立球迷，甚至部分德约科维奇的球迷都更希望费德勒能够再获一次大满贯冠军，创造新的大满贯夺冠次数历史，从而功成身退。种种因素导致现场的绝大多数观众一边倒地为费德勒加油，这给比赛的另一位选手德约科维奇制造了不小的麻烦。赛后，接受媒体采访时，德约科维奇表示：当我听到观众高呼"罗杰"（费德勒）时，我权当听到的是在喊"诺瓦克"（德约科维奇）。

同年，在美国网球公开赛（以下简称"美网"）女子单打决赛中，加拿大选手比安卡·安德莱斯库（Bianca Andreescu）在美国选手塞雷娜·威廉姆斯（Serena Williams）的主场，顶着全场 2 万名球迷的嘘声，战胜了威廉姆斯，成为加拿大历史上第一个获得大满贯的网球选手。这场比赛的一个背景是，美国选手威廉姆斯在获得第 23 个大满贯冠军后的 2017 年选择退役生子。2018 年，36 岁的威廉姆斯产后复出，重新回到赛场。2019 年的美网比赛，37 岁的威廉姆斯打入决赛，这是她产后的第四个大满贯单打决赛，再一次有机会向个人的第 24 个大满贯头衔发起挑战。所以，比赛中观众一边倒地为威廉姆斯加油，球迷心中更希望见证这位伟大的妈妈选手能够继续创造网坛的神话。在比赛的第二盘，安德莱斯库在 5∶1 局分领先的情况下，发球局发球时，全场观众发出喝倒彩的声音，主裁判只能不断要求现场观众安静。赛后接受采访时，安德莱斯库也承认她受到现场观众的影响，在第二盘中她连丢两个发球局，比赛局分也被追至 5∶5。最终，稳定下来的安德莱斯库顶住全场的压力，7∶5 拿下第二盘，就此获得女单冠军。

案例3：篮球场上的较量

2018年1月4日的NBA篮球比赛中，2016—2017赛季西部决赛的对手，金州勇士队与休斯敦火箭队在常规赛中交锋，两队碰撞出精彩火花。作为当时统治西部的两大霸主，勇士队拥有斯蒂芬·库里（Stephen Curry）、凯文·杜兰特（Kevin Durant）、克莱·汤普森（Klay Thompson）三位超级巨星。而三次荣膺"得分王"称号的詹姆斯·哈登（James Harden）所领衔的休斯敦火箭队，一直将勇士队视为最强劲的对手。本场比赛的相遇，也被视为2016—2017赛季西部决赛的重演，裹挟着新仇旧恨，双方从一开场便互不相让。

首节比赛中，两队比分交替上升，11平后勇士队率先找到手感，一举建立起两位数的领先优势。第二节比赛中，火箭队替补球员打出小高潮，而勇士队迅速做出反应，汤普森接连投篮命中，上半场勇士队以70∶53暂时领先火箭队。下半场比赛，哈登率领火箭队众将在三分线外集体爆发，用源源不断的远程炮弹不断蚕食着勇士队的领先优势。第三节比赛火箭队以单节39分的高效进攻表现将分差缩小至6分。进入末节，比赛重回拉锯战，最后时刻，哈登长传队友卡佩拉强打2+1得手，防守成功后又命中撤步三分，连追6分将比赛拖入加时。加时赛中，双方激战仍然难解难分，最后，火箭凭借哈登危急关头的三分命中，成功绝杀勇士。最终，勇士队在主场以134∶135不敌火箭队。此役，火箭队当家球星哈登砍下44分、10个篮板、15次助攻、2次封盖，展现出力挽狂澜的巨星本色。

比赛中，勇士队三位明星球员皆有不错的发挥，其中库里35分、6次助攻，汤普森26分、5个篮板、4次助攻、3次抢断、2次封盖，杜兰特26分、7次篮板。在比赛中，勇士队一次次把比分拉开；作为回应，哈登一次次率领火箭队将比分迫近。本场比赛中有几个重要细节：当勇士队把分差拉大到两位数，甚至接近20分时，火箭队球员哈登仍然会按照自己的节奏和方式打球，用自己擅长的三分球帮助球队将比分追近；当场上出现一些关键性的判罚引起球员争议之时，哈登仍然表现出平静的一面，很少与裁判理论，甚至提醒队友平复情绪。当比赛还剩1分06秒时，火箭队以113∶119落后勇士队6分，在一次成功防守转换进攻的过程中，哈登一记长传精准找到已经跑到对方篮下的队友卡佩拉，完成了得分并造成对方犯规且加罚命中。加时赛比赛时间还剩30秒的时候，双方比分为132平，勇士队正在进攻，这一次进攻中勇士队球员杜兰特奋力从界外救球，传到队友库里手中并完成了投篮得分。而离杜兰特救球时最近的防守人正是火箭队的哈登，哈登示意裁判此球出界，而视频慢镜头回放也清晰显示杜兰特是脚踩界外起跳救球，但是裁判没有理会，对手得分有效。哈登并没有生气或过多纠缠刚才的误判。时间还剩22秒，哈登将球运至前场，耐心的准备最后一攻，在没有明显得分机会之时选择了暂停布置战术。暂停期间，比赛现场大屏幕不断从多个角度回放杜兰特脚踩出界救球时的慢镜头回放，比赛的直播画面也给了双方球员杜兰特和哈登的镜头特写：从两位球员的表情来看，杜兰特略显低沉，像是承认了此球已出界的事实，哈登也挥手表示轻微不满。暂停结束后，比赛重新开始，全场比赛还剩5.5秒，哈登经过队友掩护后接球并运球至三分线附近，面对对方两名防守球员的封盖起跳投篮，三分球应声入网，时间还剩 1.0 秒。在队友纷纷过来庆贺之时，哈登仍然保持了相当的冷静，他示意大家还不能庆祝，因为比赛还没有结束，还要做好最后的防守。

第二节　注意的概述

一、什么是注意

注意（attention）对人们日常生活的影响无处不在。例如，在课堂教学过程中，老师经常会提醒学生"注意听讲""专心听课""不要开小差"；在训练或者比赛时，教练员经常提醒运动员"集中注意""保持专注""注意盯人"等；更是有不少成语，诸如"专心致志""聚精会神""一心一意""心无旁骛"等，均强调了注意的重要性。

一个多世纪以来，注意及其对人类表现的影响一直是心理学研究领域的核心议题。美国心理学家威廉·詹姆斯（William James）对注意有一个有趣的描述："每个人都知道注意是什么。它是头脑以清晰生动的形式，从似乎同时存在的几个可能的对象或思路中抓住一个……它意味着为了有效地处理另一些事情而放弃一些事情"（James, 1890）。我国学者一般认为，注意是指心理活动对一定对象的指向和集中，并提出注意有两个特点，分别是注意的指向性和注意的集中性（林崇德 等，2004；彭聃龄，2019）。注意的指向性是指在一瞬间，个体心理活动或意识选择关注某个对象或线索而忽略其他对象或线索；注意的集中性是指当心理活动或意识选择了某个对象或线索后，对该对象或线索维持注意一定时间的现象。国外有学者将注意定义为"个体专注于环境具体特征、或特定想法或活动的过程"（the process of concentrating on specific features of the environment, or on certain thoughts or activities）（Goldstein, 2008）。艾丹·莫兰（Aidan Moran）认为，注意主要包括三个维度，即选择注意（selective attention）、分配注意（divided attention）和集中注意（concentration）（Moran, 2004）。其中，选择注意和集中注意分别与国内学者提及的注意的指向性和注意的集中性相似。而分配注意是指个体在同一时间将注意分配给同时进行的多项任务的能力。例如，我们可以一边走路、一边打电话，或者一边驾驶汽车、一边听音乐等，这些均需要对注意进行有效分配才能实现。

二、注意的分类

从不同视角看，注意可以被分为不同种类（见图 3-1）。从认知神经科学视角看，注意被认为主要与神经系统加工资源的分配有关（allocation of neural processing resources）（Baghdadi et al., 2021）。信息加工资源如何分配取决于注意控制系统（attention control system）所依据的功能策略不同而有所差异。根据神经系统信息加工路径方向的不同，注意可分为两类，即自下而上（bottom-up）路径和自上而下（top-down）路径。自下而上路径是指环境刺激（如强声或强光）快速吸引注意（无意识的、自发的），信息加工始于环境刺激对大脑感官系统的激活，主要是大脑对刺激的自发反应，也被称为自发性注意（spontaneous attention）或非自主性注意（involuntary attention）。同时，因其始于大脑对刺激的反应，也被称为刺激驱动注意（stimulus-driven attention）或外源性注意（exogenous attention）。自上而下路径是指个体基于大脑控制指令（目标和意向相关）将注意指向与个体的目标或意向相关的线索或信息。此类注意也被称为内源性注意（endogenous attention），因为它的发生主要基于个体内部的目标、期望或意向（Chica & Lupiáñez, 2009）。

从临床模型视角看，注意又可被分为选择注意（selective attention）、瞬时注意（transient attention）、持续注意（sustained attention）、集中注意（focused attention or concentration）、交替注意（alternating attention）和分配注意（divided attention）。选择注意是指注意指向一个或一些特定信息或线索，并忽略其他信息或线索。瞬时注意是指注意短暂性地指向一个或几个刺激。持续注意相对于瞬时注意，是指注意指向特定线索或刺激并维持较长时间（超过2分钟）（Sarter et al., 2001）。集中注意是指将注意持续指向特定线索并呈现出对其他刺激的近乎无意识（semiunconscious）的状态。交替注意是指注意在不同任务间交替转换。分配注意是指同时对多个（两个或以上）刺激、任务或线索的注意。

从刺激类型角度看，根据注意对具有不同属性刺激线索（画面、声音、气味、感受、味道）的关注，其可被分为视觉注意、听觉注意、嗅觉注意、触觉注意和味觉注意等。从注意的观测和识别明显程度角度看，注意可被分为外显注意（overt attention）和隐蔽注意（covert attention）。外显注意主要与视觉注意相关，例如，通过明显的眼动变化对刺激的指向和关注。

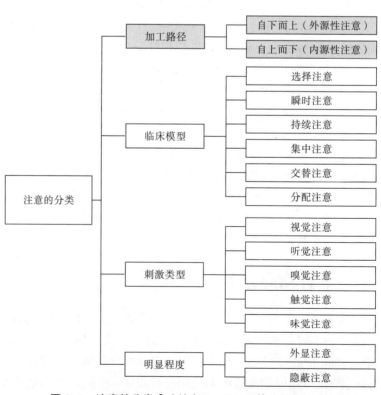

图 3-1　注意的分类［改编自 Baghdadi 等（2021）］

隐蔽注意主要是指对内部刺激（大脑产生的想法）的注意，且无明显外部表现。

在运动领域，运动心理学家更关注集中注意（concentration）。温伯格和古德（Weinberg & Gould, 2014）认为，在运动领域集中注意通常包含四方面内容：关注环境中的相关线索、保持注意焦点、保持对情景觉察和注意焦点的及时转换。在运动情境中，运动员需要选择与当下任务相关的重要环境线索予以关注，同时排除可能对任务执行产生影响的无关环境线索或干扰因素。例如，篮球罚篮时，运动员应关注投篮任务，而非观众反应或比分结果等。在比赛进程中，运动员需要根据情景的变化持续地对不同情景下的任务相关线索做出选择，并将注意聚焦于这些线索上。例如，篮球运动员在防守时，需要结合队伍的战术安排有针对性地进行防守，还需要重点将注意维持在被防守队员或防守战术意图上；同样，在进攻时，持球球员需要将注意维持在有助于实现进攻目的的相关任务上。然而，这是一项极具挑战性的事情。已有研究发现，通常我们的大脑平均每 6.5 秒就会出现一次想法的转换（Tseng & Poppenk, 2020）。换言之，我们平均对每一个想法的注意持续时间可能只有 6.5 秒。所以，运动员在整场比赛过程中保持注意聚焦的时间长度是其成功的重要前提。同时，运动员需要对场上情景的变化保持持续的觉察，以便能基于当时的具体情况，对比赛情境、对手和比赛进程进行评估，并根据情况做出适当的决定。例如，在篮球比赛的攻防转换过程中，运动员需要时刻注意场上队友和对手的站位以更好地完成当下的任务。因此，对比赛情景具有良好觉察能力的运动员，更可能在正确的时间做出正确的决策，这使其具备更强的解读比赛的能力。另外，比赛场上的形势瞬息万变，而且不同情景对运动员需要执行的任务属性和难易程度要求不同，因此运动员需要能够根据情况的变化及时转换注意（范围和焦点）。例如，篮球后卫在进攻运球推进过程中，只有不停地将注意放在自身的任务（应对对手的紧逼防守）和场上情景（队友和防守球员位置变化）之间进行转换，才能更加高效地完成进攻任务。

罗伯特·奈德弗（Robert M. Nideffer）认为，集中注意（concentration）包括注意聚焦广度（width of attentional focus）和注意聚焦方向（direction of attentional focus）两个维度（Nideffer, 1976）。注意聚焦广度包括广阔（broad）和狭窄（narrow），注意聚焦方向包括内部（internal）和外部（external），两个维度的内容成分两两组合构成四种集中注意类型：外部-广阔注意（external-broad attention）、外部-狭窄注意（external-narrow attention）、内部-广阔注意（internal-broad attention）、内部-狭窄注意（internal-narrow attention）（见图 3-2）。不同运动项目特点和不同具体任务对集中注意类型要求存在差异。例如，在篮球比赛中阵地进攻时，对运动员外部-广阔注意要求较高，因为运动员需要将注意指向外部环境，同时对场上不同人员的位置信息进行实时注意（广阔）；当篮球运动员执行罚篮任务时，对运动员外部-狭窄注意要求较高，运动员需要将注意指向外部，聚焦于篮筐前沿（狭窄）；而运动员在关键罚篮前进行的深呼吸调整，主要以内部-狭窄注意为主，运动员将注意放在自己的呼吸上（内部）同时感受胸腔起伏的变化（狭窄）；组织后卫在执行教练意图组织进攻前，需要在头脑内（内部）明确清晰团队配合策略方案如何执行（广阔），这时对运动员内部-广阔注意要求较高。

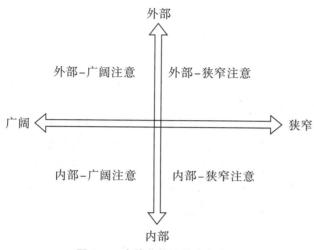

图 3-2 奈德弗的四种注意类型

第三节 注意理论和模型

认知神经领域有关注意的研究成果丰富，但其相关理论模型仍需进一步深入拓展。现有研究主要基于注意的概念模型（conceptual model）和计算模型（computational model）展开。注意的计算模型偏重于计算方法，如神经网络分析和数学公式等；其概念模型通常发展自心理生理学和各种疾病（障碍）病症的研究，用于描述认知神经功能相关概念和机制。鉴于注意的计算模型的复杂性和基础性［有兴趣的读者可参见 Baghdadi 等（2021）］，本章选取部分概念模型理论进行介绍，包括过滤器模型（filter model）、衰减模型（attenuation model）、后期选择模型（late selection model）、中枢资源能量模型（central-resources capacity model）和多资源理论（multiple resources theory）。

一、过滤器模型

根据双耳分听的一系列实验结果，英国心理学家布罗德本特（Broadbent, 1958）提出了过滤器模型理论。该理论认为，个体的神经系统加工信息的容量有限，无法对接收到的所有刺激信息进行加工。当刺激信息通过各种感觉通道进入高级加工系统前，会经过一个过滤机制，该机制对接收到的刺激信息进行选择，只有被选择的信息才能够通过过滤器被进一步加工，未被选择的信息则不会被进一步加工。过滤器模型也被称为瓶颈模型或早期选择模型（见图 3-3）。然而，早期选择模型无法解释"鸡尾酒效应"现象。鸡尾酒效应是指在鸡尾酒会上，个体可能在专注于与他人交谈过程中，会对交谈无关线索（如嘈杂环境等）进行选择性过滤，然而当环境中出现个体敏感信息时（如自己的姓名），这些与交谈任务无关的信息同样可能会被高级神经系统分析。相似效应在 Stroop 实验中也被反复观测到（Stroop, 1935）。

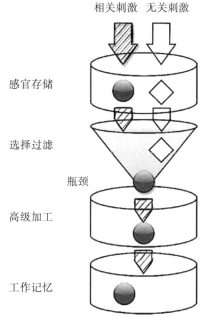

图 3-3 过滤器模型

> **知识拓展**
>
> 双耳分听实验：该实验的本质是让被试的双耳同时听见不同的信息，要求被试复述一只耳朵（追随耳）所听到的信息，而忽略另一只耳朵（非追随耳）所听到的信息。
>
> 实验1. 1953年，彻里（Cherry）给被试的两耳同时分别播放两种不同的材料，让被试大声说出追随耳听到的材料内容，并检查被试从非追随耳所获得的信息。实验结果发现，被试从非追随耳获得的信息很少，但能够分辨播放材料的声音是男音或是女音。当原来使用的英文材料改用法文或德文呈现时，或者将材料内容颠倒，被试也很难发现。彻里的实验说明，由于受到注意，通过追随耳收集到的信息得到了进一步地加工、处理，而从非追随耳进入的信息未被进一步加工处理。
>
> 实验2. 1960年，格雷（Gray）等在彻里实验的基础上进行了另一项实验：通过耳机给被试的双耳依次分别播放一些字母音节和数字，其中左耳为ob-2-tive，右耳为6-jec-9（见例表3-1）。实验要求被试追随一个耳朵听到的声音，并在刺激播放之后报告听到的内容。实验结果发现，被试报告的内容既不是ob-2-tive或者6-jec-9，也不是ob-6、2-jec、tive-9，而是objective这个单词。格雷的实验证明，来自非追随耳的部分信息依然可以得到加工。被试能够根据语义而不是根据每只耳朵所听到的信息来判断是否加工，所以最后被试报告了"objective"。
>
> **例表 3-1 格雷实验的播放内容**
>
> | 位置 | 第1段音 | 第2段音 | 第3段音 |
> | --- | --- | --- | --- |
> | 左耳 | ob | 2 | tive |
> | 右耳 | 6 | jec | 9 |

二、衰减模型

特瑞斯曼（Treisman, 1964）在过滤器模型的基础上提出了衰减模型。他认为，过滤器并不是按照"全或无"的方式进行工作。过滤机制不是只允许一个通道（即双耳分听实验的追随耳）的信息通过，而是追随耳和非追随耳的信息都可以通过，只是非追随耳的信号强度受到衰减，但通过的部分信息仍然可以得到高级加工。衰减模型理论指出，当接收到的信息通过过滤装置时，不被注意或非追随的信息只是在强度上减弱了，而不是完全消失。特瑞斯曼指出，不同刺激的激活阈限存在不同。有些刺激对个体具有重要意义的信息（如自己的名字、特殊意义的信号等）的激活阈限低，容易被激活，当它们出现在非追随通道时，容易被人们所接收并得到加工。衰减模型主要是将过滤器模型中"全或无"的工作方式改为"衰减"的方式，从而将单通道模型转变为双通道或多通道模型。衰减模型也认同注意在通道间的分配，它比过滤器模型更具说服力，但二者有着基本的共同点：第一，两个模型的根本假设是相同的，即都认为神经系统信息加工的容量有限，或者通道的容量有限，需要通过"过滤"给予调节；第二，过滤器在两个模型中通道的位置相同，即都位于信息加工的初级分析和高级分析之间；第三，过滤器的作用都是将部分信息经过选择后进入高级分析，然后使之得到应用或做出响应。

三、后期选择模型

依据非追随耳的信息也可得到高级分析加工的实验证据，多依奇等（Deutsch & Deutsch, 1963）提出了后期选择理论模型，认为所有感官输入信息在过滤或者衰减装置之前均已被高级加工系统分析，然后才进入过滤或衰减装置，对信息的响应选择（response selection）发生在注意过程的后期（见图 3-4）。他们设想，响应选择依据信息的重要程度，即只对重要刺激信息予以选择性响应，而对不重要的刺激信息不响应。个体对于刺激信息重要程度的选择与个体长期倾向性、当下背景因素、任务要求指示等密切相关，且衡量标准会随新刺激的不断输入而发生变化。有关早期选择模型和后期选择模型的比较见图 3-4。

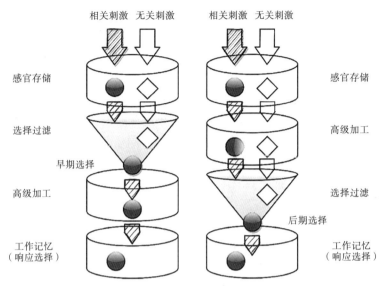

图 3-4 早前选择模型与后期选择模型的比较

值得一提的是，早在布罗德本特（Broadbent, 1958）提出早期选择模型之前，威尔福德（Welford, 1952）便提及注意的"更早期选择"（earlier selection）设想，认为个体对刺激的过滤选择发生在更早阶段（见图 3-5）。另外，基尔（Keele, 1973）则更认同"更后期选择模型"观点，他认为响应选择的发生可以不需要注意，注意过滤仅是在响应计划和执行阶段才需要。已有研究采用的"双刺激范式"（double-stimulation paradigm）为"更早期选择模型"和"更后期选择模型"提供了实证支持（Schmidt et al., 2018）。

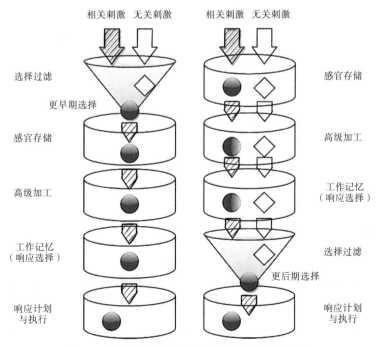

图 3-5 更早期选择模型与更后期选择模型示意

四、中枢资源理论

基于认知神经资源有限观点，卡尼曼（Kahneman, 1973）提出了中枢资源理论（central-resource capacity theory），强调注意对有限资源系统使用的控制和资源的分配（至当前任务）。该理论强调可用于执行任务注意资源的有限性，而非接收信息通道容量的有限性。相较于过滤器理论致力于解释注意的选择性机制，中枢资源理论则侧重于解释注意如何对资源进行协调分配以处理不同任务（见图 3-6），且倾向认为注意资源容量相对灵活（flexible capacity for attention），即相对于资源容量固定假说（fixed capacity of attention）而言，资源分配策略决定分配至不同任务所使用的资源（确保某一任务完成前提下），而资源分配策略以有限资源容量为前提，同时基于个体意向、当下情景因素、任务要求和唤醒水平情况而运作。个体通过对任务要求的评估，改变或影响资源分配策略、唤醒水平和可用资源容量。其中，唤醒水平和任务要求评估结果可能直接影响可用注意资源。例如，当个体评估任务难度较大（或较低）时，可能导致唤醒水平升高（或降低），而两者同时作用下导致可用注意资源减少（或增多）。

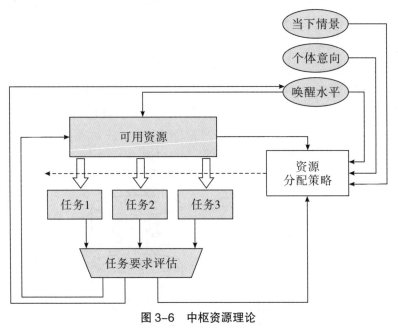

图 3-6 中枢资源理论

五、多资源理论

固定中枢资源（图 3-7a）和灵活中枢资源（图 3-7b）主要从中枢资源是否足以提供同时完成多个任务所需的资源的角度，解释多重任务现象。在中枢资源有限观点的基础上，威肯斯（Wickens, 2002）提出了多资源理论，认为存在多个有限容量的注意资源。多资源理论为双任务和多任务现象提供了有力解释（不同情景的多资源模型见图 3-7）。例如，汽车驾驶员在驾驶汽车（任务 1）的同时与乘客自如地聊天（任务 2）属于典型的双任务操作。根据多资源理论，不同任务可能由不同注意资源支撑完成，所以当不同任务所需的注意资源虽然有限但足以支撑完成相应任务时，个体可以同时操作多个任务（图 3-7c）。另外，相似任务（任务 1 和任务 2）可能使用共有注意资源（图 3-7d），其他与具体任务相关的资源（图 3-7d 的左和右两个虚线框）可以为共有资源无法实现的部分提供支撑，在此情况下，个体同样可以协助多任务操作。

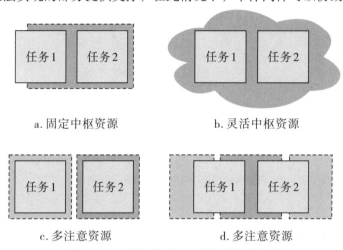

图 3-7　多资源模型与中枢资源模型示例

第四节　实践应用

莫兰等（Moran, 1996; Abernethy, 2001）在对注意与运动表现关系相关文献进行综述的基础上，提出运动领域有效集中注意的五个基本原则。其中，前三个原则与集中注意的建立有关，后两个原则与集中注意的破坏有关（见图 3-8）。原则一，集中注意需要运动员做出"专门的"决定（deliberate decision），需要意志投入，不能依靠偶然发生；原则二，集中注意时每次只聚焦一个线索；原则三，关注具体、明确且可控的线索或任务；原则四，关注与任务无关、与过去或未来相关，以及不可控的线索，将打破任务执行的集中注意；原则五，焦虑及其相关结果会打破任务执行的集中注意。莫兰有关运动领域集中注意的观点更倾向于将其视作"技能"（skills）。他认为，通过适当的训练方法和指导手段可以提升、改善运动员运动表现相关的集中能力（Moran, 1996）。本节将主要介绍相关方法和手段，包括日常模拟训练、自我谈话、表象训练、比赛预案、行为程序和正念训练。

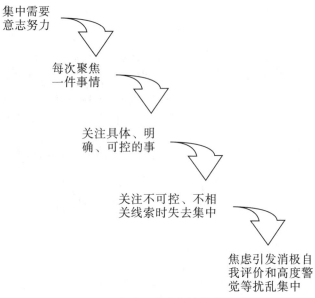

图 3-8 高效集中注意的基本原则

一、日常模拟训练

影响运动员比赛进程中集中注意的因素构成复杂。环境因素（如比赛环境、对手表现、裁判误判等）、运动员个体因素（如身体状态、压力知觉、焦虑水平等心理因素等）以及二者的交互作用等均可能对运动员能否集中注意产生直接影响。因此，可通过贯穿日常训练中对比赛和特定情景的模拟加以训练，以提升和改善个体在特定情景下集中注意的能力（Schmid, Peper & Wilson, 2001）。例如，通过模拟比赛相似条件，包括压力水平、气候条件、比赛规则、裁判裁决、观众偏见、比赛日程、对手的比赛风格、住宿和饮食、交通条件和媒体曝光率等，有助于运动员熟悉比赛相关条件和情况，降低新异刺激或外部因素可能对运动员比赛集中注意产生的干扰。日常模拟训练就是为了模拟这种在赛区或赛场上可能会出现的情景。中国国家跳水队从备战2008年北京奥运会开始至今，已经在队内测验采用比赛人为制造干扰情景（噪音、喝倒彩等）的模拟训练。中国乒乓球队则采用比分从 9：9 或 10：10（11 分制）开始比赛，人为制造强压力情景的模拟训练。中国射击队在疫情防控期间的训练，开创性地利用了网络工具，组织实施多赛场同时比赛的模式，让运动员接受更多不确定性的干扰因素，从而达到模拟训练的效果。比赛模拟有助于运动员适应相似比赛情景，提升其在类似情境下仍然正常执行相关任务（在集中注意状态下）的能力。已有关于奥运会参赛运动员的研究发现，模拟训练对奥运选手的运动表现具有重要影响，是奥运会备战工作的重要组成部分。模拟训练有助于运动员以更熟悉的方式参加比赛，进而降低额外因素的干扰（Orlick & Parington, 1988；Habert & McCann, 2012）。

在本章第一节网球选手比赛的案例中，观众一边倒地给某位运动员加油，从而产生"观众偏见"，这在很大程度上会对另一位选手造成干扰；而在篮球比赛的案例中，裁判的关键性判罚对双方运动员产生影响，尤其是裁判裁决导致的不利结果；而射击运动员的案例中，运动员在比赛中，尤其是比赛接近尾声，比赛的关键点时出现"压力水平"的显著性变化。运动员在训练和备战过程中，利用日常模拟训练方法，对类似情境进行有针对性的练习和准备（如组织观众喝倒彩、裁判故意进行倾向性判罚、在最后一枪时刻制造压力与干扰），可有效降低运动员在比赛时因类似注意干扰对其竞技表现产生的消极影响，进而促进运动员正常或超常发挥竞技表现。

二、自我谈话

人类头脑中出现的任何想法均是以语言或图像等符号形式出现的。因此，每出现一个想法，便意味着发生了一次自己与自己的对话。自我谈话训练作为一种认知训练，通过调整自我谈话的内容和形式，弱化或降低"想法"的消极作用，促进"想法"的积极作用。哈迪（Hardy, 2006）认为，自我谈话是个体对自我的内部语言或陈述，具有动态的多维属性，积极的自我谈话对运动员具有指导性和激励性功能。积极的自我谈话有助于运动员发挥运动水平；消极的自我谈话具有误导性和破坏性，可能是运动员运动表现的重要干扰因素（如自我否定）。激励性自我谈话关注对自身状态的激励和鼓励，强调意志品质和努力投入等积极态度（例如，"我能做到""再坚持一下"）。指导性自我谈话有助于运动员集中注意，关注技、战术任务的执行（例如，"注意对手的反手""落点再深一点"）。消极自我谈话内容含消极成分（如自我质疑、自我否定），可能促发焦虑等负性情绪体验。例如，运动员在失误后可能出现"没机会了"或"我怎么这么蠢"等想法，此类自我谈话无助于改善运动员表现，也不利于积极情绪的调动，反而常会引发自我怀疑、自我否定和负面情绪（如焦虑、紧张、愤怒等）。

已有研究表明，使用日志记录法有助于运动员了解自我谈话对集中注意和运动表现产生的影响（Hardy, Roberts & Hardy, 2009）。有研究者研制了一份自我谈话评估量表，包括八种自我谈话类型（Zourbanos et al., 2009），分别是四种积极类型，包括兴奋（如"我充满能量充沛"）、自信（如"我能做到"）、指导性（如"专注动作"）和焦虑控制（如"冷静下"）；三种消极类型，包括担心（如"我要输了"）、脱离感（如"我想逃离这里"）和身体疲劳（如"我好累"）；一个中立的类型，即无关想法（如"我今晚做什么？"）。运动员可使用该量表对自身习惯性自我谈话内容进行评估与了解。大量研究表明，不同类型的积极自我谈话（如指导性、激励性、情绪控制等）均有助于运动员运动表现的提升（Perkos, Theodorakis & Chroni, 2002; Hatzigeorgiadis, Theodorakis & Zourbanos, 2004; Hatzigeorgiadis et al., 2008）。

采用自我谈话对运动员集中注意的训练可以从两个方面入手：①增加运动员对消极自我谈话习惯对影响集中注意的觉察，进而降低消极自我谈话的影响；②有针对性地建立和培养系统性积极自我谈话的策略和技能，替换消极自我谈话内容，用于指导和保持比赛进程中的集中注意。具体举例如下：

运动员首先列出可能损害比赛集中注意和运动表现的自我谈话清单（见例表3-2）。接着对每个自我谈话内容可能产生的影响进行分析和说明（出现条件、如何影响）以了解什么情况下，会产生什么样的消极想法，以及产生什么样的影响。最后试着用积极的内容来代替消极的内容。

例表3-2 自我谈话清单

自我谈话内容	出现条件	影响	应对方法
1.怎么能犯这么低级的错误？！	1.关键分/时机 2.对手压力 3.主动失误	1.自责、否定 2.急躁、焦虑 3.动作乱	"停下" "放松" "专注任务，注意脚步"
2.完了，没戏了	1.关键分 2.强对手 3.对手超常发挥	1.急躁、焦虑 2.无法专注 3.想放弃	"比赛还在继续" "不到最后，决不放弃" "清零，专注新的机会"
3.今天怎么这么不顺！	1.感觉不对 2.表现连续不佳 3.找不到状态	1.有情绪 2.不集中 3.不果断	"做好自己，其他无关" "专注，抓住重点" "太多磨炼，合理应对"
4.我太累了！挺不住了！	1.疲劳状态 2.焦灼时刻 3.关键分/时机	1.想放弃 2.无法专注 3.反应慢	"对手可能比我还累" "专注，抓住机会" "我一定能挺住"
5.老毛病又犯了！	1.高压力 2.连续失误 3.关键分/时机	1.斗志低 2.消极情绪 3.自责自否	"专注当下、不放弃" "专注，还有机会" "放松，专注任务"
……	……	……	……

说明：利用积极自我谈话内容取代消极自我谈话内容需要以系统练习为基础，同时可结合其他心理技能使用。例如，先觉察到消极想法的出现，然后停止消极的想法，深呼吸调整，重复积极想法。

自我谈话法对不同水平运动员的竞技表现均具有积极作用。该方法在体操、跳水、武术套路等难美类运动项目中应用较为广泛。此类项目的特点是运动员在比赛中与对手无直接对抗，关注展示自身技术动作（准确性、优美性、难度等），重点需要注意自己的内部本体感觉。因此，自我谈话心理技能训练方法有助于运动员在比赛前与比赛中更好的调节和控制注意，从而促进运动表现。

在本章第一节案例3中，面对裁判对关键球不利判罚的情况，运动员很容易产生负面自我谈话，如"太不公平了""怎么这么倒霉！"，也会表现出焦躁、注意力不集中、失去斗志等消极状态。想要如哈登一般在面对不利情况仍然保持专注和平静，自我谈话或许是一个有效的应对方法。需要强调的是，在赛场上能够成功应用自我谈话技能调整心态需要以前期系统的心理训练为基础。例如，通过记录连续数周的自我谈话清单，提高对自我谈话内容和功能的觉察能力。"觉察"是自我谈话练习中极具挑战且重要的"第一步"。我们脑中的想法常常一瞬即逝，情绪和激发行为好像是事件起因（如面对不公平判罚）的必然结果，但运动员往往能在事后通过咨询师的引导或自己记录回忆起当时脑海中出现的想法（自我谈话）。通过一段时间持续的刻意练习，运动员才能在第一时间"抓住"头脑中出现的想法（觉察）并进行调整。例如，把"太不公平了"置换为"做好我可以做的"。在觉察的基础上，运动员采用积极自我谈话内容取代习惯性消极自我谈话内容，形成并稳固积极自我谈话倾向（自我谈话内容和形式），进而提升即时自我调整能力。因此，通过自我谈话练习，运动员可有效预防和应对突发事件可能对其注意聚焦和注意分配产生的负面影响，使运动员更专注于技、战术执行和比赛过程。

三、表象训练

表象训练是一种应用非常普遍的心理训练方法。它借助言语暗示、语音引导或录像辅助等方法，在头脑中反复"播放"特定动作或情境（Amedi, Malach & Pascual-Leone, 2005）。通过表象训练，运动员可以重新创造积极的经历或想象新的事件，让自己在心理上为运动表现做好准备。其用途包括注意力提升、动机增强、信心建立、情绪调节与控制、动作技能和策略习得、比赛准备、康复训练以及逆境应对策略预演等。

表象可以分为外表象和内表象。外表象是指以第三视角审视自己，如同运动员在视频中观看自己在执行技术动作或战术策略。内表象是运动员以第一视角想象自己执行技术动作或战术策略过程中的感受，如羽毛球运动员表象"我正在准备发球，此时我可以清晰地想象出场地、灯光、声音、观众、教练员，感受到我的手中握着球拍，意识到此刻裁判就在场边，对手也在对面做好了准备……"。已有研究表明，内表象比外表象能引起更大程度的肌肉活动信号（Hale, 1982）。在提高注意力方面，运动员可以通过表象训练在头脑内预演比赛过程中的任务和动作，也可以模拟成功应对逆境情景或针对特定问题模拟应对方案等过程，进而帮助运动员将注意力维持在比赛相关的有效线索上，或排除无关线索或干扰因素可能对运动员产生的影响。例如，运动员在篮球比赛中投篮失手，在体操比赛中动作失误，又或在足球比赛中错过了一个传球时机等情况下，运动员可以表象自己处于稳定状态的感受以及专注于下一个动作或步骤的体验等，进而阻断前面的失误可能对后续动作执行产生的影响，进而更好地发挥和完成技术动作和比赛任务。已有研究发现，接受过表象训练的专业垒球运动员在没有使用过多的外部刺激和缩小注意范围的情况下，其整合外部刺激的能力得到了提高（Calmels, Berthoumiux & d'Arripe-Longueville, 2004）。此外，表象训练可以增强运动员对情景线索的觉察，有助于其更快地做出决策，提高个人或团队战术的执行力（Hale et al., 2005）。

已有研究发现，表象训练有助于体操、跳水和武术套路等难美类运动项目运动员运动表现的发挥。上述难美类项目的共同特点是运动员需要完成的一套动作存在明显的起止时间节点——即运动员在规定或相对固定的时间内完成成套动作。因此，此类项目运动员在完成一套动作前的准备过程与表象训练技术相似，即表象"自己完成成套动作的全过程"。有关游泳、举重、田径短跑和跨栏等运动类项目的研究发现，运动员们认为表象训练对其技术动作的掌握和调整（包括学习新动作和改变旧动作），以及伤病治愈后技术动作的恢复具有较好的效果。

在本章第一节案例1中，射击运动员在高压情况下很容易出现发挥失常——打出很低环数甚至脱靶，此时运动员的注意范围可能出现过于狭窄的情况。运动员在做动作前，可以进行一次内表象练习，用来调整和确认自身的注意状态。以立射为例，运动员的表象练习步骤设计可参考如下：

（1）加强比赛动机的表象脚本：我站在靶位前，感觉来到了我的舞台，对自己说："我只要做好我自己，打好每一枪就可以了。"

（2）定神的表象脚本：我感受到了全身的肌肉感觉，从头到脚，感受自己的呼吸，尽量慢呼吸。感觉头脑清晰、精神爽利。

（3）情绪感受的表象脚本：我感受到了观众和噪音，看到了我的靶号和靶心，我的注意力就像进入了一条隧道，只看到了眼前的靶子。我有些兴奋，感受到了心跳，脸有点热，感受皮肤支持自己的感觉。这是一种非常好的感觉和状态，我稍微调节一下，感觉冷静下来了，准备好了。

（4）动作执行的表象脚本：我站立得坚实、平衡而稳定，枪放在枪架上，听到口令——Load。我开始举枪，感受枪的重量，把枪在左手上压实（以右手为优势手为例），枪和人协调统一，舒适自然，深呼吸后开始贴腮，入枪瞄准……压实扳机……果断响枪。感受响枪后的枪感，再保持动作3秒。放下枪，预感预报。我能够感受到打出了漂亮的一枪，再自然呼吸。

（5）注意—重新注意环节的表象脚本：下一枪，等待指令——Load。我的注意力又重新进入隧道的感觉。我只要重新做好自己的程序就可以。重新深呼吸，举枪，贴腮，入枪，瞄准，响枪。

在前期的表象练习中，运动员的表象水平需要达到能够全程使用一种表象（内或外表象），感觉视野清晰、表象完成时间与实际时间基本一致的水平，才能在比赛中灵活运用。

四、比赛预案

针对不同运动项目高水平运动员的访谈结果表明，建立比赛预案（计划）有助于运动员在比赛进程中保持集中注意（Orlick & Partington, 1988; Gould, Eklund & Jackson, 1993; Greenleaf, Gould & Dieffenbach, 2001）。比赛预案有助于运动员更好地应对比赛，为其在比赛进程中出现的不同情况和具体变化提供应对框架与有针对性调整的依据。运动员需要根据自身特点，结合具体比赛对手和情景特点，制定具体的比赛预案。其核心为主体战术策略思路和注意指向。比赛预案中的主体战术策略决定了比赛的总体"基调"，注意指向主要关注于比赛过程（如战术落实、技术执行等）。具体而言，若为对抗类运动项目，比赛预案的总体"基调"应该是以"我"为主，发挥自身长处，利用对手不足。若为非对抗类运动项目，运动员比赛预案的总体"基调"应该是以"常"为主，即运动员对日常训练中保持的"常态"的复制。不可预测性是竞技体育的魅力之一，运动员的新的突破有时也可能来自其对非"常态"的尝试与追求，而对于"常态"的坚持，更多的是以稳定发挥为目标。有关注意指向，任何比赛预案均应聚焦于比赛过程，关注可控因素，而非比赛结果和不可控因素。例如，皮划艇运动员的比赛过程目标是保持肩部和颈部肌肉的放松，聚焦于比赛节奏上；足球运动员可能会把注意力集中在他的位置和步法上；而排球运动员则会集中在手臂在击球时的位置上。因此，合理的比赛预案有助于提升运动员在比赛过程中增加对注意的掌控。

比赛预案制定的方法可以采用假设式陈述思考，将比赛过程予以分析和分解（例如，"如果……就……"）。例如，羽毛球运动员在比赛预案中可能具体会提及"如果出现裁判误判，我就深呼吸调整，冷静合理利用挑战规则"，或"如果连续出现非受迫性失误，我就觉察自己的情绪状态，将注意调整至技术动作的合理执行"，等等。比赛预案逻辑同样适用于训练情景，运动员针对每次训练的不同内容制定不同的训练预案，据此可以同时增加对训练过程中技战术执行力的锻炼和检验。此类训练预案练习有助于增加运动员对预案的制定能力以及建立预案内容与运动员执行力之间的链接。高效的比赛预案需要以对比赛预案的执行为基础，只有预案而执行力不足，比赛预案的效果将无法体现。

北京冬奥会女子自由式滑雪空中技巧冠军徐梦桃，在2022年《开学第一课》节目中向全国中小学生介绍了她参加北京冬奥会比赛的过程和她当运动员以来战胜困境的秘籍——预案战术表。徐梦桃在节目中提及，在她20年的运动生涯中总共制作了406张预案战术表，并列举了该方法在2022年北京冬奥会比赛中对自己竞技表现的影响。2022年2月13日晚，预赛时间段出现大风、大雪天气，预赛和决赛安排可能出现多种变数组合。徐梦桃针对天气因素做出了5种可能情况分析，并设计了相应的应对方案，提前做好了心理准备及面对各种可能情况的具体方案。最终，组委会宣布预赛改为2月14日下午进行（预赛推后了一天），但决赛依然是14日晚上进行（决赛时间不变）。因此，出现了一天两赛导致比赛强度剧增的情况。但对于徐梦桃而言，因为做好了相关预案并通过及时调整和果断执行预案内容，成功地排除了突发事件和无关因素的影响，以专注投入的状态完成了比赛。为了这次冲冠，她做了多种详细的比赛预案来应对赛场上可能发生的意外。测算每一次跳跃，复盘每一个表现，分析每一种可能发生的情况——这就是冠军徐梦桃战胜困境的秘籍。徐梦桃提到，20年运动生涯中的406张预案战术表是她不断突破自我的底气．

在本章第一节的案例2和案例3中，观众喝倒彩和裁判不利判罚均是比赛中的常见逆境。运动员可利用赛前预案提前对这些逆境做好准备，掌握相关应对策略和方法。当此类逆境在比赛进程中出现时，运动员可以从容面对和灵活应对，将注意聚焦于比赛过程的具体任务，进而降低相关逆境对运动表现产生负面影响的概率。

五、行为程序

行为程序旨在帮助运动员集中注意力，它有助于运动员针对比赛做出更好的心理准备。摩根（Moran，1996）将赛前行为程序定义为："运动员在执行特定运动技能前完成的一系列与任务相关的认知与行为活动。"行为程序包括赛前行为程序和赛中行为程序。行为程序训练有助于运动员将注意专注于任务相关线索，有助于运动员运动技能的自动化执行，进而弱化与任务无关想法可能产生的不良影响（Grant & Schempp, 2013; Yao, Xu & Lin, 2020）。已有大量实证研究为行为程序的有效性提供了证据支持（Cotterill, Sanders & Collins, 2010）。例如，行为程序可以在比赛之前或比赛期间帮助运动员集中注意力、减少焦虑、消除干扰，并增强信心（Cohn, 1990; Yao, Xu & Lin, 2020）。虽然行为程序的重点是在比赛开始前或比赛过程中，但需要以前期在训练中的系统性训练和使用为基础（Schack et al., 2005）。已有研究总结认为，赛前行为程序的设计需要考虑运动员的自身特点、应对资源和情境需求。行为程序需要根据运动员的具体情况而制定个性化方案，避免"一刀切"的心态，这样才能在赛前/赛中更好地帮助运动员集中注意力（Cotterill, 2010）。例如，根据距离比赛开始时间，可设计临场行为程序、赛前一晚的行为程序、赛前一周的行为程序等；根据具体任务，可设计不同的行为程序，如动作执行前的行为程序、动作任务间的行为程序、比赛间歇的行为程序等。下面是一套临上场前的行为程序的举例。

1. 在自己等候上场的时候找到一个位置。
2. 做三遍腹式深呼吸。
3. 将注意力回收到自己将要进行的比赛上。
4. 表象接下来自己要完成的一套完整动作（外表象）。
5. 再做三遍腹式深呼吸。
6. 自我谈话，对自己喊三遍"加油"。

在本章第一节的案例1中，射击运动员在面对比赛决胜的最后一枪时往往要承受很大的心理压力，可能出现不同的想法和情绪。例如，当运动员在头脑内浮现过往的失败经历、想起亲友团队的期盼、多年来自己内心的期待与不甘、对金牌的渴望、对再次失败的恐惧等情形，尽管运动员们努力尝试让自己更加专注，但在面对汹涌而来的众多情绪、想法、感受时，保持专注是一件极具挑战性的任务，这是许多运动员在赛场高压下表现"失控"的主要原因。面对此类情况，运动员可以提前通过行为程序训练，在训练中的最后一枪前加入固定的行为程序，进而降低高压下过多内部、外部干扰因素的影响，保持专注与平静。例如，步枪运动员的行为程序可以是：①根据时限做1～3次腹式呼吸；②闭上眼睛在头脑中表象一次自己完成的整套动作（内表象）；③对自己说一句积极的自我谈话，如"专注，冷静，加油！"对行为程序训练而言，前期在训练或测试赛中的固定应用至关重要，很多运动员可能会进入"自己今天状态好就不需要用这个方法"或"等状态不好时再用"等误区，使得比赛中临时加入行为程序的效果不尽理想。

六、正念训练

正念是通过带有目的性且不加判断的关注当下而产生的一种觉察状态（Kabat-Zinn, 1994）。在竞技体育领域，具体到训练和比赛中，正念不仅需要运动员能够专注当下，还要求运动员对当下的情形保持开放式的觉察，以及能够在其注意游离时将注意力重新集中于当下（钟伯光、姒刚彦和张春青，2013；Zhang, Chung & Si, 2017）。正念的理念不是试图消除消极的想法，而是接受那些积极和消极的想法并关注于当下（Moran, 2012）。已有研究发现，接受正念训练的运动员比没有接受正念训练的运动员更可能体验到流畅状态的感受(Aherne, Moran & Lonsdale, 2011; Cathcart, McGregor & Groundwater, 2014）以及表现出更高水平的专注力（Beilock et al., 2002; Kee et al., 2012; Bu et al., 2019）。运动员对运动表现的过度评估和价值判断（好或坏）以及其产生的情绪感受可能是影响运动员注意力（注意指向、注意范围）的重要因素。例如，一位足球运动员错过了几次绝好的进球机会，可能产生"我总是错过那些容易进球的机会"或"我就是在该进球的时候踢不进"等想法，以及沮丧或消极的情绪感受，导致其失去注意焦点、弱化心理灵活性、找不到比赛节奏、过度努力，以及决策能力受损等结果。因此，正念训练有助于提升运动员对事物或者运动表现的不作判断、不作反应的能力，进而专注于战术策略、技术动作和比赛过程。

本 章 小 结

本章从具体案例出发引出对运动员注意力相关问题的探讨。首先对注意的相关概念和理论进行了介绍。虽然传统心理学领域有关注意的相关理论在运动心理学领域的应用略显不足，但已有研究者结合运动情景的特点，对注意与运动表现之间的关系从实践角度进行了一系列探讨。本章在应用实践部分，介绍了六种可用于指导实践工作的方法，并结合本章提及案例进行了分析，以期为实践工作者提供参考。

思 考 问 题

1. 注意的基本分类有哪些？
2. 不同注意理论的异同点有哪些？
3. 实践工作中，运动员调节注意的方法有哪些？

第四章 应激与焦虑

本章导读

应激与焦虑是两个相当有趣且重要的身心反应,两者对个体心理及行为表现具有重要影响。鉴于此,在运动和锻炼心理领域,心理学家们对两者进行了长期的深入研究,并收获了不少理论与应用成果。本章以竞技运动中的两个真实案例做引,深入浅出地对应激与焦虑的概念,以及两者与运动表现之间的关系进行介绍。同时,本章还介绍了与应激和焦虑有关的几种重要理论模型(包括倒U理论、多维焦虑理论、个人最佳功能区理论、激变/灾难模型)。本着理论结合实际、应用于实际的原则,本章在这些概念与理论的基础之上对两个真实案例中存在的问题及其成因、解决方案等进行了具体、深入的分析,并对可以用来测评和解决应激与焦虑问题的一些测量工具和具体训练方法进行了介绍。期望本章能够帮助读者在认识和了解应激与焦虑相应概念、理论的同时,也能掌握一些具体的手段与方法,并将其应用在实践中。

第一节 案例

竞技赛场是一个充满紧张、刺激和挑战的场所,身处其中的运动员和教练员为了不断地追求卓越、提升运动表现,经常需要面对诸多压力,这也无可避免地使得他们中的很多人遭遇应激或焦虑。以下介绍两个运动员在竞技情境中的典型应激和焦虑案例。

案例1:一对精英网球混合双打运动员,正在参加一场极其重要的全国性网球比赛的混双半决赛。比赛采用三盘两胜制,第一盘这对组合打得顺风顺水,很快便以6-1的比分拿下了第一盘的比赛。第二盘一开始,他们依然延续着第一盘的强劲势头,但是在一个有争议的关键分判罚时,当值主裁判做出了不利于他们的判罚,判对手得分,且鹰眼也未能清楚拍到这一球的最终落点。此情况的出现令这对组合的球手S非常愤怒与不满。在情绪激动地与裁判交涉无果后,球手S开始变得草率与急躁,频频出现主动失误并数次将球拍重摔在地上进行发泄,整个人的表现急剧下降。其搭档球手T在察觉到这一变化之后,担忧球手S的情况,起初还尝试与其沟通并尽量对其进行安抚。但几次尝试无果后，球手 T 明显也开始受到了搭档的影响而变得急躁，他不再理会自己的搭档 S，并频频利用身体语言向场边的教练表达自己的无奈与不满。由于这一系列糟糕的变化与表现，最终这对选手在大好形势下被对手逆转，接着以 1-6、2-6 的比分连丢两盘，将胜利拱手让给了对手。

案例 2：赛艇作为一项周期性体能类运动，比赛中时刻挑战着运动员极限负荷下的心理承受力。年轻的赛艇运动员 A 凭借自身的努力，在队内激烈的竞争与层层选拔中脱颖而出，最终获得了与老队员一起参加某次世界大赛四人双桨比赛的宝贵机会，成为唯一入选的新人。机会来之不易，运动员 A 作为新人，首次来到国际赛场，到达比赛城市的头两天显得异常兴奋，赛前适应训练也十分刻苦与投入。然而，两天后，运动员 A 陆续在训练中见识到各路实力强劲的对手，心里开始打鼓。他开始怀疑自己作为新人的实力是否足以与这些对手抗衡，并担心自己这个新人是否会在正式比赛时拖累另外三名老队员，影响整条艇的发挥。有了这样的想法以后，运动员 A 明显开始变得紧张与不安，不但一连数日训练的效果急速下降，个人的饮食和睡眠也明显变差了很多。最终，在五天的赛前适应训练结束之后，运动员 A 在正式比赛的当天不堪重负地病倒，发起了高烧。在教练员反复与其确认目前的状态是否能够坚持参赛后，运动员 A 最终选择了主动放弃，由替补队员顶上，很遗憾地错失了一次参加国际比赛的机会。

第二节　应激与焦虑的相关概念

一、应激的定义

麦格拉斯（McGrath, 1970）认为，当任务要求（demands）与个体能力存在严重失衡，且个体满足任务要求情形失败会产生重大后果时，便出现应激（stress）。应激是一个过程，包括四个相互关联的阶段，即环境要求、任务要求知觉、应激反应和行为结果（见图 4-1）。拉扎勒斯等（Lazarus & Follerman, 1984; Lazarus, 2000a, 2000b）也提出相似的定义，认为应激是当个体将所处情境中的刺激或应激源（stressor）知觉为"危险"（可能给自己造成伤害）时，由个体对刺激或应激源的认知评价而诱发的一系列身心反应。应激源是指会引起个体应对反应、稳态失衡的各种内、外环境刺激或刺激物（即引发个体应激的各种刺激）。在本章案例 1 中，运动员在特定情境中（重要比赛中暂时领先，阶段一），感受到了特定刺激（感到裁判不公、搭档失控，阶段二）可能带来的威胁（或挑战），进而产生了一系列的情绪反应（急躁，阶段三）与行为结果（输掉比赛，阶段四）。

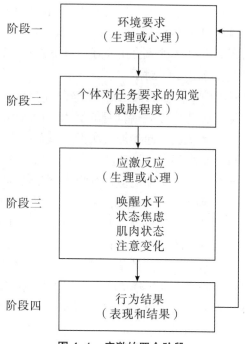

图 4-1 应激的四个阶段

二、应激与运动表现

应激作为个体针对应激源所做出的适应性变化，包括良性应激和消极应激两种形式。当运动员将应激源感知为一种考验和证明自己的机会时，便会产生良性应激，将会相应地促进运动员动机水平和运动表现的提升；当运动员将应激源感知为一种威胁时，便会产生消极应激，运动员的担心和忧虑也会相应增加，造成运动表现下降。

诱发应激的应激源有很多，不同的运动员在同样的情境下也可能产生不同的应激反应，进而对个体的运动表现产生不同的影响。从个体内、外在的角度看，应激诱因可包括内在诱因和外在诱因。内在诱因，主要是与个体本身有关的一些诱因，如罹患疾病、心理因素、睡眠不足、人格特质等；外在诱因，是与个体外在环境有关的一些诱因，如个体身处的周围环境、负性社会关系、重大人生事件、日常琐事等。从诱发因素的属性来看，应激诱因可包括人际因素诱因、运动情境因素诱因和职业相关诱因。人际因素诱因主要是与运动员生命中的重要他人（朋友、家人或者伴侣等）有关的诱因，如个体与伴侣的不和与紧张关系有可能会诱发个体的应激反应。运动情境因素诱因主要是与运动员所处运动情境有关的诱因，如赛事的重要性和赛事结果的不确定性。职业相关诱因主要是与职业或工作相关的诱因，如求学机会、未来职业发展、运动表现瓶颈、厌恶训练、被队伍开除等。

在本章案例 1 中，上述所提到的大部分应激诱因都有一定程度的体现。正是在这些诱因的刺激下，案例 1 中的两名运动员分别产生了不同的应激反应。球手 S 从一开始就将遭遇到的应激源感知为一种威胁，从而产生了消极应激，这严重影响了其情绪和行为反应。而其搭档球手 T 在看到球手 S 的行为表现和情绪状态后，感受到了球手 S 的变化可能对比赛进程的影响。因此，球手 T 开始尝试对球手 S 进行鼓励和支持，这可被视为一种积极的应激反应。但是，球手 T 稍作尝试后发现自己所做的努力未能改变球手 S 的行为表现和情绪状态，产生了消极应激反应，此后其情绪状态和行为反应均受到负面影响。

三、焦虑的定义

焦虑（anxiety）是个体因担忧自己不能达到目标或不能克服障碍而感到自尊心受到持续威胁时所产生的一种紧张不安、带有惧怕色彩的情绪状态（李维等，1995）。在运动情景中，焦虑被定义为个体对压力下有关任务表现的负性心理应激状态（Cheng, Hardy & Markland, 2009）。一般而言，焦虑分为特质焦虑（trait anxiety）和状态焦虑（state anxiety）。特质焦虑是不同个体在焦虑倾向方面所表现出来的相对稳定的差异，属于个性心理的特征部分，反应不同个体在各种情境中产生焦虑反应的情绪和行为倾向。状态焦虑是指发生在某一特定情景或时间，由个体的紧张或忧虑所引发，在强度上会有所变化，随着时间而有所波动的短暂的情绪状态反应。状态焦虑又包括认知焦虑（cognitive anxiety）和躯体焦虑（somatic anxiety）。认知焦虑是状态焦虑的认知成分，是由个体对刺激所带来的恐惧或威胁的程度的评价而引起的担忧等不愉快的感受。相关认知焦虑的症状包括专注力降低、害怕、错误决策等。躯体焦虑是焦虑的情感和生理成分，由个体自发的生理唤醒引起，会通过个人消化系统、呼吸系统、心血管系统和神经肌肉系统等的生理反应和变化表现出来。相关躯体焦虑的症状包括心跳加速、手心出汗、呼吸急促、体温升高、肠胃痉挛、肌肉紧张等（Weinberg & Gould, 2011）。

在本章案例 2 中，运动员的运动竞赛焦虑主要是由对失败（运动员担忧自己能力不能胜任比赛）、伤病（运动员因过分的担忧而病倒时选择放弃比赛）或外界/他人的反应（运动员担忧拖累队友）的恐惧而引起。不同运动员在状态焦虑上存在显著性差异（年轻运动员更容易体验更高的状态焦虑），且从事不同运动项目的运动员之间也会存在显著的不同。运动员的焦虑随着比赛的临近而逐渐上升（运动员在越是临近比赛时越是焦虑），且赛前焦虑水平的变化随运动员对比赛对手强弱的预估及比赛重要与否而升降（运动员预估对手的实力远超自己，且自己首次参加重要国际赛事，因此异常焦虑）。另外，比赛结果会影响运动员赛后焦虑水平的变化。

四、焦虑与运动表现

影响运动员运动表现和成绩的因素可分为主观因素和客观因素两类。主观因素是与运动员自身相关的因素，如运动员的技能水平、体能状况、个人经验，以及个人心理因素（运动员的认知与情绪反应）。客观因素是与运动员所处具体体育运动情境相关的因素，如所面临体育运动任务的要求和难度，以及情境中的环境等因素。身处不同运动情境中的运动员，会结合主观因素与客观因素，对运动任务的要求、自身的能力、可能的结果、比赛的价值与意义，以及身体反应等做出认知评价，进而感知到不同程度的焦虑唤醒，产生不同的情绪反应（如烦躁、兴奋或担忧等）和生理反应（如心率变化、肌肉紧张度变化、大脑运行状态等）。这些情绪与生理的反应变化会在一定程度上影响运动员的认知评价，进而影响其运动表现/成绩。在具体的运动情境中，还需要特别注意：①运动员所需的最佳焦虑唤醒水平受到其所从事的运动项目和具体运动任务的影响，项目、任务不同，所需的最佳焦虑唤醒水平也会有所不同；②即便是同一运动项目，由于运动员的个体差异，不同的运动员所需的最佳焦虑唤醒水平也会有所差异；③运动员的认知评价对其焦虑的产生与调节有着重要的影响和作用，需注意对认知焦虑成分的控制调节；④从根本上改变运动员对焦虑及其作用的认知和反应方式，是控制运动员焦虑的一种可能的有效方法。

第三节　应激与焦虑的相关理论

在应激与焦虑的相关概念基础上，本节将介绍与应激和焦虑相关的理论。这里将介绍四种主要的理论学说，即倒 U 理论、多维焦虑理论、个人最佳功能区理论和激变模型。

一、倒 U 理论

倒 U 理论，即耶克斯 - 多德森定律（Yerkes & Dodson, 1908），它是用以说明唤醒水平与操作成绩之间关系的理论假说。该理论认为，操作成绩与唤醒水平之间呈现一种倒 U 型的曲线关系。每项任务都有一个最佳的唤醒水平，在唤醒水平未达到这个最佳点之前，操作成绩会随着唤醒水平的升高而提高，直到这个最佳点达到最佳。当唤醒水平达到这个最佳点之后仍继续升高，操作成绩则会随着唤醒水平的进一步升高而下降（见图 4-2）。

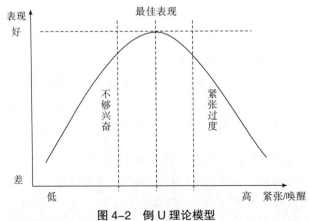

图 4-2　倒 U 理论模型

运动情境中，理解倒 U 理论需要考虑到运动项目技能本身的复杂程度和运动员的个人特点。运动技能与任务越简单，越需要相对较高的唤醒水平；运动技能与任务越精细、复杂，则越需要相对较低的唤醒水平。另外，不同的个体从事同一项运动所需的最佳唤醒水平也会有所不同。

二、多维焦虑理论

马腾斯（Martens, 1977）提出了多维焦虑理论，主要用于探讨认知状态焦虑、躯体状态焦虑、状态自信心与操作成绩之间的关系。该理论将竞赛焦虑分为认知状态焦虑、躯体状态焦虑和状态自信心三个方面。认知状态焦虑是在竞赛时，或者竞赛前后，个体即刻体验到的主观认知上对某种威胁或有威胁的情境的担忧。它主要体现为由个体对自身能力的消极评价或对竞赛结果（成绩）的消极期望所引发的焦虑，往往伴随有害怕失败、消极自我谈话和消极视觉表象等特征。躯体状态焦虑是在竞赛时，或者竞赛前后，个体即刻体验到的自主神经系统或唤醒水平激活的状态。它主要体现为直接由自主神经系统的唤醒所引起的焦虑，症状包括呼吸短促、心率加快、手冒冷汗、肠胃反应、肌肉紧张、头脑混乱等。状态自信心是在竞赛时，或者竞赛前后，个体对自身能否成功完成运动任务所持有的信念。

因竞赛焦虑的三个方面各自性质特征以及各自随时间变化模式的不同，多维焦虑理论对每一个方面与操作成绩之间的关系也有不同的解释：认知状态焦虑的特征是个体将注意从任务相关线索转移到任务无关的线索或评价之上，当认知状态焦虑增加时，操作成绩会相应有所下降，认知状态焦虑与操作成绩间呈线性关系（见图 4-3a）。躯体状态焦虑的特征主要以个体的生理反应为主，其与操作成绩间呈现倒 U 型关系（见图 4-3b）。状态自信心的特征是当个体对竞赛结果（成绩）/成功的积极期望增加时，自信心会增强，随着自信心的增强，操作成绩会相应有所提高，状态自信心与操作成绩间也呈线性关系（见图 4-3c）。

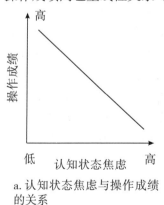
a. 认知状态焦虑与操作成绩的关系

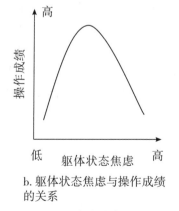
b. 躯体状态焦虑与操作成绩的关系

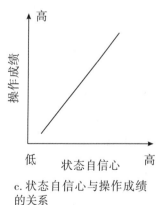
c. 状态自信心与操作成绩的关系

图 4-3　多维焦虑理论

三、个人最佳功能区理论

在倒 U 理论基础上，汉宁（Hanin, 1989）提出了个人最佳功能区理论（Individual Zone of Optimal Function Theory），认为每一个个体在运动操作的过程中都存在着一个理论上的最佳功能区域，即最佳功能区（zone of optimal function, ZOF）。当个体唤醒水平处在这一区域时，个体就有更多的机会取得个人最佳的运动表现（见图 4-4）。因此，根据个人最佳功能区理论，每名运动员都有其各自不同的最佳功能区域（即最大限度发挥个人竞技水平的唤醒程度），依据运动员的最佳功能区特点进行心理训练，能够帮助运动员在赛前进入最佳状态，从而提升竞技表现。

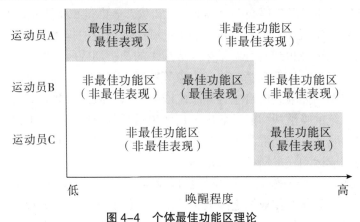

图 4-4　个体最佳功能区理论

四、激变模型

在倒 U 理论的基础上，哈迪（Hardy, 1990）通过对认知焦虑水平高低与操作成绩之间关系的进一步分析，提出了激变模型（Catastrophe Model）。他认为，操作成绩取决于个体唤醒水平和认知焦虑间复杂的交互作用。激变模型与倒 U 理论有所关联，但两者之间的区别主要体现在，前者认为在不同的认知焦虑水平下，个体的操作成绩与唤醒水平间将呈现出不同的曲线关系。当个体处于低认知焦虑时，操作成绩与唤醒水平间的关系曲线符合倒 U 理论，即以最佳唤醒水平为分界线，操作成绩与唤醒水平之间呈现一种倒 U 型的关系曲线（见图 4-5）；当个体处于高认知焦虑水平下，随着唤醒水平的继续升高且超过其最佳唤醒水平以后，个体的操作成绩将出现急速的（而非倒 U 理论那种缓慢的）下降（见图 4-6），即操作成绩/表现会出现所谓的激变。

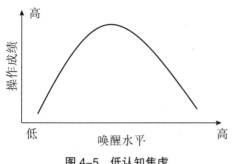

图 4-5　低认知焦虑

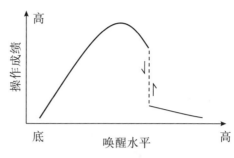

图 4-6　高认知焦虑

激变模型指出，在个体处于高认知焦虑水平时，操作成绩开始会随着唤醒水平的升高而提升；但当唤醒水平超过了最佳水平以后，操作成绩便会遭遇激变，此时个体需要通过显著降低自身的唤醒水平才有可能恢复到之前的操作表现。因此，在遭遇到这种激变后，个体可通过降低唤醒水平（如身体放松）、认知重建（如增加自信、控制注意指向），进而重新找回最佳的唤醒水平，然而这些都并非轻易所能做到。在经历激变后，个体常常很难很快从糟糕的操作表现中恢复。尽管如此，该模型为实践工作提供了可行思路，即理想的唤醒水平并不能确保获得理想的操作成绩/表现，它并非成绩理想的充分条件，而适当的认知焦虑水平是其另一个必要条件。

第四节　实践应用

本节将介绍几种常用于应对应激与焦虑问题的心理训练和练习方法，并结合本章案例对相关技术方法的使用进行说明。

一、传统心理技能训练

（一）肌肉渐进放松训练

这一技术借助渐进式地收紧和放松特定的肌肉以达到放松的目的，它是最常见的一种帮助运动员放松、降低躯体焦虑的技术方法（Hanton & Mellalieu, 2014）。肌肉渐进放松训练的具体练习方法和步骤如下：

肌肉渐进放松练习

［改编自 *Progressive Relaxation*（Weinberg & Gould, 2011: 275）］

第一步：身处一个安静的环境，让自己保持一个舒服放松的姿态（可躺着，也可放松地坐着），深呼吸，保持放松。

第二步：将你的手臂抬起，伸向前方，双手紧紧握拳，感受你的双手和手指收紧的感觉，保持5秒。然后将手半松开，坚持5秒后，将双手完全放松开。注意在此过程中收紧感如何被放松感所替代，比较两者之间的不同，然后专注在目前完全放松的双手感觉上10～15秒。

第三步：收紧你的前臂持续5秒，关注收紧的感觉。然后半放松，持续5秒，继续关注收紧的感觉。然后完全放松，持续10～15秒，并关注所产生的放松的感觉。

第四步：将你的脚趾尽量弯曲收紧，持续5秒。然后半放松，持续5秒。最后完全放松，持续10～15秒，并关注所产生的放松的感觉。

第五步：伸出你的双腿，抬起距地面一掌的高度，收紧大腿的肌肉，持续5秒。然后半放松，持续5秒。最后完全放松，关注你的脚、小腿以及大腿的感觉，持续30秒。

第六步：尽量收紧你的腹部肌肉，持续5秒，并注意收紧的感觉。然后半放松，持续5秒。最后彻底放松，并关注整个过程所产生和扩散开的放松感。

第七步：收紧你胸部和肩膀的肌肉，两手合十并对抗式用力推，持续5秒。然后半放松，持续5秒。最后，完全放松，并关注整个过程中肌肉由紧到松的感觉。同时关注先前所放松的肌肉群的感觉。

第八步：尽量收紧你背部的肌肉，持续5秒。然后半放松，持续5秒并关注此时的感觉。最后，完全放松，并关注所产生和蔓延开的放松的感觉。

第九步：保持躯干、手臂和腿部的放松，收紧下颌直至你的下巴接触到胸部，持续5秒。然后半放松，持续5秒。最后彻底放松，感觉头部放松并关注颈部肌肉所产生的放松的感觉。

第十步：咬紧牙关并感觉咬合肌收紧的感觉，持续5秒。然后半放松，持续5秒。最后彻底放松你的嘴部和面部的肌肉，口微微张开。关注这些肌肉放松的感觉，持续10～15秒。

第十一步：尽量皱紧前额，持续5秒。然后半放松，持续5秒。最后彻底放松，关注此时放松的感觉，并与之前的收紧感进行对比。同时对之前完成放松的全身肌肉进行关注，持续1分钟。

注意事项：最初进行该练习时，每一步都是对某一肌肉群先进行收紧，然后再放松。过程中，请密切关注放松与收紧时的不同与差别。对于每个不同的肌肉群的练习，都要进行两次，然后再进入到对下个肌肉群的练习。当你熟练掌握此技术后，练习时可主要只对放松的感觉进行关注。在练习前，可将每一步的操作指引进行录音，配合练习使用。另外，在练习的过程中也可以配合使用一些线索词，如放松、平静等。

（二）呼吸调节训练

呼吸调节是一项简单、有效的缓解焦虑和促进放松的技术（Weinberg & Gould, 2011）。腹式呼吸具有降低个体的心跳和血压、减少能量的消耗、提高核心肌肉的稳定性及身体的耐受性、减少肌肉疲劳和受伤的机会、降低应激皮质醇对身体的不利影响等功效。因此，这一训练可以有效帮助运动员进入放松状态，达到调节躯体焦虑水平的目的。腹式呼吸练习的具体方法如下：

腹式呼吸练习

第一步：保持一个舒服的坐姿，或让自己舒服地平躺在地板上/床上。

第二步：放松你的肩膀。

第三步：将你的一只手放于你的胸部，另一只手放于你的腹部。

第四步：通过你的鼻子慢慢地吸气（约3秒），感受空气通过你的鼻腔进入你的腹部时，你的腹部慢慢隆起。过程中确保你的腹部向外隆起，同时保持胸部相对静止不动。

第五步：慢慢地收紧你的腹部肌肉，向内收缩，通过微闭的嘴唇慢慢地呼气（约3秒），过程中尽量保持你的胸部静止不动。

第六步：重复上面的步骤数次。

注意事项：练习的过程中，用双手辅助感受腹部的起伏和胸部的稳定不动。练习熟练后，可选择不再使用双手进行辅助。练习时，尽量选择在同一个安静舒适的练习环境中进行练习。在最开始的几次练习时，不用太过介意自己的操作是否完全正确，尽量依照步骤指引去做即可。每次练习的时间可在 5～10 分钟，每天练习 2～3 次，之后可以根据自己的实际情况逐步增加每次练习的时间和每天练习的次数。熟练掌握该技术方法后，注意在实际运动情境中结合自己的运动项目选择合适的时机对其进行灵活应用（如，网球运动员在发球前）。

（三）自我谈话训练

自我谈话是个体与自己的语言交谈。从功能属性角度出发，自我谈话可分为消极自我谈话和积极自我谈话。消极自我谈话主要是批评和自贬的，如"我不行""我真笨""我真让人失望"等。它容易使个体丧失自信和注意力下降，导致焦虑。积极自我谈话主要是正向的，如"我可以""我能做到""我为自己的勇气和坚定感到自豪"等。它容易增强个体的自信、动机和注意力，从而缓解个体的压力应激与焦虑。自我谈话主要是从思维认知的层面来影响和调节个体的应激反应。通过自我谈话降低个体的压力与焦虑，个体要学会阻断消极自我谈话，增加积极自我谈话。自我谈话练习的具体方法如下：

自我谈话练习

第一步，识别：倾听你正在跟自己讲些什么。
- 注意你的内心存在着哪些声音，它们在说着什么；
- 你的这些自我谈话大部分是积极的还是消极的；
- 每天记录下你在想些什么。

第二步，挑战和阻断：对自我谈话的内容进行质疑，适时阻断消极自我谈话。
- 我正在想的内容符合事实吗？
- 如果我有一个朋友处于同样的情况我会跟他/她讲什么？
- 我能做些什么去改变我目前不好的感受吗？
- 及时坚定地对负面想法说"停"，停止不希望有的想法，重新集中注意力。

第三步，转换：将消极自我谈话转换成积极自我谈话。
- 列出自己的积极面（自己的优点和长处）；
- 压力下出现消极言语时，深呼吸同时重复适合的积极言语（例如，用"我可以做到……"代替"我不行，我做不到"），引导注意的焦点回到当下任务。

注意事项：进行自我谈话时，尽量保证自我谈话的内容简短和有意义。尽量使自我谈话具有指导性，能够有效地提醒和暗示自己应该做什么。学会建立对事物积极解释的风格。学会克服自己的不合理信念（如完美主义、灾难化、极端化、过度自责等）。能够保持乐观，将应激看成机会和挑战，关注现在和可控因素。

（四）表象训练

表象是指当过去感知过的事物不在眼前或相关行为未真实发生时，个体在头脑中对其形象、动作和感受进行再现的过程。表象训练具有促进运动技能学习、运动表现发挥、增强动机与自信、调节焦虑、促进运动损伤康复等功用（Guillot & Collet, 2008）。本书不对表象的其他功用多做赘述，主要介绍一种可以调节运动员焦虑的表象练习方法，具体如下：

> **成功表现表象练习**
>
> 第一步：利用视觉回忆你表现良好时的样子，注意它与你表现不佳时的差别，将你表现良好时的样子在头脑中尽量清晰地图像化（可通过回看你成功表现时的录像来帮助头脑中图像的清晰形成）。
>
> 第二步：在头脑中重现你表现良好时所听到的声音，尤其是你内心与自我的对话。你在跟自己讲些什么？你是如何跟自己讲的？当你面对逆境时你的内心反应是怎样的？尽量清晰地重现所有这些声音。
>
> 第三步：在头脑中重现你表现良好时肌肉所具有的运动感知觉。你的双手和双脚感觉如何？你感觉到了快速、敏捷与有力吗？你的肌肉是紧绷的还是放松的？应专注于所有与你表现良好的有关感知觉上。

注意事项：进行表象时，尽量纳入对个体各种感觉的表象，包括对个体当时情绪感受的表象。表象要尽量清晰，可以利用运动员的实际影像资料，或文字、声音引导辅助形成更加清晰的表象内容。可先在没有压力的情境中练习表象，然后再将已经熟悉的表象及程序迁移到有压力的情境中进行练习。

（五）注意训练

注意是指心理活动对一定事物的指向和集中。在一定压力情境下，运动员可能会因应激唤醒水平过高，引起注意指向发生变化，而表现失常（Landers, 1980）。因此，系统性的注意训练，能使个体习得在压力情境下调节注意力的技巧，有效降低应激反应对个体运动表现造成的不利影响。下面列举注意转向练习的例子，具体方法如下：

> **注意转向练习**
>
> 第一步：闭上眼睛，留意你听到了什么，区分你听到的不同声音并给它们打标签（如说话声、脚步声或音响声）。然后，不带区分和判断地去聆听你周围所有的声音，解放你的思想去聆听所有这些声音的混合，就像你在聆听音乐一样。
>
> 第二步：开始觉察你自己的身体感受，如你的身体与沙发或者与床接触的感觉、地板支撑着你的感觉等。给你觉察到的每个身体感受打标签，并分别对每个感受细细地体会一会儿（约30秒）。
>
> 第三步：将注意转移到你的想法与情绪。简单地任由各种情绪和想法浮现，不去做任何过多的思考，无论想到或感受到了什么，只是让自己保持放松。然后逐一地、分别去体验出现的各种想法与感受。最后尝试释然这些想法与情绪，保持放松。
>
> 第四步：睁开双眼，望向正前方，尽可能多地看到你视线范围内能够看到的物体。然后，收窄注意范围，只是关注处于你正前方的一个物体。再慢慢地重新放宽你的视野，直到你再重新看到你周围能看到的所有物体。将你的目光注意设想成相机的变焦镜头，反复不断地练习将注意由内至外、收窄到放宽。

注意事项：最开始练习时，尽量保持一个舒适的姿势坐着或者躺着。开始练习前先进行几次深呼吸（即腹式呼吸）。同时，知晓所有注意的对象包括可控和不可控两类，将注意尽量调节到可控的对象之上。

（六）目标设置训练

合理的目标设置能够帮助运动员有效地掌控局势、调控自我（Hanton & Mellalieu,

2014）。目标可以简单分为结果目标、表现目标和过程目标三类（Weinberg & Gould, 2011）。相比于结果目标，运动员对表现目标和过程目标更具控制感。不合理的结果目标设置往往会引发运动员的焦虑，合理地设置表现和过程目标有利于调控运动员的应激、焦虑。下面将介绍一种合理设置目标的方法——SMARTS目标设置。

SMARTS 目标设置

［改编自 Smith（1994）］

一、明确具体（specific）：设置目标时，要清晰、明确地指出目标具体将要做到的是什么。

二、可衡量（measurable）：所设置的目标要是可量化的。

三、行动导向（action oriented）：所设置的目标能够为具体要完成的行动提供导向。

四、现实性（realistic）：所设置的目标在现实条件下是可实现的。

五、适时性（timely）：所设置的目标是能够在适当、合理的时间范围被完成的。

六、自主性（self-determined）：所要设置的目标要由目标的实际践行者来设立。

注意事项：虽然对结果目标的控制感会对运动员产生影响，尤其是不现实的结果目标容易使运动员产生焦虑，但结果目标对运动员的动机也具有一定的促进作用。因此，平时可同时设置表现、过程和结果三种目标，但当比赛临近时应更加注重表现和过程目标。另外，目标虽然应该由运动员自己设定，但在设定目标前，运动员也要懂得参考重要他人（如教练、队友、团队科研和医生等支持人员）的建议。

二、正念训练

近20年来，一种以正念和接受为基础的正念训练方法受到越来越多实践者的关注和青睐。该训练方法的核心思想根源于佛教禅修，强调对当下的实际情况（包括外部环境刺激和内部状态体验，如想法、情绪、身体感受等）进行不判断、不评价的注意和觉知。换而言之，个体需要专注于当下的实际情况，不对具体事件或情景做价值判断（例如，好与坏，对与错）。通过对当下实际情况高水平地觉知与接受，进而达到改变个体与内部体验之间的关系，而非控制或改变个体内部状态体验本身的目的。借此，帮助个体更加自如地将注意力放在与当下任务有关的线索上，从而提升个体的运动表现（黄志剑、苏宁，2017）。

目前，在体育运动领域应用较为广泛的正念训练方法包括正念－接受－投入训练（mindfulness – acceptance – commitment approach, MAC）（Gardner & Moore, 2007）、正念运动表现提升训练（mindfulness sport performance enhancement, MSPE）（Kaufman, Glass, & Pineau, 2018）、运动正念冥想训练（mindfulness meditation training for sport, MMTS）（Baltzell & Akhtar, 2014）和正念－接受－觉悟－投入训练（mindfulness-acceptance-insight-commitment, MAIC）（如刚彦 等，2014）。其中，正念－接受－觉悟－投入训练是中国运动心理工作者结合中国传统文化和中国运动员的特点，专门为中国运动员开发的一项本土化的正念心理训练方案（如刚彦 等，2014，2021；Su、Si & Zhang, 2019）。下面将介绍一个正念－接受－觉悟－投入训练方案中所提供的正念练习方法——静观练习。

> **静观练习**
>
> （姒刚彦 等，2021）
>
> 首先，你可以坐下或站立，尽量让身体保持一个舒适的姿势，准备好后，请开始进行以下三步练习。
>
> 第一步：觉察当下。留意你此刻的自身状态体验，注意正在升起的各种念头、情绪和身体感受。可尝试用言语对其进行描述，认知这些正在浮现的感受（如在心中说"愤怒正在我心中升起"或"想要批评我自己的念头来了"）。
>
> 第二步：收摄心神。全神贯注于你的呼吸，可以尝试在心中随着呼吸默念"吸入——呼出——"，或默数自己的呼吸由 1 数至 6——"吸气 1……6；呼气 1……6"。
>
> 第三步：扩展开去。把注意力随着吸入的空气传送至全身，注意身体的感受。然后开始呼气，随着每呼出一口气，感觉可以更加开放、放松，对自己说"不要紧，无论是什么感觉，它已经在这里，就让我去感受它吧"。

注意事项：以上的"静观练习"仅是正念－接受－觉悟－投入训练方案所提供的众多正念练习方法之一，如果想进一步了解该训练方案所提供的其他正念训练方法，以及相关的知识概念、测量评估等，可参考已出版的《运动员正念训练手册》（姒刚彦 等，2014）或《运动员正念训练手册（第二版）》（姒刚彦 等，2021）。不同的正念练习方法可能具有不同的功能，对不同的运动项目也会有不同的适用性（Su et al., 2019），因此不同运动项目的运动员要注意从自身和运动项目的实际特点出发，选择最适合自己的正念练习方法进行练习。另外，正念训练所涉及的部分知识概念相对比较抽象，初学者尤其是青少年运动员在训练开始时最好能够在专业人士的指引下进行学习训练，以确保学习、训练的兴趣与效果（Su, 2020）。

三、案例回顾

在介绍了应激与焦虑的相关概念理论和应激、焦虑与运动表现之间的关系，以及可以借用的心理训练手段后，下面结合本章第一节案例，从问题分析、问题总结和解决方案探寻三个方面，分析相关理论概念和训练技术在实践中的应用。

（一）本章案例 1

1. 问题分析

（1）应激源。

球手 S 感受到的应激源：在比赛中处于优势情况下，关键分被裁判做出了不利于己方的争议判罚。

球手 T 感受到的应激源：在比赛中处于优势情况下，搭档因一个可能存在争议的判罚而开始变得失控。

（2）对应激源的知觉与评价。

球手 S 对应激刺激的知觉与评价：由于处在关键分点，运动员十分在意这一分的得失，认为针对这一分的争议判罚会对整个比赛的形势和进程带来不利的影响。

球手 T 对应激刺激的知觉与评价：开始感觉到搭档因争议判罚情绪和行为表现有

所变化时，意识到搭档的这些变化可能会对整个比赛进程不利；后来发觉、判断搭档已经因为这次争议判罚完全失控时，认为搭档的失控会破坏已有的有利形势，对比赛的最终结果不利。

（3）应激反应。

球手 S 的应激反应：基于对不利的争议判罚的消极知觉与评价，球手 S 的情绪状态受到影响（变得愤怒、不满），在行为上与裁判争执和对抗，注意指向偏离了比赛任务，运动行为操作变得失常，并频频出现非理性的发泄行为。

球手 T 的应激反应：基于对搭档表现的知觉与评价，球手 T 最初产生了警觉，在情绪上无显著的变化，并在行为上尝试安抚以帮助搭档。当发现自己尝试帮助搭档的行为无效后，则出现了情绪上的变化（对搭档表示担忧），在行为上放弃了和搭档的积极沟通与配合，并不时地向外界表现出对搭档的无奈和不满，而非专注于比赛本身。

2. 问题总结

经过上述问题分析可以看出，两名运动员在感受到特定的应激刺激/应激源之后，均对所感受到的应激刺激产生了比较消极的认知判断，进而产生了比较消极的情绪和行为反应，最终给自己的运动表现带来了损害，属于典型的消极应激。

3. 解决方案探寻

（1）对应激源的合理认知。

由应激的定义可知，个体应激的一系列身心反应由个体对所感受到的应激源的知觉评价所诱发。对于同样的应激源，不同的个体可能存在不同的知觉评价，进而产生不同形式的应激反应（消极应激和良性应激）。对应激源的消极知觉评价易诱发消极应激，而积极的知觉评价更多地会引发良性应激。因此，为了避免或减少消极应激反应，增加良性应激反应，调整个体对应激源的知觉评价是关键入手点。

球手 S 面对裁判关键分争议判罚这一应激源，过于在意这一分的得失与判罚的对错，认定这一关键分的得失会对比赛的形势和走向产生不利的影响。而在当时己方大比分领先的情况下，这一分的得失事实上是否真如自己主观知觉评价的那般重要，球手 S 未能进行合理的认知判断。而球手 T 面对搭档的变化，稍作尝试后便判定搭档的失控已无可挽回，己方的失利似乎也已注定，自己也无能为力，球手 T 同样未能进行合理的认知判断。

如果球手 S 能够更加合理地认知到己方还在大比分领先，一分虽然关键，但如果过于纠结可能会影响自身状态，进而影响整个比赛的形势和进程；如果球手 T 能够更加合理地认知到，给予搭档足够的支持也许可以让搭档尽可能地恢复平静，即使不能真正使搭档恢复平静，在现在大比分领先的状况下，自己全力发挥，也可尽量弥补搭档的不足。那么，两人或许最终会收获一个完全不同的结果。

（2）与已产生的情绪保持距离。

在对所遭遇的应激源有了消极的知觉评价之后，球手 S 和球手 T 都产生了一系列的情绪，并被这些情绪所控制和绑架，导致许多无效甚至是负面的情绪驱动行为。例如，球手 S 与裁判争吵并摔球拍发泄；球手 T 对搭档不予理睬，还向教练表达自己的无奈和不满等。如果两名球手在情绪出现时，能够主动与当下的情绪保持一定的距离（不带评判地去观察和接受自己的情绪），不对应激源过度简单反应，或许他们可以做出更加符合实际情况和对自己有利的决定。

（3）专注于当下的行为任务。

由于对应激源的负面认知评价和简单对应反应，球手的注意偏离了当下的核心任务（即运用好自身的能力和技术打好每一分，发挥出自己应有的表现），更多专注于应激源及其产生的情绪。如果两名球手能够尽早觉察到自身注意偏离了当下的核心任务，并快速调整回到其任务上，或许可以弱化相关应激源对其运动表现带来的负面影响。

（二）本章案例 2

1. 问题分析

（1）引发运动员焦虑的因素。

本章案例 2 中引发运动员焦虑的因素主要有内、外两方面因素。内部因素主要是与运动员本身相关的主观因素。例如，运动员自身的能力水平（初出茅庐的新手）、运动员的相关经验（大赛经验严重不足）、认知评价（自我怀疑和否定、自信心不足）等。外部因素主要是与运动情境和任务相关的客观因素。例如，高任务难度（国际大赛、对手实力强劲）和极具挑战性的任务要求（作为新人与一众老队员配合出战）等。

（2）运动员焦虑的类型。

案例 2 中，运动员的焦虑由重大赛事的临近引发，其情绪状态和生理反应在这一特定时间段内发生了较大的波动变化。根据本章第二节中所介绍的焦虑分类，这属于典型的状态焦虑，且具有明显的认知状态焦虑和躯体状态焦虑成分。

2. 问题总结

经过上述问题分析可知，案例 2 中，运动员在面临极具挑战性的目标任务时，产生了强烈的认知焦虑（过分担忧可能存在的威胁与不确定性）。运动员在较高的认知状态焦虑下，同时伴随强烈的生理唤醒水平提升（躯体焦虑），最终给运动员的运动表现和决策带来了破坏性的影响。

3. 解决方案探寻

为了缓解本章案例 2 中运动员的焦虑状态对其运动表现和决策所带来的破坏性影响，可尝试通过采用不同的心理技术，调节运动员赛前认知焦虑和躯体唤醒至适宜水平，如认知调节、注意调节、放松调节、目标设置等。

（1）认知调节。

运动员因自己是新手且大赛经验不足等，出现认知上过度的自我否定，并对结果有过度消极的想象。运动员如果能够对自己的认知方式和习惯加以调节，区分清楚自己的哪些认知是符合事实的，哪些认知是自己的主观想象（例如，虽为新手，但能够通过层层选拔最终出赛，自身实力并非一无是处），这样便可能对焦虑唤醒水平起到适当的调节作用。

（2）注意调节。

运动员的注意指向过度集中于主观、消极和不可控线索（如自我否定、有关对手及队友的忧虑、有关结果的忧虑等）。运动员如能有意识地将注意更多地指向客观、积极和可控的线索（如自身真实能力、充分赛前准备、与队友的沟通配合），其焦虑唤醒水平便有可能得到相应的缓解。

（3）放松调节。

当运动员表现出明显的躯体焦虑反应时，如能及时积极主动地运用适当的放松方法和手段（如呼吸放松、肌肉渐进放松、表象放松、积极自我对话等）加以调节，其焦虑唤醒水平也有可能会有所不同。

（4）目标设置。

运动员由于对自身能力的消极评价，觉得无法与对手抗衡、战胜对手无望，对还未进行的比赛产生了消极的目标期望。如果运动员能够针对自身的实际能力水平，选择合适的目标，将目标设置为更具可控性的过程目标（如在比赛中充分地发挥出自己拥有的能力水平），而非单纯地设定为结果目标（如战胜对手、取得胜利），可以弱化其赛前应激反应的基础，进而在一定程度上控制运动员的焦虑唤醒水平。

第五节　应激与焦虑的测量

一、客观指标测量

可以用来测评运动员应激、焦虑水平的客观指标主要有三类：呼吸与心血管系统指标、生化指标和电生理指标。运动员的应激、焦虑与其中枢神经系统、植物神经系统和运动系统的活动相关，因此通过测评以上三类指标能够对运动员的应激、焦虑水平有所反映。常用的心血管系统指标有脉搏、血压和呼吸频率等，生化指标有肾上腺素、去甲肾上腺素等，电生理指标有心电图、肌肉电位、皮肤电阻等（马晓军，2008；胡乃鉴 等，2010）。

目前，运动心理领域主要采用相应的生物反馈仪测评运动员的皮电、皮温、心跳等生理指标来衡量运动员在逆境和压力情境下的应激反应和焦虑程度（蔡赓、季浏，2000；Batty et al.，2006）。皮电反馈仪（galvanic skin response，GSR）是一款便携式的皮肤电生物反馈仪。当个体处于不同程度的紧张或放松状态时，皮肤的电阻也会有所不同。GSR会根据皮肤电阻的不同发出不同音调的声音，随着身体的放松，仪器所发出的声音也会慢慢降低（姒刚彦 等，2021）。因此，可借助类似于GSR这类生物反馈仪器来训练和提升运动员的放松调节能力。

二、主观报告测量

目前，在运动心理领域，研究者开发了一些主观报告测评工具，用来评估运动员的应激状态和焦虑水平。例如，我国学者谭先明和陈小敏（2000）编制了"运动员应激量表",用于测评运动员的心理应激水平。该量表包含 45 个条目,用于测量运动员对六个方面的应激水平(人际关系、运动受伤、比赛失利、环境因素、日常生活遭遇和内外压力)。量表采用李克特 5 点计分(0 = 没有;1 = 很轻;2 = 中等;3 = 较重;4 = 极重),评分越高表明体验到的应激水平越高。该量表适用于 15 岁以上的专业运动员和大学生运动员人群。量表的具体内容和评分方法见本书附录 4–1。

马腾斯等(Martens et al., 1990)针对运动员状态焦虑,经过多项研究检验,研发了"竞赛状态焦虑问卷 –2"(Competitive State Anxiety Inventory-2, CSAI-2)。该问卷包含 27 个条目,用于测量认知状态焦虑、躯体状态焦虑和状态自信心三个维度。该问卷采用李克特 4 点计分(1 = 一点也不;2 = 有点儿;3 = 适中;4 = 非常强烈),分量表分别计分,得分越高,说明相关分量表所对应状态的程度越高。周成林和鲍海涛(2000)将该问卷译为中文,并对中国运动员人群进行了检验。该问卷的具体内容和评分方法见本书附录 4–2。

本 章 小 结

本章通过竞技运动情境中的两个典型案例分别引出了运动员在真实训练和比赛情境中会遭遇到的应激与焦虑。结合两个案例,本章对应激和焦虑的相关概念理论,以及二者与运动表现之间的关系进行了系统的介绍。基于这些概念及理论,本章进一步对两个案例中所存在的问题及可能的解决方案进行了分析和探讨。在本章最后,介绍了竞技运动情境中有助于缓解应激与焦虑的实用心理训练/练习方法,以及应激与焦虑的测评方法和手段。

思 考 问 题

1. 应当如何结合实际的竞技运动情境去更好地理解运动员的应激与焦虑?
2. 影响运动员应激和焦虑的主要因素是什么?
3. 对运动员的焦虑进行调控时,应当更加注意对认知状态焦虑的调控,还是对身体状态焦虑的调控?
4. 与应激、焦虑相关的几种主要理论学说,哪一种能有效地解释它们与运动表现之间的关系?
5. 在实际情境中,你是否出现或遇到过应激或焦虑的状况,具体的生理和心理表现是怎样的?
6. 如何结合实际,灵活、有效地将相应的心理训练方法应用到运动员的实际训练和比赛之中?

第五章　心理技能训练

本章导读

心理技能训练是运动心理学工作者在实践工作中用于解决运动员实际问题的重要手段和方法。本章第一节介绍了一个案例，描述了运动员在比赛过程中遇到的典型问题。本章第二节对心理技能训练进行了概述，对相关心理技能训练方法的理论依据进行了介绍，并重点对具体心理技能训练技术的应用与评估手段进行了说明。本章内容从案例出发，对心理技能训练理论和技术进行了讲解，并对具体方法的使用提供了说明。

第一节　案例

S 是一名电子竞技团体项目（5 对 5）的运动员，训练赛的时候表现很好，很敢打，有很多精彩的操作和表现，但在比赛的时候，他经常表现严重失常。

在一次赛后的访谈中该名运动员提及："比赛非常重要，一旦输掉，我们就会丧失超级联赛的名额。如果拿到超级联赛的名额，则可以名利兼收，甚至有机会获得百万年薪等（这个好处是被夸大的）。丢掉名额，就可能会直接被解约失业，坠入万丈深渊（这个坏处也有被夸大）。"所以这一超级联赛名额对于 S 来说，可能是其人生的分水岭，S 觉得非常重要，非常怕输掉，会想得特别多。平时训练赛，S 感觉可以"开团"（在规模战斗开始前或进行中，可以通过技能建立优势或减少劣势）的时候，就会立刻"开团"，但是在比赛的时候，就会思来想去，不敢"开团"，错过最佳时机。这就是队友说的不敢打，导致另外的技能也会空掉[①]很多。S 还说："关键比赛在进去游戏以后，感受和平时不一样，心跳加快，像是进了一个新的游戏，感觉非常的陌生（设备跟平时训练的时候都是完全一样的），甚至整个游戏地图的颜色，都觉得跟平时不一样。"谈到后面关键局对自己表现的预期，S 表示自己有很大的不确定性，很怕会再发挥不好，而且时常感觉会发挥不好。在想到后面要打的另外一个全

---

① 空掉，是指其技能没有施放至预期目标。

国赛道抢夺超级联赛的名额（这是最后的机会，而且竞争压力更大），他会有退缩的想法，不知道自己能不能打好。

第二节　心理技能训练概述与应用

当今的竞技体育，输赢之间的差距越来越小，竞技过程中不但是技术和战术的较量，更是心理的较量。因此，心理技能训练（psychological skills training, PST）作为促进运动员运动表现的重要手段，也越来越受到教练员和运动员的重视。心理技能训练是指为了提高成绩、增加乐趣，或获得更大自我满意感而对心智和心理技能展开的系统性、持续性训练。对于高水平运动员来说，心理技能训练对于认知调节、心理和生理状态调整，以及运动表现促进和提高均具有积极作用。有效的心理技能训练需要具有一定的前提，即心理技能训练应该具备系统性、目标导向性、有计划性、可控性和可评估性。

勃瑞尔和摩根（Birrer & Morgan, 2010）通过对已有文献进行系统总结，得出由高强度运动特点决定的运动员需具备的六个方面的心理要求（psychological requirements），具体包括：①运动员要在高强度运动项目的训练和比赛中取得成功，必须具备持续多年应对非常高的训练量和训练强度的能力；②在大训练量的前提下，运动员必须能够完成正常的发展任务；③动作的复杂性和可变性很低，但动作模式可能相当复杂；④由于训练强度和运动量都很高，运动员累积性伤病和过度训练的风险较高；⑤训练冲击的持续性、强度和连续性需要最大限度的能量供应，这会导致运动员的肌肉快速产生疲劳；⑥运动员需面对高密度运动表现要求引发的高压力和对失败的潜在恐惧。根据上述心理要求，勃瑞尔和摩根（Birrer & Morgan, 2010）进一步提出可以有针对性使用的五大类干预手段：①自我技能（self-skills）、个人发展和生活技能（完成正常发展任务和应对高训练要求）；②唤醒调节技能（调节应激和压力）；③意志技能（克服因具体表现要求而产生的疼痛和疲劳）；④动机技能；⑤恢复技能（以应对高训练和运动表现要求，并将受伤和过度训练的风险降到最低）等。心理技术具体又包括执行意图、目标设置、表象训练、自我谈话、放松、多心理技能联合（行为程序）、正念训练、认知重建等（具体内容详见图5–1）。

上述心理技能训练框架被运动心理学领域研究者和实践者广泛使用，具有重要的指导意义。本节将结合本章案例，重点介绍放松、表象训练、自我谈话、目标设置、行为程序、正念训练等心理技能的相关理论和实践方法。

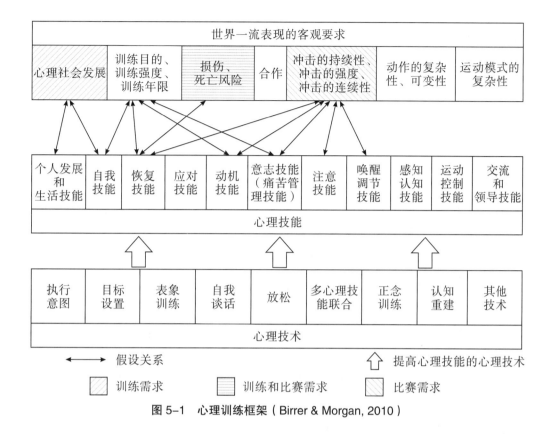

图 5-1 心理训练框架（Birrer & Morgan, 2010）

一、放松

绝大多数运动员在重大比赛前、比赛中都有过紧张和焦虑的情绪体验。认知焦虑和躯体焦虑均可能让运动员产生身体上的紧张反应，但运动员并不总是能意识到躯体的紧张。根据雅各布森（Jacobson, 1938）的观点，当身体放松了，焦虑的情绪也就缓解了。如果不借助仪器，比较常见的放松技能包括腹式呼吸放松、身体扫描、渐进式放松等。一般情况下不单独使用放松这一心理技术，放松常与其他心理技术联合使用。下面介绍腹式呼吸放松和渐进式放松两种放松技术。

腹式呼吸放松

第一步：坐于椅上，脊背稍稍挺直，就像有一根绳子在头顶牵引一样。双眼微闭。

第二步：把一只手放在胸部，另一只手放在腹部丹田（肚脐下三指处）位置，按照正常的呼吸节奏呼吸，感受几次丹田位置手的起伏。让吸气和呼气的时间稍稍长一点，感受丹田位置手的起伏。开始练习的时候双手可以一直放在身上，熟练之后可以把手自然放在双腿上或介于双腿之间。

第三步：缓慢地吸气约 4～5 秒（不用刻意数秒），然后憋气 4～5 秒（不用刻意数秒），再平静缓慢地呼气，适当延长呼气时间，只要没有感觉卡顿就可以。在呼气的时候注意体验身体下沉和放松的感觉。在体验放松的感觉时可以从头到脚顺次体验。注意体验憋气时的紧张感和呼吸时的放松感之间的差异。

渐进式放松

训练引导语和顺序：
- 轻轻闭上眼睛并深呼吸 3 次……
- 左手紧握拳，握紧，注意有什么感觉……现在放松……
- 再次握紧你的左手，体会一下你感觉到的紧张状况……再来一次，然后放松并想象紧张从手指上消失……
- 右手紧紧握拳，全力紧握，注意你的手指……好，现在放松……
- 再一次握紧右拳……再来一次……放松……
- 左手紧紧握拳，左手臂弯曲使肱二头肌拉紧不放松，感觉暖流沿肱二头肌流经前臂，流出手指……
- 右手握紧拳头，抬起手，使肱二头肌发紧，紧紧坚持着，感觉这紧张状态……好，放松，集中注意这感觉流过你的手臂……
- 请握紧双拳，双臂弯曲，使双臂全部处于紧张状态，保持这姿势，想一下感觉到的紧张……好，放松，感觉整个暖流流过肌肉。所有紧张流出手指……
- 请皱眉头，并使双目尽量闭小。要使劲眯眼睛，感觉到这种紧张通过额头和双眼。好，放松，注意放松的感觉流过双眼。好，继续放松……
- 好了，上下颚紧合在一起，抬高下巴使颈部肌肉拉紧并闭紧嘴唇……好，放松……
- 现在，各部位一起做。皱上额头，紧闭双眼，使劲咬上下颚，抬高下巴，拉紧颈肌，紧闭双唇。保持全身姿势，并且感觉到紧张贯穿前额、双眼、上下颚、颈部和嘴唇。保持这个姿势。好，放松，请全部放松并体会到刺痛的感觉……
- 现在尽可能使劲地把双肩往前举，一直感觉到后背肌肉被拉得很紧，特别是肩胛之间的地方。拉紧肌肉，保持姿势。好，放松……
- 重复上述动作，同时把腹部尽可能往里收，拉紧腹部肌肉，感到整个腹部都被拉紧，保持姿势……好，放松……
- 再一次把肩胛骨往前推，腹部尽可能往里吸。拉紧腹部肌肉，紧拉的感觉贯穿全身。好，放松……
- 现在，我们要重复做过的所有肌肉系统的练习。首先，深呼吸 3 次……准备好了吗？握紧双拳，双臂弯曲，把肱二头肌拉紧，紧皱眉头，紧闭双眼，咬紧上下颚，抬起下巴，紧闭双唇，双肩向前举，收腹，并用腹肌顶住。保持姿势，感觉到强烈的紧张贯穿上述各部位。好，放松。深呼吸 1 次，感到紧张消失。想象所有的肌肉都放松——手臂、头部、肩部和腹部。放松……
- 现在轮到腿部，左脚跟紧靠椅子，努力往下压，抬高脚趾，结果使小腿和大腿都绷得很紧。脚趾向上绷紧，使劲蹬紧后脚跟。好，放松……
- 再一次，左脚跟紧靠椅子，努力往下压，抬高脚趾，结果使小腿和大腿都绷得很紧。脚趾向上绷紧，使劲蹬紧后脚跟。好，放松……
- 接着，右脚跟紧靠椅子，努力往下压，抬高脚趾，结果使小腿和大腿都绷得很紧。脚趾向上绷紧，使劲蹬紧后脚跟。好，放松……
- 双腿一起来，双脚后跟紧压椅子，压下双脚后跟，尽力使劲抬高双脚脚趾，保持姿势。好，放松……

- 好，深呼吸 3 次……如你所练习的一样，把所有练习过的肌肉都拉紧，左拳和肱二头肌、右拳和肱二头肌、前额、眼睛、颚部、颈肌、嘴唇、肩膀、腹部、右腿、左腿、保持姿势……好，放松……深呼吸 3 次，然后从头到尾，接着全都放松。在你深呼吸以后，全都绷紧接着再放松。同时，注意肌肉全部放松后的感觉。好，拉紧……放松……接着，进行正常的呼吸，享受你身体和肌肉全无紧张的惬意之感觉……

说明事项：渐近式放松由雅各布森提出，要求被试平躺着或坐在椅子上进行练习。要求每天练习 1 个小时以上，掌握之后可以在几分钟内达到放松的效果。渐近式放松要求被试在放松之前先体验肌肉紧张的感觉，然后区分紧张与放松之间的差异。

二、表象训练

表象是对产生于记忆信息之体验的创造或再创造，具有准感觉（接近真实感觉的状态）、准知觉、准情感的特征。它是在意志控制之下，在缺少产生实际体验相关刺激的情况下，相关感受或图像信息在表象者头脑中进行呈现的过程（Morris et al., 2005）。根据表象的呈现形式不同，可分为视觉表象（visual imagery）、动觉表象（kinesthetic imagery）、听觉表象（auditory imagery）、味觉表象（gustatory imagery）和嗅觉表象（olfactory imagery）。视觉表象是指个体对表象内容的视觉化呈现。根据视觉表象的视角不同，其又可以分为内表象和外表象。内表象是以第一人称视角想象自己亲身操作某项技能。以投篮为例，个体在内表象过程中只能看到球被投出去飞向篮筐和视觉范围内的手臂动作，而看不到躯体的其他部位。外表象是以第三人称视角观看自己操作某项动作技能。典型的外表象就像在头脑中观看自己的比赛录像。以投篮为例，个体在外表象的过程中可以看到自己投篮过程中的所有动作。动觉表象是对动作强度和力度的感知呈现。听觉表象是对动作与节奏整合的听觉感知呈现。味觉表象和嗅觉表象分别是对味道和气味的感知化呈现。在运动领域，绝大部分运动项目均涉及视觉表象（内表象和外表象）和动觉表象（如篮球、体操、击剑、射击等），个别运动项目可能涉及听觉表象（如花样游泳、艺术体操、花样滑冰等）。

在指导运动员进行表象训练时也可以使用以下描述：
表象是一种模仿真实体验的体验。我们可以意识到"看到"一幅图像，以图像的形式感受运动，或在没有经历真实事物的情况下体验嗅觉、味觉或声音。有时人们发现闭上眼睛会有帮助。它与梦的不同之处在于，当我们形成一个形象时，我们是清醒的、有意识的（Cumming et al., 2007）。

（一）运动表象应用模型

基于三重编码理论（Ahsen, 1984）和生物信息理论（Lang, 1979），马丁等（Martin et al., 1999）提出了运动表象应用模型。该模型认为，不同的表象对于运动员来说具有不同的意义，进而与不同的认知、情感和行为反应相联系。情境特点对表象类型提出了不同要求，不同表象类型可能具有不同的功用，但个体的表象能力对不同表象类型的功用和效果产生影响（见图 5-2）。

表象有五种类型，分别是认知具体、认知一般、动机具体、动机一般掌握、动机一般唤醒。

（1）认知具体：表象具体的运动技能。例如，表象冰球中的罚球、花样滑冰中的空中两周半转体等。

（2）认知一般：表象与比赛相关的战术。例如，表象篮球中的全场紧逼战术、网球的底线战术等。

（3）动机具体：表象具体的目标或目标倾向性。例如，表象自己的比赛、自己站在领奖台受颁金牌、其他运动员祝贺自己获得好成绩等情景。

（4）动机一般掌握：表象有效地应对或掌握有挑战性任务的情境。例如，表象比赛中坚韧表现、自信状态或在比赛中专注状态等。

（5）动机一般唤醒：表象在比赛中感受到放松、紧张、兴奋、焦虑等情景。

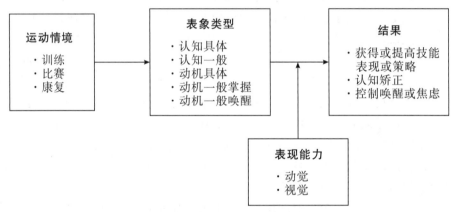

图 5-2 运动表象应用模型（Martin et al., 1999）

1. 表象训练脚本编制的原则

基于运动表象应用模型进行的表象训练大多使用了固定的表象脚本。库利等（Cooley et al., 2013）总结了 2001—2011 年发表的使用脚本进行表象训练的文献，提出了使用脚本进行表象训练的指导性原则。

2. 表象能力的评估和监控

表象能力是表象训练与结果之间的中介变量，尤其是对于技能初学者而言，表象能力是影响表象训练效果的重要因素。在进行表象训练时要对参与者进行表象能力的评估。在条件允许的情况下，如果在表象训练过程中能够对参与者表象能力的变化予以监控，更能够促进表象训练的效果，同时为训练效果的解释提供依据。

3. 表象训练时长

Cooley 等（2013）对已有研究文献总结并指出，表象训练相关计划的持续周期为 3～16 周，表象训练时间越长，训练效果越好。表象训练的频率介于每周一次至每天一次不等；单次训练时长介于 1 分 40 秒至 11 分钟之间，时长取决于表象的内容和表象脚本的长度。每次表象训练，具体内容重复次数介于 1～95 次之间。表象训练计划的总体表象训练时间介于 9 分钟至 12 小时 50 分之间。有关表象训练的效果，有研究指出，每周表象训练 3 次要好于每周表象训练 1 次或 2 次，每次表象训练 3 分钟要好于每次表象训练 1 分钟。但值得注意的是，也有研究发现，表象训练 1 分钟或者表象训练 10～15 分钟的效果要好于表象训练 3～5 分钟。说明有关表象训练的效果的研究结论不一，仍有待进一步研究和检验。因此，实践操作过程中，建议具体的表象训练计划需要根据个体和项目特点合理安排表象时间。

4. 脚本开发

脚本开发需要考虑脚本内容、刺激、反应和意义情节、个体化、修订、表象的传授方式等多个因素。

（1）脚本内容包括四个方面的信息：①身体任务，涉及任务和环境等描述性信息，包括表象的身体任务、身体任务的位置环境、高水平运动员对身体任务的描述；②已有研究，涉及研究采用的基本模型、理论或目前相关的研究内容，包括表象的功能，视觉和动觉表象相结合，刺激、反应和意义情节相结合；③经验，涉及研究者和高水平运动员对于身体任务和表象的使用经验，包括研究者自己的经验、教练员的经验、高水平运动员的经验；④参与者，涉及参与者自己对于任务和表象使用的经验，包括参与者个人功用和成绩目标、参与者选择的设备和环境、参与者肢体和动作的体验、参与者对表象使用的体验，以及从刺激-反应训练中获得的细节（Lang et al., 1980）。

（2）刺激是指表象技术特征或表象情节。反应是指运动员在表象这些技术特征或情节时个性化的心理或情感反应。意义情节是指能够引起表象者情绪或情感反应的事件。有研究认为，包含刺激、反应和意义情节的表象脚本，其训练效果要好于只包含刺激的表象训练脚本。

（3）表象脚本的个体化程序取决于参与者提供的信息，需要根据参与者的个人情况决定个体化的程度。更高水平的运动员需要考虑更高水平的个体化程度。

（4）根据 PETTLEP 表象训练模型（见图 5-3），表象脚本需要根据情绪、运动表象、环境、技能水平、表象能力的改变进行调整。表象脚本的调整可以考虑下列三种情况：①可以不定期的询问参与者是否可以增加或调整表象内容以提高表象体验或表象的个体意义。②在多级表象训练中，新的表象情节会被加入下一级表象脚本中。在多级表象训练中，一般最低一级的表象脚本由最基础的表象内容组成，然后逐级增加表象细节。③同样的表象任务可以使用不同的情节或不同的比赛环境。

（5）参与者可以在记住表象脚本后再开始表象，也可以一边读、听录音表象脚本一边表象。在表象脚本比较长时，受长时记忆能力的影响，参与者可以自己决定是否需要暂停后再继续执行表象脚本。下面介绍基于运动表象应用模型的具体实例。

实例 1：动机一般唤醒（目的：控制唤醒和焦虑的表象训练）

一项针对游泳运动员的表象训练包括了多种感觉，使用了外表象。先让运动员进入专注状态，然后让运动员表象正在为接下来的比赛热身，包括热身过程中的主要事件，例如，热身完毕，准备进入赛道。一些精力分散的状态也被包含进表象的过程中，例如，"现在你重新回到泳池"。在运动员表象的过程中，运动员会使用大量的动机和认知策略。先制作表象脚本，然后以录音的形式播放给运动员，表象练习在安静的房间中进行，共持续5周，每周1次，每次1.5小时左右。其他时间要求运动员自己练习（Page, 1999）。

实例2：动机一般（目的：提升应对策略的表象训练）

你刚刚完成热身，还有几分钟就要开始比赛了……（停顿）你的精神和身体都准备好了……你的身体发出准备好了的信号……你心里七上八下的，有轻微的反胃，告诉你肾上腺素正在你的身体里涌动，确认你已经准备好开始了，你的身体正处于最佳状态，你非常自信你可以控制局面……你的肌肉会感到紧张……它们会对你的每一个命令做出反应……你完全可以控制自己的身体，这让你专注于接下来的任务……你的心跳越来越快，呼吸越来越快……你知道氧气正在流经你的身体……你会意识到这些是你在最佳表现之前总要经历的感觉……这会让你对自己的能力更加自信……你所经历的任何关于比赛的想法都可以证明你的准备程度……所有其他的竞争者都能看到你是一个准备充分的、有前途的运动员，你将会成功……结束（Cumming & Law, 2007）。

实例3：认知具体（目的：提高具体技术的表象训练）

你站在室内推杆练习场地上，你感觉脚下的人造草皮会有轻微的弹性。站在你的推杆处，你已决定朝哪个方向推杆。然后你将球放回原位，让球的商标与左手对着的球洞边缘对齐。你像往常那样以"反向重叠"的方式握着推杆，把推杆放在球的正后方。你再看一眼球洞，再次检查你的手臂是否朝向着左手对着的球洞边缘。当你挥杆时，你感受平稳和可控的节奏，你感到你上臂和肩膀的肌肉轻微收紧。你的向前挥杆也是可控和平稳的。击球时，击球头的中心会发出清脆的咔嗒声，通过低头看向你击球前的那个点，以保持头部的姿势固定。这杆推杆打得很好，你看着球滚进球洞。你因为实现了目标而感到一种温暖的满足感。每次表象训练根据表象脚本表象15次，一周2次，持续6周（Smith & Holmes, 2004）。

实例4：认知一般（目的：提高比赛相关的战术的表象训练）

足球防守直接任意球、防守角球和练习直接任意球的表象训练。表象训练在训练场进行，先在研究者的指导下进行表象训练10~15分钟，然后进行正式训练，共持续6周。前两周表象练习防守直接任意球战术，中间两周表象练习直接任意球战术，后两周表象练习防守角球战术。要求参与者每天自己练习10分钟。

在表象训练之前，让教练员提供队伍中使用防守直接任意球、防守角球和练习直接任意球三种战术。把教练员提供的战术转换成表象脚本，再由教练员修改确认。根据表象的生物信息理论，表象脚本主要由刺激和反应两部分组成。认知一般和认知具体表象包含于表象训练过程之中。例如，在表象直接任意球战术时，要求运动员表象"裁判示意可踢直接任意球了（刺激），你有点兴奋，心跳有点加快（反应）"（Munroe-Chandler et al., 2005）。

（二）PETTLEP 表象模型

1. PETTLEP 表象模型介绍

PETTLEP 模型是基于认知神经科学和运动心理学等领域研究综合发展而成的（Holmes，2001）。认知神经科学的研究主要从两方面展开：一方面是与运动准备、计划和执行有关的中枢和外周神经系统功能，另一方面是与运动表象有关的中枢和外周神经系统功能。动觉构成运动表象的主要成分，研究者认为，如果运动表象和运动的准备、计划和执行具有一样的运动表征系统，那么探讨两种加工方式的功能等价程度对支持运动表象在运动心理学领域作为一种有效的训练方法意义重大（Decety & Grèzes，1999）。根据应用运动心理学的观点，如果身体训练和心理训练具有等价性，那么对于身体训练有效的许多训练程序也可以被应用于心理训练（Holmes，2001）。

PETTLEP 是该模型所包含七个方面英文单词首字母的缩写组合，每个字母所反映的内容是设计和构建表象训练计划的实际考虑点，包括身体（physical）、环境（environment）、任务（task）、时间（time）、学习（learning）、情绪（emotion）和视角（perspective）（见图 5-3）。

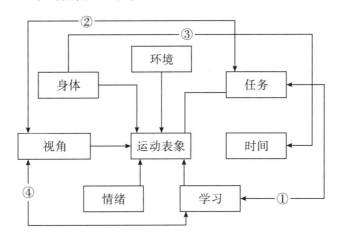

图 5-3　PETTLEP 表象模型图解［改编自 Holmes（2001）］

注：图中的数字表示相互关系和来源：① Konttinen et al., 1995; ② Callow & Hardy, 1997; ③ Decety et al., 1989; ④ Collins et al., 1998

（1）身体：表象中的身体物理特点尽量与实际的运动准备或运动过程相符。在运动表象过程中，刺激与任务执行相关的外周神经末梢，激活皮质运动神经元系统，会增加中枢部位运动准备和运动表象的心理生理学一致性。虽然在其他的表象训练前会使用放松，但是在 PETTLEP 表象模型中，不强调在表象之前先放松，除非放松本身就是运动项目的特征对身体的要求。

（2）环境：表象过程中丰富、熟悉的训练或比赛环境信息更有助于提高表象训练效果。可以通过之前的比赛录像或照片帮助运动员回忆起这些环境信息。尽量为运动员提供多感官环境线索，以增加表象过程中刺激命题的有效性。

（3）任务：根据昆丁恩（Konttinen，1995）的观点，表象技术的使用应该区分高水平与次高水平运动员（图 5-3 中路径①），两者的表象内容应该有所不同。已有研究发现，高水平步枪运动员更注重击发前的控制，而次高水平步枪运动员更关注视空间系统的处理（Konttinen, 1995）。哈迪（Hardy, 1997）的研究表明，任务的特征决定了表象的视角。卡洛和哈迪（Callow & Hardy, 1997）提出在强调形式重要的任务中，外部视觉表象和动觉表象的结合将导致更优越的表现（图 5-3 中路径②），外部视觉表象拥有更多关于形式性质的信息。

（4）时间：动作表象的时间特征应与真实动作（动作准备和动作执行）的时间特征相一致。该功能假设的逻辑性体现在真实动作和动作表象的特征要求基础相同，即重建或生成暂时性延伸事件均需要基于一些形式的记忆。例如，已有研究（Vogt, 1995）表明，真实动作和动作表象的动作节奏和时间一致性非常相似。另外，其他研究（Decety et al., 1989）发现，动作过程中对时间的估计受到身体力量感受（身体元素）的影响（图 5-3 中路径③）。真实动作（动作准备和动作执行）涉及的力量条件显著多于动作表象。因为在动作表象中动作并未真实发生，而是发生在头脑之中。因此，在真实力量条件缺失的动作表象中，个体会将感受到的力量感的增加知觉为动作持续时间的增加。为了克服表象训练中潜在动作持续时间感受的增加，PETTLEP 模型对时间特征与身体元素的交互作用予以考虑具有一定的合理性。例如，有关篮球罚篮表象动作的研究发现，在其他条件相同情况下，相对于站立不持球球员，站立持球球员完成罚篮表象动作所需时间更接近真实罚篮动作时间（Holmes, 2001）。

（5）学习：因为随着学习的进行，运动表征和相关反应会随着时间的推移而改变，所以运动表象的内容必须改变以适应这种学习并保持功能等效。当运动表象与技术训练相结合或在一项任务的强化学习阶段，定期的复习学习内容对保持功能等效至关重要。

（6）情绪：情绪被认为是表象训练的核心成分。已有研究（Moritz et al., 1996）发现，高自信运动员会采用更多与掌握和唤醒相关的表象内容，说明情绪是影响运动表现的一个重要因素。表象的内容主要基于已有记忆表征，且情绪与记忆表征密切相关。同时，真实动作会引发生理（心率、呼吸频率）反应，而这些生理变化也可能与情绪相关。因此，当整合 PETTLEP 的其他成分时，需要同时考虑表象过程中的情绪因素。增加表象过程中的情绪因素，更有助于提升表象内容与真实外显行为的一致性。这一观点对早期有关表象需要在放松状态下进行的观点提出挑战。但有研究者提出，通常情况下，竞技体育并非发生在一种超放松（hyper-relaxed）状态下。因此，竞技体育情境下发生的动作表象也应遵循这一逻辑（Holmes, 2001）。

（7）视角：根据任务特征和个人习惯选择使用内部表象、外部表象或动觉表象。表象视角与学习之间的关系（图 5-3 中路径④）是需要考虑的因素。学习者最常采用的视角是有意识地注意视觉因素，然后是动觉因素。因为学习者表征的本质仍处于相对萌芽阶段，学习者必须接受视觉信息，然后"猜测"该图像可能产生的感觉。这样的程序为表象中涉及更多的认知任务提供了一种特别的优势。

2. PETTLEP 表象模型应用实例

此处介绍一个基于 PETTLEP 表象模型发展而成的用于改善肱二头肌力量的表象训练计划实例（Smith et al., 2020）。

> 表象训练材料制作：受试者在肱二头肌弯举机上完成一组 6~10 次的重复直到失败（1RM：相对最大力量基线测试），并拍摄自己完成该任务的视频（第一人称视角），用于模拟内部视觉表象。视频内容包含来自健身房的典型噪音（谈话声和背景音乐）。
>
> 表象脚本发展过程：运动员熟悉表象材料，先想象自己坐在健身房里的肱二头肌弯举机前的样子，接着把注意力集中在他觉得相对容易想象场景的细节。然后，根据受试者的反应，逐步添加与场景相关的额外细节，一直持续到一个完整而生动的表象体验产生，生成初步表象脚本。受试者利用表象脚本开始表象练习，允许纳入前期遗漏的细节或修改一些元素（如措辞），使脚本尽可能个性化和易于阅读，最后确定表象脚本。
>
> 表象脚本举例："你要在肱二头肌弯举机上做一组重复直到力竭的动作。坐进健身器材前，你会逐渐清除脑海中所有其他的顾虑，不去理会其他健身爱好者和嘈杂的背景音乐。相反，你要专注于眼前的任务，把你的肱二头肌推到极限。当你准备好了，你调整座椅的高度，然后把顶针放在重量堆上，注意到你即将设置一个个人最合适的重量。你开始感觉到你的心跳加快，你觉得你的手心开始出汗。当你想到要举起比以往任何时候都多的重量时，你会感到兴奋但又有点紧张。你坐在机器里，握着把手，感觉其表面摩擦着你的皮肤。你开始慢慢地把把手向你的方向弯举，感觉到你的肱二头肌变硬，当你意识到你可以轻松地控制这个重量时，你有一种胜利的感觉。然后你慢慢放下把手，听到重物落下时发出的柔和的叮当声。你缓慢而平稳地进行每一次重复，你的肱二头肌开始燃烧，但你坚持继续，因为你下定决心要比以前做更多的重复。你的心脏现在怦怦直跳，肱二头肌也在燃烧，但是你慢慢地把重量拉起，再重复一次。在下一次重复的时候，你的肱二头肌就在燃烧，你真的感觉到燃烧，你不会放弃！你把它拉起来，就像你的生命依赖于它一样，你会感到汗水刺痛你的眼睛，你的心脏感觉要从胸腔里迸出来，但你仍然继续。最后，你试着拉起重物，不管你怎么努力，把手都动不了一英寸。当你试图重复最后一次动作时，你的整个身体都在颤抖，你感到冷汗顺着皮肤流下，你的肱二头肌仿佛是在炼狱。知道你已经付出了 100%，不能再做更多了，当你松开把手时，你会有一种巨大的满足感。当你的肱二头肌充血时，你会注意到它在剧烈地跳动——这是一个全新的个人最好成绩！"

结合上述表象训练计划实例中的涉及 PETTLEP 各因素的特点，具体说明如下：

（1）身体：受试者在头脑中模拟肱二头肌弯举训练时的动觉感受。受试者坐在椅子上，手臂放在身体两侧，同时握住直径与肱二头肌弯举机手柄相似的圆柱形物体。此外，受试者穿着与实际进行 1RM 测试时相似的衣服。

（2）环境：受试者专注于自己对训练情境和健身房环境相关刺激的身体和心理反应。这些都包括在表象脚本和视频中。

（3）任务：PETTLEP 表象的任务因素集中于表象在机器上做肱二头肌练习的动作，尽可能地模仿真实表现，并确保适当的注意力焦点。在进行基线肱二头肌弯举练习时，反应训练集中在注意上，这样可以根据受试者的技能水平和注意力集中程度来制订个性化的训练方案。例如，一位受试者可能会专注于抓住机器的把手和移动重量，而另一位受试者可能会更专注于感受肱二头肌的收缩，这取决于个人的经验水平和偏好。

（4）时间：表象中动作完成的时间与做真实动作时完成动作时间保持一致。

（5）学习：通过要求受试者在完成第一个表象训练模块后，再次回顾他们的想象脚本来解决学习相关元素。

（6）情绪：通过记录基线测试阶段（1RM）的情绪反应，并鼓励受试者在他们的表象练习中包含这些情绪。

（7）视角：在视频练习模块中，视角元素为第一人称视角，该视频记录了受试者在 1RM 基线测试阶段的肱二头肌力竭练习动作过程。在无视频训练模块中，受试者在进行表象训练时专注于这些视觉线索，这些视觉线索包括受试者观察到的外部细节。例如，受试者看到的健身器材，以及在进行肱二头肌弯举时看到的手和手臂的运动等。

（三）表象的评估与测量

已有研究者针对表象的测量与评估开展了大量研究，研发了多种用于评估表象的工具。例如，霍尔和蓬格拉克（Hall & Pongrac, 1983）编制了"动作表象问卷"（Movement Imagery Questionnaire, MIQ）用于评估个体的视觉表象和动作表象能力。1997 年，霍尔和马丁（Hall & Martin, 1997）对 MIQ 进行了修订，形成了"动作表象问卷－修订版"（Movement Imagery Questionnaire–Revised, MIQ-R），其修订版问卷详见附录 5-1。鉴于 MIQ 系列问卷均未对视觉表象的内表象和外表象予以区分测量，威廉姆斯（Williams et al., 2012）等进一步对 MIQ-R 进行了修订，形成了"动作表象问卷 –3"（Movement Imagery Questionnaire 3, MIQ-3）（见网页 https://jennifercumming.com/questionnaires/groupwork-skills-questionnaire-miq3）。艾萨克等（Isaac, Marks, & Russell, 1986）从表象的生动性角度研发了"动作表象生动性问卷"（Vividness of Movement Imagery Questionnaire, VMIQ），用于测量一系列动作任务的视觉表象和动觉表象。在后续研究中，罗伯茨等（Roberts et al., 2008）进一步对该问卷进行了修订和检验，形成了"动作表象生动性问卷 –2"（Vividness of Movement Imagery Questionnaire-2, VMIQ-2），包含 12 个条目用于测量外部表象、内部表象和动觉表象（附录 5-2）。另外，霍尔等（Hall et al., 1998）基于表象多维度模型研发了"运动表象问卷"（Sport Imagery Questionnaire, SIQ）用于评估运动员使用表象的频率。该问卷包含 30 个条目，用于测量属于 2 个大类（认知和动机）的 5 个分量表（认知一般、认知具体、动机一般掌握、动机一般唤醒、动机具体），该量表详见附录 5-3。

三、自我谈话

（一）自我谈话概述

自我谈话（self-talk）是指以公开或秘密的方式发生的自我对话（verbalizations addressed to the self），其特征与自我谈话内容相关的解释性成分相关；它或者反映了有机的（organic）、自发的（spantanous）和目标导向的（goal-directed）认知过程之间的动态互动，或者通过使用基于策略性目的开发的预定线索，向积极反应（active responses）传递目的性信息，以实现绩效相关结果（Fritsch et al., 2022）。该定义认为，自我谈话以语言符号的形式发生，语言符号的发起者和接收者相同，自我谈话的特征分类主要基于对自我谈话内容的解读，同时对有机性自我谈话（organic self-talk）和策略性自我谈话（strategic self-talk）加以区分。有机性自我谈话是指个体头脑内出现的内部想法（inherent thoughts）和指向自我的相关陈述（self-statements），包含不可控（uncontrolled）和可控（controlled）的想法和陈述。因此，可分为自发性自我谈话（spontanous self-talk）和目标指向自我谈话（goal-directed self-talk）。具体而言，前者涉及的是非意向性的、无目标指向的自我谈话，主要是针对环境刺激而非按照个人意愿自然发生的自我谈话（不可控）；后者主要涉及基于目标意向而使用用于推进任务或解决具体困难的自我谈话（可控）（Latinjak, 2014）。策略性自我谈话是指通过使用提前策略性发展制定的自我谈话线索，激活特定反应模式和激活相应机制，以达到提高表现或自我管理的目的（Fritsch et al., 2020）。虽然目标指向自我谈话与策略性自我谈话有重叠部分，但两者之间存在明显的区别：第一，目标指向自我谈话是完全自主的，而策略性自我谈话在一定程度上被认为是他人（运动心理学家或教练员）对运动员认知的影响；第二，策略性自我谈话的应用基于提前的设定和计划，而目标指向自我谈话则是自然产生于体育运动过程之中。自我谈话具有指导（instructional）和激励（motivational）功能，因此又可分为指导型自我谈话（instructional self-talk）和激励型自我谈话（motivational self-talk）。指导型自我谈话通过其技术和策略功能来帮助运动员，具有发展和完善两个方面。激励型自我谈话通过影响唤醒和焦虑，以应对具有挑战性的环境，并促进目标实现。

（二）自我谈话的作用机制

结合相关领域的研究成果，哈迪等（Hardy et al., 2009）提出了自我谈话影响运动表现的研究框架（见图5-4）。在该框架模型内，概念化了自我谈话的前因变量和结果变量，并总结提出了有关自我谈话对运动表现产生影响的四种解释作用机制。

个人因素包括认知加工倾向、自我谈话信念和个性特征。认知加工倾向是指个体的信息加工倾向于使用语言或非语言符号（如表象）。自我谈话信念是指对自我谈话有效与否的信念。例如，相信自我谈话有效的运动员会比不相信自我谈话有效的运动员更倾向于使用自我谈话，同时对运动表现会有更积极的影响。个性特征是指运动员的自我概念、特质焦虑特征、自我定向和任务定向的目标倾向性，会影响运动员使用积极自我谈话或消极自我谈话。

情境因素包括任务难度、比赛环境、教练员行为和竞争性背景。任务难度是指在比较难的任务中运动员可能会更多使用自我谈话，比赛环境是指比赛分数的变化、技战术的成功或失误会影响积极或消极自我谈话的使用，教练员行为是指教练员的评价或激励行为会影响运动员自我谈话，竞争性背景是指对手、队友会影响运动员的自我谈话。

该理论框架提出，个体因素和情境因素会对自我谈话产生影响，后者通过认知机制、激励机制、行为机制和情感机制四种作用机制对运动表现产生影响：①认知机制指自我谈话涉及认知加工过程、注意过程、专注控制、注意风格等方面对运动表现的影响；②激励机制指自我谈话通过对自我效能感、努力程度和坚持性等动机视角对运动表现的影响；③行为机制指自我谈话通过改变技术执行方式促进运动表现的提高；④情感机制指自我谈话通过对情感、心境、情绪及竞赛焦虑的影响，进而对运动表现产生影响。

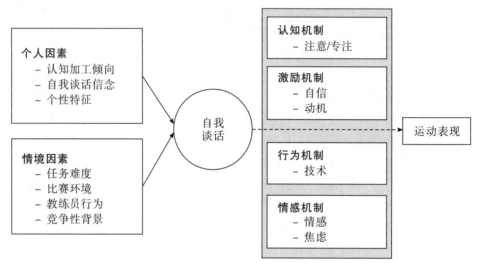

图 5-4　自我谈话研究框架（Hardy et al., 2009）

（三）自我谈话应用

1. 指导型与激励型自我谈话

根据兰丁（Landin, 1994）的观点，自我谈话干预的设计要求包括简洁、准确、需要提示的信息、任务的性质和运动员的能力水平五个方面。

（1）简洁：对运动技能学习最有效的指导就是简洁，这一点同样适用于自我暗示。暗示语最多不超过两个词，如果使用一段自我暗示语最多不超过四个词。

（2）准确：为了避免混淆，暗示线索必须与任务逻辑关联，如果线索与动作之间的关系不明确，暗示就没有价值，就会被忽视。

（3）需要提示的信息：如果暗示是为了促进特定的技能元素以提高动作质量，那么明确需要提示什么信息就非常重要。合适的提示信息有助于引导学习的注意指向。另外，建议在练习过程中，为运动员提供一系列围绕这一关键信息精心构建的暗示。

（4）任务的性质：自我暗示的使用需要考虑到技能的特征，对于由多个动作成分组成复杂性越高的运动技能，可以针对每个动作部分制定暗示语，对于组织性（一个动作成分依赖于前一个动作成分的完成，独立练习）越高的技术，将暗示语的数量限制在一两个最关键的线索上，这些线索被设计用来触发运动序列，可能会产生更好的结果。开放式动作技能的暗示词应集中于对相关刺激的早期识别，然后"触发"必要的运动反应。

（5）运动员的能力水平：初学时的暗示语要简单清晰并与动作联系在一起；对于技能达到熟练水平的运动员，暗示语应该促进技能的自动化执行而不是妨碍技能的自动化。

游泳运动员的自我谈话干预（Hatzigeorgiadis et al., 2013）示例

在每个训练课的游泳主项中，每周进行3次监督下的自我谈话练习。如果运动员愿意，也可以在其他副项训练中使用自我谈话。每位游泳运动员都有一个每日计划，共持续8周。

每次训练课前会简短介绍一下训练课的目的和内容，并与运动员沟通自我谈话计划，在主项训练前提醒运动员使用自我谈话。参与者会被告之使用什么暗示语、什么时候使用、多长时间使用1次、每个暗示词的目的。另外，在主项比赛开始前，在每个选手的泳道放上一张写有自我暗示提示的纸。在主项训练结束后，会问参与者每次课使用自我谈话的频率。

前两周（第1～2周）参考者使用动机型自我谈话，在此期间，在与教练员的合作下，通过对每个游泳运动员风格的指导性自我谈话，确定了可以改进的泳姿技术，目的是为每位游泳者在接下来的几周内发展出适当的指导性的自我对话暗示语。在这些讨论的基础上，研究人员和教练员为每个游泳运动员量身定做了指导性的自我谈话。这些自我谈话提示随后在接下来的两周（第3～4周）进行练习。在接下来的四周里（第5～8周）运动员将指导型和激励型自我谈话结合起来进行练习（见例表5-1）。在这段时间里，研究人员反复要求他们识别他们认为对自己最有帮助的暗示语，要么是以前使用过的暗示语，要么是他们认为对自己最有帮助的新暗示语。在这四周结束时，游泳运动员被要求提出一个使用自我对话的比赛计划，以供他们用于比赛中。此外，他们还被要求在比赛之前有计划地练习自我谈话一段时间。在接下来的两周（第9～10周），运动员执行他们制订的自我谈话训练计划。

例表 5-1　游泳运动员每日自我谈话（激励型和指导型）训练举例

类型		内容（what）	时间（when）	目的（why）
激励型		让我们强大起来 有力的双腿，尽全力	在每次重复之前 在每次转弯后推的时候	促进努力
指导型	自由泳	用肘（elbow）推开	在释放手臂恢复时	保持肘部抬高
	仰泳	深入（deep）	当手臂入水时	抓水时保持手臂足够深入
	蛙泳	注意脚踝（ankles）	当完成腿部划水时	持续这个动作直到脚踝合拢
	蝶泳	夹住下巴（chin）	就在头部离开之前	让下巴贴近水面

2. 目标指向自我谈话干预

有研究者（Latinjak et al., 2016）以个案研究的形式讨论了目标指向自我谈话的干预方法。举例如下：

从赛季开始，共进行了6次咨询。在初次接触后，进行了半结构化的访谈（第1次咨询），了解运动员的心理需求与对训练和比赛必需心理技能的看法；第2至第6次咨询，每2~3周，会与运动员讨论之前的比赛情况。心理工作者会与运动员针对运动员在比赛时尝试的不同路线和速度的数据进讨论。在讨论过程中只要运动员确定或我们凭直觉意识到有意义的情境，就会针对这些情境问一系列结构性问题。过程图如下：

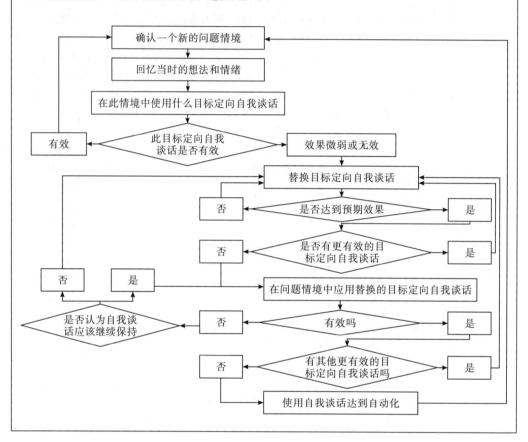

（四）自我谈话评估

有关自我谈话，此处介绍三个测量工具。"自我谈话使用问卷"（Self-Talk Use Questionnaire, STUQ）（Hardy et al., 2005）测量了自我对话的时机、功能和内容；"自我谈话问卷"（Self-Talk Questionnaire, S-TQ）（Zervas, Stavrou & Psychountaki, 2007）由两个分量表组成，测量自我谈话的认知功能和动机功能；"自我谈话功能问卷"（Functions of Self-Talk Questionnaire, FSTQ）（Theodorakis, Hatzigeorgiadis & Chroni, 2008）测量自我谈话的功能，包括注意力集中、增加自信、调节努力、控制认知和情绪反应、触发自动执行分量表。鉴于上述三个测量工具均无中文版，本书附上英文量表（见附录5-4、附录5-5、附录5-6）及相关文献供参考。

四、目标设置

目标设置是指基于相关原则通过制定一系列短期、中期和长期的目标,以帮助运动员赢得比赛、优化成绩表现、改进技战术的方法。

(一)目标设置理论

洛克和莱瑟姆(Locke & Latham, 2002)提出的目标设置理论(goal setting theory, GST)是有关目标设置的主流理论。该理论从四个方面解释了目标设置对提高运动表现的机制:第一,通过设定目标,强化努力和关注目标任务相关的活动,远离不相关的活动;第二,通过设置相对简单且富有挑战性的目标,可以对个体任务执行起到激励作用(期望更高的努力、更多的挑战);第三,通过设置目标,增加目标相关任务的持久性;第四,通过设置目标,采用与任务相关的策略和知识,个体对目标的承诺(commitment)水平会对运动表现产生影响。同时,积极合理的反馈在努力追求目标的过程中扮演着重要角色,因为此类反馈可为目标实现和任务相关策略的调整提供有效信息。

多兰(Doran, 1981)提出的目标设置的基本原则(也被称为SMART原则)在体育运动领域被广泛应用。SMART原则是5个英文原则的首字母缩写,因其应用广泛,不同学者对于不同字母的具体单词根据情景不同有所调整。SMART原则包括:①具体的(specific, S),指目标应该尽可能具体。例如,罚篮命中率达到70%是具体的目标,而成为一名神投手则不是一个具体的目标。②可测量的(measurable, M),是指目标应该是可以量化的,尤其体现在行为层面应该是可观察的。例如,体重降到50千克就是一个可测量的目标,而让自己成为一名优秀的前锋则不是一个可测量的目标。③可实现的(achievable, A),是指所设置的目标应是个体通过努力可以达到的,而非高不可及的。虽然有研究认为,目标难度应该设置成只有10%的人能够完成的程度,但更多的研究显示,设置中等难度的目标更有利于目标的达成。④现实的(realistic, R),是指目标应该基于自身条件进行设置,并且要明确实现目标的策略和步骤。⑤时限性(time-based, T),是指所设置的目标需要具有时间限制。例如,设定目标为2个月内体重降到50千克。在SMART原则的基础上,有研究者(Weinberg & Butt, 2014)提出了目标设置的7个原则,包括设置具体的、可衡量的、现实且有挑战性的、短期和长期目标相结合的、落实目标实现计划的、持续评估的,以及为了持续而可进行调整的。

在运动心理学实践中还涉及结果目标、操作目标和过程目标3种。结果目标是指关注比赛结果,如赢得比赛、获得冠军等。操作目标是指运动员达到的最终成绩,该成绩与其他参赛者无关。例如,在篮球比赛中得20分。值得注意的是,即使运动员的结果目标没有实现,操作目标仍然可以实现。过程目标指目标集中于比赛过程中所展现的具体行为上。例如,在投篮时保持肘与地面垂直。上述3种目标中,结果目标最不利于运动表现,但可以与操作目标和过程目标结合使用。对于运动员来说,多重目标设置似乎效果更好。

（二）目标定向理论

目标设置被视为一个关键的动机过程（Locke & Latham, 1984）。目标是个体尝试追求和实现的结果。目标定向理论实际上是一种动机理论，与目标设置理论既有联系又有区别。目标设置理论关注个体如何设置目标以及这些目标是如何被强化和激发的机制，而目标定向理论关注对能力的思考方式，对能力理解的差异决定了目标定向的方式。尼科尔斯（Nicholls, 1984）提出了任务定向和自我定向两种目标定向。任务定向的目标是对某种特定技能的掌握，而自我定向的目标是做得比其他人更好。后续有研究者（Elliot & Harackiewicz, 1996; Elliot & Church, 1997; Conroy et al., 2003）进一步增加了趋近-回避维度，形成了目标定向正交框架，也称作2×2成就目标框架（见图5-5）。

	掌握（任务）	表现（自我）
趋近	掌握-趋近 （渴望掌握）	表现-趋近 （渴望与他人竞争）
回避	掌握-回避 （在掌握任务过程中希望避免不能胜任）	表现-回避 （希望避免比他人差的表现）

图5-5　2×2成就目标框架（Conroy et al., 2003）

（三）目标设置干预举例

接下来介绍一个通过目标设定缓解运动员失败恐惧的案例（Wikman, 2014）。该研究中目标设置干预持续12周，每周1次，每次1个小时。要求参与者把所有的结论和体验都写在分发给他们的活页夹上，以此来记录日志。参与者也被要求带着这个活页夹训练和比赛，并记录他们的进展和关于这方面的想法。目标设置干预实施方案见表5-1。目标设置包括7个步骤：①设置目标；②识别阻碍因素；③承诺；④制订行动计划；⑤获取目标达成情况的反馈；⑥评估目标达成情况；⑦强化目标达成情况。为了确保目标设置所有步骤的顺利实施，干预被分为4个一般阶段。每个阶段都建立在前一阶段的基础上，并逐步引入新的概念，以提高目标设置与目标实现的频率和效率。阶段A（第1～2周），对干预阶段形式和总体目标设置的介绍；阶段B（第3～5周），集中于设置掌握-趋近目标，并在实践中对这些目标采取行动；阶段C（第6～9周），内容包括实现掌握-趋近目标的阻碍因素，以及如何克服这些阻碍；阶段D（第10～12周），让参与者在干预后设定有效的掌握-趋近目标。

表 5-1　目标设置干预实施方案

周数（阶段）	内容	练习	目标实施过程中的步骤
1（A）	目标设置的一般介绍，旨在帮助参与者掌握目标设置的理念并"进入目标设置的心态"。介绍了长期目标[①]、短期目标和理想目标三种目标类型，以及过程目标、成绩目标和结果目标之间的区别，引入了 SMART 目标原则并用于设置目标	个人练习：要求参与者思考他们运动的理想目标并与小组分享。 组合练习：要求参与者评估彼此的理想目标，并提出让目标更 SMART 的方法	设置理想目标部分保证了第 1 步，即现实目标设置。理想目标让运动员记住他们努力的目的，确保投入步骤 3
2（A）	讨论将理想目标转换到日常实践中的挑战，从而引出长期和短期目标的使用。关于 SMART 目标的简短测验，帮助运动员思考什么是 SMART 目标。一个简单运动表现概况（Simple Performance Profile, SPP）（见附录 5-7A）被用来帮助运动员设置目标	个人练习：要求参与者填写 SPP。 组合练习：要求参与者与伙伴分享他们的 SPP 并调整他们自己的个人运动表现概况。 个人练习：要求参与者在干预期间选择 SPP 的两个重要领域进行训练。 个人练习：要求参与者根据 SPP 为下一周设置一个 SMART 目标	SPP 使运动员能够记住他们应该改进表现的哪一部分，确保投入，第 3 步为接下来的一周设置一个 SMART 目标，部分确定第 1 步，即现实目标的设置
3（B）	讨论过程、成绩和结果目标，帮助运动员将他们的 SPP 转化为过程目标进行练习。引入了"目标设置网络（我的目标）"（见附录 5-7B），概述了剩余 9 周的干预内容，将长期目标与短期目标联系起来	个人练习：对于他们的每个重要领域，要求参与者选择一个在干预期结束时要实现的长期目标。 组合练习：要求参与者审视彼此的长期目标，并提出使其更 SMART 的方法。 组合练习：要求参与者为他们选择的长期目标设置第 4、5、9 和 12 周的短期目标	目标设置网格帮助运动员目标设置制订行动计划、获得反馈、评估和加强目标达成，确保步骤 4、5、6 和 7。设置长期和短期目标是第 1 步，即现实目标的设置。SPP 和目标设置网格使运动员记住他们应该提高哪一部分表现，确保投入步骤 3
4（B）	基于参与者的目标设置经验，以及如何将目标转化为实践进行讨论	组合练习：要求参与者评估自己和彼此的目标达成情况，并设置/调整第 5、6、9 和 12 周的短期目标。 组合练习：要求参与者为他们的重要领域设定两个目标	目标设置网格帮助运动员目标设置制订行动计划、获得反馈、评估和加强目标实现，确保步骤 4、5、6 和 7。设置长期目标和短期目标，确保了步骤 1，即现实目标的设置。目标设置网格使运动员能够记住他们应该提高哪一部分的表现，确保投入步骤 3

[①] 一个持续 10 周的目标是否属于长期目标是可以讨论的。长期是指为干预结束而设定的目标，从而区分了为整个干预期间设定的目标（长期）和每周设定的目标（短期）。

续表 5-1

周数（阶段）	内容	练习	目标实施过程中的步骤
5（B）	基于参与者的目标设置经验，以及如何将目标转化为实践进行讨论	组合练习：要求参与者评估自己和彼此的目标达成情况，并设置/调整第6、7、9和12周的短期目标。组合练习：如果参与者觉得他们可以处理更多的目标，他们被要求为他们的每个领域设置一个额外的目标	目标设置网格帮助运动员目标设置制订行动计划、获得反馈、评估和加强目标实现，确保步骤4、5、6和7。根据长期目标设置短期目标，确保了步骤1，即现实目标的设置。目标设置网格使运动员能够记住他们应该提高哪一部分的表现，确保投入步骤3
6（C）	基于参与者的目标设置经验，以及如何将目标转化为实践进行讨论。介绍和讨论实现目标的可能障碍，并制订克服这些障碍的行动计划。这些与目标设置网格一起使用	组合练习：要求参与者评估自己和彼此的目标达成情况，并设置/调整第7、8、9和12周的短期目标。个人练习：要求参与者找出实现每个长期目标的最大障碍。组合练习：要求参与者了解彼此的障碍并提出克服这些障碍的建议	目标设置网格帮助运动员目标设置制订行动计划、获得反馈、评估和加强目标实现，确保步骤4、5、6和7。根据长期目标设置短期目标，确保了步骤1（现实目标的设置）。辨别障碍并讨论如何克服障碍确保了步骤2（识别障碍）和步骤4（为克服障碍制订行动计划）。目标设置网格使运动员能够记住他们应该提高哪一部分的表现，确保投入步骤3
7（C）	基于参与者的目标设置经验，以及如何将目标转化为实践进行讨论。讨论实现目标的可能障碍，并制订克服这些障碍的行动计划	组合练习：要求参与者评估自己和彼此的目标达成情况，并设置/调整第8、9、10和12周的短期目标。个人练习：要求参与者找出实现每个长期目标的最大障碍。组合练习：要求参与者了解彼此的障碍并提出克服这些障碍的建议	同第6周
8（C）	同第7周	组合练习：要求参与者评估自己和彼此的目标达成情况，并设置/调整第9、10、11和12周的短期目标。个人练习：要求参与者找出实现每个长期目标的第二大障碍。组合练习：要求参与者了解彼此的障碍并提出克服这些障碍的建议	同第6周

续表 5-1

周数（阶段）	内容	练习	目标实施过程中的步骤
9（C）	同第7周	组合练习：参与者评估自己和彼此的目标达成情况，并设置/调整第10、11和12周的短期目标。 个人练习：要求参与者找出实现每个长期目标的第二大障碍。 组合练习：要求参与者了解彼此的障碍并提出克服这些障碍的建议。 个人练习：对认为自己能够战胜障碍的参与者，要求其将第三个重要领域转换到目标设置网格	同第6周
10（D）	基于参与者的目标设置经验，对如何将目标转化为实践进行讨论。讨论实现目标的可能障碍，并制订克服这些障碍的行动计划。介绍和讨论运动表现剖面环（Performance Profile Circle, PPC）（见附录5-7C）和五年计划	组合练习：参与者评估自己和彼此的目标达成情况，并设置/调整第11和12周的短期目标。 组合练习：要求参与者了解彼此的障碍并提出克服这些障碍的建议。 个人练习：根据理想目标行为和当前行为水平的比较，让参与者填写PPC。 个人练习：要求参与者选择两个或三个重要领域并将其转移到五年计划中	同第6周
11（D）	基于参与者的目标设置经验，对如何将目标转化为实践进行讨论。讨论实现目标的可能障碍，并制订克服这些障碍的行动计划。讨论运动表现剖面环（PPC）和五年计划	组合练习：参与者评估自己和彼此的目标达成情况，并设置/调整第12周的短期目标。 组合练习：要求参与者了解彼此的障碍并提出克服这些障碍的建议。 个人练习：根据理想目标行为和当前行为水平的比较，让参与者填写PCC。 个人练习：要求参与者继续选择两个或三个重要领域并将其转移到五年计划中 组合练习：要求参与者对彼此的PPC和五年计划进行评估，并提出改进建议	目标设置网格帮助运动员目标设置制订行动计划、获得反馈、评估和加强目标实现，确保步骤4、5、6和7。根据长期目标设置短期目标，确保了步骤1（现实目标的设置）。辨别障碍并讨论如何克服障碍确保了步骤2（识别障碍）和步骤4（为克服障碍制订行动计划）。PPC、五年计划和目标设置网格使运动员记住他们应该提高哪部分表现，确保投入步骤3

续表 5-1

周数（阶段）	内容	练习	目标实施过程中的步骤
12（D）	基于参与者的目标设置经验，对如何将目标转化为实践进行讨论。讨论实现目标的可能障碍，并制订克服这些障碍的行动计划。讨论运动表现剖面环（PPC）和五年计划。关于干预后如何进行目标设置的结束性讨论	组合练习：要求参与者评估自己和彼此的目标达成情况，并讨论未来制定目标的可能性。 组合练习：要求参与者对彼此的PPC和五年计划进行评估，并提出改进建议	目标设置网格帮助运动员在目标设置下制订行动计划、获得反馈、评估和加强目标实现，确保步骤4、5、6和7。根据长期目标设置短期目标，确保了步骤1（现实目标的设置）。PPC、五年计划和目标设置网格使运动员记住他们应该提高哪一部分表现，确保投入步骤3

五、行为程序

良好的赛前心理状态是良好运动表现的心理基础。行为程序是帮助运动员获得良好赛前心理状态的重要手段。行为程序是指在执行动作技能前使用的认知和行为策略的组合（Cohn, 1990）。认知策略包括放松、表象、自我暗示等心理技能，行为策略包括挥杆、拍球等具体运动行为。沙克等（Schack et al., 2005）认为，行为程序是由综合计划所组成的一系列赛前行为，其目的是提高动作执行水平。这里的赛前行为既可以针对一个动作技能，也可以针对一场比赛。桑热（Singer, 2002）建议封闭式技能的行为程序应包括五个步骤：①准备建立一个包括最佳身体姿势、自信、期望和情绪的行为程序；②表象以最佳状态行动的画面或感觉；③集中注意于一个相关的外部线索或想法；④以平静的心态执行；⑤评估行为执行的质量和结果以及前四种策略的执行情况（在时间允许的情况下）。五步行为程序见图5-6。

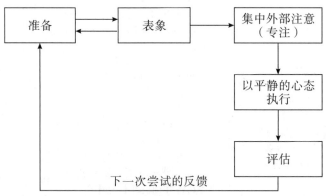

图 5-6　五步行为程序（Singer，2002）

根据功能不同，可将行为程序分为技能操作类行为程序、赛前规划类行为程序和赛中调整类行为程序三类。

（一）技能操作类行为程序

1. 单一技术动作行为程序

单一技术动作行为程序的制定主要是针对单个封闭式动作技能和整套动作。单个封闭技能如罚篮、网球发球、跳水中的一个动作等；整套动作是指个人难美表演类项目，如体操、武术的太极、艺术体操个人项目等。针对单个封闭技能的行为程序，国内外有较多研究。这类行为程序一般都包括与心理技能和特定技能相关的行为。制定时需要考虑任务特点、技能水平和个人偏好三方面因素。任务特点是指行为程序的组成部分要包括与实施这个动作技能相关的行为，并且选择的心理技能也与特定的技能相关。例如，对于罚篮，行为程序的组成部分会包括拍球和深呼吸；对于举重，行为程序的组成部分却包括抓杠和提气。技能水平是指根据运动员动作技能形成的不同阶段选择不同的行为程序。同样是罚篮，初学者的行为程序（深呼吸、拍球、想动作要领、投篮）中可能包括动作要领的提示，而对于高水平运动员的行为程序（深呼吸、拍球、表象球飞进篮筐、看着篮圈、投篮），动作要领的提示则被排除在行为程序之外。个人偏好是指行为程序的制定需要考虑个人特点，例如，容易焦虑的运动员在行为程序中应以放松为主；而注意力容易分散的运动员，行为程序应主要强调集中注意力。

2. 整套技能表现行为程序

整套的技能表现一般由若干难度动作组成，难度与难度之间一般由表现类动作衔接（如太极、自由操等），或者难度之间直接衔接（如单杠、吊环等）。无论哪种衔接方式都符合行为程序应用的条件：①有准备时间；②需要系统化的心理调节手段帮助完成难度。对于由多个难度组成的整套动作来说，在做难度动作之前有大量时间思考，在整套运动过程中没有意识地参与几乎是不可能的。因此，如何规范运动员比赛过程中的心理，对于行为程序的制定至关重要。对于难度与难度之间由表现类动作来衔接的项目，整套动作的编排需要考虑在难度动作之前使用一个缓冲动作用来调整好呼吸，想好动作要领或不想动作要领而把注意力集中在身体内部某点，然后再做难度动作。对于难度与难度之间直接衔接的项目，运动员如果需要想点什么，那就只想动作要领，否则就什么也不想，只是感觉动作的节奏。

> 案例：太极运动员 W 在比赛过程中有时会有"小想法"，有时心里感觉"咯噔"一下，赛中心理的不稳定影响了其比赛发挥。我们根据太极的特点为该运动员制定了行为程序。太极的套路是由表演类动作和难度类动作组成，难度的成功和失败直接影响整套的质量。W 的套路中有4个难度，我们根据他自己的习惯为他设定行为程序，包括如下内容（仅以前两个难度为例）。第一个难度包括：①表现类动作；②调整呼吸；③注意音乐节奏；④难度动作。第二个难度包括：①表现类动作；②调整呼吸；③想动作要领"摆腿快"；④难度动作。第一个难度与第二个难度之间由演练衔接。

（二）赛前规划类行为程序

赛前行为程序包含的范围很广，运动员的赛前行为程序甚至可以从进驻比赛城市开始。我们这里所指的赛前规划类行为程序是针对封闭式项目，从开始做准备活动到上场前一刻。行为程序的制定一般包含以下内容：①准备携带物品清单。常有运动员到达比赛场地时才发现少带了比赛用品，等待或被迫使用不熟悉的比赛用品参加比赛。这在某种程度上会对他们的比赛心理造成负面影响。准备一份比赛所需物品清单，出发前逐项检查清单上的内容，可以避免这种不必要的思想负担。②决定如何做准备活动。运动员在寻找比赛失利的原因时常会提到，准备活动时间长了，等到自己上场时，感觉身体凉了，上场前感觉"没劲了"。有时也会提到上场前准备活动不够充分，感觉没活动开。运动员一般都会有自己习惯化的准备活动方式，但这种习惯化的准备活动方式受到场地人数、上场顺序、时间等因素的影响，经常难以达到目的。因此，运动员在平时训练中应至少准备三套准备活动方案：最少时间的准备活动、正常时间的准备活动、最长时间的准备活动。在做准备活动之前，运动员根据自己上场顺序和场地使用情况先决定采用何种准备活动，以避免过早或过晚出现良好的状态。③准备活动。在决定了准备活动内容后，运动员就进入了准备活动阶段。在这一阶段，运动员有时还要根据自己当时的身心状态和情境调整准备活动内容。但不管怎样调整，这一阶段的核心任务是找到平时训练中做这些动作的感觉，而不是难度动作的成功和失败。经常有运动员在准备活动阶段因为一个难度动作没有成功而拼命去做，导致耗费大量体力，或对自己将要进行的比赛失去信心。也有的运动员因为准备活动阶段难度动作比较稳定而对自己当前的状态盲目自信。其实，运动员在准备活动中的成功与否不重要，重要的是在准备活动中能否找到平时做这一难度动作的感觉，这才是准备活动的核心目的。④上场前调整。上场前调整是指做完准备活动后，离上场比赛还有10分钟左右的时间所做的心理调整。其实，运动员的心理调整不只是上场前这段时间才进行，它应该贯穿在其整个准备活动阶段，但这10几分钟的调整对于运动员来说至关重要，所以我们把它作为行为程序的一个组成部分来阐述。综上所述，赛前规划类行为程序流程包括：列出比赛用具清单，并在出发前逐项检查清单，决定准备活动内容，准备活动时找到做动作的感觉，上场前使用各种心理技能调整自己的赛前状态。

> 案例：在备战第十届全运会期间，我们根据某省跳水运动员 S 的具体情况为他制定了一份赛前规划类行为程序。第一步，要求运动员准备一份比赛用品清单，在出发到比赛场前逐项检查所列物品。第二步，在做准备活动之前先根据当前的场地情况和自身的身体状况决定准备活动的方式和内容。该队员有活动内容不相同的 3 套准备活动方案，最少用时 10 分钟，最多用时 40 分钟。第三步，准备活动时只把注意力放在体会做动作的感觉上，不要考虑动作成功与否。第四步，调整自己上场的心理状态。该队员比赛前易紧张，我们对他的要求是，在这一阶段主要使用深呼吸和表象调整自己的兴奋水平，在上器械之前使用强烈的自我暗示提高自己的自信。

（三）赛中调整类行为程序

在封闭类运动项目中，很多时候运动员不仅要成功完成一套动作，而是需要成功完成多套动作，如参加体操全能比赛的运动员需要在项目与项目之间有较长间隔时间的情况下完成整个比赛。这就要求运动员在每一次成套比赛前都有一个良好的心理状态。经常有运动员在前面一套动作没有达到自己期望水平（失败或失误）的情况下，一直抱怨、后悔而影响了后面项目的发挥；或者因为前一套超水平发挥，却担心后面项目表现不好影响总成绩，反而导致后面项目的表现欠佳。运动员需要发展一套在赛中的非竞赛过渡阶段调整自己心理状态的行为程序以应对这类问题。Schack 等（2005）介绍了一套 4R（即 rest、regroup、refocus、recharge）行为程序帮助运动员进行赛中调整。其中，4R 的第一个 R 代表放松，运动员在上一个项目比赛结束后就积极休息，争取从刚才的比赛中恢复过来，并为即将到来的下一次竞赛做好准备。第二个 R 代表调整情绪，上一个项目结束后所产生的情绪对运动员完成后面的项目会产生影响，运动员一方面需要消化已产生的消极情绪，另一方面需要调整自己以积极的情绪面对即将到来的竞赛。第三个 R 代表注意力再集中，在这一阶段，运动员不要把注意仍集中在已经过去的竞赛中，这样不利于后面的比赛。运动员需要先评估当前的情况，然后把注意力集中到将要到来的下一次竞赛中。第四个 R 代表再激活，运动员在进行比赛之前，如果觉得自己的身体太紧张，可以通过慢跑、深呼吸来调整。如果运动员觉得自己的身体不够紧张，可以通过快跑、加快呼吸节奏、小跳来调整。4R 行为程序的核心理念有两点：①回避已经发生的事情对情绪和注意的影响；②把更多的注意力放到将要到来的比赛中去。在一线工作中，我们教给运动员的调整类行为程序与 4R 行为程序具有相似的理念，即"容忍问题，也容忍你的情绪反应，但它们不应妨碍你专注当下"，但操作方法稍有差别，称为 3Q 行为程序，即行为程序由三个问题组成。第一个问题是：已经出现的问题我能控制吗？第二个问题是：我现在的状态适合比赛吗？第三个问题是：在接下来的比赛中我需要注意哪些问题？第一个问题旨在让运动员了解，已经过去的、与他人有关的问题是自己不能够控制的，自己能够控制的是将要发生的事和自己的心态。第二个问题意在提高运动员的自我意识，使其认识到此时此刻自己的心理状态。那些自我挫败的、消极的心理状态是不利于比赛发挥的，而那些乐观的、积极的心理状态才有利于比赛的发挥。当运动员问自己第二个问题时，如果发现自己心理状态不适合比赛，就会想办法从这种不利的心理状态中解脱出来。第三个问题的目的在于把运动员的注意力集中到当前任务上，当运动员已经在考虑将要做什么事情的时候，意味着他们已经把注意力转移到了将要到来的比赛中。这种通过自我提问来自省的方式，在操作上更能使运动员把握主动性，而且这三个问题不仅可以自问，也可以由队友或教练来问，这样就比较容易摆脱当时的情境束缚。因为不排除有的运动员可能会深陷某一情绪状态而"忘记"使用行为程序。

> 案例：体操运动员 Z 只要前一项比赛未达到自己的期望水平或出现失误，后面的比赛就一塌糊涂。针对这种情况，一方面，我们让他事先准备三个问题，并在项目轮换期间都依次问自己三个问题：①已经出现的问题我能控制吗？对于这名运动员来说不管发生什么问题，我们都要求他回避已发生的问题，不是不解决，是暂时放下问题，留到比赛之后才去考虑解决。②我现在的状态适合比赛吗？通过之前的心理课，让他知道哪些心态是适合比赛的，哪些心态是不适合比赛的，如果不适合比赛，马上使用转移注意力的方法来进行调整。③在接下来的比赛中我需要注意哪些问题？不管自己有没有调整好，在准备下一次比赛之前都要问自己第三个问题，重新回顾动作要领，强制自己把注意力集中到下一个项目的比赛中。另一方面，我们让教练员协助该运动员实施这一行为程序。只要教练员发现他出现失误或是没有达到期望的比赛水平，就在项目轮换时提醒他"回想一下那三个问题"。并在上场之前提示他："从零开始，想好动作要领再上。"

六、正念训练

卡巴金（Kabat-Zinn, 2003）将正念定义为"一种通过将注意指向当下目标而产生的意识状态，不加评判地对待此时此刻所展开的各种经历或体验"。正念更具操作性的定义为："一种对注意的自我控制"，从而"可以把注意保持在当前的经验或体验上，并继而允许对当下心理活动的认知不断深入"，尤其要"对当前的经验或体验采取特定的导向或态度，如好奇心、开放性和接纳等"（Bishop et al., 2004: 232）。

（一）正念训练计划

目前，运动心理学领域应用较为广泛的正念训练方案包括正念-接受-承诺训练（mindfulness-acceptance-commitment, MAC）（Gardner & Moore, 2007）、正念运动表现提升训练（mindfulness sport performance enhancement, MSPE）（Kaufman, Glass & Arnkoff, 2009）、运动正念冥想训练（mindfulness meditation training for sport, MMTS）（Baltzell & Akhtar, 2014）、正念-接受-觉悟-投入训练（mindfulness-acceptance-insight-commitment, MAIC）（Su et al., 2019）。

正念-接受-承诺训练（MAC）方案包括 7 个模块：①基本的心理教育；②介绍正念和认知解离（cognitive defusion）；③介绍价值和价值驱动（values-driven）行为；④介绍接受；⑤提升投入；⑥技术巩固结合与平衡，将正念、接受与承诺行动相结合；⑦维持和提升正念、接受与承诺行动。该方案具体涉及的主要练习方法包括：简要定心练习、正念洗盘子练习、正念呼吸练习、承诺行动练习和价值厘清练习等（Gardner & Moore, 2007）。训练执行者可根据自身实际情况更加灵活地决定完成训练所需的具体时间。

正念运动表现提升训练（MSPE）方案包括 4 周的课程，每次课持续时间大约 2.5 小时。每次课均会涉及一些正念的关键元素，如正念吃葡萄干、身体扫描、正念呼吸、静坐冥想、正念瑜伽和行走冥想。行走冥想是一个针对运动的独特的项目（Kaufman et al., 2009）。

运动正念冥想训练（MMTS）方案一般为期 6 周，共 12 次课，每次课大约 30 分钟。内容包括：①开放的觉察能力；②对自己和队友的关怀；③集中注意力；④消极心理状态的接受。另外，考虑到负面判断对正念产生的影响，训练中加入了同情练习。

正念-接受-觉悟-投入训练（MAIC）方案是由姒刚彦等（2014）结合对东方传统文化思想的理解与感悟，在正念-接受-承诺训练基础上，融入了逆境应对理念和禅宗觉悟，设计开发的一个专门针对亚洲运动员的训练方案。该方案包括7个部分：①正念训练准备；②正念；③去自我中心；④接受；⑤价值观和觉悟；⑥投入；⑦综合练习。

正念运动表现提升训练（Kaufman et al., 2009）示例

第一课（大约2.5小时）内容包括A～H。A.方向和基本原理（包括：①工作坊的概念；②工作坊的原理；③与正念训练相关的重要概念；④回顾专注运动的关键心理因素）；B.小组介绍；C.葡萄干练习和讨论；D.介绍正念呼吸练习和讨论；E.身体扫描（45分钟）和讨论；F.简短腹式呼吸练习（3分钟）；G.讨论一周的家庭作业［包括：①在第二节课前练习身体扫描3次（45分钟）；②在第二节课前练习正念呼吸练习3次（10分钟）］；H.第一节课总结和讨论。

第二课（大约2.5小时）内容包括A～G。A.身体扫描（45分钟）和讨论家庭作业；B.讨论冥想训练与应用于专注运动；C.专注于呼吸和身体作为一个整体的冥想练习（15分钟）；D.正念的瑜伽练习（45分钟）和讨论；E.腹式呼吸练习（3分钟）；F.讨论一周的家庭作业［包括：①在第三次课前身体扫描练习1次（45分钟）；②在第三次课前静坐呼吸练习3次（15分钟）；③在第三次课前正念瑜伽练习2次（45分钟）］；G.第二课总结和讨论。

第三课（大约2.5小时）内容包括A～F。A.正念瑜伽练习（45分钟）和讨论家庭作业；B.扩展的静坐冥想（45分钟）和讨论；C.行走冥想与具体应用于专注运动［包括：①行走冥想练习（10分钟）；②行走冥想练习应用于专注运动］；D.简短腹式呼吸练习（3分钟）；E.讨论一周的家庭作业［包括：①在第四次课前练习身体扫描1次（45分钟）；②在第四次课前正念瑜伽练习（45分钟）；③在第四次课前静坐冥想练习1次（30分钟）；④在第四次课前行走冥想练习3次（10分钟）］；F.第三课总结与讨论。

第四课（大约3小时）内容包括A～E。A.静坐冥想练习（30分钟）和讨论家庭作业；B.身体扫描练习（45分钟）和讨论；C.行走冥想应用于专注运动（10分钟）；D.腹式呼吸练习（3分钟）；E.工作坊总结和讨论后续的练习（包括：①回顾持续练习的策略；②讨论后续的家庭作业，包括每周6次正念练习，每次30～45分钟）。

（二）正念的测量

常用的正念测量工作是"五因素正念问卷"（Five Facet Mindfulness Questionnaire, FFMQ）（Baer et al., 2006）。该问卷包括39个条目，有测量描述、观察、觉察行为、不反应和不判断5个维度（见附录5-8）。其中，8个条目测量描述维度对内部和外部产生的刺激体验用词语进行语言描述；8个条目测量观察维度注意内部和外部的刺激，以及对外部的觉察程度，包含情绪认知、感觉等；8个条目测量觉察行为维度专注于当下自身的行动，不受外界的干扰；7个条目测量不反应维度，允许情感自由发散但不深陷其中，主体能否接受内部体验的真实面目，承认它们的存在；8个条目测量不判断维度，即能不能做到对产生的情绪和认知不做评价。计分方式采用李克特5点计分。调整反向计分后，算出 5 个维度的得分：若分数越高，则正念水平越高；若分数越低，则正念水平越低。已有研究结果表明该问卷具有良好的信效度（Deng et al.，2011；张鸽子、卜丹冉、姒刚彦，2012）。

本 章 小 结

本章主要介绍了心理技能训练的相关理论、假设模型和心理技能训练具体的实施方法，包括放松的相关理论和训练方法、表象的相关理论和训练方法、自我谈话的相关理论和训练方法、行为程序的相关理论和训练方法。回顾前面的案例，主要涉及对赛前焦虑的干预，读者可以尝试结合前面章节内容在分析运动员心理需求的前提下使用本章所介绍的心理技能训练方法进行干预。

思 考 问 题

1. 常用的心理技能有哪些？
2. 放松训练的适用情况有哪些？
3. 表象训练的原理是什么？
4. 自我谈话的作用机制是什么？
5. 行为程序的种类和步骤有哪些？

第六章　运动情景中的人际互动

本章导读

运动情景中人际互动频繁，可能涉及运动队内部成员之间的互动（如运动员与队友、教练、管理者和科医人员等），也可能涉及运动队以外的其他重要人员（如父母、伴侣、朋友等）。本章将分别运用组内冲突分型概念、3+1C原则模型、自我差异理论以及社会支持理论解析运动情景中的人际互动。同时，将着重介绍基于不同理论模型的人际关系评价方式，包括相关心理量表和效能剖析的运用，并介绍运动情景下化解冲突、增进关系及提升表现的实践方法。最后，着重探讨凝聚力和团队协作这两项重要的团队效能评价指标在运动情景人际互动中的理论基础与应用。

第一节　案例

费勒（化名）是一名中国足球超级联赛某俱乐部引进的外援球员。他满心期盼地来到中国，打算在这里一展拳脚。与球队短暂的磨合过后，费勒如期以首发球员身份出场，开启了他的中超之旅。然而，费勒在赛场的表现并不尽如人意；赛季过半，他甚至成了候补球员名单的常客。费勒经受的挑战是多方面的，由于语言、文化等因素，他总觉得与其他队员存在隔阂；此外，他也常常对教练员的训练、比赛安排持有不同意见，认为教练员对他不够关注和理解。费勒的女友建议他多花些时间好好学中文，这样就可以更好地表达自己，并能与队友和教练员沟通；然而，费勒觉得自己根本没时间精力也没心情学习全新的语言，他们每次讨论到这些都总是以闹别扭收场。球队经理请随队的运动心理咨询师介入，帮助费勒渡过难关。那么，球队心理咨询师该如何挖掘出费勒与队友、教练员以及女友间人际互动的问题所在，使他能够融入新环境、为球队做出更多的贡献呢？

第二节 运动队内的冲突

一、队内冲突的类型与成因

20世纪50年代中期，组织行为心理学家格兹考和吉尔（Guetzkow & Gyr, 1954）开启了有关团队内部人际互动的研究。他们认为，人际互动的核心是沟通与协作，而影响团队成员们是否能进行有效沟通协作的决定性因素是团队内部的冲突。根据格兹考和吉尔的理论，团队成员间的冲突可能源于他们的日常人际互动，也可能与团队任务过程相关；因此，了解和区分冲突的类型或来源对于化解冲突至关重要。在格兹考和吉尔的理论架构中，人际冲突主要有关系冲突（relationship conflict）和任务冲突（task conflict）两大类型。关系冲突主要基于情感成分（例如，感受到紧张的人际氛围和摩擦），通常涉及个人因素，反映了人与人之间不和谐的感受或带有厌恶、烦恼、愤怒或挫折感的情绪。这一早期定义与后来文献中出现的情感与认知冲突（affective and cognitive conflict）概念相一致（Pinkley, 1990; Amason & Schweiger, 1994）。任务冲突主要基于团队任务而非情感成分（例如，意识到他人与自己在某具体事物上持有不同的观点和意见），通常涉及团队成员间关于如何达成团队目标可能存在的意见分歧（例如，应该采取怎样的战术或备赛方案以取得比赛胜利）。团队成员在处理这一冲突的过程中发生的激烈探讨或争执，有别于因关系冲突产生的负面情绪。不难发现，格兹考和吉尔关于冲突类型的二分法主要依赖于分辨冲突的根源（人际关系或团队任务）。这一冲突分型理论在其后40多年的心理学研究和应用中都占据着主导地位。

20世纪90年代后期，以耶恩（Jehn, 1997）为代表的组织行为心理学家对格兹考和吉尔的冲突二分型理论提出了质疑（尤其是该理论中的任务冲突）。具体而言，在格兹考和吉尔的定义中，任务冲突反映了团队成员间对于执行什么任务存在不同"意见"（例如，一些队员提议采取A战术，而另一些队员认为B战术更可取）。这种任务冲突定义并不适用于团队成员就如何执行某个达成共识的任务而产生的分歧（例如，全体队员都认可了采用A战术的决定，但是对各自在执行该战术时需扮演的角色、应承担的责任和可享受的权利有不同的看法）。为了区分以上两种任务相关的冲突，耶恩（Jehn, 1997）提出了第三种冲突类型：过程冲突（process conflict）。过程冲突反映了团队内部对如何完成特定任务的争议，通常涉及成员在团队任务中的职责和职权（见图6-1）。例如，谁应该在何时做什么，谁又可以享受怎样的资源、权利或承担什么责任。过程冲突与任务冲突的主要区别在于，前者体现了团队成员在"细节"上的分歧，而后者则体现了在"大方向"上的冲突。

组内冲突二分型理论（Guetzkow & Gyr, 1954）	关系冲突：基于情感成分为主，反映组内不和谐的感受与负面情绪
	任务冲突：基于任务而非情感，涉及组内成员间在任务目标方面的分歧
组内冲突第三分型（Jehn, 1997）	过程冲突：反映组内对如何完成特定任务目标的争议

图 6-1　组内冲突的分型概念

基于上述理论，团队内部的冲突可被定义为：由于成员间的不兼容或差异而产生的人际互动，而这些不兼容或差异即可能以个人情感成分为主导（关系冲突），也可能与任务决策（任务冲突）或分配（过程冲突）相关。当下广泛应用的"组内冲突量表"（Intragroup Conflict Scale）（Jehn & Mannix, 2001）正是基于整合了关系冲突、任务冲突和过程冲突这三种分型而研发的评价工具。

团队内部的冲突究竟是如何发生、又会带来怎样的后果呢？下面以竞技运动中的队内冲突为例来一窥究竟。一项针对加拿大大学运动联盟运动员的质性研究发现，超过半数的受访者报告曾与队友在训练中或赛场上发生冲突（任务冲突或过程冲突），而近74%的受访者都报告了存在队员间关系冲突的经验（Holt, Knight & Zukiwski, 2012）。同时，这些大学联盟运动员间普遍存在的任务冲突和过程冲突主要源于对训练、备战计划和临场战术策略的分歧。根据受访运动员的访谈记录，这些发生在训练中或比赛中的冲突大多数时候都是"就事论事"，似乎对于队员间的关系没有负面影响；相反，在训练或者比赛之外发生的冲突，则通常让人沮丧、不安甚至愤怒。这些产生负面情绪的队内冲突，主要源自日常人际互动产生的争端（与训练和比赛无关）。多数受访者认为，性格和价值观的差异可能是这些冲突的根本原因（Holt, Knight & Zukiwski, 2012）。

为了进一步了解运动员团队内冲突的情况，梅拉利厄等（Mellalieu, Shearer & Shearer, 2013）对近百名参加重大赛事的高水平运动员、教练员及其他相关支持人员展开了一项质性问卷调查。这些受访者近三成曾参与奥运会，超过五成曾参与世界杯，近八成活跃于洲际杯赛。他们在研究中回顾了各自在重大赛事期间遭遇队内冲突的经历，并依照研究人员的要求有针对性地报告了这些冲突发生的频率、平均时长、涉及人员、发生地点及其相应的成因和产生的后果。梅拉利厄等发现，近六成受访者都有在单次重大赛事期间多次与队内成员发生冲突的经历。虽然超过半数的冲突都在不到一小时的时间内得到解决，近三成受访者报告的队内冲突都在赛事期间持续酝酿发酵，而大多数这类冲突都发生在队员与队员（占42.6%）或者队员与教练员之间（占37.7%）。此外，约四成的冲突发生在赛场或训练场，超过三成发生在运动员村，但仍有近两成队内冲突发生在与赛事无关的社交场所。这项调查还显示，重大赛事期间运动队内的冲突主要与两方面因素有关，即人际沟通交流的障碍（占50.8%）和团队内部对于资源与权力的争夺（占45.9%）。这些队内冲突大多给队员带来了负面情绪（占70%），但也在某些特定场景下对运动员竞技水准的发挥产生了积极的作用（占18%）。例如，帮助运动员重新审视自身备战状态、建立更积极和明确的态度。

二、队内冲突与团队表现

霍尔特等（Holt et al., 2012）以及梅拉利厄等（Mellalieu et al., 2013）的研究均表明，关系冲突、任务冲突和过程冲突的分型与竞技运动情景相契合。那么，这些冲突对于团队表现有着怎样的影响呢？一项整合了发表于1990年至2010年间的116项相关研究的元分析（meta-analysis）显示，关系冲突和过程冲突均与团队表现、凝聚力和成员的积极情绪具有较强的负相关；然而，任务冲突与上述团队评价指标之间却不存在显著性相关。这说明团队内部的冲突（尤其是任务冲突）并不总是"坏事情"，这很可能是因为团队内部对不同决策方案的激烈讨论能够为团队带来不同的视野和创新（De Wit, Greer & Jehn, 2012）。在进一步的调节因素分析（moderator analysis）中，德维特等（De Wit et al., 2012）还报告了更为有趣的发现：任务冲突与过程冲突对团队表现的影响取决于其与队内关系冲突的关联性以及团队位于组织架构中的层级。具体而言，任务冲突和过程冲突对于团队表现的影响，随着其与关系冲突间关联性的减弱而变得更积极、正面。换言之，在团队决策过程中出现的分歧在不涉及人际关系冲突时有助于团队表现（反之，则有害）。此外，在组织架构中处于顶层或优先级的团队里（例如，首发阵容或第一梯队），任务冲突和过程冲突与团队表现呈轻微正相关；但在处于组织架构非顶层或次级的团队里（例如，候补阵容或后备梯队），任务冲突和过程冲突都与团队表现呈负相关。值得一提的是，在大多数情境下，关系冲突对团队表现都有负面影响。这些元分析的发现进一步提示，不同类型的队内冲突对团队表现的影响不能一概而论：关系冲突通常都是有害的，而任务冲突和过程冲突则未必。

有后续研究还表明，队内冲突与团队表现间的关系还会受到成员组成和队内氛围的影响。在一项有关117名大学生小组课业成绩的研究中，研究者发现成员开放性人格均分较高或神经质性人格均分较低的小组成员的课业得分更高（Bradley et al., 2013）。这是因为，这些小组对待不同见解或分歧持有更加开放的态度，同时在发生争执时组员的情绪更稳定，对事不对人。虽然该研究的受试者并非竞技运动中的团队，但该研究发现对运动情景下的相关研究和应用依旧具有重要启示：通过调节团队氛围或其他相关因素，或许可以缓解队内冲突对团队表现的负面影响，甚至使其起到更积极的作用。

三、化解队内冲突

队内冲突对团队表现的影响存在可调节空间，为在实践中化解这些冲突，并以此来辅助提升团队表现提供了可能。本章所述的梅拉利厄等以及霍尔特等的研究针对运动情境下的冲突化解方案进行了探索。梅拉利厄等（Mellalieu et al., 2013）在针对高水平运动员、教练员及相关支持人员的回顾性研究中发现，在参加重大赛事期间发生队内冲突时，最有效的化解方案是：跳出"冲突"、向重要他人寻求帮助，以及积极主动地发掘分歧点并解决问题。这些方法可以让运动员在陷入队内冲突时，更好地避免情绪的发酵、宣泄，弱化关系冲突并将关注点聚焦在团队任务或过程中。霍尔特等（Holt et al., 2012）则提出了化解冲突的四项建议：早期干预、第三方调解、团队会议及团建活动。他们认为，化解队内冲突最首要的一点就是请具有威信和公信力的第三方（如队长、教练员、随队运动心理咨询师）尽早介入，避免冲突升级、恶化。其次，在团队会议中，团队成员应该开诚布公地交换意见，发掘分歧来源并就具体解决方案尝试达成共识。值得注意的是，在以化解冲突为目的的团队会议中，通常由运动心理咨询师来组织为佳。运动心理咨询师可以鼓励团队成员通过匿名书面记录而非口头沟通的方式，给出自己关于已经发生冲突的最真实的看法、感受以及其可能的解决方式。而运动心理咨询师也要尽可能在这一过程中鼓励团队成员从不同角度、更富同理心地去看问题。如此一来，团队成员们能无顾虑地表达自己的想法，并更容易达成共识。最后，霍尔特等也提出了日常团建活动的重要性，它可以拉近团队成员的距离，为他们提供一个舒适的沟通渠道，以便更早的发现并介入潜在队内冲突。团建活动还可以培养团队成员间的信任并以此来化解队内的关系冲突（Simons & Peterson, 2000）。

概括而言，团队内部的冲突主要有三种表现形式，包括关系冲突、任务冲突和过程冲突。这些不同类型的冲突分别反映了团队成员人际关系的不和谐、在任务决策和任务分配中产生的分歧。总的来说，关系冲突通常对团队表现有害无益，但适当的任务与过程冲突有可能帮助团队获取更好的成绩。可以通过调节外因（如团队开放性氛围、成员间的信任）及早期介入的方式来化解冲突或发掘冲突情境下潜在、积极的一面。在竞技运动情境中，队内冲突除了会发生在运动员间，还经常会发生在运动员与教练员之间（这些冲突常常影响到训练、备战计划的执行并影响运动员临场竞技水平的发挥）。下一节将探讨如何运用运动心理学理论去解析运动员和教练员的关系，并借此启发维持运动员－教练员关系的实践方法。

第三节　运动员－教练员关系

一、运动员－教练员关系的 3+1C 原则

运动员－教练员关系对运动员的发展和竞技表现具有举足轻重的影响，也一直是运动心理学领域的重要研究和实践课题（Poczwardowski, Barott & Jowett, 2006）。早期涉及运动员－教练员关系的研究主要从教练员的角度去探讨教练员的领导力和执教行为如何影响运动员－教练员关系［如 Smoll & Smith（1989）、Garland & Barry（1990）］。此类研究认为，教练员的心理特质和行为是运动情景下影响教练员和运动员人际互动的关键因素。然而，以英国拉夫堡大学教授乔伊特等（Jowett & Cockerill, 2002）为代表的运动心理学家提出了不同于以往的见解，认为成功的运动员－教练员关系的本质是一种亲密的人际互动，其中人际双方的情感、思想和行为相互交织。因此，只从教练员角度研究运动员－教练员关系可能会产生一定的偏差。

基于运动员与教练员相互依存的人际互动理论架构，乔伊特和科克里尔（Jowett & Cockerill, 2003）提出了教练员与运动员二分体的（coach-athlete dyad）概念，即由特定运动员与教练员一对一组成的人际关系结构。他们还整合了组织心理学文献中人际互动的核心因素，并将其引入运动情景中，提出了最初用于评价运动员－教练员关系的3C原则：亲密度（closeness）（Berscheid, Snyder & Omoto, 1989）、共同取向（co-orientation）（Newcomb, 1953）、互补性（complementarity）（Kiesler, 1983）。亲密度是运动员与教练员相互之间情感的反映，与这一人际双方彼此欣赏、信任和尊重的程度息息相关。亲密度较高的运动员－教练员二分体组合，情感上联系更加紧密并相互依赖。共同取向是运动员与教练员相互间认知、思想的反映，与这一人际双方观点、意见和行为取向的协调度密不可分。共同取向较高的运动员－教练员二分体组合，能够更好地分享彼此的经验、知识和思想，也能更有效地通过沟通化解分歧或冲突。互补性是运动员与教练员相互之间行为协调度的反映，对这一人际双方能否有效合作并达成共同目标起着决定性的影响。互补性较高的运动员－教练员二分体组合，通常表现得更加相互支持，并且较少发生对立行为和冲突。在一项对奥运会获奖运动员的质性研究中，乔伊特和科克里尔（Jowett & Cockerill, 2003）发现，3C原则可以有效地解析运动员与他们各自的教练员间高度信赖和相互依存的人际关系，而这种关系对建立运动员在大赛中追求卓越的信心、动机水平和抗压性均至关重要。与此同时，3C原则也能较好地解释竞技运动中运动员－教练员关系崩塌、冲突升级恶化的案例（Jowett, 2003）。

为了在实践中建立可靠有效的评价体系去量化运动员－教练员关系中的亲密度、共同取向和互补性，乔伊特和杜马尼斯（Jowett & Ntoumanis, 2004）编制了"教练员－运动员关系问卷"（Coach-Athlete Relationship Questionnaire, CART-Q）。在该问卷开发的初始阶段，乔伊特和杜马尼斯以前期质性研究为基础[如Jowett & Cockerill（2002, 2003）、Jowett（2003）、Jowett & Chaundy（2004）]，为亲密度、共同取向和互补性各拟定了13条问卷条目（共39条），并将评测教练员与运动员关系的情境设定在训练而非比赛环境（这是因为教练员与运动员交往过程中的主要时间都在训练和备战中）。研究者们还通过调整39条初始问卷条目的叙述方式分别为教练员和运动员制定了他们各自的量表，这使得该问卷能够同时从不同的视角去评价教练员－运动员关系。

在问卷开发的下一阶段，研究人员邀请由高水平运动员和教练员组成的专家团队对初始问卷条目进行了内容效度（content validity）评测，最终筛选出23条问卷条目用于在两个独立样本中进行探索性因素分析（exploratory factor analysis, EFA）和验证性因素分析（confirmatory factor analysis, CFA）检验。然而，因素分析结果与研究人员的预期设想有所不同。数据分析结果并不支持按照最初的3C原则模型（亲密度、共同取向、互补性）来归纳专家团队审核后的23条问卷条目。根据因素分析结果重新整合的模型，最终只有11条问卷条目通过效度检验。这11项条目虽然还保持了亲密度和互补性这两大因素，但并不支持"共同取向"作为该问卷中的独立因素（即，归属于亲密度和互补性之外第三因素中的问卷条目并非都是"在问卷起草阶段为共同取向"这一3C原则设立的）。在进一步研究中，乔伊特和杜马尼斯（Jowett & Ntoumanis, 2004）发现这些在因素分析中被重新归纳的问卷条目都能反映运动员与教练员在这一人际关系中的承诺感（commitment），如我要对我的运动员／教练员负责。他们的数据还显示，承诺感更高的教练员－运动员二分体组合对各自的满意度更高，且认为对方是自己职业生涯前途的基石。根据这一发现，乔伊特和杜马尼斯建立了新的3C原则模型，即包括亲密度（closeness）、承诺感（commitment）、互补性（complementarity）。

已有心理测量学结果并未对共同取向维度予以支持。为何这项在组织心理学中被广泛认可的人际因素在运动情景下（尤其是在"教练员－运动员关系问卷"的编制和检验中）没有获得支持呢？乔伊特等（Jowett & Clark-Carter, 2006）认为，这是因为共同取向涵盖了教练员－运动员二分体中的多种"视角"，但它们在最初的3C原则模型中并未予以定义和区分。乔伊特提出至少可以从直接视角（direct perspective）和元视角（meta-perspective）去解析教练员－运动员二分体间的共同取向。直接视角指的是运动员与教练员对彼此的态度或情感（如"我信任我的运动员／教练"），元视角则反映了运动员和教练员对来自对方的态度或情感的认知状况（如"我的教练／运动员信任我"）。乔伊特强调，运动员与教练员直接视角的不同（如"我信任我的教练"对比"我信任我的运动员"）、运动员直接视角与教练员元视角的差异（如"我信任我的教练"对比"我的运动员信任我"），以及运动员元视角与教练员直接视角的不同（如"我的教练信任我"对比"我信任我的运动员"），分别对应了教练员－运动员二分体关系中共同取向的真实相似度（actual similarity）、假定相似度（assumed similarity）和同理准确度（emphatic accuracy）三个维度。而这三个维度的共同取向对于每一项新修订的3C原则均适用。因此，乔伊特等（Jowett & Clark-Carter, 2006）将其于2004年修订的3C原则模型更新为3+1C模型（见图6-2）——为亲密度（closeness）、承诺感（commitment）、互补性（complementarity）每一原则的评价都分别加上真实相似度（actual similarity）、假定相似度（assumed similarity）和同理准确度（emphatic accuracy）这三个维度以评价运动员与教练员在这些重要人际因素上的共同取向（co-orientation）。3+1C原则的评测依旧基于2004年原版的"教练员－运动员关系问卷"，只需依照教练员和运动员各自的评分进行简单运算就能评价他们的共同取向，非常方便实用。这一重要的理论发展也在后来的教练员－运动员人际互动研究和实践中被广泛应用［如Jowett（2009）、Lorimer & Jowett（2009a，2009b）、Jowett & Nezlek（2012）］。

虽然乔伊特的3+1C原则模型及由其发展而来的"教练员－运动员关系问卷"可以有效评测教练员与运动员之间的人际关系，它们用来评价这一人际关系的重要因素主要关注的是该人际双方互动，而非与竞技表现或训练成效挂钩。换言之，3+1C模型的应用更适用于解析教练员与运动员之间潜在的关系冲突并从中找到问题所在加以干预和改进，却较难被运用于化解与任务和过程冲突相关的人际问题。这一局限性映射出运动情景下教练员－运动员关系的一个现实问题：在亲密度、承诺感、互补性及共同取向都较高的运动员－教练员组合中依旧可能发生人际冲突（尤其是任务或过程冲突），而这些冲突既可能与训练、备战、竞赛中的任务决策、分配有关，也可能与运动员和教练员之间各自对竞技表现和训练成效有不同的期望有关（Poczwardowski et al., 2006）。不论这些冲突的来源是什么，它们都有可能对运动员和教练员之间的关系或人际互动产生影响。

那么，该如何解析运动员与教练员在训练或比赛情境中发生的冲突呢？如本章所述，团队内部人际冲突的本质是成员间的不兼容或差异（Jehn & Mannix, 2001）。这一定义同样适用于运动员与教练员之间可能发生的分歧或冲突。为了更好地解析运动情景下运动员与教练员间可能存在的分歧和冲突，下面将对自我差异理论（Self-Discrepancy Theory）（Higgins, 1987）进行探讨，并将其应用在运动情景中。

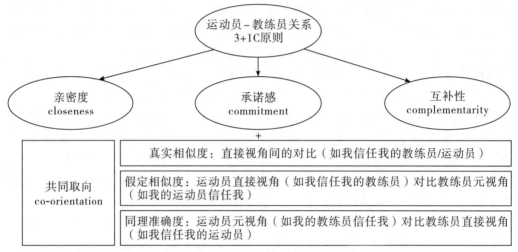

图 6-2　运动员 – 教练员关系的 3+1C 模型（Jowett & Ntoumanis, 2004）

二、从自我差异理论视角解析运动员与教练员的冲突

自我差异理论（见图 6-3）是一个可以用来解析个人动机和情绪的重要理论（Higgins, 1987）。它强调动机的产生是由于个体想要弥合真实自我（actual self，即人们认知中自己的真实状况）与理想自我（ideal self，即人们希望自己达成或实现的理想状况）或应属自我（ought self，即人们认为自己理应达成的状况或底线）之间的差距，而个体对这些自我导向（self-guides）的认知与他们在这一过程中产生的情绪、情感息息相关。根据自我差异理论，真实 – 理想差异（actual-ideal discrepancy）反映了个人真实状况与理想状况之间的差距。随着这一差异的增大，趋近动机（approach motivation）会逐渐弱化，而悲伤、抑郁等负面情绪则逐渐增强（Dweck & Elliott, 1983）。真实 – 应属差异（actual-ought discrepancy）反映了个人真实状况与个人底线之间的差距。随着这一差异的增大，回避动机（avoidance motivation）及悔恨、失望等负面情绪都会逐渐增强（Nicholls, 1984）。在希金斯理论（Higgins, 1987）的基础上，奥伊瑟曼等（Oyserman & Markus, 1990）提出了恐惧自我（feared self，即人们极力避免却担忧成为现实的状况）的概念。真实 – 恐惧自我差异（actual-feared discrepancy）反映了个人真实情况与其忧虑、恐惧等状况之间的差异程度。随着这一差异的缩小，回避动机与焦虑都会继续上升。后续许多研究都表明，这些不同类型自我差异，对个人心理状态（如愉悦感、满意度、信心、痛苦、目标定向与达成）具有重大影响（Hsee & Abelson,

1991; Higgins, 1997; Carver, Lawrence & Scheier, 1999; Lawrence, Carver & Scheier, 2002; Beattie, Hardy & Woodman, 2004）。

那么，自我差异理论对于理解运动员－教练员之间的冲突又有什么帮助呢？希金斯（Higgins, 1987）认为，自我导向中理想和应属自我的建立通常是来自重要他人设立的标准或期望，而个人认知中的理想与应属自我和重要他人的期许也不尽相同。这些差异或分歧会引起痛苦等负面情绪，也可能引发与重要他人间的误解或冲突（Higgins, 1987, 1997）。以运动员和教练员在训练或比赛情境为例，如果运动员对自己的期望（理想自我和应属自我）与教练员的期许不匹配，他们之间就很可能出现矛盾冲突和误解。例如，若教练员对运动员的期许高于运动员自身的要求，运动员因自身视角的真实－应属差异和真实－理想差异产生的负面情绪会被教练员更苛刻的要求放大——教练员可能认为运动员不够坚强上进，而运动员可能觉得教练员不近人情。若运动员对自身的要求高于教练员的期许，运动员因自身视角的真实－应属差异和真实－理想差异产生的负面情绪可能受到教练员忽视——运动员觉得教练员不理解、不重视自己，而教练员则觉得运动员小题大做。这些教练员与运动员对自我导向认知的差异都可能引起误会和冲突，进而恶化他们之间的关系。

自我差异理论的应用十分广泛且灵活。在运动情景中，研究者还可以将真实自我、应属自我、理想自我和恐惧自我等概念运用到几乎任意相关的心理（如信心、焦虑、目标设定等）或行为因素中（如训练方案、战术运用等），进而有助于更好地了解运动员与教练员发生分歧或冲突的原因。

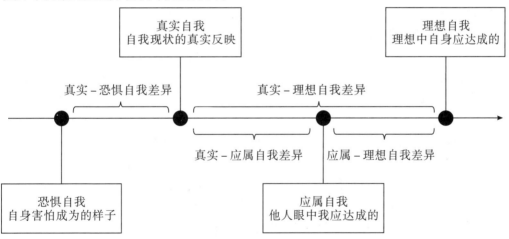

图 6-3　根据自我差异理论绘制（Higgins, 1987）

三、维持运动员－教练员关系

不论是从 3+1C 原则模型（Jowett & Clark-Carter, 2006）还是自我差异理论（Higgins, 1987）的角度看，教练员与运动员的有效沟通和相互理解，是成功维持他们之间人际关系的重中之重。黛尔和里斯伯格（Dale & Wrisberg, 1996）的研究发现，让运动员在与训练、备战和比赛相关的决策中有发言权，能够提升运动员的训练效能、竞技表现以及他们与教练员的关系质量。相对于那些更受重视、心理需求和个人想法被更多了解的运动员而言，缺乏这些支持的运动员常常对教练员制订的训练和比赛计划产生更多的抵触情绪，也更容易与他们产生冲突。那么，该如何帮助运动员发声、促进教练员－运动员的双向沟通，并让运动员参与到与他们训练和比赛相关的决策中去呢？运用效能剖析（performance profiling），可能是一种行之有效的方法。

巴特勒和哈迪（Butler & Hardy, 1992）提出的效能剖析是认知心理学鼻祖乔治·凯利（Kelly, 1955）的个人建构理论（personal construct theory）在运动情景下的应用。这一发表于老牌应用心理学期刊《运动心理学家》（The Sport Psychologists）的实践方法，在运动心理咨询中有着极为广泛的应用（Weston, Greenlees & Thelwell, 2013），也长期占据该杂志文献的历史浏览、下载和引用量的榜首。根据个人建构理论，人们通过建立"理论"来理解世界和自身。这些源自个人经验、经历的理论能够帮助人们预测未来或在特定情况下会发生什么，并以此建立目标导向。这些通过个人建构而来的理论还可以用来解释人们的情绪或情感，且人们能够根据现实情况不断修正和完善它们。个人建构理论还强调了人们各自理论的独特性，即每个人在感知、解释特定情境时对事物的重要性排序和个人目标导向会因为个体认知、经历的差异而有所不同。巴特勒和哈迪（Bulter & Hardy, 1992）认为，在运动情景中运动员对在他们各自领域中"成为伟大运动员的要素""当下自身的长处与短板"以及"训练与发展方向的设定与排序"都有着不同的看法（即他们各自构建的理论）。而要发掘运动员更强的内在动力，需要着力于了解他们内心真实的想法，并以此设置训练和发展计划。巴特勒和哈迪（Butler & Hardy, 1992）发表的《效能剖析：理论与应用》详细介绍了这一实践方法的理论基础和多种运用方式。

为了促进运动员－教练员的双向沟通并让运动员参与到与其训练发展相关的决策中，黛尔和里斯伯格（Dale & Wrisberg, 1996）认为，从运动员和教练员的角度分别进行效能剖析有助于了解他们各自对运动情景下特定事物的真实想法，从中找到潜在的分歧或差异，并促使相互理解、达成共识。在全美职业运动联盟（National Collegiate Athletic Association, NCAA）排球运动员的研究中，黛尔和里斯伯格（Dale & Wrisberg, 1996）实施了一项基于效能剖析的心理干预方法，并检测了该方法对提升运动员－教练员关系的有效性。在这项研究中，运动心理咨询师首先通过小组会议了解运动员对各自位置上伟大球员特质的看法，包括心理素质、技战术能力、训练项目等。每位运动员都根据自己拟定的项目对自身进行评分，包括自己认为可实现的理想评分、底线以及目前自身所处的状况（"1"代表极差或与伟大球员极度不符合，"10"代表极好或与伟大球员极度符合）。随后，运动心理咨询师将在与教练员的会议中，让教练员对运动员提出的各项指标进行评分（包括教练员认知中运动员当下的状况、可达成的理想情况及底线）。在这一过程中，运动员对自身的评价是保密的，因此教练员的评分不会受到运动员自我评价的干扰。最后，运动心理咨询师将向运动员和教练员展示、对比他们各自的评分，并探讨他们间的共识和分歧。这让运动员与教练员能更好地进行沟通且共同设计后续训练发展计划。这一由多方参与的效能剖析同样可以运用于促进教练员的发展和化解其与运动员之间的冲突上。

四、小结

成功的运动员－教练员关系通常以该人际双方相互理解、信赖为前提。在实践中，可以运用 3+1C 原则和"教练员－运动员关系问卷"评估运动员－教练员关系、找出潜在的关系冲突（Jowett & Ntoumanis, 2004; Jowett & Clark-Carter, 2006），也可以应用自我差异理论和效能剖析方法发掘教练员与运动员之间的共识和分歧，并促进他们之间的相互理解与协作（Butler & Hardy, 1992; Dale & Wrisberg, 1996）。然而，运动情景下的人际互动并非仅仅局限于运动队内部，运动员与其他重要人员的互动（包括父母、伴侣、朋友），以及从中获得的社会支持也在其运动生涯中扮演着重要的角色（Sarkar & Fletcher, 2014）。下一节将介绍运动情景下社会支持的类型与评价方式，并探讨运动中的社会支持匹配差异及其对缓解运动员与重要他人之间冲突的启示。

第四节 运动情景中的社会支持

一、社会支持的类型与评价方式

运动情景下的社会支持（social support）泛指运动员从其与重要他人的人际互动中获取或接受的支持。这些支持可能来自运动队内部（如队员、教练员、其他支援人员）或外部（如父母、其他家人、朋友）。这些支持不仅对青少年运动员的发展有益（Sheridan, Coffee & Lavallee, 2014），更是顶尖运动员成长中不可或缺的一环（Rees et al., 2016）。

在心理学中，社会支持是一项多维度的概念（Cohen, Underwood & Gottlieb, 2000），至少包含结构成分（structural components）和功能成分（functional components）两个重要的组成部分。社会支持的结构成分反映了个人与其他社会群体之间人际关系的类型和数量，社会支持的功能成分反映了个人与其他社会群体或人际关系之间彼此依存及为对方提供支持的原因或目的。弗里曼等（Freeman, Coffee & Rees, 2011）整合过往文献提出，运动情境下社会支持的功能成分根据其支持目的还可细分为情感支持、自尊支持、信息支持及其他有形的援助四大类型。情感支持反映了运动员从人际关系中感受到舒适、安全、被爱和关心的感觉。自尊支持反映了运动员从重要他人处获得的正面、积极的反馈。信息支持反映了重要他人对运动员提出的有建设性的指导或建议。其他有形的援助涵盖了重要他人对运动员的训练、备战和比赛创造的有利条件和付出的支持。基于运动情景下这四大社会支持的功能成分，弗里曼等（Freeman et al., 2011）编制了"运动感知支持问卷"（Perceived Available Support in Sport Questionnaire, PASS-Q）和科菲等（Coffee, Freeman & Allen, 2017）编制了"团队感知社会支持问卷"（Team-Referent Availability of Social Support Questionnaire, TASS-Q）。前者用来评价运动员感知到来的自其他重要人员对自身的支持，而后者用于评估运动员感知到的来自其他重要他人或群体对其所属运动队的支持。

然而，有别于上述基于运动员感知的社会支持功能分型，戈特利布和卑尔根（Gottlieb & Bergen, 2010）提出了不同的社会支持构成，包括感知支持（perceived support）和接收支持（received support）。感知支持反映了个体对从人际关系中或重要他人处获取自身所需支持的感知，而接收支持反映了个体从人际关系中或重要他人处实际获得的支持或支援。它们分别可以通过"社会提供量表"（Social Provision Scale, SPS）（Cutrona & Russell, 1987）和"社会支持行为量表"（Inventory of Socially Supportive Behaviors, ISSB）（Stokes & Wilson, 1984）进行评测。

二、社会支持的匹配差异

基于戈特利布等对社会支持模型的研究结果表明，相对于高感知支持在运动情景中为运动员带来的好处，如更强的自信心、更高的团队满意度和效能（Freeman et al., 2011; Coffee et al., 2017），高接收支持并不总是有益的（Uchino, 2009）。有研究认为，之所以高接收支持对运动员效能的影响时好时坏，是因为他们接收到的社会支持很可能与自身切实需求不匹配；而随着这种差异的增大，社会支持的影响就越负面（Fu et al., 2021）。在两个独立样本的高尔夫推杆实验中，研究者将受试者随机分配至四个组别：无支持控制组（低支持需求、无接收支持）、过度支持组（低支持需求、高接收支持）、缺乏支持组（高支持需求、低接收支持）、匹配支持组（高支持需求、高接收支持）。在比较不同组别受试者的任务信心和任务表现时，研究人员发现与过度支持组和缺乏支持组相比，匹配支持组的受试者展现出更强的自信心和推杆表现；而过度支持组的表现甚至比无支持控制组更差。这些研究发现说明为运动员提供他们想要和所需的支持，对提升运动员的心理状态（如自信心）和竞技表现至关重要（Fu et al., 2021）。

三、化解运动员与重要他人的冲突

从社会支持的角度看，社会支持的匹配差异可能导致运动员与重要他人之间的冲突。例如，教练员或家人为运动员提供了他们认为的必要且有益的支持与帮助，却仍然苦恼于运动员与他们"唱反调""不知福"或"不配合"，究其根源是他们并不知道这些"支持"并非运动员内心真正所想要的支持。例如，有研究发现，对于接收到的支持与需求不符的运动员而言，这些社会支持反而对运动员的信心和竞技表现具有一定的负向作用，因此，运动员与提供这些支持的重要他人产生分歧或发生冲突也就在所难免了（Fu et al., 2021）。本章前面提到的效能剖析法（Butler & Hardy, 1992; Dale & Wrisberg, 1996）或许可以化解运动情景下由于支持不匹配而产生的人际冲突，并在适当的情况下配合之前提到的"运动感知支持问卷"（PASS-Q）、"团队感知社会支持问卷"（TASS-Q）、"社会提供量表"（SPS）或"社会支持行为量表"（ISSB）的使用，增进运动员与重要他人在社会支持层面上的相互理解。在此基础上，可通过调整社会支持行为满足运动员的真实、合理的需求。

四、小结

社会支持是人际互动中的重要一环，在运动情景下更是如此。在实践中，既可以根据社会支持的功能目的，如情感支持、自尊支持、信息支持及其他有形的援助（Freeman et al., 2011; Coffee et al., 2017）对运动员所处人际网络或群体间的社会支持进行评估，也可以根据个人感知或实际接收的支持进行评价，如感知支持、接收支持（Gottlieb & Bergen, 2010）。两者都有其相对应的心理测量工具，结合效能剖析的方法（Butler & Hardy, 1992; Dale & Wrisberg, 1996）可以增进运动员与重要他人的沟通、理解，提升他们的人际关系。

至此，本节分别从队内冲突、教练员-运动员关系和社会支持等角度探讨了运动情景下剖析、化解冲突及优化人际互动的方法。下一节将介绍团队人际互动中其他重要的评价指标——凝聚力和团队协作。

第五节 运动情景下人际互动的其他评价指标

一、凝聚力

凝聚力（cohesion）是团体动力学（Group Dynamics）（Carron & Eys, 2012）概念中的一项心理要素，被认为是任何团体中都存在的一个动态过程，体现了团队中成员的团结倾向，包括促使成员抱团的吸引力和阻碍团队解散的抵抗力（Carron & Brawley, 2000）。基于上述概念，卡伦等（Carron, Widmeyer & Brawley, 1985）进一步提出了团队凝聚力的交互分型概念，并以此编制了"团队环境问卷"（Group Environment questionnaire, GEQ）。卡伦等人提出可以从四个维度去理解和评价团队凝聚力（见图6-4），包括任务吸引力（individual attraction to the group-task, ATG-T）、社交吸引力（individual attraction to the group-social, ATG-S）、任务集成度（group integration-task, GI-T）和社交集成度（group integration-social, GI-S）。任务吸引力反映了成员对团队任务、目标或策略的喜爱、认可程度（如"我喜欢我们团队的战术风格"），社交吸引力反映了团队成员间的亲密度（如"团队成员是我的好朋友"），任务集成度反映了团队成员间同分享、共进退（如"我和我的队员们共同对任何团队损失或不良表现负责"），社交集成度反映了团队成员在团队之外的人际互动与链接（如"在休赛期我也经常与其他队员在一起"）。艾斯等（Eys et al., 2007）在此基础上修正并简化了初版"团队环境问卷"中的一些问卷条目，并编制了"团队环境问卷-第二版"（Group Environment Questionnaire-2, GEQ-2）。卡伦等（Carron et al., 1985, 2000）的团队凝聚力交互分型概念及其相关的两版心理评测量表都在运动心理学研究和实践中得到广泛应用。

卡伦等（Carron, Colman & Wheeler, 2002）整合46项竞技团队凝聚力研究的元分析发现，凝聚力与团队竞技表现有着较为强烈的关联性（能够解释约10%的团队表现差异），这一结果具有跨运动种类和运动员竞技水平的一致性。另外，这项研究还显示，凝聚力与团队表现之间的关系具有相向性，即高凝聚力的团队可能获取更好的成绩，而好的成绩又可能反过来促进团队产生更强的凝聚力。

那么，凝聚力越高，是否团队效能就越强呢？答案是否定的。为了更准确地评价凝聚力对团体效能的作用，还应考虑任务凝聚力（即任务吸引力、任务集成度）和社交凝聚力（即社交吸引力、社交集成度）的交互作用。一项囊括超过百名来自多种项目各级别运动员的质性研究发现，过高的社交或任务凝聚力都可能为运动团体表现带来副作用（Hardy，2005）。在团队层面上，过高的社会凝聚力不仅会降低团队任务决策和目标设定的效率，还会在沟通中产生避重就轻的问题（即难以正视缺点、忽视错误或不足）；而过高的任务凝聚力则会影响成员之间的亲密度，他们在沟通中容易过度批判、缺乏相互认可。在个人层面上，过高的社会凝聚力使成员之间过分依赖彼此、缺乏对团队任务挑战的承诺感和责任心；而过高的任务凝聚力让团队成员之间产生更多的负面情绪和人际冲突。这一研究发现提示，在实践工作中应当平衡地协调、同步团队中的任务凝聚力和社交凝聚力，使其对团体效能的作用最优化。

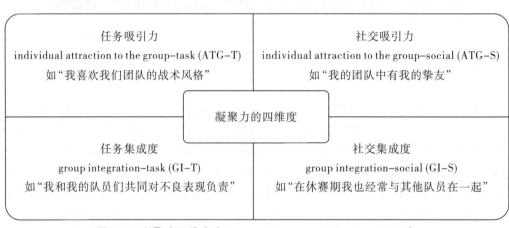

图 6-4　凝聚力四维度（Carron, Widmeyer & Brawley, 1985）

二、团队协作

团队协作（teamwork）是一项与凝聚力息息相关的团体动力学因素（Carron & Eys, 2012）。在广义层面上，它体现了团队效能（team effectiveness），也反映了团队中人际互动的过程（team process）。为了更好地理解和应用团队协作以提升团体效能，早在 20 世纪 60 年代，麦格拉斯（McGrath，1964）就提出了团体效能的输入－过程－结果（input-process-outcome）模型，简称 IPO 模型。在这一模型中，团队输入（input）被描述为支持和约束团队成员互动的前因变量（例如，团队成员个体特征、团队层面因素以及更广泛的来自组织和环境层面的变量）。这些前因变量综合作用驱动团队过程（process），即成员如何通过认知、语言和行为活动相互作用并将团队输入转化为团队结果。这一过程也是团队协作的核心。而团队结果（outcome）是团队协作的副产品，它包含了团队表现和团队成员满意度、亲密度等多方面的评价因素。

IPO 模型在组织心理学的研究和应用中极具影响力，直到 2008 年马蒂厄等（Mathieu et al., 2008）提出了基于麦格拉斯团队过程概念的更加完善的团体效能理论，即：输入 – 中介 – 结果（input-mediator-outcome）模型，简称 IMO 模型（见图 6-5）。与 IPO 模型相比，IMO 模型更强调团队协作是一个动态的过程（dynamic process）：团队成员对彼此之间以及自身的认知、情感、动机、态度都随着时间推移和团队输入因素的改变而发生变化——这些时刻改变的心理状态（emergent states）是协调团队输入和团队结果的中介因素（mediator），也是评价团队协作的重要指标（Mathieu et al., 2008）。

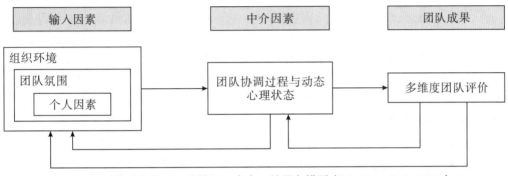

图 6-5　团体效能的 IMO（输入 – 中介 – 结果）模型（Mathieu et al., 2008）

为了在研究和实践中精准地测量和评价基于多重动态中介因素的团队协作，麦克尤恩等（McEwan & Beauchamp, 2014）提出，团队协作的本质是一系列基于人际互动的动态组织行为。这些团队协作行为（teamwork behaviours）可以分为团队维护管理（management of team maintenance）和团队效能调节（regulation of team performance）两大类功能。团队维护管理涵盖了团队中可以为成员提供支援和化解冲突的机制，主要包括与心理支援和冲突管理相关的干预措施，它是维系团体的基石。团队效能调节涵盖了团队任务执行四个主要阶段中成员的人际互助，这些任务阶段包括准备阶段（preparation）、执行阶段（execution）、评估阶段（evaluation）和调整阶段（adjustment）。根据麦克尤恩等（McEwan & Beauchamp, 2014）的理论，准备阶段的核心团队行为有使命分析（mission analysis）、目标阐释（goal specification）、行动计划（action planning），执行阶段的核心团队行为有协调（coordination）、合作（cooperation）、沟通（communication），评估阶段的核心行为有效能监察（performance monitoring）、系统监察（system monitoring），调整阶段的核心行为有疑难化解（problem solving）、成员支持（backing-up）、队内辅导（intrateam coaching）、实践创新（practical innovation）。由以上四个重要阶段组成的团队效能调节是一个动态、循环的过程。例如，它可以重复、循环发生在某一赛季的不同时期（如备战期、赛季前、赛季初、赛季中、赛季末、休赛期）。

依照团队协作的动态行为模型，麦克尤恩等（McEwan et al., 2018）编制了"多维运动团队协作量表"（Multidimensional Assessment of Teamwork in Sport, MATS）。这一

量表显示出良好的信效度，它使得细分、检测和评价团队协作中的动态过程或成员行为成为可能。在实践中，可以运用成员互评（即队员间彼此为对方评分）或团体共评（即队员们各自为团队整体评分）的方式进行评测。前者能够精准定位各个成员在团队协作过程中的优劣（依照互评分数高低排序，分数越高，则表现越好），而后者则能够挖掘出成员间对于团队协作状况的认知分歧（依照成员共评分数差异排序，差异越大，则成员间的分歧越严重）。

第六节　测量工具

与本章主旨相关的理论概念众多，在此只介绍读者在未来科研和实践工作可参考使用的测量工具。在运动情景研究中，有关组内冲突（intragroup conflict）的相关研究仍然较少，已有研究主要采用了质性研究范式。在组织行为学领域，有关组内冲突的研究（Jehn, 1995, 2001）主要采用"组内冲突量表"（Intragroup Conflict Scale）实现对其测量。该量表共有9个条目，用于测量任务冲突（3个条目）、关系冲突（3个条目）和过程冲突（3个条目），该量表详见附录6-1。有关教练员－运动员关系的测量（Jowett & Ntoumanis, 2004）主要以"教练员－运动员关系问卷"（CART-Q）为主。该问卷基于乔伊特等对教练员－运动员关系的多项质性研究结果［如 Jowett & Meek（2000）］发展而成。CART-Q分为三个子量表，问卷共有11个条目，其中3个条目用于测量承诺，4个条目用于测量亲密维度，4个条目用于测量互补性维度（见附录6-2）。该量表适用于运动领域，支持了教练员－运动员关系的多维度性质的研究。

针对运动员支持感知的测量，弗雷曼等（Freeman et al., 2011）和科菲等（Coffee et al., 2017）分别研发了"运动感知支持问卷"（PASS-Q）和"团队感知社会支持问卷"（TASS-Q）。前者测量运动员在运动中感知到的支持程度，评估了情感支持、自尊支持、信息支持和感知支持4个维度，共计16个条目（见附录6-3）。其中，4个条目评估情感支持，4个条目评估自尊支持，4个条目评估信息支持，4个条目评估感知支持。后者基于前者，测量以团队为参照物的感知支持程度，该问卷同样评估了情感支持、自尊支持、信息支持和感知支持4个维度，共计16个条目（见附录6-4）。其中，4个条目评估情感支持，4个条目评估自尊支持，4个条目评估信息支持，4个条目评估感知支持。另外，巴雷拉等（Barrera et al., 1981）开发了"社会支持行为量表"（ISSB），斯托克斯等（Stokes et al., 1984）对这一量表进行了验证，认为ISSB作为一维构造的全局度量用于测量社会支持行为是合适的。ISSB共计33个条目（见附录6-5），分别用于测量情感支持、有形援助、认知信息和指引4个维度。其中，8个条目用于测量情感支持，7个条目用于测量有形援助，10个条目用于测量认知信息，8个条目用于测量指引。

针对运动员团队协作情况，麦克尤恩等（McEwan et al., 2018）开发了"多维运动团队协作量表"（MATS），用于评估体育运动中团队合作的多维结构。该量表（见附录 6-6）共计 66 个条目，用于测量团队合作的 5 个方面（准备、执行、评估、调整、团队维持及管理）的团队合作，共计 13 个维度。团队合作准备包括任务分析（5 个条目）、目标说明（6 个条目）和行动计划（6 个条目）。团队合作执行由协调（4 个条目）、合作（4 个条目）和沟通（5 个条目）组成。团队评估包括绩效监测（6 个条目）和系统监测（4 个条目）。团队调整包括解决问题（4 个条目）、创新（4 个条目）、团队内辅导（4 个条目）和支持（5 个条目）子量表（后两个分量表加载到同一因素中，即团队内辅导和支持）。最后，团队维持及管理由综合冲突管理（4 个条目）和心理支持（5 个条目）子量表组成。

本 章 小 结

回到本章第一节案例，运动心理咨询师可以运用"组内冲突量表"或面谈的方式去发掘费勒与队员们人际互动中潜在的冲突类型，通过"教练员 – 运动员关系问卷"和效能剖析的方法评测费勒与教练员的关系、找出他们之间存在的共识与分歧，利用社会支持匹配差异的概念帮助费勒和女友相互理解、增进感情。此外，运动心理咨询师还可以考虑组织团队会议，运用"团队环境问卷"和"多维度运动情景团队协作量表"进行成员互评和团队共评，辅助运动员和教练员找出球队凝聚力、团队协作的优势与短板，从而更有针对性地调整训练、备战和比赛计划。由于这些颇具研究及实用价值的心理量表尚缺乏可靠且具有信效的中文版本，本章最后一节及本书附录提供相关测量工具的信息以方便读者查阅及参考使用；需要特别提及的是上述测量工具均在英文语境下研发而成，因此对这些量表进行中文翻译及信效验证也是运动情景人际交互领域的重要研究方向之一。

思 考 问 题

1. 队内冲突有哪些不同的分型，用什么方法来测评？
2. 人际冲突是否总是对团队表现或效能有负效应？
3. 教练员 – 运动员关系的 3+1C 原则模型是怎样发展而来的？该如何进行评测？
4. 自我差异理论中提出了哪些自我导向的可能性？
5. 怎样运用自我差异理论去解析运动员与教练员之间的冲突与分歧？
6. 效能剖析的理论基础是什么？该如何实践应用？
7. 社会支持有哪些多维度分类方法，该如何评测？
8. 什么是社会支持的匹配差异？它与运动情景下的人际冲突有什么关系？
9. 如何评价、增进团队凝聚力和协作性？

第七章　运动员心理健康

本章导读

运动员人群常年持续大强度训练和频繁高压力比赛，导致其心理健康问题频发。因此，运动员心理健康问题是关系运动员长期发展和健康福祉的重要问题。本章第一节呈现了一个运动员心理健康典型案例。第二节主要介绍了心理健康的相关概念和理论。第三节重点介绍了运动员人群可能面临的主要心理健康问题和相关风险因素。第四节介绍了运动员心理疾病的筛查手段和心理健康的评估方法。最后，在本章第五节应用实践中，介绍了用于治疗和预防心理疾病的方法，以及促进运动员心理健康的手段。

第一节　案例

世界著名游泳运动员迈克尔·菲尔普斯（Michael Phelps），人称"美国飞鱼"，是奥运史上获得奖牌数目最多的选手，运动生涯曾获得28枚奥运会奖牌（23金3银2铜）。这意味着菲尔普斯一人所获奖牌就超过了173个参加奥运会的国家。菲尔普斯曾公开谈到自己与抑郁症斗争的历程，并声称多达70%的美国奥运选手可能患有心理疾病。他表示，自己很乐意帮助那些有类似困扰的运动员，包括作为澳大利亚游泳选手格兰特·哈克特和高尔夫球手泰格·伍兹的非正式心理顾问。菲尔普斯在新加坡接受媒体采访时曾提及："在美国，70%～75%的奥运选手都经历过某种程度的抑郁……你花了四年的时间来完成这个任务，然后你就开始磨搓自己的手指，你不知道接下来该怎么做，我们每天都经历着挣扎。"菲尔普斯表示，自2004年以来，每次奥运会之后他都陷入消沉低迷的困境。2008年，菲尔普斯在北京奥运会破纪录地获得8枚金牌后，被曝光吸食大麻，还因两次酒驾被逮捕，心理疾病问题严重困扰着他。在2012年奥运会取得好成绩后，他表示自己生活中的大部分时间都在与严重的抑郁症进行斗争，菲尔普斯称之为自己的"黑暗岁月"。不过，退役两年后，"美国飞鱼"已经逐步摆脱抑郁症影响。他声称，退役生活很平和，以前在聚光灯下训练和竞争的压力已经全部消失。

菲尔普斯将抑郁症归咎于运动员的自我封闭和孤立感，他鼓励更多有类似经历的人能够像他一样积极寻求外界的心理帮助。他向高尔夫名将"老虎"伍兹等运动员提出应对建议。菲尔普斯认为，社交平台和数字媒体的发展，正在帮助专业运动员摆脱那些令人窒息的困境。菲尔普斯曾表示："最开始我选择自己来处理心理问题，很明显，我一直在挣扎，这让我觉得自己不是一名伟大的运动员。但是我能够重新振作起来，学习更多关于心理的知识。我现在可以敞开心扉，可以谈论这个问题，这是我以前从未感受过的。"在菲尔普斯的呼吁下，公众和相关组织机构开始增加对运动员人群心理疾病和心理健康问题的关注。

第二节　心理健康相关概念和理论

健康是人类生存和持续发展的基本条件。2016年，世界卫生组织（World Health Organization, WHO）将健康（health）定义为："不仅仅是没有疾病的状态，而且包括身体健康、心理健康、社会适应良好和道德健康。"身体健康受损，如罹患某些生理疾病，会对个体的心理健康产生一定的负面影响。同时，心理健康出现问题，如罹患某些心理疾病（mental illness 或 mental health condition，两者通常互换使用），同样可能对身体健康带来损害。因此，心理健康与身体健康对于个体的基本生存和持续发展均会产生重要的影响。然而，心理健康（mental health，中国也称为精神卫生或心理卫生）是一个尚未得到共识的、复杂的、多维度的概念。人们早期对心理健康问题的关注主要与心理疾病多发及其带来的沉重社会和经济负担有关。根据美国国家精神卫生中心（National Institute of Mental Health, NIMH）的定义，心理疾病是指心智（mental）、行为（behavioral）和情感（emotional）方面的障碍（disorder）。根据其对个体日常生活、工作和学习功能产生影响程度的不同，又可分轻度、中度和重度心理疾病。精神病学领域（psychiatry）基于医疗病理模型认为，个体是或者处于心理疾病（mentally ill）或者处于心理健康（mentally healthy）的二分状态。然而，有学者提出，个体没有心理疾病并不能说明其处于心理健康状态；同样，个体心理健康状态不佳，也不能确切说明其存在某些心理疾病（Greenspoon et al., 2001; Keyes, 2002）。凯斯（Keyes, 2002）将心理健康定义为"积极感受和积极功能症状的综合征（syndrome）"，其操作性定义为"个体对自身生活、情感状态和心理及社会功能质量的感知与评价"。它主要通过对个体的情感的（emtional well-being, EWB）、心理的（psychological well-being, PWB）和社会的（social well-being, SWB）健康状况的测量得以判断。值得注意的是，该定义提出的积极感受和积极功能标准跟美国精神医学学会（American Psychiartric Association, 2000）发布的第四版《精神障碍诊断与统计手册》（*Diagnostic and Statistical Manual of Mental Disorder*, DSM-Ⅳ）有关重度抑郁发作的诊断标准（无快乐感和功能不良）相对应，但此举并非有意为之。世界卫生组织将心理健康定义为"一种安康状态，在此状态下个体对自身拥有的能力具有清晰的认识，能够应对日常生活中的压力，可以富有成效的工作，并对社会做出积极的贡献"（World Health Organization, 2016）。

该定义强调了心理健康并非仅仅是没有心理疾病的状态。美国外科医生总会（The Surgeon General）将心理健康定义为"一种心理功能成功发挥的状态，并由此带来富有成效的活动，与他人建立良好的关系，以及能够适应各种变化和应对各种逆境"（U.S. Public Health Service, 1999: 4）。上述有关心理健康的定义虽然有所不同，但均强调了个体的积极情感状态和积极功能表现。鉴于心理健康和心理疾病的定义与关注点不同，其所对应的相关策略和措施也存在明显的差异。针对心理健康，主要以促进（promotion of mental health）为主；而针对心理疾病，则主要注重预防（prevention）与治疗（treatment）。

有关心理健康的理论，早期主要以基于医学病理模型的二分理论为主，即认为心理健康和心理疾病处于一个连续体的两端，个体要么处于心理健康状态，要么处于心理疾病状态。然而，新近共识（Herman et al., 2022）对双因素模型（Greenspoon & Saklofske, 2001; Keyes, 2005）更加认可，认为心理疾病和心理健康是两个截然不同又相互关联的维度，两者之间的关系通过两个连续体的组合予以反映可能更为贴切。即第一个连续体表示心理疾病的有无，第二个连续体则体现心理健康（主观幸福感）的高低（见图7-1）。

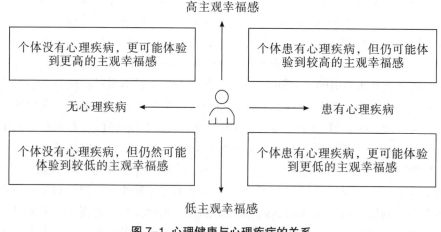

图 7-1 心理健康与心理疾病的关系

凯斯（Keyes，2005）结合心理疾病和心理健康的症状诊断结果，提出心理健康可分为三种状态：①心盛状态（flourishing）或完全心理健康状态（complete mental health），是指在不存在心理疾病的前提下，个体至少在一种积极感受症状标准上具有高水平，同时在至少六种积极功能症状标准上具有高水平的状态；②心理衰弱状态（languishing），是指在不存在心理疾病的前提下，至少在一项积极感受症状标准上表现出低水平，同时在六项积极功能症状标准上表现出低水平的状态；③中等心理健康状态（moderate mental health），是指在不存在心理疾病的前提下，处于上述两条所述情况以外的状态。表7-1呈现了对13种相关心理健康诊断标准和症状的描述。凯斯等（Keyes et al., 2008）认为，"心盛"是一种可诊断的积极心理健康状态，而"心理衰弱"是一种积极心理健康缺失的状态。这一理论的提出对心理健康相关政策和实践工作产生了巨大影响，强调了不仅要增加对心理疾病的治疗，更需要促进积极心理健康的发展。心理健康的促进工作对于心理疾病的预防同样具有积极的作用和贡献。

表 7-1　心理健康的分类诊断标准和症状描述

诊断标准	症状描述
积极感受：需要至少在一个症状描述上表现出较高水平	1. 开朗、精神好、开心、平和平静、满足和生活充实（过去30天的积极情感） 2. 对生活或生活的各个领域感到快乐或满意（公开的）
积极功能：需要在六个或以上症状描述上表现出较高水平	3. 对自己和过往的生活持有积极的态度，承认并接受自己的各个方面（自我接受） 4. 对他人持有积极态度并承认和接受他人的不同和复杂性（社会接受） 5. 能洞察自己的潜力和发展的意义，对新鲜事物和富有挑战性的经验持开放态度（个人成长） 6. 相信人、社会团体和社会具有向积极方向演化和发展的潜力（社会实现） 7. 坚持符合生活方向的目标和信念，感受富有目的和意义的生活（生活的目的） 8. 感受个体生命对社会的意义以及自身活动对他人的价值（社会贡献） 9. 展现对复杂环境的管理能力，能够选择、管理和塑造环境以适应需求（环境驾驭） 10. 对社会或社交生活感兴趣，觉得社会或文化是可理解的、有逻辑的、可预测的以及具有意义的（社会一致性） 11. 表现基于自觉符合社会和传统可接受的内部标准的自我导向与对自身讨厌的社会压力的抵抗（自主） 12. 拥有温暖的、令人满意的和值得信赖的人际关系，能够对他人产生同情感和亲密感（与他人的积极关系） 13. 拥有对社区或群体的归属感，并能够从中获得安慰与支持（社会融合）

第三节　运动员心理健康问题和风险因素

对运动员而言，体育运动中的身体挑战、高强度训练和运动损伤风险，可能带来个体在认知、情感和行为等方面的负面结果。而心理上的挑战（如关系问题、创伤性压力、焦虑、抑郁、攻击性、进食障碍和物质使用）可能会导致严重的身体后果（Moore, 2012; Castonguay & Oltmanns, 2013）。身体上的伤病和心理上的挑战均需要得到及时适当的处理，否则会对运动员的运动表现、运动训练质量、运动生涯发展、职业生涯转型、人际功能，甚至身体康复等产生重要影响（Gardner & Moore, 2006）。新近研究表明，精英运动员群体的心理健康问题（心理疾病）较为严峻，它不仅会对运动员的运动表现和个人福祉产生负面影响（Schinke et al., 2017; Reardon et al. 2019），还可能带来沉重的个人和社会的经济负担（Schinke et al., 2017; Dowell et al., 2020）。在此背景下，一些重要国际体育组织和机构相继发表共识声明，强调心理健康对运动员群体的重要性，呼吁制定促进运动员心理健康的举措，如国际奥委会共识声明（Reardon et al. 2019）、国际运动心理学会智库共识（Henriksen et al., 2019）、欧洲运动心理学联合会的立场声明（Moesch et al., 2018）等。例如，国际奥林匹克委员会于2018年11月12日至14日在瑞士洛桑召开了共识会议，与会专家就精英运动员心理健康症状及障碍的相关科学文献进行了系统综述（Reardon et al., 2019）。该共识声明和以往相关研究表明，运动员常见的心理疾病涉及焦虑障碍、抑郁障碍、进食障碍、物质使用障碍、睡眠障碍等（Rice et al., 2016; Gouttebarge et al., 2019; Reardon et al. 2019）。

一、运动员常见心理疾病

（一）焦虑障碍

焦虑障碍（anxiety disorders）是普通人群最常见的心理疾病之一（Kessler et al., 2009），其主要症状包括烦躁不安、易疲劳、注意力集中困难、兴奋易激惹、肌肉紧张和睡眠障碍等。焦虑障碍的全球发病率为6.5%（95%置信区间为4.7～9.1），已然成为第六大致残因素（WHO, 2017）。大量流行病学和临床医学研究表明，焦虑障碍与各种生理疾病具有显著相关（Roy-Byrne et al., 2008; Roest et al., 2012）。研究发现，根据ICD-10诊断标准（International Classification of Dieases, 10th revision），欧洲12个月焦虑障碍患病率达到13.4%，患病人口接近7000万，花费医疗开支超过70亿英镑（Gustavsson et al., 2011）。美国数据显示，根据DSM-Ⅲ诊断标准（*Diagnostic and Statistical Manual of Mental Disorders*, DSM-Ⅲ），焦虑障碍患病率达到22%，超过3000万美国人在一生中有焦虑史，每年涉及的医疗开支超过420亿美元（Regier et al., 1988; Greenberg et al., 1999）。中国的调研数据显示，焦虑障碍是中国人群中患病率最高的一类心理疾病，加权12月患病率及终生患病率分别为5.0%（4.2%～5.8%）和7.6%（6.3%～8.8%），患病人口接近1亿（Huang et al., 2019）。已有基于临床诊断和自陈报告手段的研究发现，精英运动员广泛性焦虑障碍（general anxiety disorder, GAD）的患病率为6.0%～14.6%（Schaal et al., 2011; Hammond et al., 2013），且性别差异和身体健康程度差异显著。其中，女性运动员患病率显著高于男性运动员（Junge & Feddermann-Demont, 2016; Lancaster, McCrea & Nelson, 2016; Weber et al., 2018），存在运动损伤的运动员比健康运动员报告更严重的广泛性焦虑症状（Gulliver et al., 2015; Junge et al., 2016; Gomez-Piqueras et al., 2018）。例如，一项有关澳大利亚精英运动员的研究发现，7.1%的精英运动员患有广泛性焦虑障碍（Gulliver et al., 2015）。国内一项研究发现，我国高水平运动员在SCL-90（Symptom Checklist 90）焦虑维度得分显著高于全国常模水平，且高水平（运动等级为一级以上）女性运动员焦虑得分显著高于同运动等级的男性运动员（谭亦斌 等, 2014）。

（二）抑郁障碍

抑郁障碍（depressive disorders）是另一种较为普遍的心理疾病，俗称抑郁症，其主要症状包括持续的情绪低落和悲伤、无助感和无望感，爱哭泣，低自尊，有愧疚感，对他人易怒及低容忍度，对事物无兴趣和动机，决策困难，缺乏愉悦感，有自杀或自残念头、担忧和焦虑感等。普通成年人抑郁发病率为3%～5%（Andrews et al., 2000），儿童和青少年发病率为 1.7%～3.9%（Polanczyk et al., 2015）。一项涵盖 90 项研究、涉及 30 个国家 111 万成年人的元分析研究发现，平均抑郁患病率、全年患病率和终身患病率分别为 12.9%、7.2% 和 10.8%（Lim et al., 2018）。全球抑郁患者超过 3 亿人，由于抑郁和焦虑问题导致每年全球生产力损失高达一万亿美元（*The Lancer Global Health*, 2020）。严重抑郁可能导致一系列严重后果，如严重的焦虑障碍以及自残和自杀行为等。抑郁症已经被界定为致残的主要原因之一。2018 年的研究结果表明，每年有近 80 万人死于自杀，相当于每 40 秒就有一人因自杀离世。自杀是 10～19 岁组人群的第三大致死因素，是 15～29 岁人群的第二大致死因素。精英运动员抑郁症发病率介于 4%～68%（Schaal et al., 2011; Hammond et al., 2013），这一结果跨度较大的主要原因与样本数量差异有关。新近元分析结果表明，从整体角度看，精英运动员抑郁症的患病率与普通人群的差异不大，但存在明显的性别差异，即女性运动员出现抑郁症的可能性是男性运动员的两倍（Gorczynski et al., 2017）。其他研究结果表明，个人项目运动员抑郁症的发病率显著高于团体类项目运动员（Nixdorf et al., 2016; Wolanin et al., 2016）。美国一项针对大学生运动员的研究显示，有 23.7% 的运动员具有临床诊断标准水平的抑郁症状（Wolanin et al., 2016）。德国的一项调查研究发现，15% 的精英运动员有抑郁症状（Nixdorf et al., 2016）。澳大利亚的一项研究指出，在精英运动员群体中有 23.6% 的男性运动员和 30.5% 的女性运动员抑郁症状明显（Gulliver et al., 2015）。另外几项不同自陈式问卷的研究发现，高水平运动员在抑郁症状得分上显著高于全国常模水平（谭亦斌 等，2014；吕吉勇、李海霞，2017）。

（三）进食障碍

进食障碍（eating disorders）是一种进食行为的持续性紊乱状态，导致个体对食物的消化和吸收发生改变，进而损害个体的身体健康和社会心理功能。常见的进食障碍包括神经性厌食症、神经性贪食症和暴食症，而未达到进食障碍诊断标准的异常饮食行为被称为"进食紊乱"。虽然已有研究指出运动员存在进食障碍（Walsh et al., 2000; Greenleaf et al., 2009; Anderson et al., 2012; Giel et al., 2016; Rousselet et al., 2017），但运动员通常更符合进食紊乱的诊断标准（Thompson et al., 2017）。已有研究指出，运动员群体所面临的进食障碍风险显著高于非运动员群体（Sundgot-Borgen et al., 2004; Rice et al., 2016）。其中既包括与普通群体相同的一般性进食障碍风险因素，又包括运动特定的进食障碍风险因素（Bratland-Sanda et al., 2013; Bar et al., 2016）。具体而言，一般性风险因素包括缺乏自尊、抑郁、焦虑、遗传易感性和完美主义个性特征等。运动特定的风险因素包括：体重敏感型项目（例如，摔跤、柔道等体重分级项目，体操、花样游泳、跳水、马术、花样滑冰等审美类项目，长跑、单车、游泳等需要克服重力的项目等，在这些项目中更低的体脂率或许更有优势），团队赛前称体重，身体发育成熟前就开始运动专项训练（可能会阻碍运动员选择一项适合自己成年体型的运动）（Sundgot-Borgen, 1994），比赛压力和受伤等（Arthur-Cameselle & Baltzell, 2012）。在需要瘦型身材的运动项目中，超过 60% 的女性精英运动员曾报告来自教练员的身材羞辱压力（Kong et al., 2015）。法国一项针对青少年和成年的精英运动员的研究表明，男性运动员的全生命周期进食障碍患病率为 5.5%，女性运动员为 11.2%（Schaal et al., 2011）。一项系统综述研究表明，男性运动员进食障碍和 / 或进食紊乱的估计患病率通常为 0%～19%，女性为 6%～45%，均显著高于非运动员群体（Bratland-Sanda et al., 2013）。此外，近年对男性运动员进食障碍的关注也逐渐增加（Joy et al., 2016）。一项系统综述的结果显示，男性运动员的进食障碍可能会导致严重的负面结果，包括增加受伤易感性、表现不稳定、存在恢复问题、肌肉缺乏症、最佳运动功能的损害，以及医疗、社会和情绪的问题（Eichstadt et al., 2020）。我国目前有关运动员进食障碍的研究相对较少，亟须增加相应关注。

（四）物质使用障碍

物质使用障碍（substance use disorders）是一种个体对物质（包括合法和非法物质，如酒精、烟草、毒品、药物等）使用失控的精神障碍，它会对个体大脑和行为产生负面影响。相比于非运动员群体，运动员对于酒精、咖啡因、大麻 / 大麻素、尼古丁以及其他物质滥用的原因并无差异，主要包括刺激体验、社交、快乐、增强自信、提高自身警觉性和活力等（McDuff et al., 2005; Reardon et al., 2014），但运动员通常还会通过物质使用来缓解自身压力、消极情绪、疼痛等问题，以及为了提高运动表现而使用一些机能促进类物质（ergogenic substances）。近期有关内容的实证研究更多集中在酒精的使用上。一项针对欧洲职业足球运动员（来自 5 个国家，n=540）和职业橄榄球运动员（来自 8 个国家，n=333）的研究结果显示，不良酗酒行为（常规饮酒、大量饮酒和 / 或酗酒）的比例分别介于 6%～21% 之间（Gouttebarge et al., 2015; Gouttebarge et al., 2018）。另外一项来自澳大利亚的研究发现，橄榄球精英运动员在赛季前和赛季中出现危害性饮酒的比例分别高达 68.6% 和 62.8%（Junge & Feddermann-Demont, 2016）。在我国有关运动员酒精使用的研究相对较少，一项针对高水平田径运动员的小样本调查（n=30）指出，16.7% 的运动员平均每周饮酒次数为 5～7 次，36.7% 的运动员平均每周饮酒次数为 3～4 次（邱华丽，2016）。

（五）睡眠障碍

睡眠障碍（sleep disorder）泛指对个体睡眠质量和睡眠时间（入睡和持续时间）产生影响，进而对个体清醒状态下的功能产生影响的情况。睡眠障碍可能与个体身体健康有关，也可能是一些心理疾病的症状反映。睡眠障碍的种类繁多，较为常见的睡眠障碍包括失眠症（insomnia）、嗜睡症（narcolepsy）、不安腿综合征（restless legs syndrome, RLS）和睡眠呼吸中止症（sleep apnea）。其中，又以失眠症最为常见且多发。一般而言，成年人正常所需睡眠时间应满足 7 小时，青少年群体则不少于 9 小时（Watson et al., 2015）。当个体主观报告睡眠质量不佳并存在入睡困难（大于 30 分钟）、睡眠中断或浅睡眠（大于 30 分钟）和过早醒来（大于 30 分钟）等症状，且上述症状每星期出现多于 3 次，则可能被诊断为失眠困扰。失眠症根据其发病持续时间长短及影响程度可分为急性失眠症（acute insomnia）和慢性失眠症（chronic insomnia）。如上述失眠症状持续时间超过 3 个月，且明显对个体日常生活功能产生影响时，则可能被诊断为慢性失眠症。急性失眠症通常由于身体状况（如罹患某些生理疾病或服用某些药物的反应）或应激事件（如压力或生活巨变等）诱发，也会随着诱发因素的消退（如康复、停药、压力缓解、成功应对压力事件等）而缓解。但是急性失眠症如果未得到妥善处理（如生物钟或睡眠节律紊乱、形成不良睡眠习惯等），可能发展为慢性失眠症。已有研究发现，49%的奥运会运动员属于"睡眠不佳群体"，且通常涉及多种睡眠问题（Drew et al., 2018），特别是在大赛前一晚，精英运动员基本上很难获得充足的睡眠（Roberts et al., 2019）。睡眠剥夺会削弱运动员的运动表现，而改善睡眠质量则有助于提高他们的运动表现（Dunican et al., 2017; Simpson et al., 2017; Biggins et al., 2018）。

二、运动员心理疾病常见风险因素

诱发运动员心理疾病的常见风险因素包括伤病、运动员情景压力、生涯发展、社会文化与环境因素等。

（一）伤病

精英运动员的伤病、运动表现与心理健康之间存在复杂的关系（Putukian et al., 2016; Herring et al., 2017）。运动损伤一直被认为是阻碍运动员训练、比赛和心理调整的重要阻碍因素。精英运动员的特定压力源会增加其受伤或生病的可能性，包括心理健康障碍（Putukian et al., 2016; Ivarsson et al., 2017）。一项系统综述的研究表明受伤也可能诱发心理疾病（Ardern et al., 2013），而心理疾病也可以增加受伤的可能性，或使康复过程复杂化（Weinstock et al., 2007; Ardern et al., 2013; Ivarsson et al., 2017）。已有研究显示，相对于没有伤病的运动员而言，受伤运动员的抑郁症状和广泛性焦虑障碍的水平均较高（Gulliver et al., 2015）。此外，伤病可能引发其他的一些心理健康问题，如饮食障碍、物质滥用、赌博行为等（Weinstock et al., 2007; Ardern et al., 2013; Rice et al., 2016）。

（二）运动情景压力

运动员在运动情境下通常面临着与运动相关的独特压力源，如过度训练、竞赛压力、糟糕的运动表现、紧张的人际关系（教练员-运动员关系、运动员-运动员关系等）、伤病以及生涯转型相关压力等（Noblet et al., 2003; Bruner et al., 2008）。运动情景压力源可能对运动员的心理健康产生负面影响（Nixdorf et al., 2016），导致运动员的心理健康状况下降（Gulliver et al., 2015; Rice et al., 2016）。例如，面对逐渐增加的压力（如受伤或表现不佳），精英运动员比普通人群更有可能经历心理障碍（Gulliver et al., 2015; Rice et al., 2016），且运动情景压力会增加运动员的自杀风险（Baum, 2005）。运动情景压力不仅对运动员运动生涯中的心理健康具有重要影响，还可能对其退役后的心理健康产生负面影响。研究显示，大约五分之一的德国滑雪运动员在退役后的3~8个月内报告了达到临床诊断水平的创伤性压力（Wippert & Wippert, 2008）。这可能与运动员的运动职业生涯结束和生活方式改变有关。另外，运动员应对压力的策略（如情绪管理、行为管理、伤病恢复等）与运动情景压力对运动员心理健康的影响密切相关（Rice et al., 2016），但目前有关如何提高运动员的压力应对策略的研究相对较少。

（三）生涯发展

运动员的运动生涯发展充满不确定性，有进步、有停滞、有起亦有落（Hendry & Kloep, 2002）。心理健康是运动员在做出职业决策和应对各种运动及生活重大转变时的重要资源（Schinke et al., 2017），贯穿运动员的运动职业生涯发展各个阶段和时期（如受伤、高训练负荷时期，和/或搬迁到新的文化环境），需对其心理健康水平予以特别关注。对于精英运动员而言，运动职业生涯终止是其必然要面对的事件，这可能要经历艰难的过渡时期。职业生涯终止可能触发之前存在但未被妥善处理的挑战和问题，进而使过渡过程（transition process）变得更加困难。虽然大部分运动员的退役过渡相对健康，但仍有一部分运动员经历了从运动员到非运动员转型的困难过渡阶段。运动员可能由于一系列不可预见的因素（如伤病、被淘汰）或在未有准备的情况下（没有提前计划、在退役后无法保证财务来源或生活方式突变）提前退役，这些因素均可能增加运动员退役过渡阶段的难度（Erpič et al., 2004; Kuettel et al., 2018）。因此，体育组织和相关管理机构应从运动员终身发展视角看待运动员的职业生涯，增加在充满挑战和困难的运动员职业生涯转型期间对其心理健康的关注，注重对运动员在运动生涯发展不同阶段心理健康问题的探索（Henriksen et al., 2019）。

（四）社会文化与环境因素

体育组织机构或环境（如结构、人员和文化）本身不会导致运动员的心理健康问题，但不同个体对不同环境的感知可能存在差异，进而可能滋养或损害运动员的心理健康。例如，那些认为环境可以促进他们天赋发展的年轻运动员的幸福感更高（Ivarsson et al., 2015）。但"金牌至上"或"不惜一切代价夺得奖牌"等价值表达，可能对运动员心理健康构成潜在威胁。当环境被感知为很多因素均可以被忽略或不被重视（如欺凌、缺乏运动员福祉、体罚、辱骂等）时，会危及运动员的心理健康。此外，运动队内日常潜藏的文化和惯例（如"胜者生存"、心理疾病污名化、过度训练等）也可能对运动员心理健康产生负面影响。成功的运动表现可能带来的经济回报，可能会迫使运动员、教练员和管理者做出妥协：不关注运动员的心理健康、忽视因过于关注奖牌而给运动员带来的潜在威胁，甚至共同采取一些不健康的做法。此类体育文化为忽视运动员心理健康提供了"土壤"（Henriksen et al., 2019）。因此，体育组织应该考虑将心理健康纳入组织功能有效性的关键指标，并制定指导方针，公开和批判性地审查该环境在多大程度上会影响运动员的心理健康（Henriksen et al., 2019）。

第四节 筛查与评估

一、心理疾病筛查

鉴于领域内研究者对心理健康的关注晚于且弱于对心理疾病的关注,心理疾病相关筛查工具相对较为完善且应用更加广泛。早期因缺乏针对运动员人群心理疾病的筛查工具和标准,研究者和实践者主要采用针对普通人群的心理疾病筛查工具和诊断标准对运动员人群进行筛查(如 DSM-V)。基于近期体育组织机构和团体对运动员人群心理疾病问题的关注,国际奥委会心理健康工作组(IOC Mental Health Working Group)发展并检验了运动领域心理健康评估工具 1(Sport Mental Health Assessment Tool 1, SMHAT-1)(Gouttebarge et al., 2021)。该工具的使用程序包括分流、筛查以及临床评估三个步骤,具体使用流程见图 7-2。该工具包具体由 1 份分流工具(运动员心理压力问卷,APSQ)和 6 份心理疾病或障碍的筛查工具[分别是病人健康问卷 -9(PHQ-9),广泛焦虑障碍量表 -7(GAD-7),运动员睡眠筛查问卷(ASSQ),酒精使用障碍识别测试(AUDIT-C),减药、因批评而恼怒、内疚感和含有药物的助醒物(CAGE-AID),运动员简明进食障碍问卷(BEDA-Q)]构成。该工具包的使用者主要为运动医学工作者和其他符合资格的健康专业人士(如受过临床训练的运动心理学家)。不具备上述资格的从业者,需要接受相应的指导和训练,与运动医学工作者合作使用。同时,国际奥委会心理健康工作组还研发了一个运动领域心理健康识别工具 1(Sport Mental Health Recognition Tool 1, SMHRT-1)(Gouttebarge et al., 2021),可供运动员身边相关人员(教练员、队友、家庭成员、朋友等)使用(见附录 7-1)。SMHRT-1 主要基于对运动员的想法、感受、行为或者生理变化的观察,如果发现运动员存在心理疾病的相关症状,应建议运动员寻求专业人士帮助,结合 SMHAT-1 的使用,进一步进行筛查和诊断,以达到早发现、早介入、早治疗的目的。鉴于目前中文版 SMHAT-1 和 SMHRT-1 相关问卷正在检验中,附录中仅提供英文原版信息供读者参考。

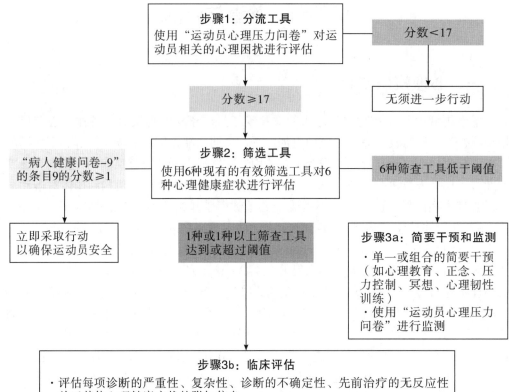

图 7-2　SMHAT-1 使用流程

（一）运动员心理压力问卷

赖斯等（Rice et al., 2020）研发了"运动员心理压力问卷"（Athlete Psychological Strain Questionnaire, APSQ），用于评估运动相关的心理压力体验。该问卷包含 10 个条目，其中 4 个条目测量自我调节（self-regulation）、4 个条目测量表现关注（performance concerns）和 2 个条目测量外部应对（external coping）。所有条目得分相加得分越高，表示运动员心理压力越大。具体问卷内容、计分方法和评估标准见附录 7-2。

（二）病人健康问卷 -9

克伦克、斯皮策和威廉（Kroenke, Spitzer & William, 2001）基于 DSM-Ⅳ 诊断标准，发展了"病人健康问卷 -9"（Patient Health Questionnaire-9, PHQ-9）用于评估抑郁障碍。该问卷包含 9 个条目，采用李克特 4 点计分。量表采用总分制，得分越高说明受试者的抑郁水平越高。该问卷的具体内容、计分方法和评估标准见附录 7-3。

（三）广泛焦虑障碍量表 -7

斯皮策等（Spitzer et al., 2006）基于 DSM-Ⅳ 诊断标准，发展了"广泛焦虑障碍量表 -7"（General Anxiety Disorder-7, GAD-7），用于测量广泛焦虑障碍。该量表包含

7个条目，采用李克特4点计分。量表采用总分制，得分越高说明受试者的焦虑水平越高。该量表的具体内容、计分方法和评估标准见附录7-4。

（四）运动员睡眠筛查问卷

塞缪尔斯等（Samuels et al., 2016）发展了由15个条目组成的"运动员睡眠筛查问卷"（Athlete Sleep Screening Questionnaire, ASSQ）用于评估运动员睡眠情况。国际奥委会心理健康工作组根据已有研究（Bender et al., 2018），选取了该问卷中的5个条目，用来评估睡眠问题（Gouttebarge et al., 2021）。该量表采用总分制，得分越高说明受试者的睡眠问题越严重。5条目量表的具体内容、计分方法和评估标准见附录7-5。

（五）酒精使用障碍识别测试

布兰得利等（Bradley et al., 2007）发展了"酒精使用障碍识别测试"（Alcohol Use Disorders Identification Test-Consumption, AUDIT-C）用于评估是否存在酒精滥用。该量表包含3个条目，采用李克特5点计分。该量表采用总分制，得分越高说明受试者的酒精滥用程度越高。该量表的测试具体内容、计分方法和评估标准见附录7-6。

（六）减药、因批评而恼怒、内疚感和含有药物的助醒物问卷

寇温伯格等（Couwenbergh et al., 2009）基于已有的CAGE问卷（Cutting Down, Annoyance by Criticism, Guilty Feeling, and Eye-Openers）发展了"减药、因批评而恼怒、内疚感和含有药物的助醒物问卷"（Cutting Down, Annoyance by Criticism, Guilty Feeling, and Eye-Openers Adapted to Include Drugs, CAGE-AID）。原CAGE问卷只筛查酒精的使用、滥用和依赖。而CAGE-AID用于评估是否存在物质滥用。国际奥委会心理健康工作组将该问卷稍加调整以作为运动领域心理健康评估工具使用（Gouttebarge et al., 2021）。鉴于AUDIT-C被用于评测酒精使用情况，因此该问卷主要用于探查物质使用情况。该问卷的具体内容、计分方法和评估标准见附录7-7。

（七）运动员简明进食障碍问卷

马丁森等（Martinsen et al., 2014）发展了"运动员简明进食障碍问卷"（Brief Eating Disorder in Athletes Questionnaire, BEDA-Q），用于评估是否存在进食紊乱。该问卷包含9个条目，其中第1～6条目采用李克特6点计分，第7～8条目采用"对"或"错"的二分计分方式，第9条目为减重次数。该问卷采用总分制，得分越高说明受试者进食紊乱程度越高。该问卷的具体内容、计分方法和评估标准见附录7-8。

二、心理健康评估

心理疾病因其对个体和社会发展的危害性，应受到广泛关注。在凯斯等的呼吁下，直至最近十几年，心理健康才越来越受到领域内人士的关注，逐渐被认为是公共健康的重要组成部分（Huppert, 2009）。有关心理健康的相关工作主要基于凯斯等（Keyes,

2002, 2005; Keyes et al., 2008）的早期理论观点和研究成果展开。在竞技体育领域内，学者们公认凯斯提出的心理健康理论设想具有极强的理论合理性和解释力度，不仅突破了已有对心理疾病的主导性关注，同时反映了心理健康的多维度属性（Uphill et al., 2016; Breslin et al., 2019）。为了实现对心理健康的测量，凯斯（Keyes, 2002, 2005）发展了心理健康连续体问卷（Mental Health Continuum, MHC）。长版 MHC 问卷包含 42 个条目，用于测量情感的（emtional well-being, 包括积极情感状态、生活满意）、心理的（psychological well-being, 包括心理功能、生活意义）和社会的（social well-being, 包括关系、融合）三方面的健康程度。后期经过进一步精化，发展了心理健康连续体问卷（简版）（Mental Health Continuum-Short Form, MHC-SF）（Keyes et al., 2008）。MHC-SF 包括 14 个条目，其中 3 个条目用于测量情感健康、6 个条目用于测量心理健康和 5 个条目用于测量社会健康（见附录 7-9）。MHC-SF 是目前被应用最广泛地用于测量心理健康的测量工具（Longo et al., 2020），并且该工具已经在运动员人群得到广泛使用（McGiven et al., 2021; Shannon et al., 2022; Vella et al., 2021）。另外，有研究者（Forster & Chow, 2019）将 MHC-SF 修订为运动心理健康连续体问卷（简版）（Sport MHC-SF）应用于运动情景，并在大学生运动员人群进行了检验。鉴于 Sport MHC-SF 尚未应用于中国的人群，提供英文版供读者参考（见附录 7-10）。

第五节　实践应用

一、心理疾病的治疗

（一）药物治疗

对于患有较严重心理障碍的患者，需要采用药物治疗（pharmacological treatment）（Johnston et al., 2016）。药物治疗是双相情感障碍（bipolar disorder）和重度抑郁障碍的重要治疗手段。通常情况下，对服用某些情绪稳定药物（如锂、丙戊酸）（Griswold & Pessar, 2000）和非典型抗精神病药物（如阿立哌唑、喹硫平、氯氮平）（Zeier, 2013）的患者需要定期进行临床评估，常规检查包括血锂浓度、甲状腺功能和肾功能等。其中，涉及锂的药物和评估对运动员人群具有一定的挑战性，因为在高强度运动出汗和相关脱水期间，血锂浓度可能会波动，也可能与运动相关的进食障碍有关（Miller et al., 1978; Jefferson et al., 1982; Johnston & McAllister-Williams, 2016; Currie et al., 2019; Reardon et al., 2019）。此外，已有研究概述了为精英运动员开具精神类药物处方时需要注意的四个重要事项：①对运动表现潜在的负面影响；②对运动表现促进的潜在治疗效应（基于所设计的治疗药物使用条件下运动表现的改善）；③对运动表现促进潜在的非治疗效应（机能增进效应）；④潜在的安全风险（Reardon & Creado, 2016）。因此，运动员在用药过后的表现也需要被重点关注，尤其是药物对运动表现产生的副作用。具体而言，产生的副作用主要包括镇静、体重增加、心脏不良反应（直立性低血压、高血压、心动过速、心悸、心律失常和心电图改变）等（Johnston et al., 2016; Reardon & Creado, 2016）。其他相关副作用包括注意力受损、肌强直、运动障碍（包括失静症和运动迟缓）、体重减轻、视力模糊或头晕、焦虑不安以及失眠等（Johnston et al., 2016）。

对于所有类别的药物而言，均需要特别考虑运动表现促进是治疗性结果（疾病症状消除或降低），还是机能增进性结果（药物导致机能提升）（Wagner, 1991）。例如，因焦虑症状导致表现不佳的运动员，可能通过服用选择性5-羟色胺再摄取抑制剂（serotonin selective reuptake inhibitors, SSRIs）来缓解焦虑症状，进而促进运动员的水平发挥，运动表现得到提升（治疗性）。已有研究未发现服用SSRIs会引发机能增进性的运动表现提高。因此，在竞技体育中此类药物不属于违禁药品（Reardon, 2016; Reardon & Creado, 2016; World Anti-Doping Agency, 2019）。值得注意的是，刺激剂（stimulants）是禁用物质中唯一的一类精神药物，在赛内禁用。刺激剂除了具备改善病理的作用（治疗性），还会促进运动表现（机能增进性）（World Anti-Doping Agency, 2019）。此外，由于精英运动员的运动强度通常要远高于普通人群，在接受某种精神类药物治疗时，必须考虑用药风险（Reardon & Factor, 2010）。例如，运动员血液中的药物水平（如血锂浓度）需要受到严格的控制，但对于可能受自身水合作用影响的精英运动员来说，很难满足这一要求（Johnston & McAllister-Williams, 2016; Reardon & Creado, 2016）。

有关开具精神类药物处方的注意事项，可能会因运动项目及相关需求和要求的运动表现水平、训练或比赛周期的时间范围、预期的持续治疗时间等因素而有所不同（Johnston & McAllister-Williams, 2016）。同时，对那些具有心理疾病症状及障碍的运动员而言，选择药物治疗时则必须考虑所提供有效临床护理的需求。虽然每类精神治疗药物对于运动员群体而言有特定的考虑因素，但较少有研究探讨相关药物的适用性（Johnston & McAllister-Williams, 2016; Reardon, 2016）。现有研究仍存在方法论上的不足，具体包括样本量小、药物的服用剂量和服用时间与现实存在差异、被研究人群不能代表精英运动员和女性运动员研究少等（Reardon, 2016; Reardon & Creado, 2016; Garner et al., 2018）。虽然上述研究在方法论上有所不足，但是部分关于运动员精神类药物处方的研究仍有一定价值（Reardon et al., 2019）。

（二）心理治疗

心理治疗（psychotherapy）是指通过心理学方法和手段缓解个体心理健康症状、治疗心理障碍，以促进个人成长。心理治疗通常基于相应的治疗原则、咨询结构和技术开展。心理治疗方法无论是否伴随药物治疗均对心理疾病症状及障碍具有一定的疗效，但效果大小不一（Stillman et al., 2013）。其中，认知行为疗法（cognitive behavioural therapy, CBT）被认为是有效治疗普通人群抑郁症和焦虑症的重要手段（Butler et al., 2006）。由于目前尚缺乏关于精英运动员的特定心理治疗类型的研究，在许多情况下，可选择心理教育和/或心理咨询对运动员进行治疗（Ströhle, 2019）。根据运动项目的不同和运动员的个体差异，基于家庭动力系统发展的家庭治疗方案也可能有所帮助（Stillman et al., 2016）。精英运动员对物质使用方面存在一定的困扰，当前有关检验不同心理疗法对运动员物质使用障碍治疗效果的研究仍然较少，对于哪种心理疗法更有效尚未形成共识（Reardon et al., 2019）。

相对于普通人群，精英运动员人群的运动表现相关问题可能对心理治疗构成挑战，使专门制订的心理干预变得更加困难。例如，诊断挑战，过度训练综合征与重度抑郁症的对比，攻击性、自恋情结和权力等（Stillman et al., 2016）。这些运动员人群可能存在的特有问题，对心理治疗手段的使用造成干扰。在这类情况下，心理治疗师应首先关注运动员产生的适应不良行为模式，因为个性特征往往更难改变（Glick et al., 2012）。此外，有关精英运动员临床心理疾病的治疗应遵循以下原则：①基于循证证据的方法；②由受过良好教育且拥有相应资质的专业人员提供服务（即具有心理治疗和/或临床心理学知识和技能的专家）；③对运动表现有全面了解的人员（具备体育科学基本知识、了解体育训练规律）开展（Moesch et al., 2018）。

二、心理疾病的预防

提升个体心理健康素养（mental health literacy）被认为是预防心理疾病和促进心理健康的经济且有效的方法之一。心理健康素养是指人们识别、处理与预防心理疾病的知识和信念（Jorm et al., 1997）。焦尔姆（Jorm, 2012）将心理健康素养的概念划分为预防心理疾病的知识、心理疾病的识别、求助和有效治疗的知识、有效自助策略的知识、心理急救技能5个组成部分。报告较高水平心理健康素养的个体表现出较低心理疾病风险和心理疾病症状（Jorm, 2012; Chow et al., 2020; Bu et al., 2020）。同时，较高水平的心理健康素养与个体污名化得分呈显著负相关（Jung et al., 2017; Wang et al., 2022）。污名化（stigma）是指因个体或群体具有某些被社会看作不可接受或不恰当的特征或行为，从而令他们产生负面想法、情感和行为（Watson, 2005）。提高运动员的心理健康素养水平可以同时降低运动员的心理疾病污名化水平，从而促进求助行为（Si et al., 2021）。

心理疾病的早期预防和心理健康知识的普及是有效提高运动员心理健康状况的方式之一（Sebbens et al., 2016）。澳大利亚一项名为"精英运动员心理健康战略"（Elite Athlete Mental Health Strategy）的科研计划，通过提升运动员的心理健康素养和去污名化等方式促进运动员的求助态度、意向和行为（Gulliver et al., 2012）。有研究分别针对美国大学生运动员（Van Raalte et al., 2015）和爱尔兰运动员（Breslin et al., 2018）进行了相应的干预。这些干预都在不同程度上提高了运动员的心理健康知识，从而促进他们的求助态度和意愿。也有研究只针对伤病运动员进行的心理健康素养干预，旨在提高他们的求助态度、降低污名化水平（Jones et al., 2022）。有关中国运动员的研究表明，通过增加运动员的心理健康素养，可以有效降低他们的污名化水平，并提高求助态度和意愿（Bu, 2021）。目前尚缺乏通过提升运动员心理健康素养直接改变运动员求助行为的相关证据。除了提高运动员的心理健康素养外，提高运动员周围相关人员（如教练员、工作人员、领导、父母）的心理健康素养同样至关重要。例如，针对教练员（Sebbens et al., 2016; Haughey et al., 2017）、运动员家长（Hurley et al., 2018）以及运动队相关工作人员（Sebbens et al., 2016）等人群的相关研究表明，通过提高运动员上述周围相关人员的心理健康知识，可以及早地识别运动员是否存在心理健康问题，从而达到预防和及时提供帮助的作用。

三、心理健康的促进

基于认知行为疗法的心理技能训练可以通过自我控制心理和情绪过程有效提高运动员竞赛表现状态。其逻辑假设主要为通过减少那些阻碍个体运动表现的消极的内部状态（如消极的思维、情绪和身体感觉）或增加个体积极想法和自信心状态等手段，进而达到促进个体竞技表现的目的（Hardy et al., 1996）。例如，表象训练、行为程序和积极自我谈话等心理技能可有效增加运动员的自信心、自我效能感、流畅体验和注意力（Morris et al., 2005; Munroe-Chandler & Guerrero, 2018; Weinberg & Gould, 2019），同时可以有效缓解赛前焦虑和重建对焦虑的感知（Munroe-Chandler & Guerrero, 2018; Herfiantoro et al., 2019）。因此，心理技能训练或许可以通过降低消极思维和情绪，以及提升积极思维和情绪等方法，对运动员心理健康产生积极影响。

另外，正念训练（mindfulness-based training）日益受到竞技领域研究者和实践者的重视。正念起源于东方哲学理念。卡巴金（Kabat-Zinn, 1994）将正念定义为，以一种有目的的、当下的、非评价的方式来关注那些出现的行为。奥伦茨克（Olendzk, 2010）认为，人们可以普遍地通过正念训练来减少心理伤痛并提高生活质量。在竞技领域，具体到运动员的训练比赛中，正念训练不仅强调关注当下，还要求运动员对当下的情形保持开放式的注意，并且能够在其注意游离的时候将注意力重新集中在当下（钟伯光 等，2013；Zhang et al., 2017）。随着正念的发展，正念训练也较多地应用于不同运动项目的运动员人群。目前，较为成熟的正念训练方法包括正念－接受－承诺训练程序（mindfulness-acceptance-commitment approach, MAC）（Gardner & Moore, 2004, 2007）、正念运动表现提高训练（mindful sport performance enhancement, MSPE）（Kaufman et al., 2009）、运动正念冥想训练（mindfulness meditation training for sport, MMTS）（Baltzell & Akhtar, 2014）和正念－接受－觉悟－投入训练（mindfulness-acceptance-insight-commitment, MAIC）（姒刚彦 等，2014、2020）。上述正念训练不仅可以改善运动员的运动表现，也可促进他们的心理健康。例如，格罗斯等（Gross et al., 2016）对干预进行研究发现，基于MAC的训练计划对运动员广泛性焦虑障碍、进食障碍和心理困扰缓解具有积极作用。德佩特里略等（De Petrillo et al., 2009）的研究结果表明，为期4周的MSPE干预计划可有效降低运动员的运动焦虑水平。Bu等（2019）和卜丹冉等（2020）的研究表明，正念训练可有效改善射击和羽毛球运动员的训练和比赛满意度，同时可有效降低羽毛球运动员的焦虑和抑郁水平。Ajilchi等（2022）的研究发现，正念训练可以有效提高女性运动员的心理坚韧性（mental toughness）和心理幸福感（psychological well-being）。因此，正念训练或许可以作为促进运动员心理健康的重要手段。

本 章 小 结

对运动员心理疾病防治和心理健康促进相关问题的探讨直接关乎运动员人群的健康福祉,可为运动员竞技表现发挥和追求卓越提供基础保障。相关工作的开展有助于为研究人员和实践者提供实践指引。运动员群体相对于非运动员群体并无特别不同,甚至在某些情况下面临更多的心理疾病风险。我国对于运动员心理健康问题的研究尚处于起步阶段,未来研究者需要进一步开展大样本的筛查工作以便更准确地了解现状。目前,国际奥林匹克委员会推荐通过专注于运动领域的心理健康评估工具来对运动员的心理健康状态进行评估,而且国内已经有学者开始对相关测评工具信效度和情景适应性进行检验。同时,探讨影响运动员人群心理健康问题的作用机制,有助于为其提供更具针对性的干预措施和方案。已有相关研究为未来运动员心理疾病防治和心理健康促进工作提供了重要的理论依据和数据支撑。

思 考 问 题

1. 运动员的心理健康理论有哪些?
2. 运动员常见的心理健康问题有哪些?
3. 如何促进运动员的心理健康?

第八章 运动心理咨询职业伦理操守

本章导读

运动心理咨询职业伦理操守是指导运动心理服务工作的基本原则和规范标准。本章第一节介绍了三个运动心理咨询实践工作中较为常见的案例情节,引出对运动心理咨询职业伦理操守的介绍。在第二节中,介绍了运动心理咨询伦理守则,并回应三个案例中可能涉及的问题。本章第三节结合中国文化和竞技体育情景,介绍了在中国开展运动心理咨询工作过程中常见的伦理操守相关的问题。

第一节 案例

作为一名运动队的专职运动心理咨询师(以下简称"咨询师"),可能会在工作中遇到以下情景,请思考咨询师的方法是否合适。如果不合适,你认为应该怎么做?

案例1. 运动员A在咨询中聊了什么

经过一个小时的心理咨询,运动员A离开了咨询室。第二天,咨询师在训练场地遇到了运动员A的主教练S。主教练S很想知道运动员A在咨询过程中说出的"心里话",于是向咨询师询问道:"A跟您聊了什么?有提到跟我有关的问题吗?我知道心理咨询会保密,但我们运动队跟外面不一样,我作为教练必须要知道运动员想什么才能带他,要是运动员跟我心不齐、不听我的,我怎么教呢?您能说详细点吗?我们都是为了A好。"

迫于主教练S的一再追问,咨询师跟教练S透露了运动员A的心结所在——某一次比赛期间教练S跟运动员A说了一句伤害他自尊心的话,之后运动员A对主教练S一直心存芥蒂。教练S听完后生气地说:"这些运动员就是不懂我的苦心啊!当时他明明犯了错!"事后,咨询师得知教练S针对此事训斥了运动员A。

案例2. 我想让运动员B离开

主教练W跟咨询师说,想让运动员B离开他指导的组,但并未提及详细原因。作为主教练W训练组科医团队的咨询师,被要求写一份关于运动员B的心理评估报告,以支持主教练 W 的想法——即运动员 B 在心理方面存在种种缺点或问题，以便于管理者同意他的决定。

咨询师之前为运动员 B 提供过为期四周的心理技能训练（学习了放松练习和表象训练），运动员 B 对心理训练很感兴趣，学习过程也很认真。咨询师知道运动员 B 在运动项目上天赋一般，平时也不讨主教练 W 喜欢。咨询师开始考虑："我如果不配合主教练，会有什么后果？如果顺从主教练 W 的意思，之后该如何面对运动员 B？"最终，咨询师决定听从主教练 W 的意见，提交了一份心理评估报告，但报告内容并没有涉及支持运动员 B 离开的表述。但在之后的工作中，咨询师能够感受到主教练 W 的不满，他不再那么信任咨询师了。

案例 3. 你今天可以当一下临时教练吗

一次全国赛比赛期间，主教练 Y 对咨询师提及，因为次日本组的几名运动员都在不同场地比赛，他和助教无法分身带队员上场比赛，希望咨询师次日比赛能够作为临时教练指导一名运动员参赛。咨询师一方面有些担心自己无法胜任，担心万一指导不好可能会影响运动员的比赛；另一方面，想到可以亲自指挥比赛，要是能由自己带领运动员一起拿到冠军，那该多棒呀！于是咨询师答应了主教练 Y 的要求。比赛结束，这名运动员果然拿到了冠军，咨询师感到非常自豪，也收到了很多掌声和赞扬。在之后与运动员接触的过程中，咨询师发现自己与运动员们之间的关系发生了一些微妙的变化，他们有时候甚至会称呼咨询师为"教练"，而不再是老师。

在上述三个案例中，运动心理咨询师似乎都犯了一些"错误"，并且对后续开展专业心理服务工作产生了一定的影响。这些"错误"均与运动心理咨询师的职业伦理规范和原则有关。什么是职业伦理？职业伦理是指在职业背景下，人与人相处的各种道德准则。运动心理学从业者的工作情景相较于其他心理学工作者的工作情景更为复杂多样，边界也更加模糊不清，因此也带来了更多的职业伦理困境。通常来说，从事类似于心理学这种助人工作的从业者在伦理道德规范方面对自身需要有较高的要求。但助人的善良愿望不足以保证较高的实践水平，在工作中出现违反伦理道德行为的从业者大多数并非出于其有意为之的不良意图，而更多的是因为被动、不谨慎、无知或能力不足以面对实践中的挑战等所造成。因此，心理咨询师的职业伦理道德操守是实践工作的根基。培养职业伦理道德意识和提升职业伦理道德水平需要从学习基本的职业伦理道德操守准则开始。下一节将对国际运动心理学会注册运动心理咨询师实践伦理规范进行介绍。

第二节　运动心理咨询师实践伦理规范

2020 年 7 月，国际运动心理学会发布了注册运动心理咨询师（International Soceity of Sport Psychology Registry, ISSP-R）实践伦理规范，详细介绍了运动心理咨询师在实践中应该遵循的 6 项基本原则和 16 条具体标准（Quartiroli et al., 2020）。当运动心理咨询师在实践中面临伦理困境时，伦理准则虽然不能为其提供具体解决方案，也不能提供一套完整的必须遵循的具体规则或程序，但它提供了框架性的原则和标准，可以帮助运动心理咨询师在实践中做出决定，有助于保护来访者和相关人员的权益。2018年7月1日起，中国心理学会新版伦理守则——《中国心理学会临床与咨询心理学工作伦理守则（第二版）》开始实施。该守则分为总则（五条）与分则（十条），与本节介绍的《运动心理咨询师实践伦理守则》相比较，内容有很多共通的地方。例如，总则内容包括了专业胜任力、知情同意、隐私保密、测量评估等相似的规定。中国心理学会的伦理守则更偏向临床心理咨询实践，还单独列出了研究发表、网络电话咨询、媒体沟通合作等具有临床实践特色的方面，而运动心理咨询师伦理守则更偏向运动情境下的常见问题，如多重关系、利益冲突等。

本节将简要介绍国际运动心理学会注册运动心理咨询师实践伦理规范的原则和标准。为了让读者更好地理解，笔者在每条原则和标准后以注册运动心理咨询师C的虚构经历作为举例说明，希望读者从自己的实践经历出发进行反思。

一、实践伦理原则

（一）原则1：从他人利益角度出发

注册运动心理咨询师（以下简称"咨询师"）的职业行为应基于有利于增进他人（包括个人、团体、组织，学生、实习生、督导师）利益原则，他人的利益及职业地位优先于咨询师个人。当发生利益冲突或职业义务冲突时，咨询师应以负责任的态度努力解决并尽量避免或减少伤害；咨询师应认识到自己与服务对象之间存在的内在权力差异，主动通过行为和语言表达对他人的尊重；咨询师应充分告知服务对象计划提供的服务，并获得对方的知情同意，注意使用通俗易懂的语言，在收集信息时避免不当侵犯隐私；应充分考虑专业同行的需求、能力和义务，避免不节制的批判，如需对同行的资格、能力或工作进行审查和评论，应以客观和尊重的方式进行。

举例：咨询师C受邀与一知名自媒体平台合作撰写一篇运动心理相关的文章，咨询师C为了借机在业内崭露头角，未经沟通便在文章中详细描述了与自己合作过的知名运动员案例，并暗示了之前与这名运动员合作过的咨询师D的专业水平值得质疑。咨询师C的行为违背了"从他人利益角度出发"的原则。

（二）原则2：尊重他人的权益和尊严

咨询师的职业行为应基于尊重他人权益和尊严的原则，即他们的行为体现了对所有人的尊严和价值，以及个人隐私、保密、自主和正义等权益的尊重。考虑到服务对象在工作过程中的脆弱性可能导致其自主决策能力降低，咨询师应对此采取格外的保障措施。在工作中，咨询师应敏锐地意识到体育运动环境中存在的可能挑战相关人员尊严和价值的情况，并在可行的情况下努力克服不利因素。对于可能因文化和个体因素（如年龄、性别认同、种族、族裔、社会地位、文化、国籍、宗教、性取向、能力水平、语言和社会经济地位等)带来的差异或偏见要保持警觉,在工作中尽量避免或减少这些偏见带来的影响,更不能主动参与或纵容他人基于此类偏见的行为。当发现同行有此类不符合伦理原则要求的行为时,咨询师有责任提醒、教育,必要时可采取投诉等措施。

举例:咨询师C与一名运动员建立了良好的合作关系,在一次咨询中这名运动员透露他的队友是一名同性恋。咨询师C这时想起一名好友因为自己孩子是同性恋曾经非常苦恼的经历,便评价这个队友的性取向是"不考虑父母感受",之后这名运动员便结束了与咨询师C的工作关系。咨询师C后来得知这名其实运动员是同性恋,他可能是想借队友的故事与咨询师讨论自己的苦恼。咨询师C的行为未能尊重运动员(不管是这名运动员还是他的队友)的性取向,违背了本条伦理原则。

(三)原则3:社会正义与责任

咨询师的职业行为应基于社会公正与责任原则。他们不应因年龄、性别、性别认同、种族、族裔、文化、民族出身、宗教、性取向、残疾、社会经济地位或法律禁止的任何情况而歧视他人。咨询师也需要采取预防措施,确保其潜在偏见不会导致或纵容不公正的做法。咨询师应当了解服务对象的文化背景和多重身份,了解歧视的后果,帮助服务对象解决针对他们的歧视或偏见,同时尊重他们的行动自主权。支持和保护服务对象、其他成员和同事的利益,尊重他们的权利。咨询师应当认识到对人的权利和尊严的不尊重行为会对人们的心理健康带来的影响,在工作或生活中不要容忍或参与任何可能影响服务对象、其他同事以及其他人员的歧视性或偏见的态度和行为。咨询师应当主动从事非歧视行为,努力减轻在专业工作或个人生活中的偏见。

举例:咨询师C在与一名年轻运动员的工作过程中,发现他的教练、队友经常喜欢嘲笑他的出身背景(来自某经济较落后的省份)。大家的言语中虽然没有明显的恶意,但该运动员经常因此感到非常难过。之后咨询师C选择在一个合适的时机、场合下与教练沟通了这一情况,让教练认识到这种歧视会对这名运动员的自尊带来伤害,教练接受了咨询师C的建议并自己及让其他队员都改正了这一行为。

(四)原则4:具有完成专业工作的胜任力、专业性和熟练度

咨询师的职业行为应基于专业能力、专业知识和专业技能熟练程度原则。咨询师应只在他们专业能力范围内运用其知识、技能、接受的培训和经验来提供心理服务,仅提供经过教育、培训和/或循证证据证明合格的服务并仅使用这些技术,同时应认识到在服务、教育或学习过程中需因服务对象的不同特点而进行调整的重要性。对于尚未确定专业标准共识的领域,需要进行谨慎的专业判断并采取适当的预防措施,以保护服务对象的利益。咨询师应认识到继续教育的必要性,及时了解专业工作领域的新知识、新进展并保持开放性。遵守提供心理服务地区的法律法规,如果被要求提供超出专业能力范围的任何方式的服务,需转介给适合的同行。只有在紧急情况下,咨询师才可以提供未经培训的服务,一旦紧急情况结束或有合适的服务资源可用,应当停止服务。

举例：咨询师C在咨询过程中了解到一名运动员对精神分析学派的理论很感兴趣，虽然咨询师C没有接受过系统的相关训练和学习，但为了取得运动员的信任，咨询师C说自己很擅长精神分析，后面会使用该学派的方法帮助他，运动员听了果然很高兴。在这个过程中，咨询师C向服务对象承诺使用超过其专业能力范围的知识和技术。这不符合本条伦理原则要求，可能会损害运动员的权益。

（五）原则5：提供的专业服务和指导具有科学依据

咨询师的职业行为应基于其专业和科学职责，需依靠有效且可靠的科学框架、理论和结构从事实践咨询活动，并且只在有效可靠的专业知识范围内提供服务。咨询师在工作中应保持最高标准的专业和科学知识，积极维护专业和科学的行为标准，以确保公众或组织机构免受不良道德行为和决策者的伤害。咨询师应与有良好声誉的同事或其他专业人士合作。咨询师应对其行为承担适当的责任，并认识到其行为可能会损害专业和行业群体的信誉。

举例：咨询师C在某网站上看到一个据说能用于提高反应时的"训练偏方"，未经细致求证其科学性和有效性，便推荐给一名熟识的短跑运动员使用。咨询师C应该提供有效可靠且具科学依据的专业知识帮助服务对象。因此，该行为可能违背了本条伦理原则。

（六）原则6：诚实和正直

运动心理咨询师的职业行为应基于诚实和正直原则。咨询师应意识到，良好的信任是与服务对象、相关人员和行业督导之间建立专业关系的基础。诚实正直的行为体现在诚实公正地向其他专业人士、服务对象或公众描述或报告研究、教学和实践成果，同时应当遵循诚实、真实、准确、一致、尊重和文化敏感性等价值观。咨询师应了解与诚实和正直相一致的价值观内容，并用其指导自己的专业决策和行为。咨询师在提供服务、教学或从事研究时应当真实、公开和准确地说明自身的能力水平，对自己的专业行为后果负责。当意识到对提供的培训、职称或专业能力有任何失实陈述时，咨询师应当采取合理措施予以纠正。咨询师也应当关注其他同行可能做出的不道德决定和行为，采取合理和适当的措施终止、避免或防止不道德行为发生。

举例：一个运动俱乐部邀请咨询师C去给运动员、教练员讲课，俱乐部负责人为了显示咨询师C的专业水平，便称呼原本持有硕士学历的咨询师为博士，咨询师C知道后默认了这一点。该行为与诚实正直伦理原则相违背。

二、实践伦理标准

（一）标准1：避免对服务对象造成伤害

咨询师应以有利于其服务对象利益的方式从事专业服务，努力减轻、限制或避免任何伤害。"伤害"是指任何不公正的负面后果，可能对服务对象的身体、精神或社会造成重大损害。咨询师应尽可能降低间接或无意间伤害他人的可能，在做出决策或行动前仔细考虑潜在风险并报告可能伤害服务对象的有关风险的完整信息。承担责任，不应掩盖任何信息（尤其是可能对服务对象造成精神、身体或社会伤害的信息）。在进行心理干预时，咨询师要考虑服务对象的实际情况及文化背景，采取开放、无条件接受的态度，要保持中立，避免强加任何宗教、精神、政治或社会信仰。

举例：咨询师 C 为了迎合运动员喜好，便采用自己并不擅长的精神分析疗法对运动员进行心理分析。在运动员表露自己的创伤经历后，咨询师 C 并未能用专业的方式进行处理，此次咨询可能对该运动员造成了二次伤害。在这次工作中，咨询师 C 违背了本条伦理标准。

（二）标准 2：意识到并尊重文化的多元性

咨询师应当了解并尊重文化、个人和角色的差异，包括但不限于年龄、性别、种族、族裔、国籍、宗教、性取向、残疾、语言和社会经济地位等方面的差异，努力消除上述因素可能导致的偏见对咨询工作的影响，不故意参与或纵容歧视性行为和态度的发生。咨询师应尊重服务对象对信息公开的看法，在交流时使用对方清晰易懂的语言，在知情同意程序中保持对服务对象文化背景中可能涉及含义的敏感性，争取重要他人的支持、理解和参与作为积极资源。咨询师应发展自身的文化胜任力，积极参与继续教育，提高个人的文化意识、个体意识、敏感性、知识范围和技能水平。咨询师应认识到文化因素可能对心理评估、督导关系产生的影响。

举例：很多教练员或管理人员都喜欢用"现在这代孩子……"之类的语句评论（更多时候是批评）运动员，咨询师 C 认为，年龄（年代）可能会是体现不同代际运动员的一种文化因素，对待这种文化差异性应采取尊重和理解的态度，而不是片面的批判或将这种差异消极化。咨询师 C 的态度和行为是践行本条伦理标准的表现。

（三）标准 3：避免利用服务对象

咨询师在与服务对象及相关组织机构的交往过程中，需要重视诚实、正直、准确、清晰和公平，在其专业实践中促进诚信。咨询师应努力为服务对象的利益作出贡献，并避免不适当的、可能有害的双重关系，不应在工作关系期间或之后剥削或利用他人。咨询师应避免与服务对象的家庭成员建立私人、专业、财务或其他关系，因为这种关系很可能损害咨询师的判断力。咨询师应意识到自身的专业责任，其工作可能对服务对象及其陪伴者（如父母、配偶、其他人）的生活产生重大影响。因此，这种专业责任即使在专业关系终止后仍将继续存在。咨询师不得滥用运动员的依赖和信任或其他工作人员的力量和作用，不得与服务对象发生性关系。在终止专业关系后两年内不得与服务对象及其密切他人（如父母、监护人、兄弟姐妹）发生性关系。

举例：咨询师 C 在与某知名运动员进行专业合作期间，了解到该运动员及其他人的许多未曝光的私密信息。咨询师 C 为了提高自己在业内的知名度，在运动员的默许下，咨询师 C 在自己的社交媒体账号上发布了涉及这些隐秘信息的内容，这让咨询师 C 受到很多媒体的关注，几乎"一夜成名"。在此案例中，咨询师 C 为了博得关注，利用了运动员对自己的信任，违背了本条伦理标准。

（四）标准4：多重角色关系的处理

当咨询师与同一服务对象存在专业关系和其他角色关系时，或咨询师与服务对象存在或即将发生其他密切关系时，便出现了多重关系。如果预料到多重关系可能会出现损害咨询师所履行职责的客观性、胜任力和有效性，或对服务对象造成剥削或伤害等情况时，则不需要建立多重关系。当多重关系不可避免时，要与服务对象讨论当他们感到被剥削或受损时可以投诉的方式。当多个服务对象之间可能存在竞争或其他关系时，咨询师应在服务开始时澄清这些关系可能造成的限制和调整，并确定保密程度。

举例：咨询师C是一名高校教师，在其所在高校主讲课程的课堂上，遇到了正在开展工作的一名运动员（咨询师C兼职工作所在俱乐部的运动员，目前是该校在读学生），对于咨询师而言有些意外，在课堂上运动员积极回答问题，咨询师C也夸奖了他作为职业运动员努力训练的经历。在之后的咨询中，运动员告诉咨询师C，课堂上的互动让同学们对他产生了误解——"心理有问题才去找心理老师"，这让他苦恼了好几天。在这个例子中，咨询师C未能处理好多重关系带来的影响。

（五）标准5：保护工作中的隐私问题

咨询师有义务采取合理措施保护和保存通过专业工作获得的保密信息。包括通过任何媒介获得或储存的信息，同时需受到法律、组织准则和专业/科学关系的约束。保密信息的保护和保存应符合与收集、储存、处理、传播与处置信息有关的法律和组织要求。咨询师应熟悉当前法律法规对保密要求的规定，并遵守这些法律法规。

举例：咨询师C提供服务工作的一名成年运动员的母亲找到咨询师C，希望了解自己的孩子现在有没有谈恋爱，认为自己作为母亲有权利知道孩子的情况。咨询师C与这位母亲解释了咨询师应该遵守的保护隐私工作标准，并且获得了母亲的理解。

（六）标准6：注意自我保健

专业受损（impaired professionals）是指履行专业职责的能力显著下降。专业受损可能由职业环境造成，也可能与其他因素有关。咨询师必须认识到任何损害其专业能力的情况。例如，学识技能不足（如长期脱离实践、缺乏继续教育等）、个人生活方面（如分娩、生活事件、健康问题、衰老、个人感情等），均可能对咨询师所提供的专业服务质量产生负面影响。因此，咨询师应采取措施预防或避免损害的发生，定期监测自己身体、精神或情感状况中是否存在损害迹象。如果意识到自身发生损害且影响其提供称职心理服务能力时，应寻求督导或其他专业人员的帮助，或采取限制、中断、终止专业服务等措施。

举例：咨询师C的家庭最近发生了重大变故，但其考虑到一个重要比赛临近，在还未调整好状态的情况下就回到了工作岗位。经过繁忙的比赛季后，咨询师C突发重疾，不得不长期修养。此情景提示，咨询师应该注意自我保健，防止损害的发生。

（七）标准7：保障服务对象的知情同意

运动心理咨询师通过任何形式提供专业服务（如评估、咨询、督导）前，均应获得服务对象的知情同意。咨询师必须告知服务对象一些具体信息，如服务费用、可能的第三方的参与、保密原则、计划采取的干预措施，以及潜在风险、提问及解答方式等。在向服务对象收集相关信息（如语音、图像、视频）之前，必须征得对方的知情同意。例如，如果咨询过程需要录音或录像，需征得对方同意并告知录音或录像的目的和处理方案。对于在法律上不能给予知情同意的未成年人和个体，应当同时获得其法律监护人的许可和知情同意。

举例：咨询师C在咨询时都会录音，用于记录和整理资料，运动员基本上都会同意。渐渐地，咨询师C在咨询前，不再询问运动员是否可以录音，而是直接打开录音笔。有一次，一名运动员觉得当次咨询所谈及内容非常敏感，担心外泄，并感觉未受到尊重，对其进行了投诉，直到这时，他才意识到自己的错误。

（八）标准8：工作相关资料的记录和保留

咨询师应依循法律法规和专业伦理规范，在严格保密的前提下创建、保存、传播、储存、保留和处置与其专业工作有关的记录和数据，以便于咨询师本人或由其他专业人员后续提供服务使用，确保遵守法律法规或机构的要求，复制研究设计和分析，保障服务对象权益。咨询师需告知服务对象工作记录的保存方式、相关人员（如同事、督导、个案管理者、信息技术员）有无权限接触这些记录、保密例外等。咨询师在向合法第三方披露或转移记录前必须获得服务对象的书面和正式同意。当服务对象希望获取工作相关记录时，只有在有足够证据表明查看记录会对服务对象造成伤害时，才能限制服务对象访问全部或部分记录。

举例：一名运动员以完成课程作业为由希望咨询师C提供自己之前一起工作时的咨询录音，咨询师C考虑到当时咨询过程中自己的技术有一些缺憾，便拒绝了该运动员的请求。在这个过程中未能有足够证据表明查看以往的咨询录音会对运动员造成伤害，咨询师C不应拒绝该运动员的请求，因此违背了本条伦理标准。

（九）标准9：了解自身权限，避免利益冲突

咨询师必须了解其权限和权力的内容并承担相应的责任，应在行动、言语、决策和方法上用高标准的诚实、真实、准确和一致性要求自己。咨询师需澄清自己在团队或组织中的角色，同时避免不适当和潜在有害的多重关系和利益冲突。避免接受服务对象或督导对象的物品、服务或其他非货币报酬以换取服务，以免发生冲突、剥削或扭曲关系。当面临利益冲突时，咨询师应表明自己的立场，在合理的规范内努力解决冲突，避免让服务对象受到伤害或剥削，避免自身的专业客观性、能力或有效性发生损害，在实施措施或判断前应考虑避免受到文化因素的影响。不得以改变宗教信仰、政治活动或任何其他意识形态等为目的，利用与服务对象之间的专业关系。

举例：咨询师C与一名高水平运动员S建立了良好的合作关系，后来咨询师C受同行委托对该运动员的竞争对手开展了专业服务工作（未告知该运动员此情况）。该运动员知道此事之后，感到自己受到了伤害和威胁。咨询师C的行为没有考虑到服务对象之间潜在的利益冲突，损害了服务对象的利益。

(十)标准10：掌握当下常用的技术手段

咨询师应掌握他们目前使用或可能会使用技术的最新变化和发展情况。技术可以指通信媒介如包括但不限于电子邮件、社交媒体、即时通信等，也包括但不限于生物反馈和神经反馈等仪器，通常与计算机、平板电脑或智能手机结合使用。咨询师仅使用他们具有适当资质和操作能力的技术，并且应以服务对象的利益为首。首先，咨询师要获得对方的知情同意，向对方清楚地描述将使用的技术的具体类型、优缺点、潜在风险、保密例外，应遵守所在地的法律和道德标准，确保服务对象的信息隐私和保密性。

举例：咨询师C受邀为俱乐部的数名运动员上一次运动心理课，俱乐部希望通过线上会议的形式来上课，但咨询师C自己没尝试过这种授课形式，觉得重新学一个新的软件很麻烦，便拒绝了采用这种授课形式并批判了现在线上授课的趋势，俱乐部的负责人只好重新安排面授课程。在此案例中，咨询师C未能掌握新的技术且不能对新型的工作方式保持开放性，违背了本条伦理标准。

(十一)标准11：转介系统

咨询师必须根据善意和避免伤害原则，在其能力范围内根据服务对象的要求提供服务。如不能胜任，为了确保对方的最大权益，咨询师可以将工作转介给其他专业人士。在转介前，咨询师应告知服务对象转介的性质和必要性，与其他专业人士协商后，获得服务对象的知情同意，确保其隐私和保密，并确保转介的专业人士具有适合的资历。在经过一段时间的服务后，如果服务对象未能获得预期结果或专业人士发生专业损害时，应将服务对象转介给另一名合适的专业人士。在转介时不得以自己或其他从业人士受益为目标，不得接受其他从业人士或服务对象提供的任何形式补偿。

举例：咨询师C在工作过程中怀疑运动员A可能患上了进食障碍。咨询师C自身并没有处理此类个案的能力或经验，但教练员不建议随便送运动员去看心理医生，担心可能会影响运动员A在俱乐部的"前途"。教练员觉得以咨询师C的能力肯定可以"处理"运动员A的情况，咨询师C同意了。在经过数次咨询后，运动员A的症状持续恶化，最后不得不离开俱乐部。在该案例中，咨询师C本应该将运动员A转介给更适合的专业人士，但他并没有，因此违背了本条伦理标准。

(十二)标准12：专业胜任力

为了保护服务对象的安全和权益、行业的完整性以及咨询师的专业地位，咨询师必须保持最高的能力标准，即有能力提供适合的且符合专业标准的服务。咨询师必须根据教育、培训、经验和国家专业资历认证标准，在其能力范围内提供服务或任职，不得违规使用头衔，需意识到自己能够提供服务的局限性，需要保持对专业领域前沿信息的了解，如超过能力范围应将案例转介给适合的专业人士。当面临紧急情况或需要在其能力范围外提供服务时，应让服务对象充分了解情况，接受同行或督导的支持，在紧急情况结束或有适当人员代替时，应立即停止服务。

举例：咨询师C安排了自己的研究生到与其有合作关系的俱乐部实习，计划让该实习生负责 2 名运动员的心理训练。在与负责人沟通后，负责人建议为了让运动员更配合服务工作，可以隐瞒这名实习生的学生身份，称其是"大学老师"，咨询师 C 认为这个主意非常好，便同意了。在此情境中，咨询师 C 让其实习生违规使用头衔，违背了本条伦理标准。

（十三）标准 13：督导系统

咨询师在职业生涯中接受督导是十分必要的环节。咨询师应避免在没有督导的情况下提供服务，同时应发展自己的督导能力，鼓励进行同辈督导以维持服务的质量标准，确保他们的自我关照，并促进专业健康持续发展。咨询师应向督导师报告并协商正在进行的工作，需获得服务对象的知情同意，让其了解督导者的资质、有关工作信息的使用、督导过程的内容等。督导师必须在其能力范围内指导被督导者的工作，确保被督导者按照法律和道德标准履行职责以保护服务对象的利益，督导师要意识到自己对提供的服务负有法律责任。督导师应避免对被督导者造成任何伤害，如果不能避免应尽量减少伤害。督导师不得与被督导者或相关人员发生任何剥削关系。

举例：咨询师 C 已经从事多年运动心理工作，在偶尔遇到困惑时会请教同行或前辈，但他并没有考虑接受长期督导。他认为现在这样的工作形式就很好，督导们的水平不一定比自己好。在此案例中，咨询师 C 如果想成为一名合格的运动心理咨询师，需要重视督导过程，他的这种行为违背了本条伦理标准。

（十四）标准 14：协定劳动服务报酬

咨询师与服务对象建立专业关系时，需围绕费用和赔偿等方面达成符合法律法规的明确协议。不得交易服务，不得接受货物、货物折扣或其他非货币报酬。在收到未列入协议内容的礼物时，应考虑到此行为是否可能会对未来工作产生剥削或阻碍影响。咨询师不得根据服务对象未来的成就，为未来的薪酬提供服务。

举例：咨询师 C 受一名关系密切的朋友委托，为其女儿（一名击剑运动员）提供运动心理服务，朋友承诺会请咨询师 C 吃饭作为答谢，咨询师 C 爽快答应了。随着工作的深入，咨询师 C 认为，自己付出的努力与朋友一顿饭的报酬并不相符，于是不再用心为该名运动员服务。在此案例中，咨询师 C 未能在服务开始前与对方协商明确的货币作为服务报酬，影响了后续工作的顺利进行，最终损害了服务对象的利益，违背了本条伦理标准。

（十五）标准 15：心理测量与评估

心理测量与评估是咨询师在专业实践服务工作中的重要手段。心理评估包括心理测试、行为观察、结构化或半结构化临床访谈、问卷调查等。咨询师须在其能力范围内开展心理评估，应向服务对象解释评估方法的目的、用途和限制。咨询师应确保服务对象在自愿同意的情况下参与心理测量与评估工作，确保服务对象了解心理测量和评估的目的、过程、数据使用范围、保密限制和储存等内容。对方可以要求咨询师对其心理评估结果提供反馈。咨询师必须确保评估数据和记录的安全性，了解存储此类信息的法律法规和道德要求，需要对心理评估材料和结果进行安全处置。

举例：为了完成某一项课题研究，咨询师 C 想要通过实验形式收集运动员的某项心理指标。由于招募通知发布后自愿参与的运动员数量不多，于是咨询师 C 便利用和教练员的关系，直接通知运动员来参与实验，并最后完成了数据收集。在此案例中，运动员并非出于自愿参与心理测量与评估，咨询师 C 的行为违背了本条伦理标准。

（十六）标准 16：服务终止条款

当服务对象或有关人士不再需要专业服务、面临威胁或利益冲突、可能受到持续服务的伤害、逾期未支付费用、缺乏沟通或咨询师因故不能继续提供有效称职的服务等情况发生时，咨询师必须终止与服务对象的专业关系。咨询师须向对方解释终止合作的必要性，同时采取合理措施保障对方的权益并协助其转介等，咨询师应注意保护服务对象的数据和记录，以保密信息。

举例：咨询师 C 近几年经常因违背了伦理原则或标准而被投诉。在经过反思后，他决心脱产去参加一段时间的伦理培训，计划培训完再回来继续工作。在外出培训前，咨询师 C 简单地告知还在服务的几名运动员并结束了服务，但并未安排合适的转介，这导致一名运动员未能系统地完成心理技能学习，咨询师 C 再次遭到了投诉。咨询师 C 应视情况妥善安排服务对象的转介，防止服务对象权益受到损害，因此，其违背了本条伦理标准。

三、案例回顾

在学习了咨询师在实践工作中需要遵循的伦理规范后，现在回顾本章第一节的案例。请思考这三个案例分别涉及哪些实践伦理原则和标准？如果你是咨询师 C，应如何应对？以下是一些分析举例，供读者参考。

（一）案例一："A 跟你聊了什么"

涉及伦理原则：①尊重他人的权益和尊严；②诚实、正直。

涉及伦理标准：①避免对客户造成伤害；②多重角色关系的处理；③保护工作中的隐私问题。

建议：咨询师应该从保障服务对象的权益出发，在工作开始之初便告知相关人员（如教练员、科研人员、医务人员、运动员）咨询师对服务中有关信息的保密立场，例如，在未获得运动员同意前，不会向其他人披露咨询信息。如果在此前提下，主教练仍然提出相关要求，咨询师需要再次与主教练说明保密要求，在与运动员讨论并获得知情同意后再向主教练反馈咨询内容。咨询师应处理好多重角色的关系问题，避免对任何一方造成损害。然而，咨询师与教练员毕竟是协同合作的关系，咨询师有义务与教练员选择性沟通有关运动员的情况，但在进行反馈时，反馈信息的范围和方式、方法需要予以考虑。

（二）案例二："我想让 B 离开"

涉及伦理原则：①具有完成专业工作的胜任力、专业性和熟练度；②诚实、正直。

涉及伦理标准：①避免对客户造成伤害；②保护工作中的隐私问题；③专业胜任力；④心理测量与评估。

建议：咨询师在披露任何信息之前应与运动员、教练员进行公开讨论，并让运动员知道保密的措施和界限，获得运动员的知情同意，对运动员的隐私予以尊重。如果现实条件允许，咨询师也应该保留这些与教练员交流的相关记录以供参考。还建议咨询师在加入团队时应清楚地告知教练员、管理层自己的角色有时可能与在其和运动员一起工作时的角色发生冲突。在这样一个团队中了解并很好地适应主教练的特点是一种文化能力，可以提高专业服务从业者的工作效率。

（三）案例三："你今天可以当一下临时教练吗"

涉及伦理原则：提供的专业服务和指导具有科学依据。

涉及伦理标准：专业胜任力。

建议：咨询师在体育竞赛相关部门工作时应以适当的方式配合主教练的要求。指导比赛并不是咨询师能力范围内的工作。如果此时咨询师简单地同意或拒绝都会对其工作关系、团队地位造成影响，考虑伦理要求和应用实践，建议咨询师可以与运动员提前讨论自己所能提供的帮助，如心理技能方面的指导、与运动员讨论他们希望在比赛中受到何种提醒或指导、比赛后向教练员提供详细的反馈。

第三节　中国运动心理咨询工作中的常见伦理问题

本章前两节主要介绍了一些案例和职业伦理守则相关内容，通过对案例的分析读者可能已经意识到，践行伦理守则要求往往需要结合实际的文化与背景。本节主要讨论在中国文化背景下，运动心理咨询师可能遇到的一些常见的伦理问题。中国体育文化的重要背景特点是举国体制。中国体育的举国体制始于20世纪50年代，是特定历史时期和背景下国家意志的体现，它服从于国家利益，执行国家所赋予的任务，是围绕迅速提高我国竞技运动水平，以在国际赛事中夺取优异成绩这一目标而实施的一种特殊的体育体制（郝勤，2004）。在这种举国体制的大背景下，运动心理咨询多服务于运动员卓越运动表现的追求。一项研究表明，行政管理人员介入、咨询师本人相关专业水平、保密原则、利益冲突等是影响运动心理咨询过程中伦理问题的重要因素（李欣，2007）。接下来，将针对三种常见的伦理问题进行介绍和讨论。

一、保密性问题

保密是心理学实践中最基本、最具共识的伦理标准之一。保密是发展有效咨询师与来访者关系（咨访关系）的必要先决条件。因此，保密性缺失将不利于安全、可信及有效咨访关系的建立（Moore, 2003; Andersen, 2005; Brown & Cogan, 2006）。虽然绝大多数运动心理学从业者对于保密性的含义、意义以及保密例外等均有基本的了解，但将其转化为应用实践仍然具有一定的复杂性和挑战性。与传统心理咨询不同，运动心理咨询师需要经常在时间、地点、隐私性和边界方面以非传统的方式展开工作。例如，泳池边、体能训练房、团队巴士上或酒店大堂等都可能是他们开展工作的场所。这些场所开放性强，即使谈话的内容具有一定的私密性，但其他人也经常会知道运动员正在与咨询师交谈。通常将运动员转介给咨询师的过程也存在保密性问题，例如，教练员、管理人员、父母和老师都可能是将运动员转介给心理咨询师的人。因此，运动员与咨询师的咨询关系很多时候对于上述人员均处于某种程度的公开状态。

在中国竞技体育举国体制背景下，运动员的比赛成绩（如四年一次的全运会）不仅对运动员具有重要意义，也关乎运动员周边人员的利益得失（如薪资、职称、工作绩效、评优、升迁、工作业绩等）。在相当长的一段时间里，运动员的心理相关问题经常被看作是"思想问题"。运动员的思想动态也不再是他们的私人问题，教练员和管理者都认为自己需要对运动员的思想动态有所了解和掌控，这导致运动员（尤其是未成年运动员）的隐私边界意识不够清晰。事实上，很多运动员都认为，在结束心理咨询之后，咨询师会向其教练员和管理层进行"汇报"，所以大部分运动员（尤其是低水平或未成年运动员）很少会提出保密要求。当涉及退役打算、比赛选拔、人际沟通、心理创伤等问题时，保密问题的重要性更加凸显。然而，保密性原则和获得运动员的知情同意，在实践工作中经常被忽视。实际上，咨询师完全可以实现在获得运动员知情同意的情况下，与教练员/管理层密切合作。例如，在首次咨询工作中，咨询师坦诚地表明自身立场，明确告知对方后续在征得运动员同意的前提下，会依据保密原则选择性与教练员或管理层反馈咨询内容。这样做的目的是与教练员合作形成合力，更好地帮助运动员解决现实问题。同时，也要明确告知对方，保密原则的一些例外情况。此类操作，既有利于保障运动员的权益，也符合追求卓越表现的专业目标。

二、多重角色关系问题

中国的运动心理学工作者多以教师、科研人员或实习生的身份从事运动心理学工作，教师和实习生多是以课题形式从事兼职工作，而科研人员多是正式编制的专职人员（黄志剑，2014）。不同于一般心理咨询，运动心理咨询师的工作环境多种多样，多重关系问题较为复杂。在实践工作中，经常出现运动心理咨询师身兼数职等情况，例如，既是咨询师，又是大学教师、在校学生、助理教练、训练监控人员、反兴奋剂宣教人员等。如果咨询师未能树立明确的伦理规范意识并采取相关措施，极可能让多重关系对专业工作造成影响。

多重角色关系有利有弊。其优点可能是弱化了"心理学"污名化。例如，如果一名运动心理咨询师同时是一名高校教师的话，运动员跟他在公共场合聊天时，不会再像以前一样担心其他人怎么看待他们的谈话，因为很可能只是在聊一些他的训练监控或学业发展方面的问题，而不是他的"心理有什么问题"。其缺点可能是过度的个人卷入。例如，当运动心理咨询师同时是一名训练基地里的在编科研人员的话，运动员的成绩与专职运动心理咨询师的奖金、绩效息息相关，这使他在面对运动员比赛的成功或失败时，很容易会与自身利益挂钩。因此，咨询师应提高自身专业伦理水平和意识，尽量避免或减少多重关系对其提供的心理服务产生负面影响。

三、专业胜任力问题

运动心理咨询师应根据其所接受的教育和培训、具备的经验和资历，在其能力范围内提供达到"专业标准"的实践服务。中国施行的运动心理咨询师认证体系仍处于起步阶段。2006年年初，为了服务北京奥运会，中国体育科学学会运动心理学分会决定开展中国运动心理咨询师认证工作。在参考了美国、英国、澳大利亚以及韩国的运动心理认证体系的同时，结合本国国情的基础上，在2007年4月和2010年9月，分别完成了首批"中国运动心理咨询专家"和"中国运动心理咨询师"的资格认证工作。姒刚彦教授（2020）认为现有认证体系存在一些不足之处，例如，缺乏配套的督导系统，既未明确说明督导师的资质与使命，也未准确描述接受督导的方式和要求；对运动一线实习的要求过于宽泛；对职业伦理准则的训练要求比较简单；对继续教育方面强调不够。在这种情况下，未统一的资质标准使得实践中的运动心理咨询师的水平差异较大，可能会影响专业运动队对运动心理学学科的看法。我国运动心理咨询师的专业胜任力问题亟待完善。另外，我国运动心理咨询师总体人数较少，同时由于运动队管理体制相关问题，在实际工作中运动心理咨询师会被要求提供能力范围之外的服务。例如，不同于传统心理咨询所采用的在开始咨询时便与来访者存在一个选择的过程，来确保提出的问题与咨询师能力相匹配，运动心理咨询师常常被要求解决所有心理相关的问题。其原因可能包括但不限于运动员与其建立了良好的关系、不希望再去见心理医生（也可能由于污名化）、教练员和管理人员认为这是咨询师的分内工作、不理解为什么要转介给其他专业人士等。这些都给咨询师施加了一定的压力。因此，运动心理咨询师应该在工作开展之初便向教练员和相关人员说明自己的服务范围、转介机制和必要性等。咨询师如果未明确表明自己的专业能力和局限性，属于失职行为。通过这种"专业胜任力对话"可以有效避免和应对上述伦理困境。

本 章 小 结

本章重点介绍了运动心理咨询师在实践工作中应该遵循的实践伦理规范，包括六项基本原则（如从他人利益角度出发、具有完成专业工作的胜任力、诚实正直等）和十六条具体标准（如避免对客户造成伤害、多重角色关系的处理、保护工作中的隐私问题等）。需要注意的是，这些原则和标准在不同文化背景下可能会有不同的落实方式，但对于运动心理咨询师来说最重要的是要有伦理意识，在此基础上通过不断提高伦理水平来促进专业素质的提高。

思 考 问 题

请思考遇到以下情况你会如何处理？

1. 在咨询中你怀疑一名运动员可能存在抑郁症，在与主教练沟通后他以"运动员训练一切正常"为由拒绝了你的转介建议。

2. 教练员怀疑一名运动员卷入诈骗活动，但运动员本人一直不承认，教练员让你去和运动员谈谈。

第二部分 锻炼心理学

第九章 身体活动的心理效益

本章导读

随着我国全民健身活动的广泛开展,以及身体锻炼、健康促进等科学研究的深入,体育学科逐渐细化,锻炼心理学由此应运而生。锻炼心理学作为体育科学与心理学的交叉学科,主要探讨体育锻炼与个体心理过程和结果之间的关系。本章将主要介绍体育锻炼和身体活动所带来的心理效益。本章内容共包含七节,第一节首先介绍身体活动的相关概念及推荐标准,第二节至第五节阐述了身体活动在改善消极情绪体验、提升认知能力、延缓认知功能衰退、预防及治疗精神障碍、培育自尊和健康人格以及增加幸福感等方面的积极作用,第六节着重介绍身体活动产生心理效益的机制。

第一节 身体活动相关概念介绍与活动标准推荐

在英文语境下,体育相关活动的概念界定和使用范围相对清晰。例如,physical activity(身体活动)是 sport(体育运动)和 exercise(锻炼)的上位概念,sport 与 exercise 的使用情景也存在本质性区别。在中文语境下,人们对于体育、锻炼、运动、体育锻炼、体育运动、身体锻炼等概念并不过多区分。因此,经常出现对上述概念进行互换使用的情况。本节将对身体活动、体育运动、锻炼等相关概念进行简单介绍与区分,以便让学习者更清晰地了解本章的后续内容。

根据世界卫生组织的定义,身体活动(physical activity,也称体能活动、体力活动)指由大肌肉群产生的、需要消耗能量的任何身体动作(WHO, 2016)。根据西方学者对身体活动的观点,身体活动涵盖了一系列下行概念,如锻炼(exercise)或身体锻炼(physical exercise)、体育运动(sports)等(Carspersen et al., 1985)。其中,锻炼(exercise)指围绕特定目的(保持或改善身体素质或健康状况)而进行的有计划、有体系、可重复的身体活动。例如,为了改善健康状况进行的规律性慢跑、健步走、力量训练等。体育运动(sports)则具体指在对手之间进行的、以获胜及娱乐大众为目的、按照完善的规则和标准进行的身体活动。运动的核心是竞争和娱乐,以及随着合作和胜利带来的精神愉悦,甚至是在拼尽全力而失败后也能震撼人心,如参加足球、篮球、排球、乒乓球、羽毛球等球类运动。鉴于学术界和实践领域均对各类身体活动带来的身心健康效益加以关注,本章节中的"身体活动""锻炼""体育运动"等名词均依据上述定义。

虽然"运动有益健康""运动是良药"(exercise is medicine)等观念已为大众所熟知(此处"运动"的使用即为中文语境下的概念,实为"身体活动"和"锻炼"),但并不是所有身体活动均对身心有益。一般而言,只有达到一定程度(量、强度或时长)的身体活动才具有身心健康效益。表9-1汇总了跨国机构和不同国家、地区针对身体活动促进健康的建议指南。

表9-1 身体活动促进健康建议指南

跨国机构/国家/地区	活动水平	儿童和青少年（3～17岁）	成年人（18～64岁）	老年人（65岁及以上）
WHO全球（2010）	中/高强度①	每天60分钟中/高强度身体活动	每周150分钟中等强度有氧运动,或每周75分钟以上高强度有氧运动,或与前两者消耗相似能量的中/高强度组合运动。单次运动时间需大于10分钟。为了额外的健康效益,可考虑将上述运动消耗总量增加一倍	每周150分钟中等强度有氧运动,或每周75分钟以上高强度有氧运动,或与前两者消耗相似能量的中/高强度组合运动。单次运动时间需大于10分钟。为了额外的健康效益,可考虑将上述运动消耗总量增加一倍
	力量、平衡、柔韧性	每周3次以上增加肌肉力量和强化骨骼的运动	每周从事2次以上涉及大肌肉群活动的力量训练	每周从事2次以上涉及大肌肉群的力量训练。因健康原因无法从事以上建议运动标准的个体,应在自身能力和健康许可范围内,尽可能多从事身体活动
欧盟（2008）	中等强度	每天60分钟中等强度身体活动	每天30分钟中等强度身体活动	每天30分钟中等强度身体活动

---

① 中/高强度身体活动:翻译自moderate-to-vigorous physical activity,中/高强度身体活动需要中等或较高程度地努力并可明显加快心率的身体活动。中等强度身体活动要求单位时间内能量消耗达到静坐时能量消耗的3～6倍(如快走、娱乐性质的乒乓球和羽毛球),单位时间内能量消耗超过6倍即为高强度身体活动(如跑步、篮球、足球比赛)。

续表 9-1

跨国机构/国家/地区	活动水平	儿童和青少年（3～17岁）	成年人（18～64岁）	老年人（65岁及以上）
WHO 西太平洋地区（2008）	中/高强度	—	每周5天以上30分钟中等强度身体活动。为了额外健康和体质效益，可考虑参加更多高强度运动	—
澳大利亚（2005）	中等强度	—	—	每天30分钟中等强度身体活动。对于开始无法达到此要求个体，可考虑先进行每周2次，每次10分钟的中等强度身体活动。然后，2周后过渡到每天2次，15分钟中等强度运动
	中/高强度	每天60分钟中/高强度或更多身体活动	每天30分钟中等强度身体活动。为了额外健康和体质效益，可考虑参加更多高强度运动	—
	久坐	电子产品使用每天不超过2小时	—	—
文莱（2011）	中/高强度	每天60分钟以上中/高强度身体活动，以有氧运动为主	每周150分钟以上中等强度有氧运动，或每周75分钟以上高强度有氧运动，或与前两者消耗相似能量的中/高强度组合运动。单次有氧运动时间大于10分钟。为了额外的健康效益，可考虑将上述运动消耗量增加一倍	每周150分钟以上中等强度有氧运动，或每周75分钟以上高强度有氧运动，或与前两者消耗相似能量的中/高强度组合运动。单次有氧运动时间大于10分钟。为了额外的健康效益，可考虑将上述运动消耗量增加一倍
	久坐	每天使用电子产品不超过2小时（除非有教育需要）	—	—
	力量、平衡、柔韧性	结合高强度身体活动，增加每周3次以上增加肌肉力量和强化骨骼的运动	每周进行2次以上涉及大肌肉群活动的力量训练	每周进行2次以上涉及大肌肉群活动的力量训练

续表 9-1

跨国机构/国家/地区	活动水平	儿童和青少年（3～17岁）	成年人（18～64岁）	老年人（65岁及以上）
加拿大（2011）	中/高强度	每天60分钟以上中/高强度身体活动	每周进行150分钟以上中/高强度的有氧运动。单次运动时间不少于10分钟	每周进行150分钟以上中/高强度的有氧运动。单次运动时间不少于10分钟
加拿大（2011）	力量、平衡、柔韧性	每周进行3次以上增加肌肉力量和强化骨骼的运动	为了额外的健康效益，可进行每周2次以上增加肌肉力量和强化骨骼的运动	为了额外的健康效益，可进行每周2次以上增加肌肉力量和强化骨骼的运动。对于移动能力差的个体，应进行可以改善平衡的身体活动以预防跌倒
芬兰（2009）	中等强度	每天进行1～2小时中等强度身体活动	—	—
芬兰（2009）	中/高强度	—	每周150分钟以上中等强度运动，或75分钟以上高强度运动	—
芬兰（2009）	力量、平衡、柔韧性	—	每周不少于2次增加肌肉力量改善平衡的运动	—
爱尔兰（2009）	中/高强度	每天60分钟以上中/高强度身体活动	每周150分钟以上中等强度身体活动	每周150分钟以上中等强度身体活动
爱尔兰（2009）	力量、平衡、柔韧性	每周3次以上增加肌肉力量、改善柔韧性和强化骨骼的运动	—	主要集中在有氧运动，肌肉力量和平衡能力训练
荷兰（2011）	中等强度	每天60分钟以上中等强度运动（5～8 MET①强度）。每周2次以上以改善肌肉力量、敏捷性和协调性为主的运动	每周5次以上中等强度身体活动（4～6.5 MET）。每次持续30分钟以上	每周5次以上中等强度身体活动（3～5 MET）。每次持续30分钟以上。所有其他任何运动都被鼓励，无关强度、频次和类型

① MET 表示代谢当量。

续表 9-1

跨国机构/国家/地区	活动水平	儿童和青少年（3～17 岁）	成年人（18～64 岁）	老年人（65 岁及以上）
瑞士（2006）	中等强度	每天 60 分钟以上中等强度运动	每天 30 分钟以上中等强度运动	每天 30 分钟以上中等强度运动
	力量、平衡、柔韧性	每周几次以改善肌肉力量、敏捷性和协调性为主的运动。每次不少于 10 分钟	每周 3 次 20～60 分钟的耐力训练。每周 2 次力量和柔韧度训练	同成年人
英国（2011）	中等强度	5 岁以下儿童，鼓励从出生开始在安全环境内，多进行地板游戏和水中活动。可以自主走动的儿童，每周进行 180 分钟以上身体活动。减少久坐和静止活动（睡觉除外）。5～18 岁个体每天至少 60 分钟中/高强度运动。每周 3 次以上以改善肌肉力量和骨骼为主的运动	每周 150 分钟以上中等强度有氧运动，或每周大于 75 分钟高强度有氧运动，或与前两者消耗相似能量的中/高强度组合运动。单次有氧运动时间至少 10 分钟	每周 150 分钟以上中等强度有氧运动，单次有氧运动时间至少 10 分钟。对于每周形成规律性运动的个体，可以尝试每周进行大于 75 分钟高强度有氧运动，或与前两者消耗相似能量的中/高强度组合运动
	力量、平衡、柔韧性	—	每周 2 次以上有助于改善肌肉力量的身体活动	每周 2 次以上有助于改善肌肉力量的身体活动。对于存在跌倒风险的个体，每周 2 次以上有助于改善平衡和协调性的运动
	久坐	尽可能长时间避免久坐	尽可能长时间避免久坐	尽可能长时间避免久坐
美国（2008）	中/高强度	—	每周 150 分钟以上中等强度有氧运动，或每周大于 75 分钟高强度有氧运动。单次有氧运动时间至少 10 分钟	—
	力量、平衡、柔韧性	—	每周 2 次以上有助于改善肌肉力量的身体活动	—

数据来源：Chow & Edmunds（2013）。

为了指导公众科学地进行身体活动，国家卫生健康委员会在 2011 年发布了《中国成人身体活动指南（试行）》。近年来，为落实《"健康中国 2030"规划纲要》和《健康中国行动（2019—2030 年）》相关政策文件，更加精准地去指导人们科学的开展身体活动，在国家卫生健康委员会的指导下，中国疾病预防控制中心和国家体育总局体育科学研究所编制了《中国人群身体活动指南（2021）》（赵文华 等，2021）。该新版指南在试行版的基础上增加了国内外最新的科学证据，提出了四条总则，包括：①动则有益、多动更好、适度量力、贵在坚持；②减少静态行为，每天保持身体活跃状态；③身体活动达到推荐量；④安全地进行身体活动。针对儿童和青少年、成年人、老年人和慢性病患者均提出了身体活动建议标准（详见表 9-2）。该指南的宣传与普及，有助于公众了解身体活动的益处，积极参与身体活动，增强体质、促进健康、享受美好生活，为实现健康中国建设目标贡献力量。

表 9-2 《中国人群身体活动指南（2021）》身体活动标准推荐

目标人群	身体活动标准推荐
2 岁及以下婴幼儿	①互动玩耍； ②每天与看护人进行各种形式的互动式玩耍； ③能独立行走的幼儿每天进行至少 3 小时的身体活动； ④静态行为时间每次不超过 1 小时； ⑤不建议看各种屏幕
3～5 岁儿童	①多做户外活动； ②每天进行至少 3 小时的身体活动，包括 1 小时玩耍，鼓励多做户外活动； ③每次静态行为不超过 1 小时； ④每天视屏时间累计不超过 1 小时
6～17 岁青少年	①每周 3 天练力量； ②每天进行至少 1 小时中等强度到高强度的身体活动，且鼓励以户外活动为主； ③每周至少进行 3 天肌肉力量练习和强健骨骼练习； ④减少静态行为，每次静态行为持续不超过 1 小时，每天视屏时间累计少于 2 小时
18～64 岁成年人	①坚持中等强度有氧运动； ②每周累计进行 2.5～5 小时中等强度有氧活动，或 75～150 分钟高强度有氧活动，或等量的中等强度和高强度有氧活动组合； ③每周至少进行两天肌肉力量练习； ④保持日常身体活动，并增加活动量
65 岁及以上老人	①锻炼平衡性、灵活性、柔韧性； ②成年人的身体活动推荐同样适用于老人； ③坚持平衡性、灵活性和柔韧性练习； ④如果身体不允许每周进行 2.5 小时的中等强度身体活动，那么应尽可能地增加各种力所能及的身体活动
慢性病患者	①规律比强度更重要； ②慢性病患者在进行身体活动前应咨询医生，并在专业人员指导下开始进行； ③如身体允许，可参照同龄人的身体活动推荐； ④如身体不允许，仍鼓励根据自身情况进行身体活动，不强调强度，但强调规律

第二节 身体活动对情绪的积极影响

经常参加身体锻炼的个体在讲述参加锻炼的原因时，普遍会提到"锻炼可以带来良好的感受"，"锻炼可以让我更快乐、开心"。身体活动究竟对情绪有何积极影响吗？为获得良好的情绪，锻炼时应注意哪些问题？本节将就以上内容进行介绍。

一、情绪的定义

情绪是一系列主观认知经验的统称，是人对客观事物的态度体验及相应的行为反应（彭聃龄，2012）。情绪是一种心理活动现象，它以个体的愿望和需要为中介，包含生理唤醒、主观体验和外部表现三种成分。当个体的需要和愿望得到满足时，会引发积极的情绪；反之，则会引起消极的情绪。生理唤醒是指生理激活水平，涉及如丘脑、杏仁核、下丘脑等中枢神经系统部位和外周神经系统。情绪通常伴随着生理唤醒水平的变化，不同情绪的生理反应模式各异。例如，满意和愉快时，心跳节律正常；恐惧或愤怒时，心跳加速、血压升高、呼吸频率增加，甚至出现间歇或停顿；痛苦时，血管容积缩小。主观体验是个体对不同情绪状态的自我感受，不同人对同一刺激的情绪反应也可能不同，这构成了情绪的心理内容。情绪的外部表现包括面部表情、姿态表情和语调表情。面部表情由面部肌肉的变化组成，能够细致地表达各种情绪，是鉴别情绪的主要标志。例如，人们高兴时，常常额眉平展、面颊上提、嘴角上翘。姿态表情是指面部以外的身体动作，包括手势和身体姿势。语调表情通过言语的声调、节奏和速度等方面的变化来表达。例如，人在高兴时，语调高昂、语速快；痛苦时，语调低沉、语速慢。

二、身体活动对情绪的积极影响

身体活动对情绪的积极作用可以分为增强积极情绪与降低消极情绪两大类别。积极情绪（或正性情绪）是指个体由于体内外刺激、事件满足个体需要而产生的伴有愉悦感受的情绪，主要包括快乐、满意、自豪、自尊和爱等；消极情绪（或负性情绪）是指个体由于受内外部刺激影响而产生的不利于继续完成工作或正常思考的情绪，包括悲伤、愤怒、紧张、焦虑、抑郁、恐惧等（蒋长好、陈婷婷，2014）。

一项涉及 158 项研究的元分析发现，单次身体活动可显著增强个体的积极情绪（Reed & Ones, 2006）。其中，单次持续 35 分钟的中等强度运动对提升积极情绪效果显著，且这种效果至少能持续到运动结束后的 30 分钟。然而，也有研究发现身体活动改善情绪状态存在群体差异。例如，霍夫曼等（Hoffman & Hoffman, 2008）发现，中等强度的单次身体活动对规律锻炼者的效果明显优于不规律锻炼者。具体表现为规律锻炼者参加身体活动可提升活力、缓解疲劳感，而不规律锻炼者却未能获得类似效益。虽然对两类人群而言，单次身体活动均能够改善消极情绪，但规律锻炼者身体活动获得的益处是不规律者的 2 倍。其他研究也支持了这一结果，即相较于不规律锻炼者，规律锻炼者能够从单次锻炼中获得更多的情绪效益（Anderson & Brice, 2011; Hallgren et al., 2010）。

不仅单次身体活动对情绪状态具有提升作用，长期身体活动对改善情绪的效果也得到学界广泛共识。一项针对3267名大学生的调查结果显示，经常参加体育锻炼的大学生比不参加体育锻炼的大学生的抑郁水平更低、活力水平更高（殷恒婵 等，2007）。此外，美国一项对43499名18～25岁大学生的调查发现，每周进行有氧锻炼有助于降低失望和抑郁等消极情绪（Taliaferro et al., 2009）。一项对3322名11～12岁学生进行每周1小时、为期两年的锻炼干预实验发现，身体活动干预可有效降低该群体的抑郁情绪（Rothon et al., 2010）。一项纳入了105项研究（发表于1980—2008年间，共包括9840名受试者）的元分析报告显示，规律锻炼对个体积极情绪水平具有中等程度的提升效果，规律锻炼前积极情绪状态水平低的群体能够通过规律性锻炼获得更大的改善效益（Reed & Buck, 2009）。

三、身体活动改善情绪的建议

适宜的身体活动时长和强度产生的情绪效益更高。汉森等（Hansen et al., 2001）探讨了单次中等强度（控制在最大心率的65%）骑功率自行车对情绪状态的影响，使用简式心境状态量表对参与者的情绪状态进行了四次测量（分别在实验开始前，骑行的第10分钟、20分钟和30分钟）。该研究发现，受试者在身体活动开始后的第10分钟，精力、疲劳及情绪困扰已得到改善；身体活动开始20分钟后，慌乱状态也得到改善；此后，身体活动对情绪状态的改善效果未见明显提高。该研究提示，即使是10分钟中等强度的有氧锻炼也能够对情绪产生积极的影响。其他研究发现有氧锻炼（低于乳酸阈锻炼强度）能产生令人愉快的感受；当锻炼强度超过乳酸阈，进入无氧状态时，锻炼愉快感受开始下降；对乳酸阈附近的锻炼强度，人与人之间的愉快感受差异最大（Ekkekakis et al., 2011）。研究者由此推测，中等强度的有氧锻炼可能是改善情绪状态的最佳锻炼强度。然而，锻炼形式本身也可能影响最适宜的锻炼强度。例如，中等乃至高强度的力量训练能够提升积极情绪，并减轻紧张和状态焦虑等消极情绪（Etnier et al., 2005）。类似地，阿伦特等（Arent et al., 2005）发现，单次中等强度的抗阻训练对积极情感状态提升的作用好于低强度和高强度的抗阻训练。这些研究结果表明，如果以力量练习为手段，获得情绪状态最佳效果的强度可能需要高于有氧练习。上述结果显示，虽然中等强度的有氧练习可能是最适宜的强度，但锻炼形式及其他因素也可能调节锻炼强度与情绪改善效果之间的关系。

一项大样本研究分析了不同运动项目对身心健康的影响程度。研究者从120万人日常生活中识别出75种身体活动，为了方便统计，他们将这些身体活动分为团队运动、骑单车、有氧健身操、跑步或慢跑、娱乐运动或其他、冬季项目或泳池类、散步、其他共8大类。统计结果显示，团队运动、骑单车和有氧健身操这三项活动对普通人的心理健康效益最大，而挥拍类运动和有氧健身操则是身心方面都受益最高的运动（Chekroud et al., 2018）。该研究还发现，每次身体活动的时间并不是越长越好，每次锻炼持续 45～60 分钟收益为最佳，少于 45 分钟收益会减弱，大于 60 分钟不仅没有更高收益，还容易产生负效应。在锻炼频次上，每天 1 次、一周 3～5 天收益最高。也有研究开始关注自主选择的锻炼类型对改善情绪状态的影响。米勒等（Miller, Bartholomew & Springer, 2005）以女大学生为受试者，采用实验方法，在控制强度和持续时间相同情况下探讨了不同偏好程度的运动项目对锻炼效果的影响。研究发现，偏好高的运动项目，对积极情感提升的效果更为明显；而对消极情感的改善而言，偏好程度不同的运动项目的效果相似。艾克卡基斯等（Ekkekakis et al., 2008）以成年人为研究对象，通过实验探讨了自选步行锻炼的强度对情绪状态的影响。研究发现，对中年及老年人而言，自定步速的短时间步行能够提升精力水平。克纳彭等（Knapen et al., 2009）发现，对抑郁和焦虑障碍的群体而言，相比于指定强度，自行选择强度的功率自行车锻炼，能够更有效地提升积极情感，对消极情感则没有显著影响。

综合而言，关于如何有效锻炼以改善情绪状态，相关学者提出了以下可具体应用的建议（Berger & Motl, 2000；李京诚，2009；Berger & Tobar, 2012）。

- 运动时建议伴有节奏的腹式呼吸。尽管早期的研究支持有氧练习在情绪状态改变方面的效果优于无氧练习，但新近的研究发现，有氧练习和无氧练习都可能具有改善情绪状态的作用，而获得情绪效益的关键在于锻炼中进行有节奏的腹式呼吸，例如身心运动（mind-body exercise，如太极、健身气功、瑜伽等）。
- 减少运动中过度的人际竞争。竞争可能会导致过度训练、获胜压力及社会评价等问题，非过度竞争环境有助于参与者更好地享受活动本身。
- 可自行调节的项目。可自行调节项目有助于参与者计划自己的运动，发生突发性事件的可能性较小，而且自定步速的项目允许参与者自己协调与环境的关系，并能够在锻炼中保持自由，增强自我控制感。
- 有节奏及重复性的运动。有节奏及重复性的运动允许参与者在锻炼过程中进行内省和创造性思考，允许参与者思考更重要的问题。
- 持续时间、强度和频率。对于提升情绪状态较好的锻炼为锻炼时间控制在每次 20～60 分钟，选择中等强度的锻炼，每周 2～5 次为宜。
- 乐趣。尽管锻炼项目的客观特征与心境状态的改善有关，但最重要的是参与者不被强迫并自己选择喜爱的运动方式，这样才能够从运动中获得乐趣。

第三节　身体活动与认知功能

认知（cognition）是指人们获取和应用知识的过程，即信息加工过程，是人的最基本的心理过程。认知包括智力功能和过程的许多方面，如感知、辨别、记忆、学习、注意、理解、推理和判断方面的能力（彭聃龄，2012）。身体活动对个体认知功能的影响是锻炼心理学研究者们探讨的一个热点课题。已有针对身体活动对认知功能影响的研究主要涉及智力、记忆、注意、执行功能以及综合反应认知功能的学业表现等内容。

一、身体活动与智力

智力是一种综合性的心理能力，它基于个体的遗传条件，并在个体适应生活环境、运用经验、学习知识和解决问题的过程中表现出来（张春兴，2009）。智力最主要的功能是学习和适应。智力越高，个体越容易掌握各种知识和技能，适应能力就越强。身体活动对智力影响的研究可以追溯到 20 世纪 60 年代。伊斯梅尔（Ismail, 1967）选取了 142 名五、六年级学生（年龄范围 10～12 岁，男孩人数为 66，女孩人数为 76）作为研究受试者，在智商、性别和健康状况上匹配后，被随机分配到一个日常活动锻炼组和一个对照组中。研究发现，经过一个学年后，参加日常活动锻炼组的学生在学业能力测试中的表现与对照组学生并无显著差异。另一项持续 14 年的纵向研究追踪了 7 岁儿童的身体活动水平和智力发展水平直到 21 岁（O'Callaghan et al., 2012）。该研究结果显示，总体身体活动量和智力发展之间并不存在显著关系，但低强度身体活动水平上升与较好的智力发展相关；高强度身体活动水平与智力发展呈倒 U 型曲线关系，即中等量的高强度身体活动水平人群智力发展更好，过高或过低的高强度身体活动水平都与较低的智力发展水平相关。一项随机对照试验研究了单独健身训练和多模式训练对成年人的认知功能影响（Daugherty et al., 2018）。该研究邀请了 424 位健康成年人，并将他们随机分为 4 组（健身训练组、健身 - 认知训练结合组、健身 - 认知训练 - 正念冥想结合组、控制组），进行了为期 4 个月的干预。结果表明，健身 - 认知训练结合组在视觉空间推理方面产生了比控制组更显著的收益，只进行健身训练并没有在智力任务表现上产生比控制组更多的收益。

二、身体活动与记忆

记忆是在头脑内累积和保存个体经验的心理过程，包括编码、存储和提取三个基本环节（彭聃龄，2019）。心理学家根据信息保持时间的长短，将记忆分为感觉记忆、短时记忆和长时记忆。信息首先进入感觉记忆，其中被个体注意的感觉信息才会进入短时记忆，在短时记忆中存储的信息经过复述存储到长时记忆中，而长时记忆中的信息在需要时被提取出来，进入短时记忆中以辅助个体完成相关任务。感觉记忆是指当客观刺激消失后，感觉信息在一个极短的时间内被保存下来，因此也被称为瞬时记忆。它是记忆系统的开始，信息存储的时间为 0.25～4 秒。短时记忆是感觉记忆和长时记忆的中间阶段，信息保存的时间为 5 秒～1 分钟，其容量具有有限性（7±2 个组块），也被称为工作记忆。长时记忆是指经过充分深度加工的信息在头脑中长时间保留下来，是一种永久性的存储，保存时间从 1 分钟到很久，甚至终身（彭聃龄，2019）。

查多克等（Chaddock et al., 2010）研究发现，9～10 岁体能素质更好的儿童与体能素质较差的儿童相比，其负责记忆功能的海马区域大 12%。这可能说明，健康的体魄有助于记忆力的提高。同样，陆雯等（2012）的综述研究结果表明，在 6～18 岁儿童中，锻炼水平更高的儿童注意力水平更高、记忆力更强。在另一项研究中，埃里克森等（Erickson et al., 2009）对 165 名健康老年人的磁共振图像进行了兴趣区分析，发现老年人体适能水平与左、右海马体面积大小存在显著正相关，较高体适能水平与更好的空间记忆表现相关。一项汇总了 28 项随机对照试验研究（样本总数为 2156）的元分析结果表明，体育锻炼对老年人的工作记忆有显著积极影响（Cai et al., 2021）。体育锻炼对工作记忆的影响受到锻炼频率、强度、类型、持续时间、认知状态和控制亚组（主动/被动）的调节，但不受干预时长或参与者年龄的影响。该研究建议老年人若想通过身体活动提升工作记忆最好要参与中等强度的身心运动，每周至少 3 次，每次 45~60 分钟，持续 6 个月以上。

三、身体活动与注意力

注意是意识的一个属性，指的是人的意识或心理活动对一定事物的指向和集中。注意的品质包括注意的广度、注意的稳定性、注意的分配和转移。它和认知过程、情绪情感过程、意志过程难以分开，是一切心理活动的共同特征。注意是个体对事物更清晰的认识和做出更有准备反应的保证，是个体获得知识、掌握技能、完成各种智力活动和实际操作的重要心理条件。已有研究发现，足球锻炼对小学生的注意广度有显著影响，而且中等强度的锻炼效果比小强度的锻炼效果要好（吴广宏 等，2007）。孔久春等（2012）以小学一年级和五年级学生为研究对象，将 120 名注意稳定性较差的学生分为不同实验组，每周运动 3 次，组间的运动类型不同，包括乒乓球、少儿健身拳、跳绳等。实验后发现，实验组学生的注意稳定性比对照组有明显提高，而中等强度乒乓球锻炼对儿童的注意稳定性促进作用最为显著。一项针对欧洲青少年身体活动与注意力之间关系的研究结果显示，青少年注意力能力测试表现与其参与的中/高强度身体活动存在显著正相关关系（Vanhelst et al., 2016）。该研究进一步统计分析发现，为了有效提升青少年的注意力，建议各类身体活动的时长为：每天进行中等强度身体活动至少 41 分钟，每天持续进行高强度身体活动至少 12 分钟，每天的中高强度身体活动总时长至少 58 分钟。此外，一篇综述研究汇总了 13 篇关于身体活动与持续性注意力（sustained attention，意为将注意力专注于一个选定的刺激上的能力）的文章（Hajar et al., 2019），这些文章均发表于 2010—2018 年间且都采用纵向研究设计。综合结果显示，其中 11 篇文章的结果表明身体活动能够显著提升持续性注意力。

四、身体活动与执行功能

执行功能是指在完成复杂认知任务时，对各种基本认知过程进行协调和控制的高级认知过程。有学者提出执行功能不是单一结构，而是多维结构，包括抑制控制、工作记忆和认知灵活性三种核心成分（Diamond, 2013）。执行功能是个体认知、情绪和社会功能的核心，是学习、推理、问题解决和智力活动的重要成分。执行功能不良不仅损害学习能力，还常伴随继发行为和情绪方面的问题。例如，攻击性、注意缺陷多动障碍、孤独、抑郁等症状严重的个体通常会表现出不同程度的执行功能异常。因此，执行功能是身体和心理健康以及认知、社会和心理发展的必备功能，可以作为身心健康警报系统指标。儿童执行功能的重要性引起各领域研究者的关注，寻找有效手段改善儿童大脑执行功能已成为当前心理科学、教育科学和神经科学研究的重要前沿课题和热点。已有研究发现身体活动可提高和改善儿童执行功能。例如，希尔曼等（Hillman et al.，2009）以 20 名 9～10 岁的儿童为研究对象检测执行功能的抑制维度，结果发现 1 次 20 分钟的中等强度（60% 最大心率）身体运动后，儿童的执行功能指标得到改善（任务反应正确率），同时学业能力也得到显著提升。埃伦伯格等（Ellemberg et al.，2010）以 72 名 7～10 岁的男孩为研究对象，使用选择反应时任务检测执行功能的抑制维度，研究结果发现 1 次 30 分钟的中等强度（63% 最大心率）身体运动干预能提高儿童执行功能，且 7 岁组和 10 岁组的效果相似。有研究者对 43 名 7～9 岁健康儿童进行了 9 个月、每周 5 次、每次 120 分钟的运动干预，结果发现运动干预提高了儿童执行功能，同时产生前额部脑电的积极变化（Kamijo et al.，2011）。殷恒婵等（2014）以 326 名小学生为研究对象，利用课外身体活动实施两种持续 20 周的不同运动干预方案，实验开始 10 周后和 20 周后，使用各项测试任务全面评价小学生的执行功能。该研究发现"武术＋跳绳＋8 字跑"和"花样跑步"均对小学生执行功能具有促进作用，且随着干预持续时间增加，改善效果越明显。一篇纳入了国内外 62 篇（总样本量为 4 841 人）关于身体活动与执行功能关系研究的元分析发现，身体活动对执行功能影响的合并效应量为 0.60，95% 置信区间为 0.50～0.69，属于中等效应（王积福 等，2019）。后续调节效应分析表明，身体活动对执行功能的促进效应不受人群类型与身体活动类型的影响，但受身体活动时长、身体活动强度及执行功能子成分的影响（王积福 等，2019）。综合结论表明，身体活动对执行功能具有中等程度的促进作用，中等强度的身体活动对执行功能的促进效果最显著，长时身体活动对执行功能的促进效果要显著大于短时身体活动。

五、身体活动与学业表现

学业表现作为认知能力的综合体现，得到了研究者的广泛关注。美国疾病控制与预防中心发表的《以学校为基础的身体活动与学业表现关系》的综述研究报告以 50 篇体育课、课间、教室内以及课外四种学校开展的身体活动与学业表现的研究文献为基础，探讨身体活动对学业成就（如标准测验分数、等级分等）、学习行为（如上课行为、出缺席率、功课完成等），以及认知技巧与态度（如注意力、专注力、记忆力、口语能力等）三种学业表现的影响（Shephard，2012）。结果显示，增加以学校为基础的身体活动时间可提高数学、阅读、写作等学业成绩，增进课堂表现等学习行为，提高注意力、自尊、创造力、计划能力、生活满意度，以及减少冲动行为等与学习相关的认知技巧与态度。一篇总括性综述（umbrella review，即综述的综述）汇总了 41 篇系统性综述及元分析文章的研究结果，发现身体活动对学业表现的影响是无效的或小到中等的积极影响，即部分结果支持二者无任何关联，部分结果支持二者存在小程度的正相关关系。进一步细分身体活动种类发现，长期身体活动对学习成绩有中等程度的积极影响，而急性身体活动并未带来学习成绩的促进效益（Barbosa et al.，2020）。

六、身体活动与老年人认知功能

如何维护和改善老年人的认知功能，已成为当今多门学科研究者关注的热点问题。越来越多的研究发现，老年人认知功能仍具有可塑性，并且可以通过干预缓解老年人认知功能下降。作为缓解老年人认知功能下降的一种积极手段，身体活动日益受到广泛关注（Bherer et al., 2013；李旭 等，2014）。科尔康姆等（Colcombe et al., 2003）使用随机对照试验设计，考察了 6 个月的身体活动干预对老年人认知功能的影响及其脑机制，结果发现身体活动干预有效提高了老年人的认知功能，其作用机制表现为 6 个月的身体活动优化了老年人认知功能相关脑区的活动状态。格达等（Geda et al., 2010）考察了身体活动与老年人认知损害发生率之间的关系，也从反面佐证了身体活动对老年人认知功能的积极作用。他们在控制了年龄、性别、教育水平、抑郁水平等因素影响后，比较轻度认知障碍老年人和认知正常老年人的身体活动参与情况，发现从事中等强度的身体活动可以明显地减少轻度认知障碍发生的风险。一篇元分析研究汇总了七项随机对照试验研究共涉及 321 名有长期久坐习惯的老年被试（Zhao et al., 2022）。结果表明，与控制组相比，身体活动干预可显著改善久坐老年人的认知能力（标准化均数差 SMD = 0.50，95% 置信区间为 0.09～0.92）。进一步的亚组分析显示，时长超过 12 周相较于短于 12 周的干预效果要更好，有氧运动相较于其他运动效果要更好。

采用身体活动作为有效改善老年认知功能手段，需要对身体活动类型、强度、频率、持续时间、干预周期等进行综合考虑。从运动类型看，有氧运动、阻抗运动和身心运动是最常见的三种用于改善认知老化的运动类型。例如，有氧运动对健康老年人认知速度、短时记忆、视觉与听觉注意等认知功能均有益（Angevaren et al., 2007）。参加阻抗运动能够显著提高老年人认知功能（Ozkaya, 2005）。有氧运动与阻抗运动双管齐下，对认知功能改善效果更佳（Colcombe, 2003）。太极拳运动能提高老年人的认知功能，特别是执行功能（Matthews, 2008）。一项综述性研究提出，身心运动尤其是我国传统健身活动太极拳对老年人认知功能有改善作用，可以提高老年人执行功能、记忆功能、注意功能和全脑认知状态（梁东梅 等，2014）。另外一项元分析研究汇总了 19 项高质量随机对照试验研究（总样本量为 2359 人），结果显示身心运动对 60 岁以上老年人的认知功能是一种安全有效的干预提高方式（Zhang et al., 2018）。具体而言，相较于控制组，身心运动组可显著改善老年人整体认知（Hedges'g = 0.23）、执行功能（Hedges'g = 0.25～0.65）、学习和记忆（Hedges'g = 0.37～0.49）以及语言功能（Hedges'g = 0.35）。

有关运动强度，安格瓦伦等（Angevaren et al., 2007）首先做了一个横断面的调查，发现老年人运动强度与其整体认知功能水平和认知功能（如加工速度、记忆、认知灵活性）存在显著关系。为了进一步探讨运动强度与老年人认知功能改善的关系，他们又实施了一项为期 5 年的追踪研究，结果也表明老年人运动强度与其认知加工速度改善呈显著正相关，揭示了运动强度与认知老化改善的积极关系（Angevaren et al., 2010）。而贝克等（Baker et al., 2010）的随机分组实验干预研究结果进一步提供了佐证，发现运动强度不同对老年人认知功能的影响存在差异。众多的实验研究发现，中等强度有氧运动可以使老年人的认知功能获得改善效益，中等强度与高强度的阻抗运动对认知老化均具有改善作用（Cassilhas et al., 2007）。

关于每次活动的最佳持续时间和活动频率问题，米德尔顿等（Middleton et al., 2010）调查了9344名老年女性在10岁、30岁、50岁左右以及晚年的体育活动情况。研究发现，在任何一个阶段都进行身体活动，特别是在10岁左右就参加身体活动的女性，会降低其晚年患认知损伤的风险。研究者据此认为，身体活动的干预应该在生命早期开始并且贯穿一生。国内研究发现，身体活动对老年人认知水平有显著的影响，且每周进行3~5次身体活动的老年人认知水平显著好于每周进行1次身体活动的老年人，单独锻炼的老年人认知水平略低于群体锻炼者（李仁桧 等，2012）。

第四节　身体活动与心理健康

身体活动不仅能对普通健康人群产生良好的心理效益，还对精神障碍有一定预防及治疗作用。根据《中国精神障碍分类与诊断标准（第三版）》内容，精神障碍（mental disorder）指大脑机能活动发生紊乱导致的认知、情感、行为和意志等精神活动不同程度障碍的总称（中华医学会精神病学分会，2001）。常见的精神障碍有10大类，包括脑器质性精神障碍类（如阿尔茨海默病、器质性遗忘等），精神活性物质所致精神障碍或非成瘾物质所致精神障碍类（如酒精所致精神障碍、依赖、戒断综合征等），精神分裂症和其他精神病性障碍类，心境障碍类（如抑郁发作、双相情感障碍等），癔症应激相关障碍与神经症类，心理因素相关生理障碍类（如进食、睡眠障碍等），人格障碍、习惯和冲动控制障碍与性心理障碍类（如焦虑性人格障碍、病理性赌博、恋物症等），精神发育迟滞与童年和少年期心理发育障碍类（如言语发育障碍、孤独症等），童年和少年期的多动障碍、品行障碍和情绪障碍类（如儿童社交恐惧症、反社会性品行障碍等），其他精神障碍和心理卫生类（如诈病、自杀、自伤等）。下面将从身体活动对精神障碍的预防作用、身体活动作为主要或辅助治疗手段对精神障碍患者症状的改善作用两大方面介绍现有相关研究成果。

一、身体活动对精神障碍的预防作用

精神障碍致因包括先天遗传、个性特征及体质因素、器质因素、社会性环境因素等。大量研究表明，身体活动是重要的可改变保护性因素（modifiable protective factor），有助于降低精神障碍的发病率（Schuch & Vancampfort, 2021）。一项汇集49项前瞻性研究（总样本量超过26万人）的元分析研究表明，身体活动水平高的个体患抑郁症风险相对较小，且结果达到显著水平（比值比 = 0.83，95% 置信区间为 0.79~0.88）（Schuch et al., 2018）。两项孟德尔随机化研究（一种可以控制遗传变异等混杂因素的研究设计）进一步发现，身体活动可以保护人们免于罹患抑郁症（Choi et al., 2019; Choi et al., 2020）。这两项研究均调取了英国生物库数据的大规模全基因组，采用三

维加速度计的客观手段来测量身体活动,结果表明身体活动对抑郁症存在因果性的保护作用,即参与身体活动可以显著降低抑郁症患病概率。也有证据表明,参与身体活动同样可以降低应激相关障碍和焦虑症的患病概率。一项对 11 项前瞻性研究(包括 69000 多名参与者)的元分析结果表明,在排除混杂因素干扰后,较高的身体活动水平与更少的焦虑症状密切相关(比值比 = 0.74,95% 置信区间为 0.62～0.88)(Schuch et al., 2019)。

有关身体活动对双相情感障碍的预防作用,当前研究证据存在分歧。其中一项基于中国受试者的孟德尔随机化研究发现,身体活动对双相情感障碍有因果性保护作用(比值比 = 0.49,95% 置信区间为 0.31～0.76)(Sun et al., 2020)。而另一项基于德国受试者的前瞻性研究发现,较高的身体活动水平与随访时发生双相情感障碍的可能性存在显著正相关(Ströhle et al., 2007)。

在儿童和青少年人群中,身体活动的异常可能对该人群注意缺陷多动障碍(attention deficit hyperactivity disorder, ADHD)具有预测作用。Bustamante 等(2019)的一项综述研究表明,虽然患有 ADHD 的儿童在童年时期与正常发育的同龄人相比有类似或更高的身体活动水平(因为童年时期的身体活动多是自由无目的、无须很多注意资源参与的),但 ADHD 人群的这种身体活动优势到青春期就会消失甚至转为劣势(因为此时身体活动变得越来越有结构性和选择性);在青春期后段及成年后,患有 ADHD 的人相较于同龄健康人群身体活动显著低下,同时肥胖概率也更高。研究者进一步提出,在从童年向青少年过渡时期身体活动减少可能与 ADHD 的发生存在显著关联,因此保持和提高青少年身体活动水平可能会对预防或降低 ADHD 的发病概率及严重程度有帮助。

大量研究结果表明,参与身体活动可以预防阿尔茨海默病。阿尔茨海默病(Alzheimer disease, AD)也叫老年痴呆,是最常见的神经退行性疾病,是中国老年人第五大致死因素(Ren et al., 2022)。根据《中国精神障碍分类与诊断标准(第三版)》内容,AD 是老年人中最常见的器质性精神障碍之一。其主要表现为记忆丧失、语言功能及逻辑思维障碍,最终导致患者丧失独立生活能力。根据 The China Alzheimer Report 2022,目前我国的痴呆患者约有 1507 万人,其中包括 983 万老年痴呆患者(Jia et al., 2020; Ren et al., 2022)。根据 2015 年的数据,我国 AD 患者每年的社会经济花费约为 1677.4 亿美元,预计这一数字到 2030 年将增长至 5074.9 亿美元(Jia et al., 2018)。一般认为,AD 的发病过程是从正常认知水平到主观认知下降(subjective cognitive decline, SCD),再到轻度认知功能损害(mild cognitive impairment, MCI),最后发展成为 AD。而身体活动在病情发展的不同阶段,均对延缓减轻病症有重要的作用(Jessen et al., 2014)。拉尔森等(Larson et al., 2006)追踪 1740 名 65 岁以上认知正常的老年人,探讨身体活动与患痴呆风险之间的关系。研究结果发现缺少身体活动的老年人最需要防范痴呆的发生,每周 4 次以上身体活动的老年人痴呆发病率显著低于那些每周少于 3 次运动的老年人。安德尔等(Andel et al., 2008)采用孪生控制法了解中年参与身体活动对阿尔茨海默病患病的影响,研究结果表明中年期从事较高水平的身体活动与老年期较低的痴呆发病率显著相关。苏梅克等(Sumic et al., 2007)对 66 名 85 岁以上老年人的追踪研究发现，有 38 名老年人最终发展为痴呆；运动量较小的女性患痴呆的概率是运动量较小男性患痴呆的 2 倍，是身体活动活跃女性的 5 倍。因此，该研究认为，身体活动可预防阿尔茨海默病的出现，且这种效果在女性人群中最为显著。哈默尔等（Hamer & Chida, 2008）针对 16 项前瞻性研究（总样本量为 163797 人）的元分析研究指出，身体活动与老年痴呆患病风险存在显著负相关。一项国内分层随机抽样研究显示，中国河北、浙江、陕西、湖南四省的 55 岁及以上人群（样本量为 5571 人）中高强度身体活动时间的增加与轻度认知功能损害患病率下降和认知功能得分增加显著相关（欧阳一非 等，2021）。基于该研究结果，建议老年人为延缓认知功能衰退，可在身体条件允许的情况下，每周中高强度身体活动时间至少达到 3.5 小时，最好达到 7 小时。

虽然已有研究结果为身体活动对精神障碍预防作用提供了支持，但相关研究的证据主要是基于回顾性或前瞻性研究设计。

二、身体活动对精神障碍的改善作用

身体活动不仅对预防精神障碍有积极效果，还可以作为主要或辅助治疗手段改善精神障碍患者症状。一项汇集了 25 项随机对照试验的元分析研究表明，运动可以有效改善抑郁症患者的抑郁症状，尤其是在重度抑郁症患者中，身体活动干预组相较于控制组可显著减少抑郁症状，且效果量达到了较高标准（SMD=1.13，95% 置信区间为 0.46~1.81）（Schuch et al., 2016）。另一项综述研究囊括了 33 项的随机实验研究（涉及 1877 名被试）发现阻抗训练干预组相较于控制组明显缓解受试者的抑郁症状，达到中等程度效应量（Δ = 0.66，95% 置信区间为 0.48~0.83）（Gordon et al., 2018）。斯塔布斯等（Stubbs et al., 2017）的元分析结果表明，身体活动可以显著降低创伤后应激障碍、恐慌症、社交恐惧症和广泛性焦虑症患者的焦虑症状，且达到中等程度效应量（SMD = 0.58，95% 置信区间为 0.76~1.00）。在身体活动与精神病谱系障碍的精神分裂症相关研究中，一项包括 11 项实验研究的元分析显示，每周进行至少 90 分钟的中/高强度身体活动干预组相较于控制组可显著降低精神分裂症状（SMD = 0.72，95% 置信区间为 0.29~1.14）（Firth et al., 2015）。另一项实验研究发现，与控制组相比，运动干预可以显著改善精神分裂症患者的整体认知能力（Hedges'g = 0.41，95% 置信区间为 0.19~0.64）（Firth et al., 2017）。

在儿童和青少年群体中，已有的研究发现体育运动干预对智力缺陷、注意缺陷多动障碍、自闭症谱系障碍（ASD）等具有积极作用，有助于改善其相应行为症状表现。科德（Corder, 1966）在一项研究中使用了韦氏儿童智力量表评估身体活动项目（持续 20 天）对中度智力障碍（平均智商 = 66）的男孩（12~16 岁）智力表现的影响。研究者招募的 24 名男孩，被随机分配到 60 分钟的运动干预中（其中包括体操、短跑和 400 码①跑，活动控制条件包括记录运动组儿童的每日训练表现）和控制组（无运动）。结果显示，相对于控制组，运动干预显著改善了男孩的综合智商和言语表现。

---

① 等于 365.76 米。

布朗（Brown, 1967）将 40 名 12 岁男孩（平均智商 =35）随机分配到运动组和注意力控制组。经过 6 周干预后发现，与非运动组儿童相比，运动组儿童在智商测试中的表现得到显著改善。一篇综述性研究评估了使用体育锻炼改善 ADHD 和 ASD 患者认知功能的效果，该综述囊括了 22 项研究（样本为 579 名 3～20 岁参与者），发现体育锻炼可以显著改善该人群认知功能，达到小到中等程度效果量，为锻炼干预在改善 ASD 和 ADHD 患者认知表现的功效提供了支持（Tan et al., 2016）。

身体活动具有缓解老年人轻度精神障碍患者症状的作用。贝克等（Baker et al., 2010）研究发现，持续 6 个月的有氧运动可以提高患有轻度认知功能障碍（mild cognitive impairment, MCI）老年女性的执行功能测试成绩。格达等（Geda et al., 2010）考察了 198 名轻度认知障碍老年患者和 1126 名认知功能正常老年人的身体活动情况与其认知功能的关系，发现人生早期阶段或晚年从事身体活动可以减少认知损害的风险。另一项综述研究结果表明，身体活动可以改善 MCI 患者的执行功能、记忆功能以及心理健康状况（Nuzum et al., 2020）。叶罗欣等（Yerokhin et al., 2012）对阿尔茨海默病患者开展的随机分组实验研究发现，为期 10 周的高强度身体活动可有效改善阿尔茨海默病患者的认知功能。

第五节　身体活动的其他心理效益

主观幸福感（subjective well-being, SWB）是衡量个人生活质量的重要综合性心理指标，指个体对其生活质量所作的情感性和认知性的整体评价。它受到多方面因素的综合影响。其中，身体活动/锻炼是主观幸福感的重要影响因素之一。有研究汇总了国内外 41 项干预研究发现，身体活动可以有效提高个体的主观幸福感，且达到中等程度效果量（徐雷，2014）。此外，有一篇汇集了 157 项相关量化研究的元分析研究（Buecker et al., 2021）结果表明，身体活动对主观幸福感提升有显著作用，且效应量达到中等程度（$d = 0.360$，95% 置信区间为 $0.301～0.420$，$P < 0.001$）。

自尊是个体如何评价自己，以及由此而来的在多大程度上认为自己有价值。它是心理健康的重要组成部分。身体活动/锻炼被认为是提升自尊的重要手段。总体而言，相关的研究证据也支持了这一观点。例如，马丁等（Martin et al., 2009）的研究发现，规律践行跑步计划的女孩在整体自尊和自我概念方面都有积极的变化。埃拉夫斯基（Elavsky, 2010）对中年女性进行为期 2 年的追踪调查发现，中年女性的身体活动量与自尊之间呈正向关系，参与身体活动能改善中年女性对身体状况及身体吸引力的主观感知，进而提高整体自尊。此外，巴比克等（Babic et al., 2014）对 64 项有关青少年的身体活动与自尊关系的研究进行元分析，进一步揭示了身体活动对青少年身体自尊的作用及其机制。具体结果表明，身体活动量与身体自尊（$r = 0.25$，95% 置信区间为 $0.16～0.34$，$P < 0.001$）具有显著正相关关系。

身体活动、体育锻炼与人格是体育领域的经典问题之一，也是运动与锻炼心理学的基础性议题。在 20 世纪六七十年代，该问题受到众多学者的关注，相关研究主题丰富；但到 20 世纪 80 年代，此类研究开始渐渐式微，原因在于心理学、运动心理学、锻炼心理学等方面研究者不断发起的质疑，包括方法不合理、推论宽泛、结果多为相关性发现揭示不了因果关系等。在一系列运动与人格的研究中，基于大五人格特质理论的研究在以往相对较多。其中一种被广泛接受的大五人格特质理论为 OCEAN 模型（Roccas et al., 2012），该模型将人格特质归纳为五个维度，即经验开放性（openness）、尽责性（conscientiousness）、外向性（extraversion）、宜人性（agreeableness）和神经质（neuroticism）。一项基于 33 项相关研究的元分析显示，身体活动量与外向性和尽责性呈正相关，而与神经质呈负相关（Rhodes & Smith, 2006）。此关系为双向关系，一方面可能是因为那些更善于交际或外向、更自律和更注重成就的人更有可能锻炼，而那些抑郁和焦虑的人则不然；另一方面可能是因为体育锻炼让人更外向善于交际，塑造了其阳光、积极、自律的性格。另一项综述及元分析研究显示，按与锻炼行为显著正相关程度由高到低排列，依次为外向性、尽责性、开放性，宜人性与锻炼行为无显著关系，神经质则与锻炼行为呈现显著负相关（Wilson & Dishman, 2015）。

相对于体育锻炼与人格的相关关系探究，体育锻炼能否改变人格的话题更具吸引力和现实意义，然而这一类研究却并不常见，究其原因在于相关的研究难度较大，无论是追踪研究还是实验干预研究都要考虑很多无关变量的影响，且在评价标准上也很难足够客观（石岩、周浩，2017）。波佩斯库（Popescu, 2014）设计了一项持续 18 个月的干预研究，对实验组实施复杂的训练计划（体能、健身操、拉伸等，每周 3 次），对照组则正常上体育课，干预实验结束后发现实验组在自信、社交性、活跃性和自我意象得到显著提升。另外，史蒂芬等（Stephan et al., 2014）开展的纵向追踪研究结果发现，经常参与体育锻炼的成年人在尽责性、外向性、开放性和宜人性的下降程度比不经常参与体育锻炼的成年人要低。也有一系列研究探讨了不同持续时间、运动项目和强度的身体锻炼对个体人格的影响。邓雷等（2009）的干预研究结果表明，不同持续时间（12 周、6 周）、运动项目（健美操、羽毛球、篮球）和强度（中强度、低强度）的身体锻炼对大学生 7 个维度人格（活跃、爽直、坚韧、严谨、利他、重情、随和）的影响各不相同。锻炼 12 周对人格的积极效果优于 6 周；从运动项目来看，羽毛球和健美操对大学新生的人格积极影响优于篮球项目；从强度来看，中强度对人格影响优于小强度和对照组。李琳等（2010）选取羽毛球和健美操为运动干预方式，对 112 名中学预备年级学生进行了 12 周的运动干预，旨在了解不同运动项目对中学预备年级学生人格和自我意识的影响。结果表明两种运动项目对中学预备年级学生人格与自我意识的影响不同，羽毛球能够显著改善预备年级学生的神经质，使其情绪稳定；健美操则对自我意识有显著影响。孙文树等（2018）选取三大项群中的 8 个运动项目为干预方式，对 500 名大一新生进行了一年的体育教学干预。结果表明，同场对抗性运动项群（足球、篮球）对男大学生的身体自尊影响较大，隔网对抗性运动项群（乒乓球、羽毛球、网球）和难美性运动项群（武术、健美操、体育舞蹈）对女大学生的身体自尊影响较大；不同运动项群中身体自尊对健康人格（责任感、乐观性、社会参与性等 6 个维度）影响的程度不同，同场对抗性运动项群中身体自尊对健康人格的影响最大。

第六节 身体活动的心理效益机制

已有大量的研究为身体活动在不同人群产生的心理效益提供了实证支撑。本节通过对已有研究进行总结，介绍七种有关身体活动产生心理效益的作用机制假说。前三种假说主要从社会心理的角度进行解释，分别为社会认知理论框架下的自我效能假说、社会互动假说和注意分散假说；后四种假说主要从神经生物学与脑科学的视角进行解释，分别为神经递质假说、神经/脑可塑性假说、前额叶偏侧化假说、双模型理论假说（Budde & Wegner, 2018）。

一、社会认知理论框架下的自我效能假说

在社会认知理论（social cognitive theory）框架下，自我效能假说（self-efficacy hypothesis）认为，身体活动或锻炼可诱发个人产生自我效能以及积极的思维和情感，这些积极的思维和情感可能对抑郁、焦虑、迷茫等消极情绪具有一定的缓解作用。这一解释同班杜拉的自我效能理论具有一定的一致性。班杜拉（Bandura, 1998）认为，人们完成了一项自己认为较为困难或具有挑战的健康促进任务后，他们的自我效能会得到提升。对于没有运动习惯的个体来说，运动本身是一件极具挑战的任务。如果能够克服这种挑战和困难，并养成运动的习惯，他们可能会体验到一种强烈的成就感和自我效能感（Tikac et al., 2022）。这些能力感有助于增强个体的控制感，进而打破焦虑、抑郁以及其他消极心境状态的不良循环。但该假说究竟能够多大程度为心理健康改善提供解释尚不清楚。

二、社会互动假说

社会互动假说（social interaction hypothesis）认为，在身体活动中，个体与他人之间的互动和支持是其心理健康效益的主要来源（Mikkelsen et al., 2017）。在从事身体活动过程中与他人（朋友、同事、家人）实现的社会互动可能是令人愉快的、放松的，因此能够起到改善心理健康的作用。但该假说只提供了集体运动的心理健康效益的部分解释，而已有经验和研究证据表明，运动不论是集体进行还是单独进行，都具有一定的心理效益（Do Carmo, 2017）。

三、注意分散假说

注意分散假说（distraction hypothesis）认为，运动可以帮助个体将注意力从烦恼和紧张的情景中转移，从而使其心理紧张感降低，心理活动趋于平稳。该机制得到运动对抑郁症状即时效果的实证支持（De Bourdeaudhuij et al., 2002; Deforche & De Bourdeaudhuij, 2015; Chan et al., 2019）。但已有研究发现，该假说假定的情景在实验

研究中仍然未能得到很好处理，例如，如何将运动的作用与注意力分散的效果进行区分。因此，这仍需更多后续实证研究的支持。

四、神经递质假说

神经递质假说（neurotransmitter hypothesis）指出，身体活动所带来的愉悦情绪与其所引发的神经递质变化密切相关。通过促进特定神经递质的释放，身体活动有助于改善情绪状况（蒋长好、陈婷婷，2014）。此类观点得到了部分研究的支持，例如，有研究使用正电子发射断层扫描（PET）技术，比较个体在运动前后的PET扫描图像，精确识别其大脑中活跃的脑内啡肽区域。结果表明，运动显著增加了脑内啡肽的分泌，且这种增加量与被试的情绪变化呈正相关（Boecker et al., 2008; Boecker & Drzezga, 2016）。另外，身体活动过程中或之后内源性大麻素也可以通过激活大脑奖赏区大麻素受体而产生奖赏反应，使身体活动者感受到愉悦体验。一篇汇集了17项实证研究的综述分析发现，其中14篇文章报告了个体在急性运动过后出现内源性大麻素升高从而产生欣快感的结果。需要注意的是，其中4篇文章报告个体经过长期的耐力训练后会出现内源性大麻素降低的情况（Siebers et al., 2023）。因此，锻炼是否一定使机体产生内源性大麻素提升而导致欣快感，抑或不同身体活动模式会对机体内源性大麻素产生起调节作用，仍有待未来研究进一步探讨。

五、神经/脑可塑性假说

神经/脑可塑性假说（neuroplasticity / brain plasticity hypothesis）认为，运动能够改变大脑的结构和功能，提升个体的执行功能，增强情绪调节能力（Hötting & Röder, 2013）。运动对大脑可塑性的影响已得到部分实证研究的支持。一项综述研究从侧面证实了运动对脑结构重塑的积极作用。研究者综合了大量文献，发现规律运动者的海马回、前额叶以及基底核等脑区体积较大。此外，运动量与大脑结构（如海马、纹状体等）相关的认知功能存在显著正相关关系（路毅、邓文冲，2021）。另一项基于磁共振成像技术（MRI）的15项研究的综述分析表明身心运动（如太极、健身气功、瑜伽等）对脑结构和功能同样能产生显著积极影响（Zhang et al., 2021）。具体而言，身心运动能够改善前额叶、海马/颞中叶、颞外侧叶、岛叶以及扣带皮层等大脑区域。

六、前额叶偏侧化假说

根据前额叶偏侧化假说（frontal lobe asymmetry hypothesis），相对较高的左半球活动与积极情绪或趋近动机有关，相对较高的右半球活动与消极情绪或回避动机有关（Davidson, 2004）。部分研究结果显示，无论是低强度还是高强度运动，均能引发前额叶偏侧化现象，从而产生正面的情绪反应（Ekkekakis & Acevedo, 2006; Ekkekakis et al., 2008; Vogt et al., 2010; Hong et al., 2020; Chueh et al., 2021）。已有综述研究指出，左侧前额叶唤醒水平可以作为身体活动及其他行为（自变量）对积极情绪体验（因变量）之间的中介变量和调节变量，即身体活动的确可以致使左侧前额叶唤醒水平上升，进而导致个体产生积极情绪，但不同身体活动间对左侧前额叶唤醒水平及积极情绪产生的影响并不相同（Reznik & Allen, 2018）。

七、双模型理论假说

双模型理论假说（dual-mode hypothesis）提出，个体对运动的情感反应受两个共同作用的因素影响，即认知因素（如身体自我效能感）和通过皮层下途径到达大脑情感中枢的躯体内感受器线索因素（如肌肉或呼吸）（Ekkekakis, 2009）。这两种决定因素之间的平衡会随着运动强度的变化而发生系统性的改变。认知因素在低强度时占主导地位，此时个体会产生愉悦等积极情绪反应；当运动强度接近个体的功能极限时，内感受器线索因素则占据主导，此时个体易产生疲劳等消极情绪反应。与传统理论不同，双模型理论强调身体活动不仅可引发积极情绪，还可能导致消极情绪（Ekkekakis & Brand, 2019; Slawinska & Davis, 2020; Dierkes et al., 2021）。

本 章 小 结

习近平总书记多次强调，体育是提高人民健康水平的重要途径，要帮助学生在体育锻炼中享受乐趣、增强体质、健全人格、锻炼意志。这其中享受乐趣、健全人格、锻炼意志都印证了身体活动对于心理健康的积极影响。综合本章内容，越来越多的研究证据显示，身体活动能够带来情绪、认知、人格等多方面效益。因此，鼓励基于"动则有益、多动更好、适度量力、贵在坚持"等原则进行科学的身体活动，以期获得更大的身心效益。

思 考 问 题

1. 身体活动与体育运动、锻炼的区别是什么？请结合实例说明。
2. 《中国人群身体活动指南（2021）》对不同年龄段人群的身体活动推荐标准有何不同？
3. 身体活动的心理健康效益有哪些？
4. 为什么规律锻炼者比不规律锻炼者更容易从身体活动中获得情绪效益？
5. 请列举三种可以有效改善情绪的身体活动，并说明其作用机制。

第十章 影响锻炼行为的因素及相关理论

本章导读

个体从心理过程到锻炼行为的发生及维持的过程被认为是一个复杂的、难以探知的"黑箱"。因此,影响锻炼行为的因素及相关理论一直以来都是锻炼心理学和行为科学等领域的研究重点。本章第一节将根据以往实证研究结果,概述影响个体锻炼行为的五大类因素。第二节主要关注目前较为成熟的三大类行为改变理论,包括连续体理论、阶段理论以及混合理论模型。针对每一类理论,该节将选取较为常用的几个经典理论模型,对其概念成分和相关应用进行介绍,以期为未来的实践和研究工作提供参考。

第一节 影响锻炼行为的因素

定期参加身体锻炼能够产生巨大的身心及社会健康效益,然而缺乏锻炼的问题普遍存在于不同发展中及发达国家的儿童、青少年和成年人群体之中。为了解决大众身体锻炼不足的问题,在过去的几十年中,运动心理学家及健康工作者们付出了诸多努力去探究影响个体锻炼行为的相关因素,旨在更好地了解锻炼行为的变化过程,从而促进个体参与身体锻炼,进而帮助其获得更大的健康效益。经过长期大量的实验和调查研究发现,个体的锻炼行为很大程度上受到人口统计因素、健康状况因素、心理学因素、相关行为因素以及环境因素五大类因素的影响(见图10-1)。

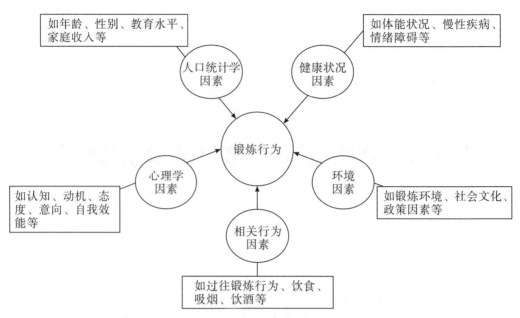

图 10-1　影响锻炼行为的五大类因素

众多研究发现，人口统计学因素（如年龄、性别、社会经济状况包括教育水平、职业状况、家庭收入等）会显著影响个体锻炼参与和维持，甚至在一定情况下对于个体的锻炼行为起到决定作用。宾汉姆等（Bingham et al., 2016）对 130 项研究进行系统综述发现，0～6 岁幼儿的锻炼行为与其年龄、性别、种族、父母经济教育水平以及父母年龄等因素相关联。对于儿童、青少年以及成年人群体锻炼行为的综述研究也发现了类似的研究结果（Trost et al., 2002; Craggs et al., 2011）。鲍曼等（Bauman et al., 2012）对 2000 年之后发表的 32 篇综述类文章进行系统研究发现，在 4～9 岁的儿童群体中，性别因素被一致认为是锻炼行为的决定因素，其中男孩相较女孩会进行更多的身体锻炼；然而，在其他年龄群体中，性别只是一个相关因素，并不决定个体的锻炼行为。同时，对于儿童及青少年而言，父母的婚姻状况等指标并不是锻炼行为的决定因素，并且肥胖以及其他人口测量学指标（如身高、体重、腰围等）对个体锻炼行为的影响不显著。这一研究结果强调了年龄以及个体健康状况对锻炼行为的影响。例如，儿童步入青少年阶段之后，锻炼量会减少 (Dumith et al. 2011)。此外，其他综述研究发现，社会经济状况是身体锻炼行为的显著预测因素，但具有年龄群体差异性。例如，社会经济状况和成年人的休闲身体锻炼存在显著的正相关，而父母、家庭的经济情况与学前或学龄儿童和青少年的身体锻炼不关联（O'Donoghue et al., 2018）。

身体锻炼行为也和个体的健康状况息息相关（如体能状况、家族疾病史、心脏病和糖尿病等慢性疾病、超重/肥胖和情绪障碍等）。经常进行身体锻炼可以帮助个体提高身心健康水平，但个体的健康状况反过来也会影响锻炼行为的执行和维持。例如，有研究表明，体能状况更好或自我感觉健康状况更好的个体更倾向于参与更多的身体锻炼，并且维持性更好（Allender, Hutchinson & Foster, 2008; Bauman et al., 2012）；反之，相较于健康的个体而言，健康状况越差或有相关疾病的个体在身体锻炼方面的参与度更低、依从性更差（Trost et al., 2002; Khodaverdi et al., 2016; Martin Ginis et al., 2016; Vancampfort et al., 2017）。

除了个体的人口统计特征以及健康状况外，大量的理论和实证研究提出，个体的锻炼行为还受到诸多心理学因素的影响，如动机、锻炼态度、健康信念、锻炼意向以及锻炼自我效能等。这些心理学因素对于个体参与身体锻炼以及维持身体锻炼行为都起着至关重要的作用。因上述心理学变量是当前锻炼行为改变理论的核心内容，将在本章第二节中进行详细介绍。

个体的锻炼行为还受到一系列行为相关因素的影响。例如，有研究发现，个体过往的锻炼行为经历以及锻炼习惯很大程度上会影响个体当前的锻炼行为（Hagger, 2019）。除了过往锻炼行为外，有研究者指出，个体的其他健康相关行为，如饮食、饮酒、吸烟、睡眠等也同样会影响个体的锻炼行为（Prochaska, Spring & Nigg, 2008; McEachan, Lawton & Conner, 2010; Liang, 2020）。麦凯坎等（McEachan et al., 2010）认为，个体不同健康行为之间互相关联，并会形成特定的行为组合模式。个体对于某个健康行为的相关知识和心理学因素能够通过迁移，进而影响到其他健康行为。例如，有研究发现，锻炼行为和健康饮食行为之间存在着显著的正相关，而锻炼行为和吸烟、饮酒等风险或不良行为之间存在着显著的负相关（Bauman et al., 2012）。此外，有研究者提出，个体的不同健康行为之间可能存在着协同效应或递增效应（synergistic/additional effects）。例如，同时干预锻炼行为和饮食行为时，两种行为会互相促进，从而取得更大的健康效益（Lippke, Nigg & Maddock, 2012）。

除了上述的四大类因素之外，个体的锻炼行为还受到一系列环境因素的影响。例如，父母和同伴的支持、社会规范、社区和学校的锻炼设施和环境、整个社会的锻炼氛围、文化特征以及相关健康政策等。

第二节 锻炼行为改变的相关理论

在过去几十年间，心理学家们提出了众多的理论模型来描述、预测、解释和改变个体的锻炼行为。这些理论大致可以划分为三大类：①连续体理论（continuum theories）。如健康信念模型（health belief model, HBM）（Maiman & Becker, 1974）、保护动机理论（protection motivation theory, PMT）（Rogers, 1975, 1983）、社会认知理论（social cognitive theory, SCT）（Bandura, 1977, 1986）和计划行为理论（theory of planned behavior, TPB）（Ajzen, 1985, 2019）等。②阶段理论（stage theories）。如跨理论模型（transtheoretical model, TTM）（Prochaska & DiClemente, 1983）、柏林阶段模型（Berlin stage model, BSM）（Fuchs, 2001），以及从无活动到保持活动的四步骤模型（four steps from inactivity to activity model, FIT Model）（段艳平 等，2014）等。③同时包含连续体理论和阶段理论特性的混合理论模型。如健康行为过程理论（health action process approach, HAPA）（Schwarzer, 2008, 2016）和多过程行为控制理论（multi-process action control, M-PAC）（Rhodes, 2017）。

一、连续体理论

连续体理论认为，个体的锻炼行为是动态的、线性的变化过程。锻炼行为改变的本质是由于一系列心理学因素的作用，促使了锻炼行为动机的增强，最终行成行为的持续变化。因而，有研究者（Weinstein, Rothman & Sutton, 1998; Armitage & Conner, 2000）也将这些连续体理论称为"激励理论"（motivational theories）。在连续体理论中，各种各样的心理学预测因子被整合在一个"预测方程"中，用以估计行为的发生和改变概率，并描述了一条行为改变的可能路径。连续体理论大多基于"个体的锻炼行为是其行为意向的直接结果"的假设。例如，个体想要进行每周5次，每次30分钟的中等强度的运动锻炼，在行为发生之前，个体首先会产生锻炼意向（或意愿），进而锻炼行为才可能发生。连续体理论认为，态度、信念、自我效能、社会规范等社会认知因素都应被纳入预测行为意向形成以及锻炼行为变化的方程式中（段艳平 等，2006；Lippke & Ziegelmann, 2008；Schwarzer, 2008）。下面将介绍四种在身体锻炼领域较为常用的连续体理论，即健康信念模型、保护动机理论、社会认知理论和计划行为理论。

（一）健康信念模型

自20世纪60年代起，心理学家们便开始致力于探究如何提升普罗大众的健康意识、促进积极参与一些政府倡导的健康行为计划（如戒烟运动、疫苗接种活动等）。在此过程中，梅曼和贝尔克（Maiman & Becker, 1974）在罗森斯托克（Rosenstock, 1974）的理论设想基础上，综合了需要动机理论、认知理论和价值期望理论，逐渐发展形成了健康信念模型。健康信念模型认为，个体的健康信念主要包含其他行为的制约或调节因素、个体健康信念、行为的线索或诱因（cues to action）三方面内容，强调个体的主观心理过程（期望、思维、推理、信念等）对于健康行为的主导作用。其中，个体健康信念是该理论的一个核心概念，即个体如何看待疾病和健康行为。个体采取某种有益于健康的行为（如进行身体锻炼）或者放弃某种危害健康的行为（如避免久坐），需要满足三个基本条件：①知觉到某种疾病或危险因素的威胁，即疾病易感性（susceptibility），例如，我发生或复发心血管疾病、三高等问题的可能性很大；并且，进一步认识到问题的严重危害，即严重性（severity），例如，这些疾病会让我痛苦、造成伤残、死亡等后果。②对采取某种行为或者放弃某种行为所带来结果的估计。此条件既包含采取某行为带来的好处（perceived benefits）（例如，进行身体锻炼可以降低我患上心血管疾病的风险），也包含采取该行为可能面临的困难和障碍（perceived barriers）（例如，进行身体锻炼会花费大量时间，还需要花钱购买运动装备或订场地）。③个体还需要对于自己实施或放弃某种行为的能力具有一定的信心，即自我效能（self-efficacy）。自我效能的重要作用体现在，当个体认识到采取某种行为会面临困难时,需要有克服障碍的信心和意志,才能完成这种行动。上述三个方面均会受到其他制约或调节因素的影响,如人口统计学特征(如性别、年龄、种族等)以及心理特征(如人格、同伴影响等)。此外,健康信念模型还强调了行为的线索或诱因对个体行为产生的重要影响。其中,行为的线索指个体能否利用环境的线索来促进自己采取某种行为(如新闻媒体的影响、周围人的鼓励提醒、同伴的疾病经验等)。在更多有效的行为线索或诱因影响下,个体采取某种行为的可能性更高(见图10-2)。

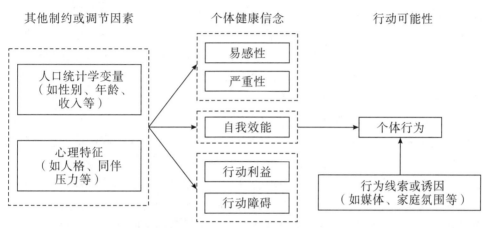

图10-2 健康信念模型[改编自 Abraham & Sheeran(2015)]

健康信念模型的优点主要体现在对个体采取行动的激励作用,该理论模型提出了明确的、可接受的且是经济有效的行动路径,更有助于增强个体采取行动的能力感。在实践应用中,该理论模型涉及的方法主要包含两个步骤:①评估个体的健康信念及对其产生影响和制约的因素。具体包括个体对疾病的易感性和严重性的认识评估、个体对行为益处的认识评估、个体对采取或放弃某种行为的障碍估计、个体行动自我效能感评估和个体可获得的行动线索和制约因素评估等;②通过健康教育或其他相应措施,提高个体的健康信念,增强个体的自我效能,并且强化制约因素对个体采取健康行为的影响。健康信念模型最初主要应用于疾病预防及临床护理工作中,特别是在医生和护士希望帮助个体放弃其当前不良行为方式并采取某种健康的行为方式时,常使用健康信念模型来帮助个体达成目标。同时,健康信念模型还广泛应用于预防行为的促进,例如,勤洗手、戴口罩等(Strecher & Rosenstock, 1997)。在锻炼行为领域,健康信念模型的有效性也已在不同群体中(如大学生、老年人以及疾病人群等)得到了一定的检验(Daddario, 2007; Shao et al., 2018; Kaushal et al., 2021)。

虽然健康信念模型可以在一定程度上促进行为改变,但也存在一些不足。已有研究指出,健康信念模型中的一些概念成分对不同行为的影响稳定性不足,并且解释力度相对较弱(Carpenter et al., 2010; Ar-Yuwat et al., 2013)。例如,健康信念模型在改变持续时间较短的行为具有成效,但对需要意志努力参与或受环境影响较大的其他行为(如体育锻炼、戒烟等)的改善效果不太稳定。同时,健康信念模型只提出了较为简单的认知因素对于行为改变的影响路径,并没有对各个认知因素之间的复杂关系进行较为深入的解释和分析。此外，个体的健康信念对行为的影响程度可能受到个体过往经验、行为习惯以及强制性的社会政策（如疫情防控期间的隔离政策）等因素的影响，但此类信息并未在该理论模型中受到关注。

（二）保护动机理论

已有研究发现，慢性非传染性疾病相关健康行为（如锻炼、饮食、吸烟、疾病检查等）多作用缓慢，持续时间较长，而且更为重要的是这些行为的发生与否和个体的某种需求密切相关，即与采取或放弃这些行为能够给个体带来某种内部或外部的"收益"有关（钱湘云 等，2012）。因此，罗杰斯（Rogers, 1975, 1983）在健康模型的基础上提出了保护动机理论，强调个体健康行为除了受到个体对疾病的易感性与严重性的感知、行为好处和阻碍的认知、自我效能以及其他个人和环境因素影响外，还受到个体对相关行为所带来的内部、外部"收益"的影响。保护动机理论是对健康信念模型的延伸和扩展。二者均强调个体健康信念的重要性，认为个体的认知过程在态度和行为的改变上起着中介作用，都包含对行为改变的益处和困难（或代价）进行权衡分析（益处大于代价，还是益处小于代价）。然而，健康信念模型更多关注个体的认知因素，行为改变的观点过于简化。保护动机理论更注重认知的调节过程，并充分考虑到环境和社会准则等因素对个体健康行为的影响。保护动机理论认为，来自人际间和外部环境的健康威胁信息能为个体提供动力以判断威胁健康的程度、易感性以及降低威胁健康的能力。因此，保护动机理论也被认为是更综合、深入地分析行为改变内在机制和过程的理论（Rogers, 1983；钱湘云 等，2012；田彦，2018）。

保护动机理论包括信息源（sources of information）、认知中介过程（cognitive mediating processes）和应对模式（coping modes）三个部分（见图10-3）。认知中介过程是保护动机理论的核心概念，包含威胁评估（threat appraisal）和应对评估（coping appraisal）两个评估过程。信息源启动认知中介过程，信息源包含个人自身因素（intra-personal sources）以及外部环境因素（environmental sources）。个体在自身因素和环境因素的交互作用下，启动两个认知评估过程，进而综合影响保护动机，最终归结为不同的应对模式，即采取行动（action）或抑制行动（inhibition of action）。同时，应对模式又可以反馈作为信息源再次影响认知中介过程，从而形成循环的连续反应（Rogers, 1983）。

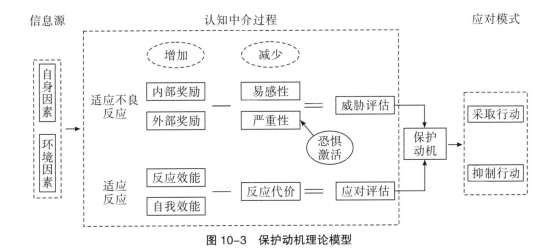

图 10-3　保护动机理论模型

个体自身和外部环境的信息源启动了两类评估过程。其中，威胁评估主要针对那些能够增强或减少"适应不良反应"（maladaptive response）可能性因素。适应不良行动可以是开始一个不健康的行为或者维持当前的不健康的行为（如吸烟、酗酒等）。威胁评估体现了个体对危险因素的认识，包含严重性、易感性、内在奖励（intrinsic rewards）和外在奖励（extrinsic rewards）4种因素。严重性和易感性的概念与健康信念模型一致。内部奖励指行为对个体自身带来的"好处"或内部的积极体验（例如，锻炼可以让我身形很好看，可以让我感到很快乐），外部奖励指行为对个体带来的某种外部客观的"好处"（例如，锻炼可以给我带来更好的人际交往）。威胁评估的易感性和严重性是减少适应不良行为的因素，而内部或者外部奖励是促进适应不良行为的因素。同时，保护动机理论还指出，恐惧激活（fear arousal）是直接影响个体对严重性认知的因素，但其对最终行为的发生只起到间接作用（Rogers, 1983）。威胁评估的总结果是增加和减少适应不良反应因素的代数和。

应对评估主要是评价个体应对和避免危险的能力，体现个体对威胁健康信息源处理能力的认识。应对评估主要包含影响"适应反应"（adaptive response）的因素。适应行动可以是个体开始进行或维持某种健康的行为（如身体锻炼、健康饮食），或者改变某种不健康的行为（如久坐、吸烟）。应对评估包含反应效能（response efficacy）、自我效能和反应代价（response costs）三个因素。反应效能指个体对采取某种健康行为是否起作用的感知（类似于健康信念模型中的可感知的行为好处）。自我效能（与健康信念模型中一致）指个体对自己采取某种行为能力的感知和信心。反应代价类似于健康信念模型中的可感知的行为阻碍或困难，指个体采取某种健康行为需要克服的困难，或所付出的社会或经济方面的代价，是一种阻止个体采取某种行为的障碍或影响健康行为的反作用力。反应效能和自我效能可以促进个体出现健康行为，而反应代价则减少健康行为出现的可能性。应对评估的总结果是增加和减少适应反应因素的代数和。

威胁评估结果和应对评估结果共同影响保护动机。在实践干预中，保护动机作为干预的目标变量，影响行为的发生和维持。保护动机产生的应对反应模式，可以是直接采取行动，进行某种保护行为（如身体锻炼），或者是抑制某个不良行为（如停止吸烟）。保护动机理论认为，行为意向是衡量保护动机的最好方法。个体的保护动机会在以下情况下达到最大化：①认识到健康威胁很严重；②认为自己的易感性很高；③认为适应反应（保护行为）对避免威胁是有用的；④有信心和能力进行适应反应（保护行为）；⑤不良适应反应（不健康行为）的内部、外部奖励很小；⑥适应反应（改变不良行为或进行保护行为）的代价很小。当个体的保护动机达到最大化，则会促使个体采取行动进行适应行为（即保护行为）；反之，则相反。

保护动机理论被广泛应用于多个领域，包括儿童和青少年的多种健康行为（如吸烟、健康饮食），成年人的皮肤护理、疾病防护，以及不同疾病患者的康复依从性和健康管理等（Rogers, 1983；钱湘云 等, 2012；田彦, 2018）。在身体锻炼领域，保护动机理论也得到了一定的验证和应用（Bui et al., 2012）。保护动机理论继承了健康信念模型的优点，并使研究者更明确地理解促进个体行为意向和行为自身发生变化的内在认知过程和交互机制，但其在应用实施中仍存在一定的局限性。首先，理论框架中涉及的因素较多，一些具有过往锻炼习惯的个体并不需要如此复杂的考虑，其进行身体锻炼更多是一个自动化的过程，并不是因为害怕或恐惧疾病，而是因为预期锻炼可以达到良好的健康效果，并且已经养成了固定习惯；其次，除了自我效能外，其他理论概念对于行为的预测具有不稳定性（Norman et al., 2005; Bui et al., 2012）；最后，目前已有相关证据主要集中在行为的发生或改变方面，而很少涉及行为的长期维持方面。

（三）社会认知理论

20世纪70年代，美国著名心理学家班杜拉（Bandura, 1977, 1986）提出了社会认知理论。班杜拉早期提出的"社会学习理论"强调示范以及观察他人受到强化或惩罚而习得某些特定行为。之后，班杜拉基于对传统行为主义有关人格理论局限性的思考，提出应当考虑认知因素的作用。因此，班杜拉对社会学习理论进行了扩展，增加了信念、自我知觉以及期望等认知成分，形成了一套解释个体行为的新的理论框架，即社会认知理论。该理论最早用来解释个体的社会学习过程，后又被广泛应用于健康行为促进领域，并为之后的诸多行为改变理论模型的提出奠定了理论基础（如健康行为过程理论）。

社会认知理论首先描述了一个由个体、环境和行为构成的动态交互作用系统，被称为"三元交互决定论"。个体因素包含了个体的信念、期望、态度以及知识等认知成分；环境因素包含了外部资源、行为结果、他人的影响等外部客观条件；行为因素主要指个体的行动、目标选择、技能和练习等内容。社会认知理论认为，这三类因素互相影响，一方面个体的认知要素（如信念、动机等）能够强有力地支配并引导行为，行为及其结果又能反过来影响并决定思维的内容和形式，并给个体带来不同的情感体验；另一方面，个体的个人特征（如人格特质、社会角色差异等）会引起或激活对不同环境的反应，而行为结果是个体与环境进行互动的中介，是人用以改变并适应环境的手段，因而行为不仅受到个体的需要支配，还受到环境和客观条件的制约和影响（见图10-4）。

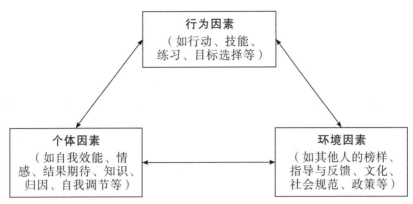

图 10-4 社会认知理论模型

自我效能是社会认知理论的核心概念。在健康行为语境下，自我效能是个体对自己的健康行为能力及该行为能否在不同的挑战情境中产生预期结果所持有的信念，即自信程度（在前面健康信念模型中已提到）。社会认知理论认为，个体在活动中可以通过四个方面来形成或者增强自我效能，即亲身成功经验（个体对自身在实际活动过程中所获得的成就水平的感知，直接成功经验是获得或增强自我效能最有力的来源）、替代性经验（榜样、和自己相仿的其他人的成功经验）、言语劝导（鼓励激励的话语、对特定行为表现的积极反馈）以及身心状态（导致个体感到兴奋或紧张的生理和心理反应，即生理和情绪唤醒状态）。

社会认知理论强调"观察学习"（或"替代学习"）具有关键的作用。观察学习指个体通过观察他人的行为及其强化结果习得某些新的反应，或使其现有的某种行为反应特征得到矫正。基于信息加工模式，社会认知理论认为观察学习由 4 个相互关联的过程组成，即注意过程（开始分配心理资源，挑选被观察者或示范原型）、保持过程（以符号化的形式将示范行为表象化并且保留在记忆中，包含视觉表象以及言语编码）、产出过程（将符号表象转换成外显行为的过程）以及动机过程（观察在特定情境下由于某种诱因的作用而表现示范行为的过程）。

社会认知理论还认为，结果期待（outcome expectancy）也是行为过程的重要决定因素（Bandura，1986）。在社会认知理论框架中，个体的动机和行动过程以情境结果期待、行动结果期待以及自我效能为基础。情境结果期待是指在不改变个体行为的情况下会发生哪些后果的信念（类似于健康信念模型和保护动机理论中易感性的概念）。行动结果期待是对某特定行为是否导致既定结果的信念（类似于健康信念模型和保护动机理论中行为好处的概念。例如，经常锻炼会降低患心血管疾病的风险）。社会认知理论认为，情境结果期待、行动结果期待以及自我效能之间有明确的因果顺序（Norman & Conner，2005）。情境结果期待被认为是行为的远端决定因素，主要通过影响行为结果期待，进而影响行为的发生。例如，如果个体认为自身具有很高的健康风险，这种对健康威胁的感知会促使个体考虑采取不同的行为来减少这种风险。行为结果的期待会通过影响个体的行为目标或意图以及自我效能来影响行为。情境结果期待和行为结果期待共同影响着行为意向的形成。自我效能既会对行为产生直接影响，也可以通过行为意向间接影响行为。

社会认知理论相关概念假设在不同人群的多种健康行为中均得到了广泛的应用与检验。基于社会认知理论的心理学干预方案在促进身体锻炼方面的有效性已得到了大量实证研究的支持（Young et al., 2014; Stacey et al., 2015）。社会认知理论的优点体现在概念相对容易理解，全面考虑到行为过程的个体和环境的交互作用，实践操作也相对容易（例如，可以通过行为改变技术，增强个体的认知因素）。然而，社会认知理论是基于传统行为主义学习理论发展而来，其受到动物实验研究局限性的影响，在解释和分析更为复杂的人类行为时的解释力明显不足。人类的行为过程包含更多不同的心理过程以及外部环境的影响，社会认知理论主要关注的还是行为意向的前因，对于行为转化以及维持所需要的意志过程并没有详细的解释。最后，社会认知理论提及的个体、环境和行为三者之间的动态关系较为笼统，当变量之间互为影响因素时，弱化了相关解释机制的准确性。

（四）计划行为理论

计划行为理论是在理性行为理论（theory of reasoned action, TRA）（Fishbein & Ajzen, 1981）基础上通过不断演化和发展而来。理性行为理论认为，个体行为主要出于完全自愿控制，受行为意向（behavioral intention）影响，而行为意向受个体对该行为的态度（attitude）和主观规范（subjective norm）所影响（Ajzen, 1985, 2019）。然而，在现实情况下，个体的行为并非总是完全出于个体的自愿控制，可能处于被控制的状态。因此，阿耶兹（Ajzen, 1985）在理性行为理论的基础上，增加了"知觉行为控制"成分，并提出了计划行为理论，认为个体做出特定行为是经过深思熟虑的计划的结果，受到行为意向以及意向前因的影响。行为信念（behavioral beliefs）、规范信念（normative beliefs）和控制信念（control beliefs）分别影响个体的态度、主观规范以及知觉行为控制的形成和发展。基于后续研究结果，阿耶兹等又对计划行为理论进一步扩展，添加了实际行为控制（actual behavioral control）和背景因素（background factors），从而形成了目前的计划行为理论模型（Ajzen, 2019; Bosnjak et al., 2020）（见图10-5）。

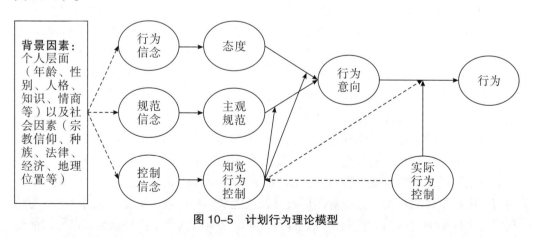

图10-5 计划行为理论模型

计划行为理论主要强调了健康行为的动机意向形成前的心理过程，认为行为改变是一个连续的过程。个体在不同背景条件下，会产生不同的行为信念、规范信念，以及控制信念。

行为信念是个体主观认为某种行为将产生既定结果或经验的可能程度（有多大）。行为信念将感兴趣的行为与预期的结果或经验联系起来。尽管个体可能对任何行为都持有许多不同的行为信念，但在给定的时刻或情境下，个体容易获得的行为信念数目其实相对有限。这些可获得的行为信念与个体对预期结果和经验的主观价值判断相结合，决定了个体对某种行为的普遍态度。态度指的是个体对行为表现的积极或消极评价的程度。有学者认为，可以将态度进一步分为认知性或工具性态度（cognitive/instrumental attitude）和情感性态度（emotional/affective attitude）两类（Phipps et al., 2021）。其中，认知性态度主要是指对行为具备的客观实用性进行的态度评判（例如，锻炼是对健康有益的或无益的），而情感性态度主要反映了个体对行为能够带来的主观体验性态度（如锻炼是令人感到愉悦的或令人厌烦的）。计划行为理论认为，态度直接影响行为意向，个体对某种行为的态度越正面和积极，则越利于形成执行该行为的意向。

主观规范是影响行为意向形成的另一个重要的前因变量。主观规范指个体在实施某特定健康行为时对社会压力的感知，或者说是个体感知到来自重要他人或团体有关是否应该实施某特定健康行为的压力（如对我来说重要的人都认为我应该定期地进行身体锻炼）。主观规范受到个体规范信念的影响。规范信念反映了个体面对某种行为而感知到的压力，这些压力来自个体参照的个人或群体（如朋友、家人、伴侣、同事等其他重要他人）。规范信念包含了对两类主观规范的可能性的认知：①禁令性规范信念（injunctive normative belief），例如，对我来说重要的人，认为我应该经常参与锻炼；②描述性规范信念（descriptive normative belief），例如，对我来说重要的人，他们自己会经常参与锻炼。主观规范信念的强度与个体规范参考对象对个体的意义或重要程度（如家人对我来说有多重要或影响有多大）综合决定了个体对某种行为普遍的主观规范。个体对某种行为具有积极的态度以及较高水平的主观规范，则容易形成该行为的意向，并产生相应的行为表现。

此外，计划行为理论假设个体行为是一个连续的意志控制过程，一端完全在意志控制下（类似于理性行为理论的假设），另一端完全不在意志控制下。大部分人的行为处于两个极端之间的意志控制范围之内。因此，增加知觉行为控制对预测不完全在意志控制之下的行为至关重要。知觉行为控制指个体预期在实施某特定行为时自身所感受到可以控制（掌握）的程度（如我每周进行身体锻炼完全是我自己可以决定的）。知觉行为控制受到控制信念的影响。个体的控制信念与个体感知到的可能促进或阻碍行为的因素有关。控制信念结合对于每个控制因素的感知能力，决定了个体对于某种行为的普遍知觉行为控制。计划行为理论认为，知觉行为控制也会影响行为的意向，但这种影响主要体现在对态度与主观规范与行为意向关系的调节作用。有学者还发现，知觉行为控制在行为意向到行为表现的路径中起到调节作用，但该假设仍需更多的检验与证据支持（Hagger et al., 2022）。近年来，相关学者还提出，行为的成功发生不仅仅取决于良好的意向，还取决于足够的行为控制水平（即实际行为控制）。实际行为控制反映了个体拥有执行某种行为所需要的技能、资源以及其他先决条件的程度（Ajzen, 2019; Bosnjak et al., 2020）。对于一些个体而言可能很难确定实际控制水平，因此有学者指出，在知觉行为控制比较准确的情况下，知觉行为控制可以扮演实际行为控制的代理（proxy）角色，用于对行为进行预测（Ajzen, 2019; Bosnjak et al., 2020）。

总而言之，计划行为理论提出了一套更为全面的理论框架，用于详细描述行为意向形成的过程，并对行为意向到行为表现的路径进行了初步的解释（如实际行为控制的作用）。计划行为理论在锻炼行为和其他健康行为中进行了广泛的应用，得到了大量的实证支持。并且，有研究者尝试将不同理论成分（如知识、自我认同、污名化、过往行为习惯等）纳入或整合到计划行为理论框架中，以期更好地预测和促进不同群体的锻炼行为（Jackson, Smith & Conner, 2003; Wang & Zhang, 2016; Cheng et al., 2019）。虽然计划行为理论能够有效地预测和解释个体的锻炼行为意向，但对于锻炼行为的解释力相对偏弱，仍然未能有效填补行为意向与真实行动之间的"行为界沟"（intention-behavior gap）。例如，一项汇总了72项基于计划行为理论的锻炼行为干预研究的元分析研究发现，行为态度、主观规范以及知觉行为控制解释了行为意向44.5%的方差，但对真实锻炼行为的解释力只有27.4%（Hagger & Chatzisarantis, 2001）。

二、阶段理论

不同于连续体理论，其他一些理论模型认为个体的健康行为变化具有阶段性，行为的变化过程具有非线性特征。因此，此类理论被称为"阶段理论"（Weinstein et al., 1998；段艳平 等，2006；Lippke & Ziegelmann, 2008）。阶段理论通常来说具有如下四方面特点：①阶段的定义。每个阶段理论会根据特定的规则，将个体归类于有限的种类或阶段，认为处于同一个种类或阶段的个体间具有相似的特征（如相似的锻炼行为水平），而处于不同阶段的个体在这些特征上则呈现出根本性的不同。②阶段的顺序。锻炼行为在不同阶段之间的变化遵从一般性次序。例如，处于前一阶段的个体需要花费一定的时间和努力，在完成了本阶段的具体任务后才有可能进入到另一阶段。③同阶段的相似性。处于同一阶段的个体面临的行为改变障碍相似，对于特定阶段的人群，可以使用相似的干预策略或手段来促进其行为的改变。④跨阶段的差异性。处于不同阶段的个体面临的行为改变障碍不同，影响阶段转化的因素在不同阶段的重要性存在差异。因此，每个阶段的个体需要接受不同内容的干预策略或手段以获得帮助并顺利进入行为变化序列的下一个阶段。下面将介绍三种比较经典的阶段理论。

（一）跨理论模型

20世纪80年代初，普罗察斯卡和迪克莱门特对心理治疗和行为变化的18种主要理论进行了比较分析，将这些理论的精髓有机结合之后，提出了一个行为改变的完整框架，创立了跨理论模型。跨理论模型最初应用于心理治疗中不良行为和不良嗜好的修正（如戒烟），之后在不同领域的行为改变研究中得以应用。跨理论模型包含变化的阶段（stages of change）、变化的过程（processes of change）、决策平衡（decisional balance）和自我效能（self-efficacy）四个核心概念。其中，变化的阶段是跨理论模型的结构依托，它将其他概念有机地整合在一起。跨理论模型通常描述了五个不同的阶段：①前思考期（precontemplation），在该阶段的个体无身体锻炼行为，还没有产生定期进行身体锻炼的意愿；②思考期（contemplation），在该阶段的个体无身体锻炼行为，但是在未来6个月内有开始进行定期身体锻炼的意愿；③准备期/决定期（preparation/determination），处于该阶段的个体开始进行身体锻炼，但仍低于建议水平（每周至少参与3次，每次至少20分钟），并在未来30天内有进行更多身体锻炼的意愿；④行动期（action），该阶段的个体有进行定期的、符合建议标准水平的身体锻炼（每周至少5次，每次至少30分钟），但坚持锻炼的时间少于6个月；⑤维持期（maintenance），处于该阶段的个体正在定期地进行身体锻炼且已经持续锻炼超过了6个月。此外，有研究者对跨理论模型进行了扩展和补充，认为除了上述的五个阶段之外，还应包括波动/倒退阶段（fluctuation/relapse stage）或者终止阶段（termination stage）（Shang et al., 2018; Duan et al., 2020）。然而，因为相关概念（如阶段划分特征及划分标准）尚未得到充分解决和验证，在一般的锻炼行为干预中，研究者通常只基于五个阶段的理论构架来设定相应的干预策略和内容。跨理论模型认为，阶段变化的顺序趋势以前进为主（即从前思考期到维持期），但倒退到早期阶段也可能发生。多次尝试及倒退回原位形成了一个类似环形的阶段变化趋势（见图10-6）。

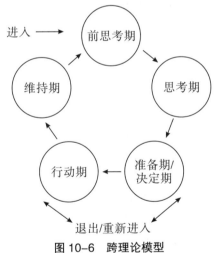

图 10-6　跨理论模型

跨理论模型强调了变化过程的重要性，认为一系列有针对性的策略能够推动个体在行为阶段的变化。变化过程由两个等级序列的结构组成：①认知/思考过程（cognitive/thinking processes），即个体通过认知和经验集合相关信息；②行动过程（behavioral/doing processes），即个体通过环境事件和行动集合信息（Nigg, Courneya & Estabrooks, 1997; Nigg & Courneya, 1998; 段艳平 等, 2006）。每个行为变化过程都包含五个不同的部分（Biddle & Nigg, 2000），具体见表10-1。此外，跨理论模型强调了决策平衡

（例如，个体对进行锻炼行为的积极性和消极性两方面的评估）及自我效能对于阶段变化的重要影响。跨理论模型的优点在于，为处于不同行为阶段的个体提供不同的策略，因此在实际干预中具有针对性，能够在一定程度上保证干预的有效性。然而，因为不同阶段的划分比较主观，并不一定符合个体的真实情况，如果不同的个体处于多个不同的行为阶段，实施干预将变得极为复杂。

表 10-1 跨理论模型中的"变化过程"（Biddle & Nigg，2000）

变化过程		定义（以锻炼行为为例）
认知/思考过程	意识提升	寻找有关锻炼的新知识、新信息
	情感唤醒	体验和表达不进行锻炼所带来的负面情感
	环境再评估	评估锻炼行为是如何影响自己周围环境的，如家人、朋友等
	自我再评估	对不锻炼所带来的影响进行认知和情感再评估
	社会承诺	增强意识并接受锻炼行为成为一种生活方式
行动过程	反条件化	为经常久坐行为选择合适的替代性锻炼活动
	帮助关系	从周围人际关系中寻求支持，以能够参与和继续进行身体锻炼
	强化管理	奖赏自己参与和坚持身体锻炼的行为
	自我承诺	制订锻炼计划，承诺能够进行锻炼行为，相信自身行为能够改变
	刺激控制	控制可能诱发锻炼行为中止的因素，建立积极线索以促进锻炼行为

（二）柏林阶段模型

柏林阶段模型是由德国心理学家福斯针对锻炼行为提出的一个阶段理论模型。柏林阶段模型在部分阶段的构想和跨理论模型具有相似性（如前思考期和思考期）。然而，柏林阶段模型提供了更多详细的划分，将锻炼行为的变化分为八个不同的阶段：①前思考期（precontemplation）；②思考期（contemplation）；③倾向期（disposition），即个体决定要进行身体锻炼，但缺乏锻炼计划；④行动前期（pre-action），即个体决定要进行身体锻炼，并且制订了详细的锻炼计划；⑤实施期（implementation），即个体开始根据计划进行身体锻炼，但坚持时间少于 6 个月；⑥习惯期（habituation），即个体定期进行身体锻炼并坚持 6 个月以上，需要意志控制的水平较低；⑦波动期（fluctuation），即个体没有定期进行身体锻炼，需要有较高的意志控制水平，受各种因素的影响较大；⑧重新恢复期（resumption），即个体在停止定期进行身体锻炼之后，有重新恢复锻炼的意向。柏林阶段模型认为，锻炼行为的前进、倒退、反复、停止等在各个时期均有可能发生。每个阶段都受到不同的社会认知变量的影响，如社会支持、自我效能等。这些变量会促进个体认知水平以及锻炼行为的变化，促使行为阶段的更替。在柏林阶段模型中，阶段的划分需要使用特定的阶段算法，即"运动阶段诊断问卷"（Fuchs，2001；段艳平 等，2009）。柏林阶段模型的适用性在中国的大学生、大学教职员工和银行职员等人群均得到了检验（段艳平 等，2006，2009）（见图10-7）。

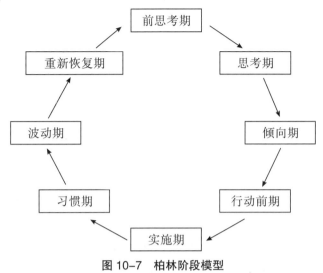

图10-7 柏林阶段模型

（三）从无活动到保持活动的四步骤模型

从无活动到保持活动的四步骤模型是专门针对锻炼行为提出的理论模型，用于描述和解释从久坐行为到形成锻炼习惯的变化过程（段艳平 等，2014）。身体活动（或体力活动，physical activity，PA）包含不同的类别，其中以促进健康为目的的身体活动即为身体锻炼行为。身体锻炼是指以促进健康和身体机能发展为目的且不存在危险因素的身体活动形式，锻炼计划的内容主要包括锻炼的类型、频率、时间和强度。该理论模型将个体从不积极到积极地进行身体锻炼的过程划分为六个阶段、四个步骤，其中五个阶段大致和跨理论模型相似，除此之外，该模型还增加了一个波动期阶段。六个阶段分别为：①前考虑期（non-considering）；②考虑期（considering）；③准备期（preparing），即个体无身体锻炼行为，但下定决心并制订好计划；④探索期（exploring），即个体定期进行身体锻炼，但持续时间不超过一年；⑤波动期（fluctuating），即个体有进行身体锻炼，但还没有形成规律；⑥维持期（maintaining），即个体定期进行身体锻炼，并且持续一年以上（见图10-8）。

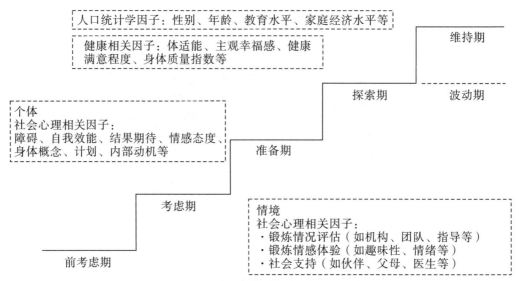

图 10-8 从无活动到保持活动的四步骤模型

除了六个阶段的理论假设外,从无活动到保持活动的四步骤模型提出行为变化的四个步骤:①从完全"不考虑"到"考虑"进行身体锻炼;②从"考虑"到"下定决心并做好计划"进行身体锻炼;③从"准备阶段"到"实际的行为尝试和探索";④从行为的"探索或波动"到行为的"稳定持续"状态(段艳平 等,2014)。从无活动到保持活动的四步骤模型的有效性在中国和德国群体中均得到了一定验证(段艳平 等,2012;Duan et al., 2016)。相较于低强度的身体锻炼,从无活动到保持活动的四步骤模型对于中高强度身体锻炼行为的敏感度更高、特异性更低(Duan et al., 2016)。阻碍因素和内部动机是影响锻炼行为阶段变化的最重要因素,而制订计划对于非行动阶段至关重要,锻炼行为的趣味性对从无到有的阶段过渡起到重要作用(Duan et al., 2015)。

三、行为改变的混合理论模型

除了连续体和阶段理论模型外,有学者提出了行为改变的社会认知模型,这类模型中既包含了连续体理论强调的行为改变的线性属性,也强调了行为改变的不同阶段特征。因而,这类理论也可以被称为"混合理论模型"。下面介绍两个较为常见的混合理论模型。

(一)健康行为过程理论

德国心理学家施瓦泽(Schwarzer, 2008, 2016)在社会认知理论的基础上,提出了健康行为过程理论。该理论融合了连续体理论以及阶段理论模型的特点。健康行为过程理论提出,个体的行为变化包含两个性质不同的大阶段,即动机阶段(motivation phase)和意志阶段(volition phase)。动机阶段的主要任务是形成某个特定行为的意向,而意向一旦确定之后,个体进入意志阶段,通过一系列自我调节机制(如制订行动计划）启动并维持某特定行为。健康行为过程理论认为，个体从动机阶段到意志阶段的变化过程中又包含三个连续的子阶段：①决定前阶段（无意向者，non-intender）；②决定后–行动前阶段（意向者，intender）；③行动阶段（行动者，actor）（见图10-9）。在决定前阶段，个体还没有决定要进行身体锻炼，但思想上已经开始经历着一个变化的过程，随着对于健康相关知识和风险感知的提高，对于身体锻炼行为的信心和感知能力的增强，以及对于身体锻炼行为产生更多积极的结果期待，个体逐渐形成进行身体锻炼的行为意向。这个阶段过程中，风险感知（risk perception）、结果期待（outcome expectancy）和动机/行动/任务自我效能（motivational/action/task self-efficacy）对于意向的发展起着重要的作用。

一旦行为意向形成之后，个体将进入决定后–行为前阶段。当个体已经确定了进行身体锻炼的行为意向，需要制订详细的锻炼行为计划，进而促进意向转化为具体行动。根据健康行为过程理论，个体需要制订两类计划来帮助行动的启动：行动计划和应对计划。行动计划是行为意向的进一步扩展和细化，包含了"何时、何地、如何去进行身体锻炼"的行动方案（例如，我计划每周五与同学一起去学校游泳馆游泳一个半小时）。考虑到行为的实施过程中，个体可能会遇到很多困难和障碍，因此需要预先制订应对计划。应对计划包含了提前预设的行为障碍，以及针对障碍采取的替代或解决方案。通常应对计划可以采用"如果……那么……"的范式进行设置（例如，如果周五游泳馆临时闭馆，那么我会和同学去篮球场打一个半小时的篮球）。除了制订计划，健康行为过程理论提出动机自我效能和维持自我效能（maintenance self-efficacy）均对行为的启动至关重要。

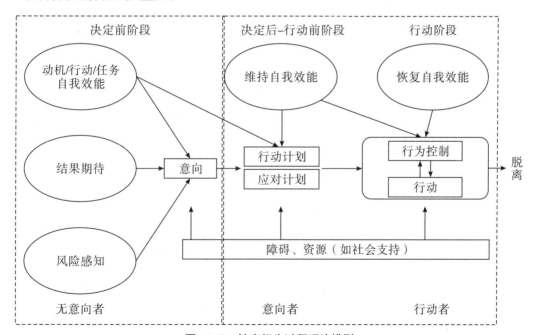

图 10-9　健康行为过程理论模型

当计划成功转化为行动之后，个体随即进入行动阶段。该阶段的个体已开始定期进行身体锻炼，并通过自我调节策略帮助行为的维持和防止行为倒退。根据健康行为过程理论，在行动阶段，行为控制（action control）是最重要的自我调节策略，包含三个成分：①自我监控（self-monitoring），如"我经常监督自己是否按计划进行身体锻炼"；②标准意识（awareness of standard），如"我时常会留意到自己有进行身体锻炼的意向"；③自我调节的努力（self-regulatory effort），如"我尽了自己最大的努力去完成定期锻炼的计划"（Sniehotta, Scholz & Schwarzer, 2005）。此外，维持自我效能和恢复自我效能（recovery self-efficacy）对行为的维持和避免行为的倒退起到重要作用。

健康行为过程理论还提出，在个体行为变化的过程中，外部的障碍和资源（如感知到的社会支持）对个体行为意向的形成、行为的启动和维持具有重要影响。健康行为过程理论弥补了之前连续体理论尚未解决的问题，即行为意向形成之后并不一定发生行为，行为意向和行为发生之间存在"行为界沟"（intention-behavior gap），而这个界沟体现了行为改变不仅涉及动机阶段，还包含一个意志阶段。另外，健康行为过程理论优化了解释个体行为及行为变化的能力。例如，将行为变化阶段划分为三个子阶段，确保其可以更明确地解释个体的健康行为（如身体锻炼、健康饮食等）。健康行为过程理论已被广泛应用于不同人群的健康行为促进中（如青少年、大学生及心脏病康复患者等人群的锻炼行为与果蔬摄入行为的促进项目），其有效性得到了相应的支持和验证（Zhang et al., 2019）。

（二）多过程行为控制理论

多过程行为控制理论是身体锻炼领域另一个被广泛应用的混合理论。该理论强调意向和行为的转化过程，认为个体的锻炼行为包含三个阶段和三个过程（见图10-10）。

意向形成阶段（intention formation）。所有个体在产生一个行为之前一定先有意向，几乎没有人会在无意向的情况下进行身体锻炼。而影响意向的形成是反思性过程（reflective processes），即个体对行为有意识的思考和结果预期。其中包括，情感态度（affective attitude），即从行为中获得积极或消极情感体验，如"身体锻炼是令人愉悦的还是很无趣的"；价值态度（instrumental attitude），即对行为效用的看法，如"对身体健康是有好处的还是没有帮助的"；能力感知（perceived capability），即对自己是否有能力/技巧完成行为的感知；机会感知（perceived opportunity），即对自身是否有时间、有合适的场地去进行某种行为的感知。情感态度、能力感知、价值态度和机会感知均在反思性过程中发挥着作用。

意向形成之后是采取行动（adoption），即意向转化行为的阶段。该阶段涉及行为的调节过程（regulation processes），即运动行为和认知策略通过调节行为来维持对意向的关注，保证意向能够顺利转化为实际行动。这个过程包含计划和自我监控等策略（同健康行为过程理论中的概念一致）。需要注意是，前一阶段的反思性过程对该阶段的调节过程具有直接影响。

意向成功转化为行为之后,就是行为的维持阶段(maintenance)。多过程行为控制理论认为,行为的持续性依赖于反射性过程(reflexive processes)。反射性过程代表更冲动或不那么理性的结果,常通过习得的联系来影响行为控制,并通过特定的环境和线索刺激处罚。其中两个主要的反射性因素包含行为习惯和身份认同。行为习惯(habit)即通过刺激–反应联系而执行的行为,通常不需要太多意志努力,受线索刺激而执行行为,更为快速和自动化;身份认同(identity)即有意识地通过自我分类把个体自身和一个特定身份以及与该身份相关的期望联系起来。当行为和自我分类不一致时,身份认同就会起作用来减少不一致导致的不愉悦感,如"正在减肥的个体,会对一些高热量的甜品零食说不"。此外,多过程行为控制理论还认为,人格特质可能对个体的身体锻炼行为产生影响。

多过程行为控制理论强调,个体从意向形成到采取行动控制,再到行为维持符合因果顺序结构。换而言之,反思性过程、行为调节和反射性过程会随着时间推移有序进行,但不同过程之间也存在交互作用和强化。多过程行为控制理论的构建主要基于前人的实证研究和理论基础,但其在解释行为变化的中介因素和变量之间的路径关系方面存在一定的局限性。然而,从实践角度看,多过程行为控制理论在构建时充分考虑了干预的可操作性,旨在概述关键结果和这些结构在身体锻炼行为中运作的基本框架。因而针对不同的阶段和过程,便于研究者采取实用的行为改变策略。

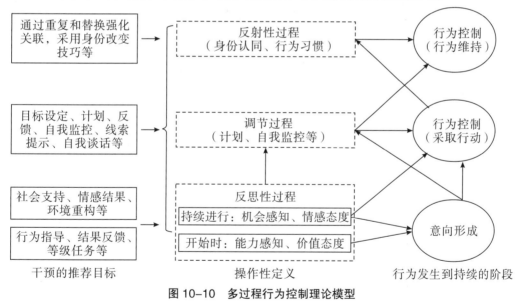

图 10-10 多过程行为控制理论模型

除了上述的理论模型之外,还有一些理论模型也常被应用于锻炼行为的促进中,例如,自我决定理论(self-determination theory, SDT)、能力机会动机行为模型(capability opportunity motivation and behavior, COM–B)和生态系统理论(ecological system theory)(Bronfenbrenner, 1979)等。自我决定理论是由美国心理学家德西和莱恩(Deci & Ryan, 1985)提出的一个有关动机和人格的宏观理论,从个体与环境之间的有机互动视角为个体自我决定行为提供了解释。能力机会动机行为模型是由米基等(Michie et al., 2011)

从应用和实践角度提出的新的行为改变路径和框架。生态系统理论最初主要用以研究儿童的不同行为变化，强调个体与环境的关系。其从生态学的角度，将个体与环境的相互作用划分为微观系统、中间系统、外围系统以及宏观系统四大系统（杨剑 等，2014）。上述理论模型的有效性也在不同人群的健康行为促进研究中得到了实证支持。

本 章 小 结

本章第一节对影响锻炼行为的五大主要因素进行了介绍，包含人口统计学因素、健康状况因素、心理学因素、相关行为因素以及环境因素。在未来锻炼行为的相关调查或干预研究中，应当考虑不同年龄群体的人口统计特征差异对执行及维持锻炼行为的影响。对于健康水平较低或患有慢性疾病及心理情绪障碍的个体，在实施干预时要考虑如何提高其参与度与依从性。此外，在未来设计包含锻炼行为的健康促进方案时，要充分发挥心理学因素的作用，并合理控制相关行为因素的影响，或者利用不同健康行为之间的相互关系，如代偿关系和迁移机制（Lippke, 2014; Liang, 2020），以达到更好的干预效果以及健康效益。本章第二节分别介绍了行为改变的连续体理论、阶段理论和混合理论。虽然连续体理论能够有效地预测和解释个体的锻炼行为意向，但对于锻炼行为的解释力相对偏弱（Hagger & Chatzisarantis, 2001; Sheeran & Webb, 2016）。连续体理论重点关注了锻炼行为意向形成前的过程（即意向前动机过程），而对意向形成后实际行为的转化过程关注不足，这忽视了行为意向和实际行动之间出现的"界沟"（Rhodes & De Bruijn, 2013; Sheeran & Webb, 2016; Vallerand et al., 2016）。同时，连续体理论似乎提供了一个锻炼行为改变的"万全之策"（one-size-fits-all），貌似基于连续体理论的干预对不同个体都适用，但实际上忽略了个体可能随时间变化而产生的差异，如个体心理状态的改变、阶段更替、锻炼行为的前进或倒退等（段艳平 等，2006）。阶段模型理论虽然可以解释个体锻炼行为的大部分变异，但阶段模型理论中的阶段定义是对行为改变的"人为定义"，可能是"虚假的阶段"。例如，跨理论模型中用时间作为阶段划分的标准可能过于武断和缺乏合理性（Abraham, Norman & Conner, 2000; West, 2005）；所谓的阶段并不具备真正的阶段特性，而只是对行为变化的连续过程的任意细分，很多处于所谓的特定阶段的个体可能并不符合该阶段的划分标准，而整个行为阶段的变化实际上还是线性的，个体行为的差异只是由于其处于行为的连续性变化过程中的不同节点而已（Kraft, Sutton & Reynolds, 1999; Sutton, 2005）。此外，有些阶段模型因为划分过于细致和复杂，无疑增加了实施干预的难度和可行性。甚至，基于阶段模型的行为干预的有效性也受到了质疑（Adams & White, 2005）。混合模型理论吸收了连续体理论和阶段模型的优势，为行为的变化过程提供了更为全面、深入的分析，解释力度也更强。然而在设计实际的干预方案时，也会显得更复杂，并且不同行为决定因素之间的关系及其内部机制也需要进一步检验。在未来的研究和实践应用中，有待根据不同的研究目的需要，以及研究人群特点，选择最为适宜和有效的行为改变理论模型作为实践指导。

思 考 问 题

1. 比较健康信念模型和保护动机模型。它们有什么共同点和区别？它们有哪些优势和局限性？

2. 社会认知理论中最核心的概念是什么？影响这个概念的因素有哪些？

3. 计划行为理论中对行为意向有直接影响的两个概念是什么？它们具体包含哪些不同的类别？

4. 比较跨理论模型、柏林阶段模型以及从无活动到保持活动的四步骤模型。它们的相似之处和区别分别是什么？

5. 健康行为过程理论和多过程行为控制理论分别将行为改变过程划分为哪些不同的过程？每个过程中起作用的因素是哪些？

6. 任意选取两个不同类别的行为改变理论，思考它们是如何应用到锻炼行为的研究或实践的（课后自学内容）。

第十一章　促进锻炼行为的心理学手段

本章导读

本章将简要阐述促进个体锻炼行为的心理学手段，并依据第十章的相关理论应用进行举例。本章主要包括三个小节：第一节主要关注心理学理论在促进个体锻炼行为方面的应用实践，阐述为什么锻炼行为干预需要基于心理学理论框架，行为改变技术是什么，在具体实践中如何应用心理学理论及行为改变技术，以及什么是干预映射框架及其具体应用示例；第二节介绍锻炼行为干预中的不同干预模式，对各类干预模式的优缺点进行述评，以期为未来的锻炼行为促进实践和科研工作提供参考；第三节介绍促进锻炼行为的心理学干预的简要流程，以期为读者在设计锻炼干预项目方面提供更为系统化的实践指导。

第一节　心理学理论的应用示例

一、基于理论的锻炼行为干预

通常研究者在设计促进锻炼行为的心理学干预方案时，可能依据现有心理学理论框架来进行，也有可能依据先前已被证实的有效干预技术来开展。但回顾以往的研究综述发现，众多的研究者提倡应当基于科学的心理学理论模型来设计促进锻炼行为的干预方案（Fishbein & Yzer, 2003; Lippke & Ziegelmann, 2008; Prestwich et al., 2014; Gourlan et al., 2015; Conner & Norman, 2017）。提倡心理学理论的应用主要出于以下几个考虑：首先，众多健康行为改变的理论模型可有效描述、预测和解释个体锻炼行为的改变过程，应用这些心理学理论模型将有助于研究者和实践者更好地了解行为改变的内部机制（如中介机制和调节机制）。在设计相关的干预方案时，便可以更好地聚焦于那些可促进锻炼行为变化的决定因素，从而使得行为干预更加有效。其次，基于心理学理论而设计的锻炼行为干预方案的可行性更高，在评价相关干预方案有效性的同时，可以进一步以检验和发展相关理论，具有重要的理论意义。最后，基于理论的锻炼行为心理学干预，能够在科学的理论框架下更好地检验和鉴别那些真正起到作用的心理学因素，即行为改变的决定因素（Michie et al., 2018）。因此，能够保证在不同文化背景下以及不同的人群中开展有效的锻炼行为促进项目。

相关证据也支持了基于心理学理论的锻炼行为干预比未基于理论发展而成的干预更为有效（Webb et al., 2010; Conner & Norman, 2017）。有学者对190项锻炼行为的干预研究进行元分析发现，大约有一半的研究报告基于相关心理学理论模型（Gourlan et al., 2015）。这些研究基于单个理论，或多个理论的整合。有些学者认为，融合不同的理论模型来指导行为干预，能够帮助研究者更容易解释行为改变的过程，并且能够更好地理解这些理论元素对于行为改变的预测效力（Lippke & Ziegelmann, 2008; Hagger，2009）。例如，布曼等（Buman et al., 2011）在老年人群的锻炼行为促进干预中，将社会认知理论和自我决定理论的相关概念融合之后来指导干预方案。也有研究者将跨理论模型和社会认知理论融合在一起作为锻炼行为干预方案的理论基础（Pinto et al., 2011）。然而，普雷斯特维奇等（Prestwich et al., 2014）的元分析汇总了107项锻炼行为及饮食行为的干预研究发现，具体应用何种理论对于锻炼行为改变的干预效果上没有显著影响，但是基于单独理论的干预研究比基于多个理论的干预研究可能产生更大的干预效果。古尔兰等（Gourlan et al., 2014）对82项随机对照试验进行元分析得出了相似的结果，发现基于单个理论的心理学干预比基于多个理论的干预在促进锻炼行为上有着更大的效果量［（$d = 0.35$, 95% 置信区间为 $0.26 \sim 0.43$）对比 $d = 0.21$, 95% 置信区间为 $= 0.11 \sim 0.32$）］。研究者解释，造成上述结果的主要原因是大部分基于多个理论的锻炼行为干预，并没有全面严格地依据理论框架进行方案设计。也有学者提出，无论是基于单个理论还是基于多个理论的锻炼行为干预，在行为改变方面只能达到很小的效应量（Taylor, Conner & Lawton, 2012; Gourlan et al., 2015; Rhodes et al., 2017），原因除了理论的报告和应用不当外，最主要可能是由于很多干预方案事实上没有全面地基于相关理论框架。例如，一些干预方案在设计时仅仅使用了特定理论模型中的某一个或某几个概念，并没有严格依从整个理论构想的组织原则。因此，某些锻炼行为的心理学干预方案，不能称其为真正的"基于理论的干预"（theory-based intervention），而其仅仅是"理论启发式干预"（theory-inspired intervention）（Abraham & Michie, 2008; Conner & Norman, 2017）。鉴于此，众多研究者倡导要全面地、严格地依据心理学理论模型来设计锻炼行为的干预方案；同时，应该进一步检验真正在行为改变上起作用的理论成分［即有效成分（active ingredients）］，从而有助于更好地设计和应用基于心理学理论的锻炼行为干预方案（Conner & Norman, 2017）。

二、行为改变技术

本章前面介绍了设计促进锻炼行为的心理学干预方案应当基于科学的理论，并且研究者应当进一步检验行为改变过程中真正起作用的心理学成分。然而，在实际操作中，通常会面临很大的挑战（Michie et al., 2011）。一方面，心理学理论模型仅仅提供了概念性的描述和解释，较少提供实际的、可操作性的指导（即如何将理论应用于解决实际问题）；另一方面，在实际应用中促进锻炼行为的心理学干预方案往往相对复杂，且包含了诸多互相作用的成分。正因如此，促进锻炼行为的心理学干预方案在可重复性、操作性等实践方面面临巨大挑战，也对实证结果的整理、知识的积累和推进更有效的干预研究产生重要影响。针对上述的锻炼行为干预方案的操作性问题，有学者提出的解决方案是增加对"行为改变技术"的介绍与应用（Michie et al., 2008, 2011, 2013）。

行为改变技术（behavior change technique, BCT）被定义为"旨在改变和重新定向因果过程来调节行为的干预方案中，那些可观察的、可重复的成分；行为改变技术被认为是潜在的促进行为变化的有效成分（active ingredients），如反馈、自我控制、强化等"（Michie et al., 2013; Carey et al., 2019）。比较广泛应用的行为改变技术分类表包含93个行为改变技术的分类表（BCT Taxonomy v1, BCTT v1），全面纳入了归属于16个大类的行为改变技术，为不同的健康行为干预研究提供了可靠的操作性指导（Michie et al., 2013）。针对锻炼行为，米基等（Michie et al., 2011）对先前的26条目的行为改变技术列表（Coventry, Aberdeen & London taxonomy of behavior change techniques, CALO）进行了补充和发展，提出了40条目的行为改变技术分类表（Coventry, Aberdeen & London-refined, CALO-RE），CALO-RE示例见表11-1。行为改变技术被广泛应用于促进锻炼行为的心理学干预研究中，相关元分析还指出，相较于只应用了一种行为改变技术的干预研究，那些采取多种行为改变技术组合的干预研究在促进锻炼行为方面的效果更为显著（Prestwich et al., 2014）。

表11-1　40条目的行为改变技术分类表的举例（CALO-RE）（Michie et al., 2011）

行为改变技术	具体描述
1. 行为的普遍性影响	提供行为有可能造成的普遍性影响的相关信息，通常基于流行病学的大数据，而非某个个体的数据，如缺乏锻炼会增加20%～30%的慢性疾病发病率和死亡风险
2. 行为对个体的影响	提供采取或不采取某行为对于个体的好处与风险的相关信息，通常基于个体特征，如人口统计学数据、临床相关的或者心理学相关的信息。这里可以包含任何和健康非相关的好处或风险，如锻炼可以让我感到心情愉悦
3. 他人的赞同	包含周围人如何看待某特定行为，指出其他人喜欢、赞同或者不赞同进行该行为，例如，我家人都赞同，认为我应该坚持长期的身体锻炼
……	……

三、心理学理论和行为改变技术的应用实例

行为改变技术应当和行为改变的内在机制相联系，应当在行为改变理论模型的框架内进行合理的应用，从而更好地发挥那些促使行为变化的有效成分的作用，保证行

为干预达到更好的效果,并且容易操作、可重复性高(Michie et al., 2018)。下面以一项基于网络的健康行为干预研究为例,示范如何基于心理学理论合理应用行为改变技术,设计促进锻炼行为的干预方案(Liang et al., 2019)。

该研究的主要目的是促进中国大学生群体的锻炼行为和果蔬饮食行为。此处,以锻炼行为方面的干预内容为例。该研究中,锻炼行为的干预内容以健康行为过程理论为理论框架(Liang et al., 2019)。整个干预方案包含四周的在线学习内容,这些学习材料聚焦于健康行为过程理论中的相关心理学概念:①行动自我效能、结果期待、风险感知,用以促进锻炼行为意向的形成或者确定行为目标;②行动计划、应对计划、维持和恢复自我效能、社会支持等,用以将行为意向转化为实际行动,促进行为的发生、维持以及防止行为的倒退。在四周的时间内,研究者将每周分别针对健康行为过程理论中包含的理论概念进行干预(见表11-2)。

表 11-2 锻炼行为的干预内容(Liang et al., 2019; Duan et al., 2022a)

理论模型成分	第一周	第二周	第三周	第四周
风险感知	√			
结果期待	√			
三类自我效能	√	√	√	√
目标(意向)	√			
行动计划		√	√	
应对计划			√	√
社会支持				√

研究者为了提升干预方案的操作性,基于健康行为过程理论的干预内容,采用了一系列行为改变技术(见表11-3)。具体使用了"自上而下"的策略,基于事先确定好的理论框架(即健康行为过程理论),然后选择与理论概念成分(如风险认知、结果期待、自我效能等)相对应的行为改变技术(基于93个条目的 BCTT v1),再通过实施这些行为改变技术来发挥健康行为过程理论的心理学成分在锻炼行为变化中的作用,最终实现对行为的促进作用。

表 11-3 行为改变技术的应用

行为改变技术		干预课程时间
BCTT v1-5.1	提供进行身体锻炼或者缺乏身体锻炼的健康结果	第一周
BCTT v1-1.1	设定健康行为目标	
BCTT v1-1.3	设定健康结果目标(如体重管理、增强体质)	

续表 11-3

行为改变技术		干预课程时间
BCTT v1-1.4	设定行动计划（如什么时间、什么地点、同谁进行什么类别的身体锻炼）	第二周至第三周
BCTT v1-4.1	提供身体锻炼指导（如提供不同类别身体锻炼需要的频率、强度、操作方式和注意事项等）	
BCTT v1-1.2	问题解决（如应对计划、确认锻炼障碍、防止行为倒退等）	第三周至第四周
BCTT v1-1.6	行为和目标差异评估	
BCTT v1-3.1	社会支持	第四周
BCTT v1-1.5	回顾评价健康行为目标	第二周至第四周
BCTT v1-1.7	回顾评价健康结果目标	
BCTT v1-2.2	行为反馈	
BCTT v1-6.2	促使社会比较（如列举榜样例子）	
BCTT v1-10.4	及时的社会奖励（如文字的鼓励赞美）	
BCTT v1-15.1	及时的口头鼓励（如鼓励参与者相信其有能力可以成功执行和坚持身体锻炼）	

资料来源：Michie et al.（2013）。

此外，无论是基于单个理论还是多个理论的组合，与上述实例不同，行为改变技术还可以通过特定的组织方式来和理论概念相联系，从而更符合行为改变的内在机制（可以理解为"自下而上"的策略）。目前，比较广泛使用的组织方式包含行为改变方向指引（behavior change wheel guide）（Michie, Atkins & West, 2015）、干预图／干预映射（intervention mapping）（Bartholomew et al., 2006; Eldredge et al., 2016）和理论领域框架（theoretical domains framework）（Cane, O'Connor & Michie, 2012）。接下来，将对干预映射框架进行简要介绍。

干预映射框架是包含 6 个步骤的组织方式指南，用以指导如何在心理学理论模型的基础上，合理的应用行为改变技术，从而设计科学有效的行为促进干预方案（Bartholomew et al., 2006）。这 6 个关键步骤为需求评估和文献综述、确认健康结果和干预目标、挑选理论方法及实践策略、提出程序方案、制定应用和实施方案以及制定评估方案。下面结合实例对干预图框架的 6 个步骤进行介绍。

（一）步骤 1：需求评估和文献综述（needs assessment and literature review）

干预图的第一个步骤是进行需求评估和文献综述。例如，已有研究发现中国企业职工的久坐行为严重，参与身体锻炼的比率普遍很低，因而研究者的计划旨在促进这些职工的锻炼行为（即需求评估）。需求评估之后，研究者需要对相关的文献进行回顾和综述，用以确认：①什么理论结构或成分能够最好的预测职工群体的锻炼行为；

②以往成功有效的职工锻炼行为促进项目中最频繁应用的干预策略有哪些。最后，可以抽取来自不同企业的职工，邀请其参与焦点小组讨论，用以确定在工作场景中进行锻炼行为的障碍和诀窍并用以保证在该场景下实施行为干预的可行性。焦点小组讨论的结果往往也为后面的执行过程（即步骤5）提供大量的宝贵信息和指引。

（二）步骤2：确认健康结果和干预目标（identification of outcomes and objectives）

干预图的第二个步骤是进一步明确想要达到的健康结果并确定具体的干预目标。例如，研究者想要的总体干预结果（outcomes）是锻炼行为得到改善。但是，研究者需要知道锻炼行为可以发生在不同场景（工作、居家环境等），并且锻炼行为的影响也可能不同（个体的、人际间的、环境的）。因此，研究者需要将这些内容具体化和明确化。例如，研究者之前确定的干预结果是"企业职工在工作场景下的中等强度以上的锻炼行为得到增多"。基于上述的预期健康结果，研究者进而可以确定具体的绩效目标（performance objectives）。例如：①增加职工在工作期间进行身体锻炼的意向；②制定切合实际的目标。最后，研究者需要针对每个不同绩效目标来分别制定实际上可以改变结果目标（change objectives）的具体干预方案。在这个环节，研究者需要依据步骤1所得到的结果，找出实际需要进行干预的决定行为改变的心理学概念成分是哪些，然后对其进行改变目标的设定。由于研究者的一个执行目标是增加职工在工作期间进行身体锻炼的意向，那么根据步骤1的结果，研究者发现相关的理论和文献综述提出，增加自我效能、态度和主观规范以及态度可以更好地促进职工锻炼行为的意向。因此，研究者需要设定的干预改变目标就是：增加职工锻炼行为的自我效能、态度以及主观规范。另外，研究者对不同的改变目标进行矩阵列表总结（举例见表11-4）。

虽然步骤2看起来比较烦琐和耗时，但是这个步骤对于整个干预方案的设计十分重要。它有助于干预方案设计者更准确地了解需要关注的行为是什么、具体要改变什么内容（change objectives），从而实现研究者想要达到的绩效目标（performance objectives），进而达到预期的健康结果（outcomes）。

表11-4 干预结果1"企业职工在工作场景下的中等强度以上的锻炼行为得到增多"的改变目标的矩阵列表举例

绩效目标	自我效能	态度	主观规范	知识
1. 制定切合实际的目标	—	态度1：相信在工作场景下进行中等强度的身体锻炼是有益的并且令人感到愉悦的	—	知识1：描述进行身体锻炼的健康效益。 知识2：描述应该进行什么程度的身体锻炼。 知识3：描述缺乏身体锻炼可能造成的健康风险。 知识4：描述什么类型的身体锻炼能够产生何种健康效益

续表 11-4

绩效目标	自我效能	态度	主观规范	知识
2. 产生锻炼行为意向	自我效能1：表达出自己能够在工作场景下锻炼行为的信心	态度1：相信在工作场景下进行中等强度的身体锻炼是有益的并且令人感到愉悦的	主观规范1：认识到他人也想要在工作场景中进行中等强度以上的身体锻炼。主观规范2：认识到其他职工也认为应该在工作场景中参与中等强度以上的身体锻炼	—
3.……				知识5：……
4.……	自我效能1：表达出自己能够在工作场景下锻炼行为的信心			
5.……			主观规范2：认识到其他职工也认为应该在工作场景中参与中等强度以上的身体锻炼	知识2：描述应该进行什么程度的身体锻炼

"—"表示不适用。

（三）步骤3：挑选理论方法及实践策略（selection of theoretical methods and practical strategies）

当研究者已经生成干预改变目标的矩阵列表后，下一个步骤是挑选出合适的理论方法来促进锻炼行为，并且将这些理论方法转化为可操作的实践策略。通常可以成立一个专家小组，然后结合步骤1中文献综述和焦点小组讨论的结果，研究者可以为不同的行为改变的决定因素（即上述的理论概念成分，如自我效能）确定相应的理论方法，并将这些转化为具体的实践策略。例如，研究者需要干预自我效能、态度以及主观规范等理论成分，那么现在研究者就需要挑选出实践应用中最合适并且有效的行为改变技术，用以实现研究者的干预目标。

（四）步骤4：提出程序方案（creation of a programme plan）

第4个步骤是形成一个有组织的程序方案。专家小组会对整个干预执行提供指导，包含整个干预的目标、最合适的干预渠道等。通常，每个干预目标下可能会包含数量繁多的干预策略。在实际操作中，研究者应精心筛选干预策略，考虑实际操作的可行性及资源的有限性。在这个步骤中，研究者还需要制定一个具体的时间表，明确设定不同程序具体实施的时间。例如，在第几周对自我效能进行干预，整个干预时长是多少，等等。最后，研究者还需要准备相关的干预材料，并收集目标人群对该程序方案的反馈。

（五）步骤5：制订应用和实施方案（creation of an adoption and implementation plan）

步骤5是制订具体如何实施干预的方案，也可以理解为干预操作手册的制订。通常，在这个步骤中，研究者可以参考步骤1中焦点小组讨论的结果，也可以选择对目标人群进行预实验，保证实施的干预是真正符合该目标人群需求的，并且保证实施过程能够顺利进行。研究者通常会进一步对步骤2至步骤4的内容进行完善和调整。同时，除了制订干预操作手册外，研究者可以对整个实验流程、提前预备程序等内容进行模拟和修正。

（六）步骤6：确定评估方案（creation of an evaluation plan）

最后，步骤6是确定具体的干预过程和结果的评估方案，包含对干预实施科学合理性、真实性以及干预有效性等内容的评估。通常研究者可以根据专家小组的讨论搭建一个评估框架，然后对整个干预程序进行评分。此外，研究者还可以邀请研究参与者进行访谈，通过研究参与者的反馈对整个干预方案进行评分。有关干预图的更具体操作实例，可以参见 McEachan 等（2008）以及 Sun 等（2020）的研究。

第二节　干预模式的选择

促进健康行为的心理学干预有着多种多样的干预模式，比如传统的面对面干预模式，或者是以大众媒体（如广播电视、电话等）以及印制材料等为媒介的干预模式，或者是基于网络的远端健康干预模式等。

传统的面对面干预模式是健康行为促进领域中应用最为普遍的一种模式。相较于其他模式，实施面对面心理学干预往往对健康行为的促进效果更为显著（Rhodes et al., 2017）。在传统干预模式中，参与者（被干预者）可以与干预提供者充分互动，拥有真实的感官体验（如口头、肢体语言的交流）。因而，相较于其他干预模式，传统干预模式的参与者依从性可能会更高。对于一些特殊人群而言，传统干预模式更能满足安全性和可行性的要求，尤其是某些健康行为的心理学干预中，对锻炼方案的操作性和强度有特定要求时（如心脏康复锻炼、高强度减肥锻炼等），那么面对面干预模式会更容易操作，并且更好地控制锻炼实施过程中的潜在风险。虽然传统的干预模式有着诸多优点，但也存在一定的局限性。例如，面对面的实施干预，需要耗费大量的时间、人力、物力和财力。特别是包含个性化的干预方案时，对于同一时间参与干预的人数具有很大的限制。如果人数过多，干预效果可能受到较大影响。此外，干预的实施还受到地理交通位置、参与者职业状况（如工作时间等）及其他个体因素的影响，因而在干预实施的组织安排上存在一定的难度（Lustria et al., 2013）。

以大众传媒和印制材料等为媒介的干预模式通常会和传统的干预模式一起实施，也可以单独进行。此类干预模式克服了面对面模式的某些局限性。例如，通过散发小册子或者通过电话干预，研究者不仅可以接触到更多的参与者，整个干预研究实施起来也相对更加灵活和便捷。然而，此类干预模式往往对材料的质量要求很高，干预操作并不是非常的智能，干预过程监控难度高，并且在参与者招募方面也面临着很大的考验，参与者的流失率通常也会很高（Steele et al., 2009）。

随着电子科技的不断发展，基于网络的健康行为干预模式日趋流行。有学者（Marcus et al., 1998; Steele, Mummery & Dwyer, 2009）将基于网络的健康行为干预模式与大众传媒和印制材料等为媒介的干预模式统称为"介导的干预模式"（mediated methods of delivery）。基于网络的健康干预（web-based/internet-based health intervention）、电子健康干预（e-health intervention）和移动健康干预（m-health intervention）等均与电子设备或者互联网的使用密切关联，但这些概念在外延和内涵上存在区别。此处提到的基于网络的健康行为干预意指"用户在预先指定的网页上进行在线操作的自我指导的干预项目，用以寻求健康有关的帮助。基于网络的健康行为干预项目通常会提供科学合理的健康材料，并借助在线互动技术，帮助用户增加健康知识、提高健康意识、加深对健康行为的理解，进而促进健康行为的积极变化"（Barak, Klein & Proudfoot, 2009）。基于网络的健康行为干预模式的特色包含多媒体的使用、在线互动和个性化反馈等（Ritterband et al., 2009）。此类干预模式继承了大众传媒和印制材料等为媒介的干预模式的优点，操作上更为智能和灵活，但也存在一定的局限性（见表11–5）。

基于网络的健康行为干预模式方便在更大的样本中实施，对人力、物力的消耗较低，经济成本更低。此类干预模式能够很好地克服地理位置、时间安排等因素的影响，干预方案的组织安排上更为方便灵活。然而，基于网络的健康行为干预对参与人群有一定的限制，其要求参与者事先具备一定网络的知识和操作能力，因而对某些人群（如老年人群体）实施的难度会增加，吸引力也会受到影响。此外，基于网络的健康行为干预模式更易于进行心理学指标的测量，也能够记录参与者的操作轨迹；但是，因为是远程操作，在干预程序监控、真实性和实验质量的保证方面存在一定的难度。这类干预模式通常能够提供个性化的反馈，包含多种多样的视觉和听觉的虚拟互动，但由于缺乏真实的身体活动和感官体验（例如，仅仅是文字、声音同图像的呈现），干预效果无法保证。相关元分析研究发现，基于网络的锻炼行为干预项目只能达到较弱的显著效应量（$d < 0.3$）（Wantland et al., 2004; Webb et al., 2010; Davies et al., 2012; Jahangiry et al., 2017; Oosterveen et al., 2017）。同时，由于此类干预模式包含的成分较多，因而很难确定对于行为改变起到显著干预效果的核心元素有哪些，进而增加了行为干预效果评估的难度。最后，基于网络的健康行为干预非常依赖于网络技术和网页制作水平的高低，较高的参与流失率也是此类干预模式面临的最大挑战（Donkin et al., 2011; Kuijpers et al., 2013; Lustria et al., 2013）。虽然基于网络的健康行为干预模式有着一定局限性，但是随着相关技术的不断进步，这些问题在一定程度上得以解决，并且此类干预模式在特定的环境条件下（如新冠疫情防控期间）发挥着不可替代的作用。此类干预模式也在不同的领域中得到更加广泛的应用，尤其是在健康促进领域。像远程网络健康课程、家庭康复锻炼指导和虚拟健身教练等不同的锻炼行为心理学干预模式已经在不同的群体中得到了推广和应用。然而，此类干预模式的一些不足仍有进一步改进的空间，例如，如何监控保障干预的质量，如何提高干预的效果，如何保护

参与者的个人信息安全,如何优化参与者在线体验,以及如何降低参与者的流失率,等等。

鉴于传统干预模式和非传统干预模式均有着自身的优势和局限性(见表11-5)。近十年来,有学者提出将上述两类模式相结合,即使用混合的干预模式(blended method)。此类干预模式已被初步应用于老年人和公司职员群体的锻炼行为促进中(Mouton & Cloes, 2015; Sun et al., 2020)。

表11-5 不同健康行为心理学干预模式的比较

项目	传统干预模式	介导的干预模式	
		旧式	新式
实施模式	面对面\亲身的	基于大众媒介(电视广告、电话)和印制材料	基于网络,可以通过智能手机或者电脑等电子设备进行
研究成本	人力、物力、财力的耗费较大	人力、物力、财力的耗费适中	人力、物力、财力的耗费较小
参与人数限制	非常严格	适中	宽松
可适用人群	较多	适中	适中
干预监控	容易	较难	适中
组织安排	难度较大,受到个体地理位置,工作时间安排等限制	难度适中	难度较小
材料设置	动态的、真实的、丰富的感官体验	虚拟的,感官体验较差	虚拟的,感官体验适中
干预操作	灵活性较差、不便捷	灵活性和便捷程度适中	非常灵活、便捷
过程评估	容易	较难	适中
数据收集	难度适中,样本量小	难度适中,样本量适中	操作容易,样本量大
干预效果	较强	依赖很多因素(如印制材料的质量等)	依赖很多因素(如技术和网页设置等)
参与者流失率	适中	较高	较高

第三节 促进锻炼行为的心理学干预简要流程

通常研究者实施一套促进锻炼行为的心理学干预方案包含设计、实施及评估三个主要的环节。具体而言,这三个环节又可以分为9个步骤(见图11-1)。在设计整个干预方案前,研究者需要对目标人群的健康问题或健康需求进行全面充分的评估,然后有针对性地设计相关心理学干预计划。本节结合实例,介绍研究者在各个步骤需要注意的方面。例如,研究者发现心脏病康复患者通常在出院后的居家康复阶段很难坚持康复锻炼,导致其在住院期间所获得的康复训练效果不能很好地延续。为了解决这一研究问题,研究者想要设计一套干预方案,旨在促进心脏康复患者的居家康复锻炼行为,帮助其更好地恢复健康早日投入正常的工作、生活中去。

图 11-1 促进锻炼行为的心理学干预简要流程

第一步,研究者了解目标人群的锻炼行为的特征,充分了解该人群锻炼行为的决定因素和相关因素有哪些。例如,研究者可以通过回顾以往文献和实证研究,或对该人群进行质性访谈,了解其锻炼行为的特征和影响因素,进而设计符合该人群特征的心理学干预方案。研究者发现,这些心脏病康复患者通常具有较高水平的锻炼动机,在住院期间其通常会接受一定的健康教育课程,因而具备一定的知识水平、风险感知和锻炼意向等,但该人群出院之后很难长期维持锻炼行为,居家康复锻炼的依从性很差。

第二步,针对该人群的健康需求以及锻炼行为特征,研究者确定使用基于网络的干预模式以便这些心脏病康复患者能够在居家康复阶段更好地使用。

第三步,研究者需要设定具体的干预目标和预期结果。例如,研究者旨在提高该群体的中高强度的锻炼行为(主要目标),此外旨在提高该群体的锻炼行为相关的内部和外部心理资源（如动机因素、意志因素和社会支持等），以及自评生活质量。

第四步，基于既定的目标和预期结果，研究者需要选择合适的心理学理论模型以及相应的干预策略。例如，研究者选择健康行为过程理论模型及相关的行为改变技术，在理论指导下帮助目标群体增强意向到行为的转化，并强化锻炼行为的维持和避免行为的倒退。

第五步，研究者需要设计干预内容及实施程序。例如，研究者需要确定干预的频率、周期等内容。考虑到研究者选择了基于网络的干预模式，那么还包含了具体网页的制作和相关干预材料的呈现方式的选择等。其具体实施程序包含注册、签署知情同意书、填写基本信息、安排干预实施等内容。研究者可以绘制一个实施程序的时间表及具体的操作指南。

第六步，研究者可以进行一个预实验，并且对参与预实验的被试进行质性访谈，旨在进一步调整和完善上面设计的干预内容以及实施程序，了解其参与过程中所面临的潜在困难和障碍。研究者可以根据预实验的结果进行调整和完善让整个干预更加可行。同时，研究者需要制定应急策略，比如面对面的干预实施中遇到疫情防控，如何应对以保证干预的顺利实施；或基于网络的干预中参与者遇到网络操作困难，如何及时解决等。

第七步，在正式实验之前，研究者还需要准备和校正相关的评估工具，包含干预过程的质量评估工具和干预结果指标的测量工具。这些工具的准备通常可以一并在上一步的预实验中进行。本章附录中，提供了较为常见的一些测量工具，包含国际身体活动问卷（见附录11-1）和评估锻炼行为变化相关的社会认知因素的问卷（见附录11-2）。

第八步，在上述准备工作完成后，研究者可以进行正式的干预实施。因为心理学实验设计并非本章节的关注重点，所以这里省去对于实验设计的选择等内容的介绍。事实上，研究者在干预实施过程中，会依据严格的心理学实验设计（如随机对照试验）开展研究计划。

第九步，对整个干预过程的质量和干预结果进行评估。研究可以检验整个干预是否顺利、高质量的进行，是否达到预期的干预目标，相关结果指标是否得到显著改善。此外，还可以进一步检验整个干预有效性的调节和中介机制，即有效心理成分的确认。具体应用可参考Duan等（2018）的研究。

在应用研究和实践工作中，干预项目的可行性是一项重要议题。研究者可以采取一系列的策略来提高干预项目的可行性，提高参与者的参与度和依从性。例如，充分了解参与者的需求和特点制定更为有针对性的干预内容，可以使用相关的行为改变技术、给予一定的参与奖励等。在评估整个干预项目的可行性、效果以及可持续性方面，目前也有学者（Glasgow et al., 1999）提出了一套详细的 RE-AIM 框架①。该指导框架的提出主要用于评估公共卫生领域的干预项目以及相关政策，后来也逐步被应用到健

---

① RE-AIM 包括获取目标人群, 效用或效果, 目标机构调整, 实施—干预提供的一致性, 个体和人群干预效果可维持性（Reach into the target population, efficacy or effectiveness, adaption by target settings or institutions, implementation—consistency of delivery of intervention, maintenance of intervention effects in individuals and populations over time）。

康行为促进领域中。在未来的锻炼行为干预中，也可以使用 RE-AIM 框架对整个干预方案进行更为全面的评估。

本 章 小 结

研究者和实践工作者经常面临的难题是理论框架的选择，以及选择哪些行为改变技术来促进理论到实践的转化。本章首先阐述了在锻炼行为的相关干预中应用心理学理论作为干预依据和基础的原因和重要性。进一步结合实例，介绍了行为改变技术的概念及其相关应用，也对不同干预模式及其优势和局限进行了介绍。最后，结合实例，介绍了促进锻炼行为的心理学干预方案流程。在未来的研究与实践工作中，心理学实践工作者需要根据目标问题并基于目标人群的特点做足准备，应用合适、有效的理论和行为改变技术，选择适当的干预模式，监控和保证干预的质量，并做好全面的评估。

思 考 问 题

1. 促进锻炼行为的心理学干预中是否应当基于行为改变的心理学理论？原因有哪些？
2. 行为改变的心理学理论和行为改变技术之间有什么区别与联系？
3. 干预映射框架下的行为干预有几个步骤，每个步骤的内容是什么？
4. 假如我们选择使用计划行为理论或多过程行为控制理论为理论基础来促进锻炼行为，可以选择哪些行为改变技术？
5. 锻炼行为可以选择哪几种干预模式？它们各自的优缺点是什么？
6. 假如我们想要促进肥胖大学生或社区老年人的锻炼行为，请以小组为单位，选择任一群体，为其设计一套简单、可行、有效的心理学干预方案。

第十二章 环境构成与身体活动

本章导读

本章首先对社会生态学理论的起源和发展进行总结。随后对基于社会生态学理论促进身体活动的研究进展进行梳理和总结,并针对社区环境、学校环境和城市绿地三方面,总结了环境改变对身体活动行为影响的研究进展。为了更好地理解环境因素对身体活动行为的促进作用,并扩大环境因素对身体活动行为的影响,有必要重新审视建成环境因素的测量方法,为发展新的测量工具奠定基础。本章第四节对建成环境的测量方法史进行梳理,并对建成环境的测量方法进行总结。在第五节,对上述内容进行简要回顾,并从环境因素与身体活动关系的实证研究和建成环境的测量工具的发展等角度,归纳并预测未来的研究趋势和研究方向,以期进一步深化环境-身体活动关系的认识,促进社会生态学理论的发展,从积极生活的角度,为促进身体活动行为做出贡献。

第一节 社会生态学理论简述

社会生态学理论认为,个体的身体活动行为受多层面因素的影响。除人口统计学变量、社会经济水平和社会认知变量外,环境因素尤其是建成环境和社会环境因素在近20年的身体活动相关研究中逐渐受到研究者的重视。该情况的出现主要归功于社会生态学理论的兴起和发展。社会生态学理论起源于20世纪30年代,在六七十年代逐渐发展和兴起。与众多行为改变理论(如社会认知理论和计划行为理论)不同的是,社会生态学理论并未提出具体的假设和路径关系,而是构建了一个有关个体、社会、组织、社区和政策多层面的概念框架(conceptual framework)。社会生态理论并非基于某一单独学科或理论,而是在众多不同研究领域的影响下发展起来的。本节将回顾社会生态学理论发展史,扼要介绍主要的社会生态学理论。

20世纪30年代,美籍德裔社会心理学家库尔特·勒温(Kurt Lewin, 1936)提出场论(field theory),开创了生态心理学(ecological psychology)研究的先河。场论借鉴了物理学中"场"的概念,即同一场内的各部分元素彼此影响。场论作为生态学理论架构的雏形，其核心观点是个体的行为受人和环境的交互作用（Lewin, 1936, 1939）。因此，行为是个体和环境交互作用的函数，表示为：

$$B = f(PE)$$

其中，B代表行为（behaviour），P代表个体（person），E代表环境（environment）。函数公式中的个体和环境并非独立变量，与环境的直接影响相比，勒温（Lewin, 1936, 1939）认为，个体有关环境的感知对行为的影响更为重要。不仅如此，勒温还提出，个体与环境的交互作用构成了生活空间（life space, LS）。生活空间是一种整体观的思想，代表了影响个体行为的所有因素的总和。所以，行为不仅是个体与环境的函数，也是与生活空间的函数，即：

$$B = f(PE) = f(PLS)$$

总体而言，勒温的场论认为，应聚焦至个人所处的生活空间，从个体和环境相互影响及相互作用的角度，解释个体行为的产生与变化。

1947年，罗杰·巴克（Roger Barker）与赫伯特·瑞特（Herbert Wright）在堪萨斯州成立了第一个专门研究环境对个体行为影响的研究机构，即著名的中西部心理学田野研究站（Midwest Psychological Field Station）。在中西部心理学田野研究站，巴克和瑞特展开了生态心理学的相关研究。他们反对在实验室人为制造的环境中研究个体行为，强调"真实生活"（real world，即个体所处的真实环境）对研究个体行为的重要性（Barker & Wright, 1949）。在巴克（Baker & Baker, 1963; Barker, 1965）看来，个体的行为和环境并非彼此孤立，而是相互依存。只有纳入对个体所处的环境和情境的研究，才能对个体行为做出更合理的解释和预测。巴克（Barker, 1963, 1965）将行为发生的真实环境和情境定义为行为场所（behavior setting），将个体、行为和环境看作整体，注重对行为场所的观察。因此，在巴克的研究中，环境已经成为主要的研究对象之一，这也是生态心理学最为显著的一个特征（Wicker, 1984）。

1977年，美国心理学家尤里·布朗芬布伦纳（Urie Bronfenbrennr）提出了生态系统理论（ecological system theory），这是当前应用最为广泛的生态学理论框架之一（见图12-1）。生态系统理论认为，个体的行为和发展受到多层次、多维度的环境系统的影响。环境的各个层面，如家庭、学校、邻里、工作单位等，以及这些场所之外的空间，均对个体的行为和发展起到重要影响。布朗芬布伦纳将环境的层次由小到大分为微系统（microsystem）、中系统（mesosystem）、外系统（exosystem）和宏系统（macrosystem）。微系统是指与个体生活直接相关的环境，如家庭、学校、同伴、社区等；中系统是指微系统中各部分之间的联系与相互关系，如家庭与学校环境相互影响个体行为；外系统是指个体未直接接触，但会对个体行为和发展产生影响的环境（例如，父母的一天工作经历会影响其与儿童在家的互动，进而对儿童产生影响）；宏系统是指文化背景、国际环境、政治、经济等大环境。在随后的理论发展过程中，时间系统（chronosystem）作为第五个系统，被纳入社会生态学理论框架中。时间系统将时间作为影响个体行为改变的参照物，强调行为发展在时间上的动态变化。例如，父母离异对儿童身心健康及行为的长期影响。布朗芬布伦纳的生态系统理论指引了毕生发展心理学家，从家庭到政治经济环境多维度，对个体一生的发展进行研究。

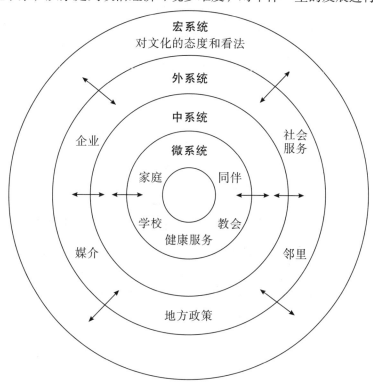

图 12-1　生态系统理论（Bronfenbrennr, 1977）

美国公共卫生领域的著名教授肯内特·姆克勒罗（Kenneth R. McLeroy）等（McLeroy et al., 1988）认为，前人的社会生态学理论在解决健康相关实践问题和指导健康相关实践干预时缺乏针对性和指导性。因此，在布朗芬布伦纳的生态系统理论基础上，姆克勒罗（McLeroy, 1988）提出了针对健康促进的社会生态学理论模型（social ecological model for health promotion），该模型见图12-2，主要从五个层面探究影响健康的因素：①个人因素（intrapersonal factors），如个体的成长发展史和具备的知识、态度、行为等；②人际互动过程（interpersonal processes），包括正式的、非正式的社交网络和社会支持系统，如家庭、工作伙伴和社交友谊以及个体间的互动关系；③制度因素（institutional factors），包括具有一定组织特征和规范的社会制度；④社区因素（community factors），包括组织、制度以及信息网络之间的关系；⑤公共政策（public policy），涉及各个地方、省市和国家的法律法规。姆克勒罗认为，健康促进干预计划的制订是基于研究者对影响健康行为因素的认知，以及对相关理论的理解，而生态系统理论以健康促进为目的，从个体因素到公共政策方面，提供了全方位的干预策略（McLeroy et al., 1988; Newes-Adeyi et al., 2000）。

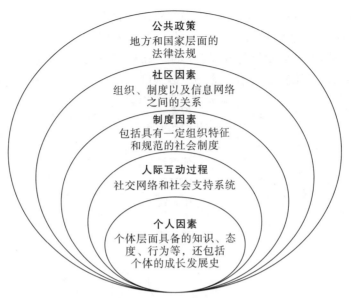

图 12-2　健康促进的社会生态学理论模型（McLeroy,1988）

随后，美国社会生态学领域的教授丹尼尔·斯托（Daniel Stokols）进一步推动了健康促进的社会生态学理论的发展。斯托（Stokols, 1992）的社会生态学理论的核心假设是，从环境因素与个体因素相互影响的角度理解个体身心健康。首先，个体身心健康受多层面环境因素的影响，不仅包括建成环境（physical environment），还包括社会环境（social environment）。除环境因素外，个体因素（如社会心理学因素与行为模式）也会对个体健康产生影响。个体、社会和环境各个层面相互联系、相互影响（Stokols, 1992, 1996）。相较于姆克勒罗的社会生态学理论，斯托（Stokols, 1992）更看重健康促进的环境因素（health-promoted environments），即怎样的组织制度和社区环境是对健康有益的。他指出，建成环境和社会环境因素既可以是个体的主观感知，也可以是客观事实，既可以独立呈现（如噪音和气温），也可以被视为与其他因素相互作用的整体。综合而言，环境因素可以直接影响个体的身心健康。斯托还提出，研究者应从个体、小团体、组织以及更大的集合体视角理解环境中的个体，他们不仅受社会环境和建成环境的影响；反过来，也会对环境产生影响。

近 20 年来，以积极生活（active living）为目的的社会生态学理论逐渐兴起。积极生活是一种将身体活动融入日常活动的生活方式。例如，步行去商店或骑自行车上班。詹姆斯·萨利斯（James Sallis）将社会生态理论融入积极生活研究领域，提出以积极生活为核心的社会生态学理论模型（social ecological model of active living），该模型见图 12-3，其宗旨是使环境更适宜身体活动的开展和维持（Sallis et al., 2006）。该理论根据运动场地不同提出四类身体活动，即积极的休闲活动（active recreation）、积极的交通模式（active transport）、职业活动（occupational activities）和家务活动（household activities）。围绕这四类身体活动，萨利斯从社会生态学角度提出促进身体活动的影响因素（Sallis et al., 2006）。具体而言，最内层代表个体层面（intrapersonal level），主要包括社会人口统计学因素、社会心理学因素等；个体层面之外是主观知觉的环境因素（perceived environment level），主要涉及建成环境的六个方面，即可及性（accessibility）、安全性（safety）、宜人性（attractiveness）、舒适（comfort）、方便性（convenience）和主观感知的犯罪情况（perceived crime）。主观知觉的环境因素外层是行为场所，涉及四类身体活动发生的场所，如社区建成环境、家庭环境、工作场所环境、学校环境等。萨利斯（Sallis et al., 2006）认为，不同场所的建成环境对不同类型的身体活动行为会产生不同的影响。例如，可步行性（walkability，也称为步行友好性，是指场所的步行友好程度）可能会对交通出行相关的步行行为或骑自行车行为的影响较大，但对以休闲为目的的身体活动行为的影响较弱。该理论的最外层是政策环境（policy environment），其影响相对宽泛，不仅会对建成环境产生影响，还会对组织活动等产生影响。除上述提及的几个层面因素外，萨利斯（Sallis et al., 2006）还提出了跨多层次的自然环境（natural environment）、社会文化环境（social and cultural environment）和信息环境（information environment）理念。其核心价值在于突出上述三个方面对身体活动的影响可能跨越多个层面，而且不局限于某一类行为场所或身体活动行为。例如，自然环境可能涉及气温、绿地覆盖率和空气质量等；社会文化环境可能涉及家庭结构（family structure）、家长模范（modeling）、社会支持等，如犯罪情况、组织活动和文化等会因行为场所的不同而发生变化；信息环境可能涉及健康保健场所（health care setting）、新闻、广告和大众传媒等。信息环境有时也会因行为场所的不同而发生变化，如家庭环境中的电视和网络、工作环境中的电子信息。萨利斯指出，从个体因素到环境因素，这些不同层次的影响因素会相互作用，共同影响不同场所的身体活动行为。

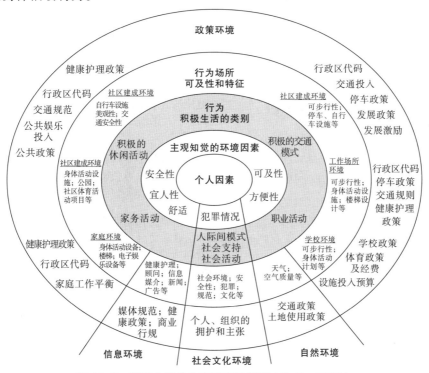

图 12-3　积极生活的生态学理论模型（Sallis, 2006）

自 20 世纪 30 年代勒温提出场论到近些年以促进健康和积极生活的社会生态学理论的兴起，社会生态学理论在近百年的发展过程中已经逐渐得到细化和完善。主要表现在以下三个方面：首先，社会生态学理论涵盖的层面比较宽广，涉及的领域众多，小到个体因素，大到政策环境因素，社会生态学理论囊括了绝大部分可用于解释健康行为的影响因素；其次，社会生态学理论是多层次的理论，在促进健康和促进积极生活方面，相关理论均强调各个层次间的相互影响和相互作用；最后，社会生态学理论并不涉及具体路径关系的假设，更偏向于一个概念性框架。因此，各个层次的影响因素间的路径关系仍有待进一步的探究。但是，在健康促进与行为改变的干预中，社会生态学理论仍然是当今应用最广泛的理论之一。表 12-1 对社会生态学理论和核心观点进行了汇总，后续章节将对基于社会生态学理论有关环境因素与身体活动关系的研究进展进行介绍。

表 12-1　社会生态学理论和核心观点汇总

理论名称	创始人	核心思想
场论	库尔特·勒温	个体的行为受人和环境的交互作用 $B=f(PE)$，B 表示行为，P 表示个人，E 表示环境
真实生活与行为场所的生态心理学研究	罗杰·巴克与赫伯特·瑞特	反对在实验室人为制造的环境研究个体行为，强调研究个体行为的"真实生活"，即个体所处的真实环境。个体的行为和环境并非孤立的，而是相互依存的
生态系统理论	尤里·布朗芬布伦纳	个体的行为和发展受到多层次、多维度的环境系统的影响。将环境的层次由小到大分为微系统、中系统、外系统和宏系统
健康促进的社会生态学理论模型	肯内特·姆克勒罗	影响健康的五层面包括个人因素、人际互动过程、制度因素、社区因素和公共政策
健康促进的社会生态学理论模型	丹尼尔·斯托	要从环境因素与个体因素相互影响的角度理解个体身心健康。相较于姆克勒罗的社会生态学理论，斯托更看重健康促进的环境因素
积极生活的社会生态学理论	詹姆斯·萨利斯	四类身体活动为休闲活动、积极的交通模式、职业活动和家庭活动。 促进身体活动的四层因素为个体层面、个体对建成环境的主观知觉、行为场所和政策环境。 跨度多层次的影响因素为自然环境、社会文化环境和信息环境

第二节　基于社会生态学理论促进身体活动的研究进展

随着以积极生活为目的的社会生态学理论的兴起，研究者们逐渐意识到环境因素对身体活动行为的深远影响。环境因素不仅包括建成环境，还包括社会环境（如邻里间的关系）和自然环境（如气温）。建成环境因素主要包括：①土地利用的多样性（land-use diversity），主要涉及社区/学校/单位周边土地利用的种类，如超市、便利店、健身房等。②土地利用的可及性（land-use accessibility），即从一个地方到另一个地方的容易程度。如果有太多死胡同，则表明可及性较低。③街道连贯性（street connectivity），即街道间的贯通与连接。④美观性（aesthetics），主要指社区/学校/单位/街道的美观与绿化，如喷泉、绿植、花草等。⑤设施（facilities），主要指便于各种身体活动的设施，如健身设施、运动场、公交站、自行车道等。⑥交通安全（traffic-related safety），主要指社区/学校/单位/街道的交通安全程度，如车速。⑦人身安全（crime-related safety），主要指社区/学校/单位周边环境的人身安全程度，如犯罪率。社会环境因素主要包括：①社会互动（social interaction），主要涉及个体间的互动与交流程度；②社会凝聚力（social cohesion），即人际吸引与聚合力量；③社会支持（social support），指他人对个体的支持程度。自然环境通常包括季节、气温、湿度和空气质量等。虽然有关环境因素与社会心理因素如何共同影响身体活动尚无定论，但基于社会生态学理论促进身体活动的干预研究和建成环境改变对身体活动影响的实验研究，推进了人们对环境因素如何影响个体身体活动的认识。本节将对基于社会生态学理论促进身体活动的研究进展进行梳理和总结，主要分为两方面内容：①环境因素对身体活动行为的解释与促进；②建成环境的改变对身体活动行为影响的实验研究。前者以观察性研究为主，后者以干预实验性研究为主。

一、环境因素与身体活动

下面从建成环境、社会环境和自然环境三方面出发，梳理环境因素对身体活动行为的作用。主要涉及以下三方面的观察性研究（observational studies）。

（一）环境因素对身体活动的直接效应

已有研究发现，在控制了社会认知因素后，诸多建成环境因素对个体休闲类身体活动和积极交通出行有显著的直接效应（Rhodes, Zhang & Zhang, 2020），且具有跨人群的一致性，例如儿童和青少年人群（McGrath, Hopkins & Hinckson, 2015; Morton et al., 2016）、成年人人群（Van Holle et al., 2012）和老年人群体（Barnett et al., 2017; Cerin et al., 2017; Van Cauwenberg et al., 2018）。针对不同类型的身体活动，与之相关的建成环境因素略有差异。在青少年群体相关研究中，户外运动设施和运动场馆（如篮球场和健身房）与青少年的身体活动有正向关系；而距离运动设施的远近似乎与青少年身体活动并没有显著的直接关系（Morton et al., 2016）。上述研究结果在另一项关于中高强度身体活动与建成环境关系的元分析研究中得到支持（McGrath et al., 2015）。但在学龄儿童相关研究中，户外运动设施对身体活动影响的研究证据并不一致。例如，有研究发现，户外运动设施与学龄儿童身体活动呈正相关（Davison & Lawson, 2006），但也有研究表明，户外运动设施与学龄儿童的中高强度身体活动呈负相关（McGrath et al., 2015）。此外，交通设施（如人行道的设置）与儿童和青少年的交通出行行为有正向直接关系（Davison & Lawson, 2006）。在成年人群体中，具体而言，社区周边环境的可步行性、休闲娱乐设施的距离远近，以及环境质量均与成年人总身体活动量有正向直接关系，而城市化水平与总身体活动量呈负相关（Van Holle et al., 2012）。此外，环境质量和交通安全性与以休闲为目的的身体活动呈正向关系；在以交通为目的的身体活动方面，距离商店和工作场所的远近、步行/骑单车设施、城市化水平与交通出行行为（步行或骑单车）有正向直接关系（Van Holle et al., 2012）。在老年人群体，土地利用的可及性、与公共交通站的距离和休闲类步行有正向关系。此外，休闲类身体活动与社区运动设施的可及性和公园绿地有正向关系（Van Cauwenberg et al., 2018）。以交通出行为目的的步行与社区密度、可步行性、街道连贯性、人行道设施等有正向关系，与街道垃圾呈负向关系（Cerin et al., 2017）。

除建成环境因素外，亦有一些研究支持社会环境对身体活动行为的直接影响（McNeill, Kreuter & Subramanian, 2006; Kepper et al., 2019），但相关研究并不多，主要集中于社会支持。一项范围综述（scope review）研究结果表明，人身安全性、社会经济水平、社会聚合性、社会关系、归属感与身体活动有一定关联（Kepper et al., 2019）。在其他观察性的实证研究中，家长和老师的社会支持，以及社区有很多朋友与儿童的总身体活动量或积极自由游戏（active free-play）有直接相关（Veitch, Salmon & Ball, 2010; Henderson et al., 2015; Lu, Huang & Corpeleijn, 2019）。教师的行为与支持对青少年的身体活动具有积极影响（Morton et al., 2016）。随着长者友好社区（age-friendly environment）的兴起，社会环境与老年人身体活动的关系逐渐受到研究者关注。有研究发现，老年人低强度身体活动行为与社会关系和社区凝聚力有直接关系（Gao et al., 2015）。一项综述研究表明，长者身体活动与社会支持密切相关（Lindsay Smith et al., 2017）。

在自然环境与身体活动行为的直接关系方面，已有研究发现，季节、气温、湿度等与个体身体活动密切相关（Tucker & Gilliland, 2007; Harrison et al., 2017; An et al., 2018）。已有研究发现，温暖干燥的气候与身体活动有正向关联且该结论具有跨人群（儿童、青少年和老年人群体）的一致性（Bélanger et al., 2009; Kharlova et al., 2020）。不仅如此，身体活动量在冬季和夏季，以及闷热潮湿天气会相对下降，而冬季转春季时，身体活动量会有所增加，尤其是对于老年人群体而言（Jones, Brandon & Gill, 2017）。此外，季节和气温对身体活动的影响受地域、年龄和性别的调节（Harrison et al., 2017）。

（二）环境因素与社会认知变量对身体活动的交互作用

在环境因素与社会心理学因素的交互作用中，建成环境因素对社会认知变量与身体活动行为的关系具有调节作用。在建成环境方面，社区环境是否有利于身体活动对社会支持与儿童的身体活动量的关系起到调节作用。当儿童认为社区环境有利于进行身体活动时，社会支持和身体活动的正向关系更紧密，而且此关系不受时间因素的影响（Colabianchi et al., 2019）。类似研究结果在青少年群体也得到证实（D'Angelo, Fowler, Nebeling, 2017; Loh et al., 2019）。例如，有研究表明，青少年主观知觉的社区设施调节了中高强度身体活动与同伴规范（friend norms）、同伴支持与态度的关系，这表现为，当青少年认为社区中有足够身体活动设施时，上述关系得到加强（D'Angelo et al., 2017）。

（三）社会认知变量在环境因素与身体活动关系之间的中介作用

虽然大量研究表明，建成环境与身体活动存在直接关系，但也有研究发现建成环境与身体活动之间存在间接关系。例如，社会认知变量在建成环境与身体活动的关系中起到中介作用（Rhodes et al., 2020）。值得注意的是，在此类研究中，有些以成熟理论为研究框架（如计划行为理论）探究社会认知变量在环境和身体活动行为之间的中介效应，而有些研究则缺乏以成熟理论框架作为支撑。这些研究主要以总身体活动量和以交通出行为目的的身体活动作为因变量进行考察。以总身体活动量为因变量的研究发现，社会凝聚力在社区可及性和总身体活动量之间具有中介作用，此研究结论主要集中于老年人群体（Sniehotta et al., 2013; Fleig et al., 2016; Hwang & Kim, 2017）。然而，社会认知变量在设施质量与总身体活动量关系之间的中介效应的结论并不一致。例如，有研究发现，自我效能、主观行为控制、行为意向在设施质量和总身体活动量之间的中介效应显著（Sniehotta et al., 2013），但其他研究并未得到类似结论（Hwang & Kim, 2017）。现有研究未发现社会认知变量在社区安全与总身体活动量之间存在中介作用（Motl et al., 2007; Maddison et al., 2009; Soltero et al., 2015）。另外，暂时仍缺乏社会认知变量是否在社区美观性与总身体活动量关系间具有中介效应的证据。

在以交通出行为目的的身体活动方面，有些研究发现行为习惯（Lemieux & Godin, 2009; Panter et al., 2011）和自我效能（McCormack et al., 2013）在可及性和交通出行的身体活动行为之间具有显著的中介作用。然而，社会认知变量对安全性和交通出行的身体活动关系的中介分析结果并未得到一致性结论。另外，暂未有研究探究设施质量和社区美观性如何通过社会认知变量对交通出行行为产生影响。

在中高强度身体活动和休闲类身体活动方面，探究环境如何通过社会认知变量对个体身体活动行为产生影响的研究有限。在一项以学龄前儿童为被试的研究中，家长、社会的支持在便捷的社区健身设施和学龄前儿童中高强度身体活动的关系中起到中介作用（Fleig et al., 2016; Lu et al., 2019）。暂未有实证研究发现可及性、安全性、设施质量和社区美观性可以通过社会认知变量间接影响休闲类身体活动（Rhodes et al., 2020）。

二、环境的改变对身体活动行为影响的实验研究

在探究环境因素对身体活动促进的研究中，除上述谈及的观察性研究，还有另一类以实验为主的研究。其核心是通过对建成环境和社会环境进行改善，探究建成环境和社会环境的改变对身体活动的促进。干预实验类的研究为环境因素与身体活动的因果关系提供了更有力的实证证据。下面介绍社区环境、学校环境和城市绿地等方面的改变对身体活动行为影响的研究进展，审视建成环境和社会环境在促进身体活动行为上发挥的作用，实验研究的重点在于如何在干预实验设计中纳入建成环境和社会环境因素，进而对身体活动行为产生影响。

（一）社区环境的改变对休闲身体活动或总身体活动量的影响

在社区环境的改变与休闲身体活动及总身体活动的关系中，多项准实验研究证据表明，修缮社区人行道和体育设施或修建新的散步/自行车道可以促进休闲身体活动和总身体活动。与人行道没有被修缮的社区居民相比，修缮了人行道的社区的居民每周步行量和休闲身体活动量均有显著提升（Knell et al., 2018）。另一项以青少年群体为被试的准实验发现，修缮城市绿道，提高了人行道与学校的联结，可以提高青少年总身体活动量和总步行量（Fitzhugh, Bassett & Evans, 2010）。在社区身体活动设施方面，有研究表明，开放免费的身体活动场馆（如游泳馆和健身房），可有效促进总身体活动量，尤其是在经济水平较低的社区（Higgerson et al., 2018）。在另外一项纵向准实验研究中，修建新的散步和自行车道后，居民休闲散步时长显著增加，尤其是在居住地500米的范围（Pazin et al., 2016）。

（二）社区环境的改变对以交通为目的的身体活动行为的影响

除休闲身体活动外，社区环境的改变也会影响到以交通为目的的身体活动行为。大部分的准实验研究发现，改善交通设施可以有效提高各类以交通为目的的身体活动行为。例如，有研究表明，在居住地附近修建新的步行和骑单车道路、公交车站以及自行车停靠点可提高居民以交通为目的的步行和骑单车行为（Goodman et al., 2014; McDonald et al., 2014; Heinen et al., 2015; Panter & Ogilvie, 2015）。另一项探究女性在搬家前后步行量变化的准实验研究发现，如果新社区有较少的死路，那么女性的步行量较搬家前相比有所提高（Wells & Yang, 2008）。仅有少数研究未能得到两者的关联。例如，一项以青少年人群为被试的准实验发现，修缮城市绿道、提高人行道与学校的联结，并未提高青少年的以交通为目的的身体活动量（Fitzhugh et al., 2010）。

大部分的研究还发现，增加可及性可以促进人们以交通为目的的身体活动行为（Kärmeniemi et al., 2018）。增加步行目的地（walking destinations）可以有效促进人们以交通为目的的步行（Hirsch et al., 2014）。但有关混合土地利用率（land-use mix）的研究结果并不一致。一些研究发现，新社区的混合土地利用率提高，步行量有所缩短（Wells & Yang, 2008）；而另一些研究发现，当新搬入社区的混合土地利用率上升时，自我报告的步行量和骑单车量都有所上升（Cao, Mokhtarian & Handy, 2007）。

(三)学校环境的改变对中小学生身体活动行为的影响

在学校环境方面,现有的基于社会生态学理论的随机对照试验或准实验研究,探讨了通过改善学校建成环境和社会环境进而促进中小学生的身体活动量的效果(Wechsler et al., 2000; Morton et al., 2016)。有准实验研究表明,在小学改造和完善校内的游乐设施和体育设施后,小学生的身体活动量有所提高(Ridgers et al., 2007a)。不仅如此,上述结果在年龄小的学生以及课间休息时间长的学校中效果更显著(Ridgers, et al., 2007b; Ridgers, Fairclough & Stratton, 2010)。改善学校身体活动设施也会促进青少年群体的身体活动。有准实验研究发现,在午间开放健身房、增设户外活动场地、修缮户外运动场等可以促进青少年中高强度身体活动(Hunter et al., 2016)。除建成环境的改善外,有研究发现,改善学校、社会环境对青少年的身体活动有利。例如,一项以青少年群体为被试、以社会生态学理论为基础的为期两年的整群随机对照试验(cluster-randomized control trials)中,改善学校的体育课教学环境、课间休息时长、学校身体活动政策等社会环境因素,可以有效预防青少年身体活动量的下降(Sutherland et al., 2016)。

(四)城市绿地与游乐场的改变对休闲身体活动的影响

公园修缮对公园使用和公园内身体活动行为促进的实证研究结论并不一致。有研究通过准实验设计对比公园修缮前、后居民的身体活动量发现,公园的修缮可以在一定程度上提高公园使用率与公园内人群的身体活动量(Hunter et al., 2015)。例如,一项研究发现,当对公园内的诸多设施(如游乐场、缓跑径和绿地)进行修缮后,公园内人数有所增加,有更多的人愿意在修缮后的公园进行散步或进行高强度身体活动(Veitch et al., 2012)。然而也有少量研究发现,公园内设施的修缮并未提高公园内人群的身体活动,究其原因可能是公园内所组织的活动次数减少(Cohen et al., 2009)。也就是说,公园内提供集体性身体活动项目对公园的使用以及公园内身体活动行为有很大的影响,这为社会环境因素对身体活动的影响提供了有力证据(Cohen et al., 2013)。在另外一些研究中,同时改善公园设施和公园内集体活动项目,结果发现居民在公园内的身体活动量有所提高(Morton et al., 2016)。在探究游乐场的修缮与改造对儿童身体活动影响的研究中,与未被修缮的游乐场相比,在游乐场内修建新的游乐设施(如滑梯和秋千),可以促进游乐场的使用以及儿童在游乐场内的身体活动行为,尤其是中高强度身体活动(Broekhuizen, Scholten & de Vries, 2014; Veitch et al., 2018)。另有研究表明,游乐场的修缮对男孩的影响更大,对女孩的影响并不显著(Bohn-Goldbaum et al., 2013)。

总的来说,观察性研究初步解释了环境因素与身体活动行为的关系,但对其因果联系的检验有一定局限性。而干预研究和准实验研究设计则更进一步解释了建成环境的改变对居民身体活动行为的影响,为建成环境与居民身体活动的关系提供了因果性证据。除研究设计外,建成环境的测量方法也会影响到研究者对环境因素与居民身体活动关系的解释和探究。

第三节 建成环境的测量方法

为了更好地理解环境因素对身体活动行为的促进，并扩大环境因素对身体活动行为的影响，有必要重新审视建成环境因素的测量方法。本节将简单梳理建成环境的测量方法史，并从以下三方面对建成环境的测量方法进行总结：一是以问卷的方式测量主观知觉的建成环境因素，二是以系统性观察客观测量建成环境因素，三是以客观测量工具直接收集客观的建成环境数据。

一、问卷测量

早期探讨建成环境与身体活动关系的研究主要使用问卷测量个体对建成环境的主观知觉（如电话访谈或主观报告）。问卷的条目多来源于研究课题，相关数据被汇总至与环境健康有关的检测系统中，便于进一步认识建成环境对人们身体活动和健康的影响，为改善社区建成环境打下基础。已有相关测量工具内容繁简不一，最常见的测量变量包括土地利用、交通情况、美观性和安全性。大部分的问卷在设计之初是在城市中使用，仅有少数问卷被应用于乡村中。应用最为广泛的测量工具是社区环境可步行性量表（Neighbourhood Environment Walkability Scale, NEWS）（Saelens et al., 2003）和社区环境可步行性量表（简版）（Neighborhood Environment Walkability Scale-Abbreviated version, NEWS-A）（Cerin et al., 2009），这两个量表已被翻译为巴西语、丹麦语、荷兰语、日语、土耳其语、德语和中文，在全球多个国家和地区人群进行了信效度检验。在信度方面，大部分测量工具的重测信度都在 0.6 以上。与重测信度相比，其他信度指标的结果相对低一些，如内部一致性（克隆巴赫 α 系数）。在效度方面，已有研究主要从内容效度、结构效度和标准化效度三方面进行了考察。内容效度主要基于模型和专家意见。例如，有研究通关专家访谈的方式，将环境问卷应该测量的变量依据身体活动的类型进行分类和总结（Pikora et al., 2003）。结构效度一般通过检验行为与环境变量是否符合预期的理论架构。例如，社区环境可步行性量表在测量结构效度时，分别检验了休闲类步行和以交通出行为目的的步行与社区人口密度、土地使用混合型等环境因素的关系。在标准化效度方面，通常会将环境问卷与客观测量工具测量的结果进行比较，例如，与系统性观察工具测量的环境数据或是与地理信息系统（geographic information system, GIS）测量的环境数据进行比较。通常来说，主观测量环境问卷与客观测量工具测量的环境数据的一致性中等偏下（Orstad et al., 2016）。附录 12-1 和附录 12-2 分别呈现了"社区环境可步行性量表"和"社区环境可步行性量表（简版）"的条目内容和计分方式。

通过问卷的方式测量主观知觉的建成环境，虽然方法简单、适用性广，却存在一些问题。最主要的问题是问卷测量的结果始终是个体主观报告的，而每个人对同一建成环境可能会有不同的认知，也就是说问卷测量的结果是个体主观知觉的建成环境，难以展现客观、真实的建成环境本身。为了更为准确地、客观地测量建成环境，研究者发展了客观测量方法，包括系统性观察法和客观测量工具。

二、系统性观察测量

在问卷测量法的基础上，研究者发展出采用系统性观察的方式测量影响身体活动的建成环境因素，包括人行道设施、健身设施、安全性、街道美观性等。虽然一些建成环境因素如绿地面积可以直接用客观测量工具测量，但系统性观察法仍然有优势，主要体现在系统性观察法可以收集一些地理信息系统无法直接测量的建成环境指标，如人行道宽度和设施维护程度等。

值得注意的是，并非所有的观察工具都是出于研究目的，有的观察工具是为建成环境的政策制定服务的。例如，社区公园审查工具①（community park audit tool, CPAT）是用于公园管理者对公园建成环境进行评估，进而为下一步修缮维护公园提供数据支持（Kaczynski et al., 2012）。即便这些观察工具的出现并非为科学研究服务，但也经常被应用于科学研究中。

观察工具通常需要专门的观察者完成数据收集，需要观察者在观察场地对观察表上的条目进行现场观察、评分和记录。观察表通常有设定好的条目，这些条目一般是封闭性问题，而非开放性问题。观察者在正式进行观察之前，会接受一定时长的培训。同一个观察场地通常由两位观察者独自进行观察，并对比两人给出观察数据的一致性，以确保观察数据的可靠性。

观察工具种类繁多，但大致可以分为观察社区环境的观察工具，例如，身体活动资源评估工具（physical activity resource assessment, PARA）（Lee, 2005），以及观察公园环境和游乐场所的观察工具，如公园审查工具（CPAT）和公共休闲场所环境评估工具②（environmental assessment of public recreation spaces tool, EAPRS）（Saelens, 2006）。大部分对社区建成环境的观察工具会涉及土地利用情况、街道和人行道、自行车设施、美观性、停车场地和安全性。大部分对公园环境的观察工具会涉及公园内健身设施的数量和维护性、服务设施的数量和维护性、公园安全性和美观性等。在信度方面，观察者之间的信度是比较常见的评估指标。

利用观察工具客观收集建成环境的数据，可以为环境政策制定者提供一手资料，但其最大的缺陷就是耗时、耗力，因为观察数据需要经过训练的观察者亲自到现场完成整个观察流程，并进行数据的编码和记录。这一过程所需时间受观察场地的大小、数量以及观察者人数影响。不仅如此，观察者自身的观察经验也会影响最终数据的可靠性，因此观察者之间的数据一致性就是评估观察训练是否有效的重要指标之一。此外，观察工具的选取也会对观察数据产生一定影响，虽然不同测量工具涉及的建成环境因素大同小异，但不同观察工具的条目数量、条目设置方式、填答方式都千差万别，

---

① 参见网页（https://beachlab.sc.edu/past-research/ecpat/）。
② 参见网页（https://drjimsallis.org/measure_EAPRS.html）。

如何选取适合自己研究所需的观察工具是研究难点之一。另外，大部分的观察工具是从欧美国家发展起来的，其建成环境与其他国家/地区的建成环境会有一定差异，其观察工具的适用范围是需要研究者仔细考量的因素之一。

三、客观测量

对建成环境直接进行客观测量时，通常是借助地理信息系统完成的。地理信息系统是一种特定的空间信息系统，它是在计算机系统支持下，对特定空间内的地理分布数据进行采集、储存、分析和描述的技术系统。近二十多年来，地理信息系统被广泛应用于建成环境与居民身体活动的研究中，其最大的优势在于，可以对建成环境进行客观评估，而且省时、省力，消除了观察者主观测量问卷和观察工具的弊端。

使用地理信息系统测量的数据通常包括人口密度、土地利用、休闲设施的可及性和人行道覆盖面积等。通过地理信息系统测量建成环境在一定程度上保障了数据效度。不过地理信息系统依靠政府人口统计数据以及地图数据。除此之外，地理测量单位（geographic unit）和测算范围（buffer size）都会影响最终建成环境数据的准确度。通常来讲，选择较小的测量单位，其测量误差相对较小。在测定信度时，重测信度受制于建成环境数据采集时间的变动情况。例如，公园的修缮和新建会在一定程度上影响重测信度。与主观测量问卷和观察工具相比，用地理信息系统测量建成环境的成本会大一些，而且需要地理学专业的研究者协助完成。对于大部分的没有地理学相关背景的研究者而言，此方法存在一定难度。不仅如此，地理信息系统无法对建成环境的质量进行评估。例如，休闲健身设施的质量和维护情况，这些数据只能依据主观测量问卷或观察工具得出。

总体而言，主观测量问卷、观察工具和地理信息系统在测量建成环境时各有优缺点，研究者在选取具体测量方法时，可根据自身研究课题的内容、经费实际情况和研究者研究背景等因素综合考虑。考虑到建成环境的复杂性和多变性，建成环境的测量工具的发展仍存在很大的技术提升空间，其适用面的推广也是亟待解决的问题之一。

第四节　展望

未来研究应该进一步促进社会生态学理论的发展和完善。虽然萨利斯的社会生态学理论模型已经很详尽地涵盖了影响身体活动行为的主要因素。但是四层影响因素（个体层面、个体对建成环境的主观知觉、行为场所和政策环境）之间的关系，以及跨度多层次影响因素的关系暂时未有定论。现有部分研究将建成环境和社会环境与社会认知理论相结合，探究了环境因素在社会认知变量和身体活动关系之间扮演的不同角色（中介效应、调节效应）（Rhodes et al., 2020）。社会生态学影响因素在同层和跨层的关系仍需更多实证研究进行探索和验证。一方面，要针对不同类型的身体活动行为，进一步确定与之相关的环境因素；另一方面，要对影响因素间的关系进行更系统的检验。对社会生态学影响因素间的关系进行更为系统的检验和认识,不仅可以促进社会生态学理论的发展,促进干预实验研究的设计,还可以为政策制定提供导向。

在探究环境因素与身体活动关系的普适性时,跨国、跨地区的数据以及针对特殊人群的数据仍需要进一步推进。不同国家/地区受其社会经济背景、文化背景等因素影响,其建成环境有较大差异,这为跨国跨地区探究建成环境对身体活动的影响带来一定挑战。现有研究在不同国家探究建成环境与居民身体活动关系时,多局限于横断研究的实证支持(Sallis et al., 2020)。采用纵向研究设计,为两者关系的普适性做进一步的探究和验证是未来需要侧重的研究方向之一。以纵向研究设计探究建成环境因素对身体活动的影响面临一系列挑战:首先,建成环境随时间的变化程度如何把控,纵向研究的时间跨度应该如何设置?其次,时间跨度较长的纵向研究,将不可避免地面临受试者的迁居和流失问题;最后,国家/地区作为一个调控变量,对建成环境与居民身体活动关系的纵向影响,暂时还未有实证研究支撑。除跨国、跨地区的研究外,针对特殊人群的研究也是今后需要关注的方向,尤其是对低经济水平的个体和残障人士。与高经济收入人群可以消费健身中心不同,对于低经济水平人群而言,其日常身体活动的场所主要依赖于政府公共设施,其健身意识和知识相对薄弱,如何利用社会环境(如社区讲座)和建成环境(如社区健身场所)促进低收入人群的身体活动仍需要进一步实证研究支撑。此外,如何完善社区建成环境,使社区健身设施更好地为特殊人群服务,使特殊人群可以融入社区健身运动中,这也是今后需要关注的研究方向。

前人在探究建成环境与身体活动的关系时,经常会忽略个体的移动性(mobility)和对环境的主动选择性(self-selection)。个体的移动性意味着人一天所处的建成环境是不断变化的。例如,学龄儿童和青少年白天在学校,放学后回家,一天暴露在社区、上学路上和学校中。而大部分研究在检验建成环境时,并未考虑到这种个体的移动性,只是单纯的考察社区环境或者学校建成环境对儿童和青少年身体活动的影响,这样得出的结论严谨性不足(Smith, Foley & Panter, 2019)。因此,研究者在今后的研究中,可以将北斗卫星导航系统(Beidou navigation satellite system, BDS)或全球定位系统(global positioning system, GPS)、地理信息系统与客观测量身体活动的工具(如计步器)相结合,测算个体在时间和空间上的位移与其身体活动量的关系(Smith et al., 2019)。此外,个体对建成环境的主动选择和偏好会影响到建成环境与其身体活动的关系(Lamb et al., 2020)。个体主动选择性意味着个体暴露于某一建成环境中有时候是自身主动选择的结果。例如,选择健身设施完善的社区居住,或者搬离治安不好的社区。在对身体活动进行解释时,与建成环境本身相比,自身对建成环境的选择与偏好起到多大作用,是研究者今后需要进一步探究的方向。一方面,可以计算在控制和不控制个体选择时,建成环境与身体活动的关系的差异变化;另一方面,可以设计纵向跟踪研究或准实验研究,考察随时间变化的过程中,个体选择对建成环境和身体活动关系的影响(Lamb et al., 2020)。

建成环境不仅会影响人的身体活动,还会影响人的身心健康,而建成环境对人的身心健康的影响机制研究是未来需要探索的一个方向。现有研究从以下三方面构建了建成环境，尤其是公园绿地对身心健康的影响机制：① 减少接触有害环境和暴露其中，如空气污染和噪音；② 恢复的能力，如舒缓压力；③ 健康行为，如身体活动和社会联络（Markevych et al., 2017）。一项综述研究发现，社区噪音和社区凝聚力对客观测量的城市绿地暴露（objectively-measured greenspace exposure）与人患精神疾病（mental illness）关系的中介作用并不显著（Zhang, Zhang & Rhodes, 2021）。而人的主观压力、身体活动和社会支持对上述关系的中介作用结果不一致，还有待进一步探究。在城市绿地暴露与幸福感（mental well-being）的关系中，空气质量、主观压力与人的身体活动的中介作用显著，社会凝聚力的中介作用结果不一致。在探究建成环境对身心健康的影响机制时，未来研究可通过纵向研究设计，检验建成环境与人的身心健康指标的中介因子。还可以将全球定位系统和地理信息系统结合起来，检验个体环境暴露对其身心健康的影响。总的来说，如何创建宜居环境，促进个体身体活动行为，提升其身心健康，是未来研究者的重要突破方向。

本 章 小 结

本章主要对环境因素与人的身体活动的关系进行了梳理。首先对其理论基础，即社会生态理论的起源和发展进行简述，重点关注以促进人的身体活动为目的的积极生活社会生态学理论模型。然而，社会生态学理论并不涉及具体的变量关系和模型架构，只是一个概念框架。探讨环境因素与人的身体活动关系的研究大体可以分为两类。其一，观察性研究对建成环境和社会环境与人的身体活动的关系进行了初步探究。建成环境和社会环境不仅可以直接作用于身体活动，还可以间接通过社会认知变量作用于身体活动。其二，除观察性研究外，干预研究和准实验研究对两者关系进一步进行了探究。干预实验类研究发现，针对不同类型的身体活动行为，与之相关的建成环境因素会有所差异。也就是说，人的身体活动行为是在特定建成环境背景下进行的。例如，以交通为目的的身体活动多与人行道和自行车道设施有关，而休闲身体活动多与社区健身设施与公园配置有关。有关建成环境的测量方法主要包括主观报告测量问卷、系统性观察工具和依靠客观测量工具直接收集的建成环境数据。主观报告测量问卷主要侧重于个体对建成环境的主观知觉，而观察工具和地理信息系统可以收集客观的建成环境数据，观察工具与地理信息系统侧重的建成环境因素各有不同，可相互补充。因此，不同的测量工具各有优缺点，可根据研究课题的需要进行选择。

思 考 问 题

1. 影响不同类型身体活动的社会生态学因素有何异同？
2. 在解释身体活动行为时，如何理解社会生态学影响因素之间的关系？

3. 建成环境与社会环境如何与社会认知变量影响身体活动行为?
4. 在解释身体活动行为时,有哪些社会认知理论可以与社会生态学理论相结合?
5. 探究建成环境和身体活动行为的关系时,如何理解个体的移动性对两者关系的影响?
6. 不同方法测量建成环境各自的优缺点是什么?
7. 建成环境如何影响个体身心健康水平?

参考文献

卜丹冉，钟伯光，张春青，等，2020. 正念训练对中国精英羽毛球运动员心理健康的影响：一项随机对照实验研究 [J]. 中国运动医学杂志，39(12)：944–952.

蔡赓，季浏，2000. 生物反馈技术在运动训练中的运用 [J]. 体育科技 (4)：14–16.

陈爱国，蒋任薇，吉晓海，等，2015. 8周中等强度的花样跳绳运动对聋哑儿童执行功能的影响 [J]. 体育与科学 (4)：105–109.

陈爱国，殷恒婵，王君，等，2011. 短时中等强度有氧运动改善儿童执行功能的磁共振成像研究 [J]. 体育科学 (10)：35–40.

陈福亮，杨剑，季浏，2015. 锻炼心理效应研究的内容、进展、机制及走向 [J]. 武汉体育学院学报 (6)：94–100.

邓雷，孙海艳，颜军，2009. 不同持续时间、运动项目和强度的身体锻炼对大学新生人格和心理压力的干预研究 [J]. 广州体育学院学报，29(2)：86–90.

杜建政，李明，2007. 内隐动机测量的新方法 [J]. 心理科学进展 (3)：458–463.

段艳平，WALTER B，PETRA W，2006. 试论当代西方锻炼行为阶段理论 [J]. 中国运动医学杂志 (4)：487–490.

段艳平，鲍政栋，PETRA W，等，2009. 考察阶段模型的阶段性假说：一项银行员工体育锻炼行为的实证研究 [J]. 武汉体育学院学报，43(12)：54–57.

段艳平，杨剑，张茹，等，2012. 大学生身体活动阶段变化与健康状况关系的研究 [J]. 中国体育科技，48(2)：117–131.

段艳平，张茹，韦晓娜，等，2014. 身体活动阶段理论的阶段有效性评估：以"从无活动到保持活动的四步骤（FIT）模型"为例 [J]. 中国运动医学杂志，33(6)：568–575.

郝勤，2004. 论中国体育"举国体制"的概念、特点与功能 [J]. 成都体育学院学报 (1)：7–11.

洪金涛，陈思同，刘阳，2020. 身体活动汇编：内容、应用与发展 [J]. 上海体育学院学报，44(9)：53–63.

胡乃鉴，陈晨，严进，等，2010. 运动员应激反应性焦虑预测与生理心理指标的关系 [J]. 中国健康心理学杂志，18(7)：824–826.

黄志剑，苏宁，2017. 正念在竞技运动领域的应用：几种主流正念训练方法综述 [J]. 中国运动医学杂志，36(8)：740–747.

黄志剑，张忠秋，李健，等，2014. 中外应用运动心理工作模式比较研究 [J]. 天津体育学院学报 (4)：304–308.

季浏，罗伯特·J，科克比，1997. 身体锻炼心理学的研究现状和未来方向 [J]. 天津体育学院学报，12(3)：7–11.

蒋长好，陈婷婷，2014. 身体活动对情绪的影响及其脑机制 [J]. 心理科学进展 (12)：1889–1898.

孔久春，2012. 体育锻炼方式对儿童注意力稳定性的影响 [J]. 中国学校卫生 (4)：485–486.

李京诚，2009. 锻炼心理学 [M]. 北京：高等教育出版社．

李琳，李鑫，陈薇，2010. 不同运动项目对中学生人格和自我意识的干预研究 [J]. 成都体育学院学报，36(8)：68–72.

李欣，王斌，樊勇，等，2007. 运动心理咨询过程中的伦理评价及"三元评价模型"构建 [J]. 体育科学 (8)：71–75.

李旭，杜新，陈天勇，2014. 促进老年人认知健康的主要途径（综述）[J]. 中国心理卫生杂志 (2)：125–

132.

梁东梅, 唐文清, 骆聪, 等, 2014. 太极拳锻炼促进老年人认知功能的研究综述 [J]. 体育学刊 (4): 61-65.

梁宁建, 2003. 当代认知心理学 [M]. 上海: 上海教育出版社.

林崇德, 杨志良, 黄希庭, 2004. 心理学大辞典 [M]. 上海: 上海教育出版社.

刘靖东, 钟伯光, 姒刚彦, 2013. 自我决定理论在中国人人群的应用 [J]. 心理科学进展, 21(10): 1803-1813.

陆雯, 张禹, 毛志雄, 2012. 青少年锻炼相关认知功能测量方法综述 [J]. 山东体育科技 (6): 49-55.

路毅, 邓文冲, 2021. 不同运动方式对大脑结构及认知功能的调节作用及差异 [J]. 中国组织工程研究, 25(20): 3252-3258.

马晓军, 2008. 论竞赛焦虑研究进展及测量与评价 [J]. 安徽体育科技 (2): 55-57.

梅松丽, 张明, 刘莉, 2006. 成瘾行为的心理学分析 [J]. 医学与社会 (10): 38-40.

欧阳一非, 何梦洁, 张丽敏, 等, 2021. 中国四省 55 岁及以上人群身体活动时间与认知功能状况的关系 [J]. 卫生研究 (1): 2-7.

彭聃龄, 2019. 普通心理学 [M]. 5 版. 北京: 北京师范大学出版社.

钱湘云, 何炜, 耿桂灵, 等, 2012. 保护动机理论及其应用的研究进展 [J]. 中华现代护理杂志, 18(4): 377-379.

邱华丽, 2016. 酒精对郑州大学高水平田径队径赛成绩的影响 [J]. 体育科技文献通报, 24(1): 121-123.

曲辉, 姚家新, 石建国, 2017. 体育锻炼坚持性、锻炼成瘾与特质流畅关系的研究 [J]. 沈阳体育学院学报 (4): 77-83.

阮智富, 2000. 现代汉语大词典 [M]. 上海: 汉语大词典出版社.

石岩, 周浩, 2017. 体育运动与人格三大研究主题述评及展望 [J]. 体育科学, 37(7): 60-72.

姒刚彦, 2006. 追求"最佳"还是强调"应对": 对理想竞技表现的重新定义及心理训练范式变革 [J]. 体育科学, 26 (10): 43-48.

姒刚彦, 2008. 青少年运动员的逆境应对训练 [J]. 天津体育学院学报, 23 (3): 185-186.

姒刚彦, 2020. 2020 运动心理观察 (四): 运动心理执业资质的国内与国际认证 [EB/OL]. (2020-07-20) [2024-02-01]. https://mp.weixin.qq.com/s/tGKpNE39N0wewNaoIBaA8g.

姒刚彦, 卜丹冉, 2019. 高水平运动员心理健康 [C]// 中国体育科学学会. 体育科学学科发展研究报告: 2016—2019. 北京: 人民体育出版社: 192-196.

姒刚彦, 苏宁, 张春青, 等, 2020. 运动员正念训练手册 [M]. 2 版, 北京: 北京体育大学出版社.

姒刚彦, 张鸽子, 苏宁, 等, 2014. 运动员正念训练手册 [M]. 北京: 北京体育大学出版社.

孙文树, 葛雪珍, 樊中元, 2018. 不同运动项群对大学生身体自尊和健康人格的干预研究 [J]. 南京体育学院学报, 1(8): 32-42.

谭先明, 陈小敏, 2000. 运动员心理应激量表的编制与初步分析 [J]. 广州体育学院学报 (4): 73-77.

谭亦斌, 曹智, 吴云娥, 2014. 广东省高水平运动员心理健康现状研究 [J]. 体育成人教育学刊, 30(1): 48-51.

田彦, 2018. 保护动机理论在健康行为促进和疾病管理中的应用进展 [J]. 护理研究, 32(24): 3845-3847.

王积福, 漆昌柱, 韦晓娜, 2019. 身体活动对执行功能影响的元分析 [J]. 首都体育学院学报 (4): 375-

384.

王甦，汪安圣，1992. 认知心理学 [M]. 北京：北京大学出版社．

王忠浩，2021. 运动员训练投入：概念、结构与测量 [D]. 广州：中山大学．

吴广宏，徐培，梁斌，2007. 足球与乒乓球锻炼对小学生注意特征的影响 [J]. 中国体育科技 (2)：106-109.

徐雷，2014. 身体活动对主观幸福感影响的元分析：来自实验研究的证据 [J]. 体育科学，34(10)：29-38.

杨剑，邱茜，季浏，2014. 锻炼行为生态学模型及其在体育领域的应用 [J]. 武汉体育学院学报，48(10)：75–81.

殷恒婵，陈爱国，马铮，等，2014. 两种运动干预方案对小学生执行功能影响的追踪研究 [J]. 体育科学 (3)：24-28.

殷恒婵，卢敏，王新利，等，2007. 运动对大学生心理健康影响的研究 [J]. 体育科学 (5)：41-46.

张春兴，2009. 现代心理学：现代人研究自身问题的科学 [M]. 3 版．上海：上海人民出版社．

张力为，任未多，2008. 体育运动心理学研究进展 [M]. 北京：高等教育出版社．

张力为，2002. 运动心理学基础 [M]. 北京：高等教育出版社．

张力为，毛志雄，2004. 体育科学常用心理量表评定手册 [M]. 北京：北京体育大学出版社．

张连成，王肖，高淑青，2020. 身体活动的认知效益：量效关系研究及其启示 [J]. 体育学刊 (1)：66-75.

赵文华，李可基，王玉英，等，2022. 中国人群身体活动指南（2021）[J]. 中国公共卫生，38(2)：129-130.

中国心理学，2018. 中国心理学会临床与咨询心理学工作伦理守则 [J]. 心理学报 (11)：1314-1322.

中华医学会精神病学分会，2001. 中国精神障碍分类与诊断标准第三版（精神障碍分类）[J]. 中华精神科杂志，34(3)：184–188.

钟伯光，姒刚彦，张春青，2013. 正念训练在运动竞技领域应用述评 [J]. 中国运动医学杂志，32 (1)：65-74.

周成林，鲍海涛，2000. 运动心理测量与评价 [M]. 海拉尔：内蒙古文化出版社．

ABRAHAM C, MICHIE S, 2008. A taxonomy of behavior changes techniques used in interventions[J]. Health Psychology, 27(3): 379.

ABRAHAM C, SHEERAN P, 2015. The health belief model[C]//CONNER M, NORMAN P. Predicting and Changing Health Behavior. New York: McGraw-Hill.

ACKERMAN R A, WITT E A, DONNELLAN M B, et al., 2011. What does the narcissistic personality inventory really measure?[J]. Assessment, 18(1): 67–87.

ADAMS J, WHITE M, 2003. Are activity promotion interventions based on the transtheoretical model effective? A critical review[J]. British Journal of Sports Medicine, 37(2): 106–114.

ADIE J W, DUDA J L, NTOUMANIS N, 2008. Autonomy support, basic need satisfaction and the optimal functioning of adult male and female sport participants: A test of basic needs theory[J]. Motivation and Emotion, 32: 189–199.

ADIE J W, JOWETT S, 2010. Meta-perceptions of the coach‐athlete relationship, achievement goals, and intrinsic motivation among sport participants[J]. J Appl. Soc. Psychol, 40(11): 2750–2773.

AELTERMAN N, VANSTEENKISTE M, HAERENS L, et al., 2019. Toward an integrative and fine-grained insight in motivating and demotivating teaching styles: The merits of a circumplex approach[J]. Journal of Educational Psychology, 111(3): 497–521.

AHERNE C, Moran A, Lonsdale C, 2011. The effects of mindfulness training on athletes' flow: An initial investigation[J]. The Sport Psychologist, 25(2): 177–189.

AHSEN A, 1984. ISM: The Triple Code Model for imagery and psychophysiology[J]. Journal of Mental Imagery, 8(4): 15–42.

AJILCHI B, MOHEBI M, ZAREI S, et al., 2022. Effect of a mindfulness programme training on mental toughness and psychological well-being of female athletes[J]. Australasian Psychiatry, 30(3): 352–356.

AJZEN I, 1985. From intentions to actions: A theory of planned behavior[C]// KUHL J, BECKMAN J. Action Control. Heidelberg: Springer: 11–39.

AJZEN I, 2019. The Theory of Planned behavior[EB/OL]. [2023-12-10]. https://people.umass.edu/aizen/tpb.background.html.

ALLEN M S, GREENLEES I, JONES M, 2011. An investigation of the five-factor model of personality and coping behaviour in sport[J]. Journal of Sports Sciences, 29(8): 841–850.

ALLEN M S, GREENLEES I, JONES M, 2013. Personality in sport: A comprehensive review[J]. International Review of Sport and Exercise Psychology, 6(1): 184–208.

ALLENDER S, HUTCHINSON L, FOSTER C, 2008. Life-change events and participation in physical activity: A systematic review[J]. Health Promotion International, 23(2): 160–172.

ALVAREZ M S, BALAGUER I, CASTILLO I, et al., 2012. The coach-created motivational climate, young athletes' well-being, and intentions to continue participation[J]. Journal of Clinical Sport Psychology, 6(2): 166–179.

AMASON A C, SCHWEIGER D M, 1994. Resolving the paradox of conflict, strategic decision making, and organizational performance[J]. International Journal of Conflict Management, 5: 239–253.

AMEDI A, MALACH R, PASCUAL-LEONE A, 2005. Negative BOLD differentiates visual imagery and perception[J]. Neuron, 48: 859–872.

American Psychiatric Association, 2013. Diagnostic and Statistical Manual of Mental Disorders [M]. 5th ed. Arlington: American Psychiatric Publishing.

AMES C, 1992. Achievement goals, motivational climate, and motivational processes[C]// ROBERTS G C. Motivation in Sport and Exercise. Champaign: Human Kinetics: 161–176.

AMES D R, ROSE P, ANDERSON C P, 2006. The NPI-16 as a short measure of narcissism[J]. Journal of Research in Personality, 40: 440–450.

AN R, ZHANG S, JI M, et al., 2018. Impact of ambient air pollution on physical activity among adults: A systematic review and meta-analysis[J]. Perspect Public Health, 138(2): 111–121.

ANDEL R, CROWE M, PEDERSEN N L, et al., 2008. Physical exercise at midlife and risk of dementia three decades later: A population-based study of Swedish twins[J]. The Journals of Gerontology. Series A, Biological Sciences and Medical Sciences, 63(1): 62–66.

ANDERSEN M B, 2005. "Yeah, I work with Beckham": Issues of confidentiality, privacy and privilege in sport psychology service delivery[J]. Sport & Exercise Psychology Review, 1(2): 5–13.

ANDERSON A G, MAHONEY C, MILES A, et al., 2002. Evaluating the effectiveness of applied sport psychology practice: Making the case for a case study approach[J]. Sport Psychologist, 16: 432–453.

ANDERSON C, PETRIE T A, 2012. Prevalence of disordered eating and pathogenic weight control behaviors among NCAA division I female collegiate gymnasts and swimmers[J]. Research Quarterly for Exercise and Sport, 83(1): 120–124.

ANDERSON R J, BRICE S, 2011. The mood-enhancing benefits of exercise: Memory biases augment the effect[J]. Psychology of Sport and Exercise, 12(2): 79–82.

ANDREWS G, SANDERSON K, CORRY J, et al., 2000. Using epidemiological data to model efficiency in reducing the burden of depression[J]. J Mental Health Pol Econ, 3 (4): 175–86.

ANGEVAREN M, VANHEES L, NOOYENS A C J, et al., 2010. Physical activity and 5-year cognitive decline in the Doetinchem cohort study[J]. Annals of Epidemiology, 20(6): 473–479.

ANGEVAREN M, VANHEES L, WENDEL-VOS W, et al., 2007. Intensity, but not duration, of physical activities is related to cognitive function[J]. European Journal of Cardiovascular Prevention and Rehabilitation: Official Journal of the European Society of Cardiology, Working Groups on Epidemiology & Prevention and Cardiac Rehabilitation and Exercise Physiology, 14(6): 825–830.

ANTON J P, 1957. Aristotle's Theory of Contrariety[M]. New York: Humanities Press.

APPLETON P R, NTOUMANIS N, QUESTED E, et al., 2016. Initial validation of the coach-created empowering and disempowering motivational climate questionnaire (EDMCQ-C) [J]. Psychology of Sport and Exercise, 22: 53–65.

APTER M J, BATLER R, 1997. Gratuitous risk: A study of parachuting[C]// SVEBAK S, APTER M J. Stress and Health: A Reversal Theory Perspective. Washington DC: Taylor and Francis: 119–129.

APTER M J, SMITH K C P, 1987. Reversal theory[C]// MCGURK B, THORNTON D, WILLIAMS M. Applying Psychology to Imprisonment: Theory and Practice. London: HMSO.

ARDERN C L, TAYLOR N F, FELLER J A, et al., 2013. A systematic review of the psychological factors associated with returning to sport following injury[J]. British Journal of Sports Medicine, 47(17): 1120–1126.

ARENT S M, LANDERS D M, MATT K S, et al., 2005. Dose-response and mechanistic issues in the resistance training and affect relationship[J]. Journal of Sport & Exercise Psychology, 27(1): 92–110.

ARMITAGE C J, CONNER M, 2000. Social cognition models and health behaviour: A structured review[J]. Psychology and Health, 15(2): 173–189.

ARTHUR-CAMESELLE J N, BALTZELL A, 2012. Learning from collegiate athletes who have recovered from eating disorders: Advice to coaches, parents, and other athletes with eating disorders[J]. Journal of Applied Sport Psychology, 24(1): 1–9.

AR-YUWAT S, CLARK M J, HUNTER A, et al., 2013. Determinants of physical activity in primary school students using the health belief model[J]. Journal of Multidisciplinary Healthcare, 6: 119.

BABIC M J, MORGAN P J, PLOTNIKOFF R C, et al., 2014. Physical activity and physical self-concept in youth: Systematic review and meta-analysis[J]. Sports Medicine (Auckland, N.Z.), 44(11): 1589–1601.

BACK M D, KUFNER A C P, DUFNER M, et al., 2013. Narcissistic admiration and rivalry: Disentangling the bright and dark sides of narcissism[J]. Journal of Personality and Social Psychology, 105: 1013–1037.

BAKER L D, FRANK L L, Foster-Schubert K, et al., 2010. Effects of aerobic exercise on mild cognitive impairment: A controlled trial[J]. Archives of Neurology, 67(1): 71–79.

BALTZELL A, AKHTAR V L, 2014. Mindfulness meditation training for sport (MMTS) intervention: Impact of MMTS with division I female athletes[J]. The Journal of Happiness & Well-Being, 2(2): 160–173.

BANDURA A, 1971. Social Learning Theory[M]. New York: General Learning Press.

BANDURA A, 1977. Social Cognitive Theory[M]. Englewood Cliff: Prentice Hall.

BANDURA A, 1986. Social Foundations of Thought and Action: A Social Cognitive Theory[M]. Englewood Cliffs: Prentice Hall.

BANDURA A, 1998. Health promotion from the perspective of social cognitive theory[J]. Psychology & Health, 13(4): 623–649.

BANDURA A, ARGYRIS C, BANDURA STEVENS S S, 1977. Self-efficacy mechanism in human agency[J]. Psychological Review, 55(2): 191–215.

BAR R J, CASSIN S E, DIONNE M M, 2016. Eating disorder prevention initiatives for athletes: A review[J]. European Journal of Sport Science, 16(3): 325–335.

BARAK A, KLEIN B, PROUDFOOT J G, 2009. Defining internet-supported therapeutic interventions[J]. Annals of Behavioral Medicine, 38(1): 4–17.

BARBOSA A, WHITING S, SIMMONDS P, et al., 2020. Physical activity and academic achievement: An umbrella review[J]. International Journal of Environmental Research and Public Health, 17(16): 5972.

BARDACH L, OCZLON S, PIETSCHNIG J, et al., 2020. Has achievement goal theory been right? A meta-analysis of the relation between goal structures and personal achievement goals[J]. Journal of Educational Psychology, 112(6): 1197–1220.

BARKER R G, 1965. Explorations in ecological psychology[J]. American Psychologist, 20(1): 1–14.

BARKER R G, BARKER L S, 1963. The Stream of Behavior: Explorations of Its Structure & Content[M]. New York: Appleton-Century-Crofts.

BARKER R G, WRIGHT H F, 1949. Psychological ecology and the problem of psychosocial development[J]. Child Development, 20: 131–144.

BARNETT D W, BARNETT A, NATHAN A, et al., 2017. Built environmental correlates of older adults' total physical activity and walking: A systematic review and meta-analysis[J]. International Journal of Behavioral Nutrition and Physical Activity, 14: 103.

BARRERA M, SANDLER I N, RAMSAY T B, 1981. Preliminary development of a scale of social support: Studies on college students[J]. American Journal of Community Psychology, 9: 435–447.

BARRICK M R, NEUBERT M J, MOUNT M K, et al., 1998. Relating member ability and personality to work-team processes and team effectiveness[J]. Journal of Applied Psychology, 83: 377–391.

BARRY C T, FRICK P J, ADLER K K, et al., 2007. The predictive utility of narcissism among children and adolescents: Evidence for a distinction between adaptive and maladaptive narcissism[J]. Journal of

Child and Family Studies, 16: 508–521.

BARRY C T, FRICK P J, KILLIAN A L, 2003. The relation of narcissism and self-esteem to conduct problems in children: A preliminary investigation[J]. Journal of Clinical Child and Adolescent Psychology, 32: 139–152.

BARRY C T, MALKIN M L, 2010. The relation between adolescent narcissism and internalizing problems depends on the conceptualization of narcissism[J]. Journal of Research in Personality, 44: 684–690.

BARTHOLOMEW L K, PARCEL G S, KOK G, et al., 2006. Planning Health Promotion Programs: An Intervention Mapping Approach[M]. New York: Jossey-Bass.

BATTY M J, BONNINGTON S, TANG B K, et al., 2006. Relaxation strategies and enhancement of hypnotic susceptibility: EEG neuro feedback, progressive muscle relaxation and self-hypnosis[J]. Brain Research Bulletin, 71: 83–90.

BAUM A L, 2005. Suicide in athletes: A review and commentary[J]. Clinics in Sports Medicine, 24(4): 853–869.

BAUMAN A E, REIS R S, SALLIS J F, et al., 2012. Correlates of physical activity: Why are some people physically active and others not? [J]. The Lancet, 380(9838): 258–271.

BEATTIE S, DAVIES M, 2010. A test of engagement versus disengagement in catastrophe models[J]. British Journal of Psychology, 101: 361–371.

BEATTIE S, HARDY L, WOODMAN T, 2004. Precompetition self-confidence: The role of the self[J]. Journal of Sport and Exercise Psychology, 26: 427–441.

BEATTIE S, WOODMAN T, FAKEHY M, et al., 2015. The role of performance feedback on the self-efficacy-performance relationship[J]. Sport, Exercise, and Performance Psychology, 5: 1–13.

BEILOCK S L, CARR T H, MACMAHON C, et al., 2002. When paying attention becomes counterproductive: Impact of divided versus skill-focused attention on novice and experienced performance of sensorimotor skills[J]. Journal of Experimental Psychology: Applied, 8: 6–16.

BÉLANGER M, GRAY-DONALD K, O'LOUGHLIN J, et al., 2009. Influence of weather conditions and season on physical activity in adolescents[J]. Annals of Epidemiology, 19(3): 180–186.

BELL J J, MAWN L, POYNOR R, 2013. Haste makes waste, but not for all: The speed-accuracy trade-off does not apply to neurotics[J]. Psychology of Sport and Exercise, 14: 860–864.

BERGER B G, MOTL R W, 2000. Exercise and mood: A selective review and synthesis of research employing the profile of mood states[J]. Journal of applied sport psychology, 12(1): 69–92.

BERGER B G, TOBAR D A, 2012. Physical Activity and Quality of Life: Key Considerations[M]. New York: John Wiley & Sons, Ltd.

BERNIER M, CODRON R, THIENOT E, et al., 2011. The attentional focus of expert golfers in training and competition: A naturalistic investigation[J]. Journal of Applied Sport Psychology, 23: 326–341.

BERSCHEID E, SNYDER M, OMOTO A M, 1989. The relationship closeness inventory: Assessing the closeness of interpersonal relationships[J]. Journal of Personality and Social Psychology, 57: 792–807.

BHAYSAR N, NTOUMANIS N, QUESTED E, et al., 2019. Conceptualizing and testing a new tripartite measure of coach interpersonal behaviors[J]. Psychology of Sport and Exercise, 44: 107–120.

BHERER L, ERICKSON K I, LIU-AMBROSE T, 2013. A review of the effects of physical activity and exercise on cognitive and brain functions in older adults[J]. Journal of Aging Research, 2013: 657508.

BIDDLE S J H, HANRAHAN S J, SELLARS C N, 2001. Attributions: Past, present, and future[C]// SINGER R, HAUSENBLAS H, JANELLE C. Handbook of Sport Psychology. 2nd ed. New York: Wiley: 444–471.

BIDDLE S J H, NIGG C R, 2000. Theories of exercise behavior[J]. International Journal of Sport Psychology, 31(2): 290–304.

BIGGINS M, CAHALAN R, COMYNS T, et al., 2018. Poor sleep is related to lower general health, increased stress and increased confusion in elite Gaelic athletes[J]. The Physician and Sports Medicine, 46(1): 14–20.

BINGHAM D D, COSTA S, HINKLEY T, et al., 2016. Physical activity during the early years: A systematic review of correlates and determinants[J]. American Journal of Preventive Medicine, 51(3): 384–402.

BIRRER D, MORGAN G, 2010. Psychological skills training as a way to enhance an athlete's performance in high-intensity sports[J]. Scand J Med Sci Sports, 20(Supplement s2): 78–87.

BISHOP S R, LAU M, SHAPIRO S, et al., 2004. Mindfulness: A proposed operational definition[J]. Clinical Psychology: Science and Practice, 11(3): 230–241.

BIXBY W R, LOCHBAUM M R, 2008. The effects of modality preference on the temporal dynamics of affective response associated with acute exercise in college aged females[J]. Journal of Sport Behavior, 31(4): 299–311.

BOECKER H, DRZEZGA A, 2016. A perspective on the future role of brain pet imaging in exercise science[J]. Neuroimage, 131: 73–80.

BOECKER H, SPRENGER T, SPILKER M E, et al., 2008. The runner's high: Opioidergic mechanisms in the human brain[J]. Cerebral Cortex, 18(11): 2523–2531.

BOHN-GOLDBAUM E E, PHONGSAVAN P, MEROM D, et al., 2013. Does playground improvement increase physical activity among children? A quasi-experimental study of a natural experiment[J]. Journal of Environmental and Public Health, 2013: 109841.

BORTOLI L, MESSINA G, ZORBA M, et al., 2012. Contextual and individual influences on antisocial behavior and psycho-biosocial states of youth soccer players[J]. Psychology of Sport and Exercise, 13: 397–406

BOSNJAK M, AJZEN I, SCHMIDT P, 2020. The theory of planned behavior: Selected recent advances and applications[J]. Europe's Journal of Psychology, 16(3): 352.

BRADLEY B H, BAUR J E, BANFORD C G, et al., 2013. Team players and collective performance: How agreeableness affects team performance over time[J]. Small Group Research, 44: 680–711.

BRATLAND-SANDA S, SUNDGOT-BORGEN J, 2013. Eating disorders in athletes: Overview of prevalence, risk factors and recommendations for prevention and treatment[J]. European Journal of Sport Science, 13(5): 499–508.

BRESLIN G, HAUGHEY T J, DONNELLY P, et al., 2017. Promoting mental health awareness in sport clubs[J]. Journal of Public Mental Health, 16(2): 55–62.

BRESLIN G, HAUGHEY T, O'BRIEN W, et al., 2018. Increasing athlete knowledge of mental health and intentions to seek help: The State of Mind Ireland (SOMI) pilot program[J]. Journal of Clinical Sport Psychology, 12(1): 39–56.

BROADBENT D E, 1958. Perception and Communication[M]. New York: Pergamon Press.

BROEKHUIZEN K, SCHOLTEN A M, DE VRIES S I, 2014. The value of (pre)school playgrounds for children's physical activity level: A systematic review[J]. International Journal of Behavioral Nutrition and Physical Activity, 11: 59.

BRONFENBRENNER U, 1977. Toward an experimental ecology of human development[J]. American Psychologist, 32(7): 513–531.

BRONFENBRENNER U, 1979. The Ecology of Human Behavior[M]. Cambridge: Harvard University Press.

BROWN B J, 1977. The effect of an isometric strength program on the intellectual and social development of trainable retarded males[J]. American Corrective Therapy Journal, 31(2): 44–48.

BROWN J L, COGAN K D, 2006. Ethical clinical practice in sport psychology: When two worlds collide[J]. Ethics & Behavior, 16: 15–23.

BROWN M F D, STANTON K, WATSON D, 2020. Replicable factor structure and correlates of an alternate version of the Narcissistic Personality Inventory[J]. Journal of Psychopathology and Behavioral Assessment, 42: 69–85.

BRUNER M W, MUNROE-CHANDLER K J, SPINK K S, 2008. Entry into elite sport: A preliminary investigation into the transition experiences of rookie athletes[J]. Journal of Applied Sport Psychology, 20(2): 236–252.

BRUNSTEIN J C, 2018. Implicit and explicit motives[C]// HECKHAUSEN J, HECKHAUSEN H. Motivation and Action. Basel: Springer Cham.

BU D, 2021. Mental Health Literacy and Help-Seeking in Chinese Elite Athletes[M]. Doctoral dissertation. Hong Kong: Hong Kong Baptist University.

BU D, LIU J D, ZHANG C Q, et al., 2019. Mindfulness training improves relaxation and attention in elite shooting athletes[J]. International Journal of Sport Psychology, 50(1): 4–25.

BUDDE H, WEGNER M, 2018. The Exercise Effect on Mental Health: Neurobiological Mechanisms[M]. Boca Raton: CRC Press.

BUECKER S, SIMACEK T, INGWERSEN B, et al., 2021. Physical activity and subjective well-being in healthy individuals: A meta-analytic review[J]. Health Psychology Review, 15(4): 574–592.

BUI L, MULLAN B, MCCAFFERY K, 2013. Protection motivation theory and physical activity in the general population: A systematic literature review[J]. Psychology, Health & Medicine, 18(5): 522–542.

BUMAN M P, GIACOBBI P R, DZIERZEWSKI J M, et al., 2011. Peer volunteers improve long-term maintenance of physical activity with older adults: A randomized controlled trial[J]. Journal of Physical Activity and Health, 8(S2): S257-S266.

BUSTAMANTE E E, SANTIAGO-RODRIGUEZ M E, RAMER J D, et al., 2019. Physical activity and adhd: Evidence on developmental trajectories, transient and durable neurocognitive effects, and real-world applications[J]. Pensar En Movimiento Revista de Ciencias Del Ejercicio y La Salud, 17(1):

4–31.

BUTLER A C, CHAPMAN J E, FORMAN E M, et al., 2006. The empirical status of cognitive-behavioral therapy: A review of meta-analyses[J]. Clinical Psychology Review, 26(1): 17–31.

BUTLER R J, HARDY L, 1992. The performance profile: Theory and application[J]. The Sport Psychologist, 6: 253–264.

CAI H, LUO Y L L, 2018. Distinguishing between adaptive and maladaptive narcissism[C]// HERMANN A D, BRUNELL A B, FOSTER J D. Handbook of Trait Narcissism. Berlin: Springer International Publishing: 97–104.

CAI Z, WANG X, YIN J, et al., 2021. Effects of physical exercise on working memory in older adults: A systematic and meta-analytic review[J]. European Review of Aging and Physical Activity: Official Journal of the European Group for Research into Elderly and Physical Activity, 18(1): 18.

CALLOW N, HARDY L, 1997. Kinesthetic imagery and its interaction with visual imagery perspectives during the acquisition and retention of a short gymnastics sequence[J]. Journal of Sports Sciences, 15: 75.

CALMELS C, BERTHOUMIEUX C, D'ARRIPE-LONGUEVILLE F, 2004. Effects of an imagery training program on selective attention of national softball players[J]. The Sport Psychologist, 18: 272–296.

CAMPBELL W K, 1999. Narcissism and romantic attraction[J]. Journal of Personality and Social Psychology, 77: 1254–1270.

CAMPBELL W K, BONACCI A M, SHELTON J, et al., 2004. Psychological entitlement: Interpersonal consequences and validation of a self-report measure[J]. Journal of Personality Assessment, 83: 29–45.

CAMPBELL W K, GOODIE A S, FOSTER J D, 2004. Narcissism, confidence, and risk attitude[J]. Journal of Behavioral Decision Making, 17: 297–311.

CANE J, O'CONNOR D, MICHIE S, 2012. Validation of the theoretical domains framework for use in behavior change and implementation research[J]. Implementation Science, 7(1): 1–17.

CAO X, MOKHTARIAN P L, HANDY S L, 2007. Do changes in neighborhood characteristics lead to changes in travel behavior? A structural equations modeling approach[J]. Transportation, 34: 535–556.

CAREY R N, CONNELL L E, JOHNSTON M, et al., 2019. Behavior change techniques and their mechanisms of action: A synthesis of links described in published intervention literature[J]. Annals of Behavioral Medicine, 53(8): 693–707.

CARMACK M A, MARTENS R, 1979. Measuring Commitment to running: A survey of runners' attitudes and mental states[J]. Journal of Sport Psychology, 1(1): 25–42.

CARPENTER C J, 2010. A meta-analysis of the effectiveness of health belief model variables in predicting behavior[J]. Health Communication, 25(8): 661–669.

CARRON A V, BRAWLEY L R, 2000. Cohesion: Conceptual and measurement issues[J]. Small Group Research, 31: 89–106.

CARRON A V, WIDMEYER W N, BRAWLEY L R, 1985. The development of an instrument to assess cohesion in sport teams: The group environment questionnaire[J]. Journal of Sport & Exercise Psychology, 24: 168–188.

CARRON A, EYS M A, 2012. Group Dynamics in Sport[M]. 4th ed. Morgantown: FIT.

CARVER C S, LAWRENCE J W, SCHEIER M F, 1999. Self-discrepancies and affect: Incorporating the role of feared selves[J]. Personality and Social Psychology Bulletin, 25(7): 783–792.

CARVER C S, SCHEIER M F, SEGERSTROM S C, 2010. Optimism[J]. Clinical Psychology Review, 30: 879–889.

CASSILHAS R C, VIANA V A R, GRASSMANN V, et al., 2007. The impact of resistance exercise on the cognitive function of the elderly[J]. Medicine and Science in Sports and Exercise, 39(8): 1401–1407.

CASTILLO-JIMÉNEZ N, LÓPEZ-WALLE J M, TOMÁS I, et al., 2022. Empowering and disempowering motivational climates, mediating psychological processes, and future intentions of sport participation[J]. International Journal of Environmental Research and Public Health, 19: 896.

CASTONGUAY L G, OLTMANNS T F, 2013. Psychopathology: From Science to Clinical Practice[M]. New York: Guilford Press.

CATHCART S, MCGREGOR M, GROUNDWATER E, 2014. Mindfulness and flow in elite athletes[J]. Journal of Clinical Sport Psychology, 8: 119–141.

CECCHINI J A, FERNANDEZ-RIO J, MENDEZ-GIMENEZ A, et al., 2014. Epstein's TARGET Framework and motivational climate in sport: Effects of a field-based, long-term intervention program[J]. International Journal of Sports Science & Coaching, 9(6): 1325–1340.

CERIN E, NATHAN A, VAN CAUWENBERG J, et al., 2017. The neighbourhood physical environment and active travel in older adults: A systematic review and meta-analysis[J]. The International Journal of Behavioral Nutrition and Physical Activity, 14: 15.

CERVONE D, PERVIN L A, 2018. Personality: Theory and Research[M]. 14th ed. Hobgen: Wiley.

CHADDOCK L, ERICKSON K I, PRAKASH R S, et al., 2010. Basal ganglia volume is associated with aerobic fitness in preadolescent children[J]. Developmental Neuroscience, 32(3): 249–256.

CHAN J S, LIU G, LIANG D, et al., 2019. Special issue–therapeutic benefits of physical activity for mood: A systematic review on the effects of exercise intensity, duration, and modality[J]. The Journal of Psychology, 153(1): 102–125.

CHAZAN D J, PELLETIER G N, DANIELS L M, 2022. Achievement goal theory review: An application to school psychology[J]. Canadian Journal of School Psychology, 37(1): 40–56.

CHEKROUD S R, GUEORGUIEVA R, ZHEUTLIN A B, et al., 2018. Association between physical exercise and mental health in 1.2 million individuals in the USA between 2011 and 2015: A cross-sectional study[J]. The Lancet. Psychiatry, 5(9): 739–746.

CHEN C C, CHEN X-P, HUANG S, 2015. Chinese Guanxi: An integrative review and new directions for future research[J]. Management and Organization Review, 9: 167–207.

CHENG O Y, YAM C L Y, CHEUNG N S, et al., 2019. Extended theory of planned behavior on eating and physical activity[J]. American Journal of Health Behavior, 43(3): 569–581.

CHENG W K, HARDY L, MARKLAND D, 2009. Toward a three-dimensional conceptualization of performance anxiety: Rationale and initial measurement development[J]. Psychology of Sport and Exercise, 10: 271–278.

CHOI K W, CHEN C-Y, STEIN M B, et al., 2019. Assessment of bidirectional relationships between physical activity and depression among adults: A 2-sample Mendelian randomization study: A 2-sample Mendelian randomization study[J]. JAMA Psychiatry (Chicago, Ill), 76(4): 399–408.

CHOI K W, ZHEUTLIN A B, KARLSON R A, et al., 2020. Physical activity offsets genetic risk for incident depression assessed via electronic health records in a biobank cohort study[J]. Depression and Anxiety, 37(2): 106–114.

CHOW G M, BIRD M D, GABANA N T, et al., 2020. A program to reduce stigma toward mental illness and promote mental health literacy and help-seeking in National Collegiate Athletic Association Division I student-athletes[J]. Journal of Clinical Sport Psychology, 15: 185–205.

CHUEH T Y, HSIEH S S, TSAI Y J, et al., 2021. The relationship between internalizing problems and acute exercise duration in children with attention-deficit/hyperactivity disorder: The role of frontal alpha asymmetry[J]. Research in Developmental Disabilities, 118: 104063.

CLEARY T, ZIMMERMAN B, 2001. Self-regulation differences during athletic practice by experts, non-experts and novices[J]. Journal of Applied Sport Psychology, 13: 185–206.

CLOW A, EDMUNDS S, 2013. Physical Activity and Mental Health[M]. Champaign: Human Kinetics.

COAN J A, ALLEN J J B, 2004. Frontal EEG asymmetry as a moderator and mediator of emotion[J]. Biological Psychology, 67(1–2): 7–49.

COFFEE P, FREEMAN P, ALLEN M S, 2017. The TASS-Q: The team-referent availability of social support questionnaire[J]. Psychology of Sport and Exercise, 33: 55–65.

COHEN D A, GOLINELLI D, WILLIAMSON S, et al., 2009. Effects of park improvements on park use and physical activity: Policy and programming implications[J]. American Journal of Preventive Medicine, 37(6): 475–480.

COHEN D A, HAN B, DEROSE K P, et al., 2013. Physical activity in parks: A randomized controlled trial using community engagement[J]. American Journal of Preventive Medicine, 45(5): 590–597.

COHEN S, UNDERWOOD L G, GOTTLIEB B H, 2000. Social Support Measurement and Intervention: A Guide for Health and Social Scientists[M]. New York: Oxford University Press.

COHN P J, 1990. Preperformance routines in sport: Theoretical support and practical applications[J]. The Sport Psychologist, 4(3): 301–312.

COLABIANCHI N, CLENNIN M N, DOWDA M, et al., 2019. Moderating effect of the neighbourhood physical activity environment on the relation between psychosocial factors and physical activity in children: A longitudinal study[J]. Journal of Epidemiology and Community Health, 73(7): 598.

COLCOMBE S J, ERICKSON K I, RAZ N, et al., 2003. Aerobic fitness reduces brain tissue loss in aging humans[J]. The Journals of Gerontology. Series A, Biological Sciences and Medical Sciences, 58(2): 176–180.

CONNER M, NORMAN P, 2017. Health behavior: Current issues and challenges[J]. Psychology and Health, 32(8): 895-906.

CONROY D E, ELLIOT A J, HOFER S M, 2003. A 2×2 achievement goals questionnaire for sport: Evidence for factorial invariance, temporal stability, and external validity[J]. Journal of Sport & Exercise Psychology, 25(4): 456–476.

COOLEY S J, WILLIAMS S E, BURNS V E, et al., 2013. Methodological variations in guided imagery interventions using movement imagery scripts in sport: A systematic review[J]. Journal of Imagery Research in Sport and Physical Activity, 8(1): 1–22.

CORDER W O, 1966. Effects of physical education on the intellectual, physical, and social development of educable mentally retarded boys[J]. Exceptional Children, 32(6): 357–364.

CORR P J, 2001. Testing problems in J A Gray's personality theory: A commentary on Matthews and Gilliland, 1999[J]. Personality and Individual Differences, 30: 333–352.

CORR P J, 2016. Reinforcement sensitivity theory of personality questionnaires: Structural survey with recommendations[J]. Personality and Individual Differences, 89: 60–64.

CORR P J, MCNAUGHTON N, 2012. Neuroscience and approach/avoidance personality traits: A two stage (valuation-motivation) approach[J]. Neuroscience and Biobehavioral Reviews, 36(10): 2339–2354.

COSTA P T, MCCRAE R R, 1992. The five-factor model of personality and its relevance to personality disorders[J]. Journal of Personality Disorder, 6: 343–359.

COTTERILL S, 2010. Pre-performance routines in sport: Current understanding and future directions[J]. International Review of Sport and Exercise Psychology, 3(2): 132–153.

CRAGGS C, CORDER K, VAN SLUIJS E M, et al., 2011. Determinants of change in physical activity in children and adolescents: A systematic review[J]. American Journal of Preventive Medicine, 40(6): 645–658.

CURRAN T, HILL A P, HALL H K, et al., 2015. Relationships between the coach-created motivational climate and athlete engagement in youth sport[J]. Journal of Sport and Exercise Psychology, 37: 193–198.

CURRIE A, GORCZYNSKI P, RICE S M, et al., 2019. Bipolar and psychotic disorders in elite athletes: A narrative review[J]. British Journal of Sports Medicine, 53(12): 746–753.

CUTRONA C E, RUSSELL D W, 1987. The provisions of social relationships and adaptation to stress[C]// JONES W H, PERLMAN D. Advances in Personal Relationships. Volume 1. Greenwich: JAI Press: 37–67.

DADDARIO D K, 2007. A review of the use of the health belief model for weight management[J]. Medsurg Nursing, 16(6): 363.

DALE G A, WRISBERG C A, 1996. The use of a performance profiling technique in a team setting: Getting the athletes and coach on the "same page" [J]. Sport Psychologist, 10: 261–277.

D'ANGELO H, FOWLER S L, NEBELING L C, et al., 2017. Adolescent physical activity: Moderation of individual factors by neighborhood environment[J]. American Journal of Preventive Medicine, 52(6): 888–894.

DAUGHERTY A M, ZWILLING C, PAUL E J, et al., 2018. Multi-modal fitness and cognitive training to enhance fluid intelligence[J]. Intelligence, 66: 32–43.

DAVIDSON R J, 2004. What does the prefrontal cortex "do" in affect: Perspectives on frontal EEG asymmetry research[J]. Biological Psychology, 67(1–2): 219–234.

DAVIES C A, SPENCE J C, VANDELANOTTE C, et al., 2012. Meta-analysis of internet-delivered interventions to increase physical activity levels[J]. International Journal of Behavioral Nutrition and Physical Activity, 9(1): 1–13.

DAVIES M J, STELLINO M B, NICHOLS B A, et al., 2016. Other-initiated motivational climate and youth hockey players' good and poor sport behaviors[J]. Journal of Applied Sport Psychology, 28: 78–96.

DAVIS C L, TOMPOROWSKI P D, BOYLE C A, et al., 2007. Effects of aerobic exercise on overweight children's cognitive functioning: A randomized controlled trial[J]. Research Quarterly for Exercise and Sport, 78(5): 510–519.

DAVIS L, APPLEBY R, DAVIS P, et al., 2018. The role of coach athlete relationship quality in team sport athletes' psychophysiological exhaustion: Implications for physical and cognitive performance[J]. J Sports Sci, 36: 1985–1992.

DAVIS L, JOWETT S, TAFVELIN S, 2019. Communication strategies: The fuel for quality coach‐athlete relationships and athlete satisfaction[J]. Front. Psychol, 10: 2156.

DAVISON K K, LAWSON C T, 2006. Do attributes in the physical environment influence children's physical activity? A review of the literature[J]. International Journal of Behavioral Nutrition and Physical Activity, 3(1): 19.

DE BOURDEAUDHUIJ I, CROMBEZ G, DEFORCHE B, et al., 2002. Effects of distraction on treadmill running time in severely obese children and adolescents[J]. International Journal of Obesity and Related Metabolic Disorders: Journal of the International Association for the Study of Obesity, 26(8): 1023–1029.

DE PETRILLO L A, KAUFMAN K A, GLASS C R, et al., 2009. Mindfulness for long-distance runners: An open trial using mindful sport performance enhancement (MSPE)[J]. Journal of Clinical Sport Psychology, 3(4): 357–376.

DE WIT F R C, GREER L L, JEHN K A, 2012. The paradox of intragroup conflict: A meta-analysis[J]. Journal of Applied Psychology, 97(2): 360–390.

DECETY J, GRÈZES J, 1999. Neural mechanisms subserving the perception of human actions[J]. Trends in Cognitive Science, 3: 172–178.

DECETY J, JEANNEROD M, PRABLANC C, 1989. The timing of mentally represented actions[J]. Behavioral Brain Research, 34: 35–42.

DECHARMS R C, 1968. Personal Causation: The Internal Affective Determinants of Behavior[M]. New York: Academic Press.

DECI E L, RYAN R M, 1985. Intrinsic Motivation and Self-determination in Human Behavior[M]. New York: Plenum Publishing Co..

DECI E L, RYAN R M, 1985. The general causality orientations scale: Self-determination in personality[J]. Journal of Research in Personality, 19(2): 109–134.

DECI E L, RYAN R M, 2000. The "what" and "why" of goal pursuits: Human needs and the self-determination of behavior[J]. Psychological Inquiry, 11: 227–268.

DEFORCHE B, DE BOURDEAUDHUIJ I, 2015. Attentional distraction during exercise in overweight and normal-weight boys[J]. International Journal of Environmental Research and Public Health, 12(3): 3077–3090.

DELRUE J, HAERENS, L MOURATIDIS A, et al., 2017. A game-to-game investigation in the relation between need-supportive and need-thwarting coaching and moral behavior in soccer[J]. Psychology of

Sport and Exercise, 31: 1–10.

DELRUE J, REYNDERS B, VANDE BROEK G, et al., 2019. Adopting a helicopterperspective towards motivating and demotivating coaching behavior: A circumplex approach[J]. Psychology of Sport and Exercise, 40: 110–126.

DEUTSCH J A, DEUTSCH D, 1963. Attention: Some theoretical considerations[J]. Psychological Review, 70(1): 80–90.

DI DOMENICO S I, RYAN R M, 2017. The emerging neuroscience of intrinsic motivation: A new frontier in self-determination research. front[J]. Hum. Neurosci, 11: 145.

DIAMOND A, 2013. Executive functions[J]. Annual Review of Psychology, 64(1): 135–168.

DIENER E, 1984. Subjective well-being[J]. Psychological Bulletin, 95(3): 542–575.

DIERKES K, MATURANA F M, RÖSEL I, et al., 2021. Different endurance exercise modalities, different affective response: A within-subject study[J]. Frontiers in Psychology, 12: 686661.

DO CARMO C M, DA ROCHA B A, TANAKA C, 2017. Effects of individual and group exercise programs on pain, balance, mobility and perceived benefits in rheumatoid arthritis with pain and foot deformities[J]. Journal of Physical Therapy Science, 29(11): 1893–1898.

DONKIN L, CHRISTENSEN H, NAISMITH S L, et al., 2011. A systematic review of the impact of adherence on the effectiveness of e-therapies[J]. Journal of Medical Internet Research, 13(3): e1772.

DORAN GT, 1981. There's a S.M.A.R.T. way to write management's goals and 12 objectives[J]. Management Review, 70: 35–36.

DOWELL T L, WATERS A M, USHER W, et al., 2020. Tackling mental health in youth sporting programs: A pilot study of a holistic program[J]. Child Psychiatry and Human Development, 52(1): 15–29.

DREW M, VLAHOVICH N, HUGHES D, et al., 2018. Prevalence of illness, poor mental health and sleep quality and low energy availability prior to the 2016 Summer Olympic Games[J]. British Journal of Sports Medicine, 52(1): 47–53.

DUAN Y P, LIANG W, GUO L, et al., 2018. Evaluation of a web-based intervention for multiple health behavior changes in patients with coronary heart disease in home-based rehabilitation: Pilot randomized controlled trial[J]. Journal of Medical Internet Research, 20(11): e12052.

DUAN Y, BREHM W, WAGNER P, et al., 2015. Transition to adulthood: Relationships among psychosocial correlates, stages of change for physical activity, and health outcomes in a cross-cultural sample[J]. Journal of Physical Activity and Health, 12(11): 1461–1468.

DUAN Y, LI X, GUO L, et al., 2022b. A wechat mini program-based intervention for physical activity, fruit and vegetable consumption among Chinese cardiovascular patients in home-based rehabilitation: A study protocol[J]. Frontiers in Public Health, 10: 739100.

DUAN Y, LIANG W, WANG Y, et al., 2022a. The effectiveness of sequentially delivered web-based interventions on promoting physical activity and fruit-vegetable consumption among Chinese college students: Mixed methods study[J]. Journal of Medical Internet Research, 24(1): e30566.

DUAN Y, LIPPKE S, ZHANG R, et al., 2016. Testing the validity of a stage assessment on health enhancing physical activity in a Chinese university student sample[J]. BMC Public Health, 16(2): 260–269.

DUAN Y, SHANG B, LIANG W, et al., 2020. Psychosocial profiles of physical activity fluctuation in office employees: A latent profile analysis[J]. Plos one, 15(1): e0227182.

DUAN Y, SHANG B, LIANG W, et al., 2022c. Predicting hand washing, mask wearing and social distancing behaviors among older adults during the COVID-19 pandemic: An integrated social cognition model[J]. BMC Geriatrics, 22(1): 1–16.

DUDA J L, 2001. Achievement goal research in sport: pushing the boundaries and clarifying some misunderstandings[C]// ROBERTS G C. Advances in Motivation in Sport and Exercise. Champaign: Human Kinetics: 129–183.

DUDA J L, 2013. The conceptual and empirical foundations of Empowering Coaching™: Setting the stage for the PAPA project[J]. International Journal of Sport and Exercise Psychology, 11: 311–318.

DUDA J L, BALAGUER I, 1999. Toward an integration of models of leadership with a contemporary theory of motivation[C]// LIDOR R, BAR-ELI. Sport Psychology: Linking Theory and Practice. Morgantown: Fitness Information Technology: 213–229.

DUFF O M, WALSH D M, FURLONG B A, et al., 2017. Behavior change techniques in physical activity eHealth interventions for people with cardiovascular disease: Systematic review[J]. Journal of Medical Internet Research, 19(8): e281.

DUMITH S C, GIGANTE D P, DOMINGUES M R, et al., 2011. Physical activity change during adolescence: A systematic review and a pooled analysis[J]. International Journal of Epidemiology, 40(3): 685–698.

DUNICAN I C, MARTIN D T, HALSON S L, et al., 2017. The effects of the removal of electronic devices for 48 hours on sleep in elite judo athletes[J]. The Journal of Strength & Conditioning Research, 31(10): 2832–2839.

DUNKLEY D M, ZUROFF D C, BLANKSTEIN K R, 2003. Self-critical perfectionism and daily affect: Dispositional and situational influences on stress and coping[J]. Journal of Personality and Social Psychology, 84: 234–252.

DUNN J G H, DUNN J C, GOTWALS J K, et al., 2006. Establishing construct validity evidence for the Sport Multidimensional Perfectionism Scale[J]. Psychology of Sport and Exercise, 7: 57–79.

DWECK C S, 1986. Motivational processes affecting learning[J]. American Psychologist, 41: 1040–1048.

DWECK C S, ELLIOTT E S, 1983. Achievement motivation[C]// MUSSEN P H, HETHERINGTON E M. Handbook of Child Psychology. New York: Wiley: 643–691.

EGLOFF B, GRUHN A J, 1996. Personality and endurance sports[J]. Personality and Individual Differences, 21(2): 223–229.

EICHSTADT M, LUZIER J, CHO D, et al., 2020. Eating disorders in male athletes[J]. Sports Health, 12(4): 327–333.

EKKEKAKIS P, 2009. The Dual-Mode Theory of affective responses to exercise in metatheoretical context: II. Bodiless heads, ethereal cognitive schemata, and other improbable dualistic creatures, exercising[J]. International Review of Sport and Exercise Psychology, 2(2): 139–160.

EKKEKAKIS P, BACKHOUSE S H, GRAY C, et al., 2008. Walking is popular among adults but is it pleasant? A framework for clarifying the link between walking and affect as illustrated in two studies[J]. Psychology of Sport and Exercise, 9(3): 246–264.

EKKEKAKIS P, BRAND R, 2019. Affective responses to and automatic affective valuations of physical activity: Fifty years of progress on the seminal question in exercise psychology[J]. Psychology of Sport and Exercise, 42: 130–137.

EKKEKAKIS P, PARFITT G, PETRUZZELLO S J, 2011. The pleasure and displeasure people feel when they exercise at different intensities: Decennial update and progress towards a tripartite rationale for exercise intensity prescription[J]. Sports Medicine (Auckland, NZ.), 41(8): 641–671.

ELAVSKY S, 2010. Longitudinal examination of the exercise and self-esteem model in middle-aged women[J]. Journal of Sport & Exercise Psychology, 32(6): 862–880.

ELDREDGE L K B, MARKHAM C M, RUITER R A, et al., 2016. Planning Health Promotion Programs: An Intervention Mapping Approach[M]. New York: John Wiley & Sons.

ELLEMBERG D, ST-LOUIS-DESCHÊNES M, 2010. The effect of acute physical exercise on cognitive function during development[J]. Psychology of Sport and Exercise, 11(2): 122–126.

ELLIOT A J, 1999. Approach and avoidance motivation and achievement goals[J]. Educational Psychologist, 34(3): 169.

ELLIOT A J, MCGREGOR H A, 2001. A 2×2 achievement goal framework[J]. Journal of Personality and Social Psychology, 80: 501–519.

ELSBORG P, DIMENT G M, ELBE A M, 2015. Sport psychology consultants' perceptions of their challenges at the London 2012 Olympic Games[J]. The Sport Psychologist, 29(2): 183–195.

EPSTEIN J, 1988. Effective schools or effective students? Dealing with diversity[C]// HASKINSAND R, MACRAE B. Policies for America's Public Schools. Norwood: Ablex Pub Corp: 89–126.

ERICKSON K I, PRAKASH R S, VOSS M W, et al., 2009. Aerobic fitness is associated with hippocampal volume in elderly humans[J]. Hippocampus, 19(10): 1030–1039.

ERPIČ S C, WYLLEMAN P, ZUPANČIČ M, 2004. The effect of athletic and non-athletic factors on the sports career termination process[J]. Psychology of Sport and Exercise, 5: 45–59.

ETNIER J L, SALAZAR W, LANDERS D M, et al., 1997. The influence of physical fitness and exercise upon cognitive functioning: A meta-analysis[J]. Journal of Sport & Exercise Psychology, 19(3): 249–277.

EVANS L, HARDY L, FLEMING S, 2000. Intervention strategies with injured athletes: An action research study[J]. The Sport Psychologist, 14(2): 188–206.

EVANS V, QUARTERMAN J, 1983. Personality characteristics of successful and unsuccessful black female basketball players[J]. International Journal of Sport Psychology, 14: 105–115.

EYS M A, CARRON A V, BRAY S R, et al., 2007. Item wording and internal consistency of a measure of cohesion: The group environment questionnaire[J]. Journal of Sport & Exercise Psychology, 29: 395–402.

EYSENCK H J, EYSENCK S G B, 1965. The Eysenck Personality Inventory[J]. British Journal of Educational Studies, 14(1): 140.

EYSENCK M W, DERAKSHAN N, SANTOS R, et al., 2007. Anxiety and cognitive performance: Attentional control theory[J]. Emotion, 7(2): 336–353.

EYSENCK S B G, EYSENCK H J, BARRETT P, 1985. A revised version of the psychoticism scale[J].

Personality and Individual Differences, 6(1): 21–29.

FARSI A, 2017. A closer look at how self-talk influences skilled basketball performance[J]. The Sport Psychologist, 32(1): 9-15.

FARWELL L, WOHLWEND-LLOYD R, 1998. Narcissistic processes: Optimistic expectations, favorable self-evaluations, and self-enhancing attributions[J]. Journal of Personality, 66: 65–83.

FIRTH J, COTTER J, ELLIOTT R, et al., 2015. A systematic review and meta–analysis of exercise interventions in schizophrenia patients[J]. Psychological Medicine, 45(7): 1343–1361.

FIRTH J, STUBBS B, ROSENBAUM S, et al., 2017. Aerobic exercise improves cognitive functioning in people with schizophrenia: A systematic review and meta-analysis[J]. Schizophrenia Bulletin, 43(3): 546–556.

FISHBEIN M, AJZEN I, 1981. On construct validity: A critique of Miniard and Cohen's paper[J]. Journal of Experimental Social Psychology, 17(3): 340–350.

FISHBEIN M, YZER M C, 2003. Using theory to design effective health behavior interventions[J]. Communication Theory, 13(2): 164–183.

FITZHUGH E C, BASSETT D R, EVANS M F, 2010. Urban trails and physical activity: A natural experiment[J]. American Journal of Preventive Medicine, 39(3): 259–262.

FLEIG L, ASHE M C, VOSS C, et al., 2016. Environmental and psychosocial correlates of objectively measured physical activity among older adults[J]. Health Psychology, 35(12): 1364–1372.

FLETT G L, HEWITT P L, BLANKSTEIN K R, et al., 1998. Perfectionism in relation to attributions for success or failure[J]. Current Psychology, 17(2-3): 249–262.

FOOT J, 2012. What makes us healthy: The asset approach in practice: Evidence, action, and evaluation[EB/OL]. [2023-2-20]. http://www.janefoot.co.uk/downloads/fifiles/healthy20FINAL20FINAL.pdf.

FOSKETT R L, LONGSTAFF F, 2018. The mental health of elite athletes in the United Kingdom[J]. Journal of Science and Medicine in Sport, 21: 765–770.

FOSTER B J, CHOW G M, 2019. Development of the sport mental health continuum-short form (Sport MHC-SF)[J]. Journal of Clinical Sport Psychology, 13(4): 593–608.

FREEMAN M, 2022. The world mental health report: Transforming mental health for all. World Psychiatry, 21(3):391–392.

FREEMAN P, COFFEE P, REES T, 2011. The PASS-Q: The perceived available support in sport questionnaire[J]. Journal of Sport and Exercise Psychology, 33: 54–74.

FREUD S, 1914. On narcissism: An introduction[C]// STRACHEY J. The Standard Edition of the Complete Psychological Works of Sigmund Freud. London: Hogarth Press: 64–107.

FREUD S, 1931. Libidinal types[C]// STRACHEY J. The Standard Edition of the Complete Psychological Works of Sigmund Freud. London: Hogarth Press: 217–220.

FRIEDLI L, PARSONAGE M, 2009. Promoting mental health and preventing mental illness: the economic case for investment in wales[EB/OL]. [2023-10-22]. http://www.publicmentalhealth.org/Documents/749/Promoting%20Mental%20 Health%20Report%20.

FRITSCH J, FEILA K, JEKAUCA D, et al., 2022. The relationship between self-talk and affective processes in sports: A scoping review[J]. International Review of Sport and Exercise Psychology, 17: 482–515.

FRITSCH J, LATINJAK A T, HATZIGEORGIADIS A, 2020. Self-talk and emotions in sport[C]// RUIZ M C, ROBAZZA C. Feelings in Sport: Theory, Research, and Practical Implications for Performance and Well-being. New York: Routledge: 11–19.

FROST R O, MARTEN P, LAHART C, et al., 1990. The dimensions of perfectionism[J]. Cognitive Therapy and Research, 14: 449–468.

FRY M D, NEWTON M, 2003. Application of achievement goal theory in an urban youth tennis setting[J]. Journal of Applied Sport Psychology, 15: 50–66.

FU D, HASE A, GOOLAMALLEE M, et al., 2021. The effects of support (in)adequacy on self-confidence and performance: Two experimental studies[J]. Sport, Exercise, and Performance Psychology, 10: 15–26.

FUCHS R, 2001. Entwicklungsstadien des Sporttreibens [J]. Sportwissenschaft, 31(3): 255–281.

GABRIEL M T, CRITELLI J W, EE J S, 1994. Narcissistic illusions in self-evaluations of intelligence and attractiveness[J]. Journal of Personality, 62: 143–155.

GAO J, FU H, LI J, et al., 2015. Association between social and built environments and leisure-time physical activity among Chinese older adults: A multilevel analysis[J]. BMC Public Health, 15(1): 1317.

GARDNER F L, MOORE Z E, 2004. A mindfulness-acceptance-commitment-based approach to athletic performance enhancement: Theoretical considerations[J]. Behavior Therapy, 35(4): 707–723.

GARDNER F L, MOORE Z E, 2006. Clinical Sport Psychology[M]. Champaign: Human Kinetics.

GARDNER F L, MOORE Z E, 2007. The Psychology of Enhancing Human Performance: The Mindfulness-Acceptance- Commitment（MAC）Approach[M]. New York: Springer.

GARLAND D J, BARRY J R, 1990. Personality and leader behaviors in collegiate football: A multidimensional approach to performance[J]. Journal of Research in Personality, 24, 355–370.

GARNER A A, HANSEN A A, BAXLEY C, et al., 2018. The use of stimulant medication to treat attention-deficit/hyperactivity disorder in elite athletes: A performance and health perspective[J]. Sports Medicine, 48(3): 507–512.

GAUDREAU P, 2012. A methodological note on the interactive and main effects of dualistic personality dimensions: An example using the 2×2 model of perfectionism[J]. Personality and Individual Differences, 52(1): 26–31.

GAUDREAU P, 2013. The 2×2 model of perfectionism: Commenting the critical comments and suggestions of Stoeber, 2012[J]. Personality and Individual Differences, 55(4): 351–355.

GAUDREAU P, 2015. Self-assessment of the four subtypes of perfectionism in the 2×2 model of perfectionism[J]. Personality and Individual Differences, 84: 52–62.

GAUDREAU P, BLONDIN J P, 2004. Different athletes cope differently during a sport competition: A cluster analysis of coping[J]. Personality and Individual Differences, 36(8): 1865–1877.

GAUDREAU P, THOMPSON A, 2010. Testing a 2×2 model of dispositional perfectionism[J]. Personality and Individual Differences, 48: 532–537.

GEBAUER J E, SEDIKIDES C, VERPLANKEN B, et al., 2012. Communal narcissism[J]. Journal of Personality and Social Psychology, 103: 854–878.

GEDA Y E, SILBER T C, ROBERTS R O, et al., 2012. Computer activities, physical exercise, aging, and mild cognitive impairment: A population-based study[J]. Mayo Clinic Proceedings. Mayo Clinic, 87(5): 437–442.

GERRIG R J, 2014. Psychology and Life: Pearson New International Edition PDF eBook[M]. London: Pearson Education, Inc.

GEUKES K, MESAGNO C, HANRAHAN S J, et al., 2012. Testing an interactionist perspective on the relationship between personality traits and performance under public pressure[J]. Psychology of Sport and Exercise, 13(3): 243–250.

GEUKES K, MESAGNO C, HANRAHAN S J, et al., 2013. Activation of self-focus and self-presentation traits under private, mixed, and public pressure[J]. Journal of Sport & Exercise Psychology, 35: 50–59.

GIEL K E, HERMANN-WERNER A, MAYER J, et al., 2016. Eating disorder pathology in elite adolescent athletes[J]. International Journal of Eating Disorders, 49(6): 553–562.

GLASGOW R E, VOGT T M, BOLES S M, 1999. Evaluating the public health impact of health promotion interventions: The RE-AIM framework[J]. American Journal of Public Health, 89(9): 1322–1327.

GLASSER W, 2010. Positive Addiction[M]. New York: Harper Collins.

GLENCROSS D, 1993. Simulation camp[J]. Sports Coach, 6: 7–10.

GLICK I D, Stillman M A, Reardon C L, et al., 2012. Managing psychiatric issues in elite athletes[J]. The Journal of Clinical Psychiatry, 73(5): 640–644.

GOLDBERG L R, 1992. The development of markers for the Big-Five factor structure[J]. Psychological Assessment, 4: 26–42.

GOLDBERG L R, 1999. A broad-bandwidth, public domain, personality inventory measuring the lower-level facets of several five-factor models[J]. Personality Psychology in Europe, 7: 7–28.

GOLDSTEIN E B, 2008. Cognitive Psychology: Connecting Mind, Research, and Everyday Experience[M]. 2nd ed. Belmont: Thompson/Wadsworth.

GOMEZ-PIQUERAS P, GONZÁLEZ-VÍLLORA S, GRASSI A, et al., 2018. Are we making smart decisions regarding return to training of injured football players? Preliminary results from a pilot study[J]. Isokinetics and Exercise Science, 26(2): 115–123.

GOODMAN A, SAHLQVIST S, OGILVIE D, et al., 2014. New walking and cycling routes and increased physical activity: One- and 2-year findings from the UK iConnect Study[J]. American Journal of Public Health, 104(9): e38–e46.

GORCZYNSKI P F, COYLE M, GIBSON K, 2017. Depressive symptoms in high-performance athletes and non-athletes: A comparative meta-analysis[J]. British Journal of Sports Medicine, 51: 1348–1354.

GORDON B R, MCDOWELL C P, HALLGREN M, et al., 2018. Association of efficacy of resistance exercise training with depressive symptoms: Meta-analysis and meta-regression analysis of randomized clinical trials[J]. JAMA Psychiatry (Chicago, Ill.), 75(6): 566.

GORDON R A, 2008. Attributional style and athletic performance: Strategic optimism and defensive pessimism[J]. Psychology of Sport & Exercise, 9(3): 336–350.

GOSLING S D, RENTFROW P J, SWANN W B, 2003. A very brief measure of the Big-Five personality domains[J]. Journal of Research in Personality, 37: 504–528.

GOTTLIEB B H, BERGEN A E, 2010. Social support concepts and measures[J]. Journal of Psychosomatic

Research, 69: 511–520.

GOULD D, DIEFFENBACH K, MOFFETT A, 2002. Psychological characteristics and their development in Olympic champions[J]. Journal of Applied Sport Psychology, 14: 172–204.

GOULD D, EKLUND R C, JACKSON S A, 1993. Coping strategies used by US Olympic wrestlers[J]. Research Quarterly for Exercise and Sport, 64(1): 83–93.

GOURLAN M, BERNARD P, BORTOLON C, et al., 2016. Efficacy of theory-based interventions to promote physical activity. A meta-analysis of behavior controlled trials[J]. Health Psychology Review, 10(1): 50–66.

GOUTTEBARGE V, BACKX F J, AOKI H, et al., 2015. Symptoms of common mental disorders in professional football (soccer) across five European countries[J]. Journal of Sports Science & Medicine, 14(4): 811.

GOUTTEBARGE V, BINDRA A, BLAUWET C, et al., 2021. International Olympic Committee (IOC) sport mental health assessment tool 1 (SMHAT-1) and sport mental health recognition tool 1 (SMHRT-1): Towards better support of athletes' mental health[J]. British Journal of Sports Medicine, 55(1): 30–37.

GOUTTEBARGE V, CASTALDELLI-MAIA J M, GORCZYNSKI P, et al., 2019. Occurrence of mental health symptoms and disorders in current and former elite athletes: A systematic review and meta-analysis[J]. Br J Sports Med, 53: 700–706.

GOUTTEBARGE V, HOPLEY P, KERKHOFFS G, et al., 2018. A 12-month prospective cohort study of symptoms of common mental disorders among professional rugby players[J]. European Journal of Sport Science, 18(7): 1004–1012.

GRANT M, SCHEMPP P, 2013. Analysis and description of Olympic gold medalists' competition-day routines[J]. The Sport Psychologist, 27: 156–170.

GRANT S, LANGAN-FOX J, 2006. Occupational stress, coping and strain: The combined/interactive effect of the Big Five traits[J]. Personality and Individual Differences, 41: 719–732.

GRAY J A, 1982. The Neuropsychology of Anxiety: An Enquiry into the Functions of the Septo-Hippocampal System[M]. Oxford: Oxford University Press.

GRAY J A, MCNAUGHTON N, 2000. The Neuropsychology of Anxiety: An Enquiry into the Functions of the Septo-Hippocanpal System[M]. Oxford: Oxford University Press.

GREENBERG P E, SISITSKY T, KESSLER R C, et al., 1999. The economic burden of anxiety disorders in the 1990s[J]. Journal of Clinical Psychiatry, 60: 427–435.

GREENLEAF C, GOULD D, DIEFFENBACH K, 2001. Factors influencing Olympic performance: Interviews with Atlanta and Nagano US. Olympians[J]. Journal of Applied Sport Psychology, 13: 154–184.

GREENLEAF C, PETRIE T A, CARTER J, et al., 2009. Female collegiate athletes: Prevalence of eating disorders and disordered eating behaviors[J]. Journal of American College Health, 57(5): 489–496.

GREENSPOON P J, SAKLOFSKE D H, 2001. Toward an integration of subjective well-being and psychopathology[J]. Social Indicators Research, 54: 81–108.

GRISWOLD K S, PESSAR L F, 2000. Management of bipolar disorder[J]. American Family Physician, 62(6): 1343–1353.

GROSS M, MOORE Z E, GARDNER F L, et al., 2016. An empirical examination comparing the mindfulness-acceptance-commitment approach and psychological skills training for the mental health and sport performance of female student athletes[J]. International Journal of Sport and Exercise Psychology, 16(4): 431–451.

GROVE J R, PRAPAVESSIS H, 1992. Preliminary evidence for the reliability and validity of an abbreviated profile of mood states[J]. International Journal of Sport Psychology, 2: 93–109.

GUETZKOW H, GYR J, 1954. An analysis of conflict in decision-making groups[J]. Human Relations, 7: 367–382.

GUILLOT A, COLLET C, 2008. Construction of the motor imagery integrative model in sport: A review and theoretical investigation of motor imagery use[J]. International Review of Sport and Exercise Psychology, 1: 31–44.

GULLIVER A, GRIFFITHS K M, CHRISTENSEN H, et al., 2012. Internet-based interventions to promote mental health help-seeking in elite athletes: An exploratory randomized controlled trial[J]. Journal of Medical Internet Research, 14(3): e69.

GULLIVER A, GRIFFITHS K M, MACKINNON A, et al., 2015. The mental health of Australian elite athletes[J]. Journal of Science and Medicine in Sport, 18(3): 255–261.

GUSTAVSSON A, SVENSSON M, JACOBI F, et al., 2011. Cost of disorders of the brain in Europe 2010[J]. Eur Neuropsychopharmacol, 21(10): 718–779.

HABERT P, MCCANN S, 2012. Evaluating USOC sport psychology consultant effectiveness: A philosophical and practical imperative at the Olympic Games[J]. Journal of Sport Psychology in Action, 3: 65–76.

HAGGER M S, 2009. Theoretical integration in health psychology: Unifying ideas and complementary explanations[J]. British Journal of Health Psychology, 14(2): 189-194.

HAGGER M S, 2019. Habit and physical activity: Theoretical advances, practical implications, and agenda for future research[J]. Psychology of Sport and Exercise, 42: 118–129.

HAGGER M S, CHATZISARANTIS N, BIDDLE S J, 2001. The influence of self-efficacy and past behaviour on the physical activity intentions of young people[J]. Journal of Sports Sciences, 19(9): 711–725.

HAGGER M S, CHEUNG M W L, AJZEN I, et al., 2022. Perceived behavioral control moderating effects in the theory of planned behavior: A meta-analysis[J]. Health Psychology, 41(2): 155.

HAJAR M S, RIZAL H, KUAN G, 2019. Effects of physical activity on sustained attention: A systematic review[J]. Scientia Medica, 29(2): 32864.

HALE B D, 1982. The effects of internal and external imagery on muscular and ocular concomitants[J]. Journal of Sport Psychology, 4: 379–387.

HALE B D, SEISER L, MCGUIRE E, et al., 2005. Mental imagery[C]// TAYLOR J, WILSON G. Applying Sport Psychology: Four Perspectives. Champaign: Human Kinetics: 117–135.

HALL C R, MARTIN K A, 1997. Measuring movement imagery abilities: A revision of the movement imagery questionnaire[J]. Journal of Mental Imagery, 21: 143–154.

HALL C R, PONGRAC J, 1983. Movement Imagery Questionnaire[M]. London: University of Western

Ontario.

HALL C, PONGRAC J, BUCKHOLZ E, 1985. The measurement of imagery ability[J]. Human Movement Science, 4: 107–118.

HALL H K, KERR A W, MATTHEWS J, 1998. Precompetitive anxiety in sport: The contribution of achievement goals and perfectionism[J]. Journal of Sport & Exercise Psychology, 20, 194–217.

HALLGREN M A, MOSS N D, GASTIN P, 2010. Regular exercise participation mediates the affective response to acute bouts of vigorous exercise[J]. Journal of Sports Science & Medicine, 9(4): 629–637.

HAMER H, CHIDA Y, 2009. Physical activity and risk of neurodegenerative disease: A systematic review of prospective evidence[J]. Psychological Medicine, 39: 3–11.

HAMMOND T, GIALLORETO C, KUBAS H, et al., 2013. The prevalence of failure-based depression among elite athletes[J]. Clinical Journal of Sport Medicine, 23(4): 273–277.

HAMPSON R, JOWETT S, 2014. Effects of coach leadership and coach-athlete relationship on collective efficacy[J]. Scand. J Med. Sci. Sports 24: 454–460.

HANIN Y L, 1989. Interpersonal and intragroup anxiety in sports[C]// HACKFORT D, SPIELBERGER C D. Anxiety in Sports: An International Perspective. New York: Hemisphere: 19–28.

HANIN Y L, STAMBULOVA N, 2002. Metaphoric description of performance states[J]. The Sport Psychologist, 16(4): 396–415.

HANSEN C J, STEVENS L C, COAST J R, 2001. Exercise duration and mood state: How much is enough to feel better? [J]. Health Psychology, 20(4): 267.

HANTON S, MELLALIEU S D, 2014. Coping with stress and anxiety[C]// PAPAIOANNOU A G, HACKFORT D. Routledge Companion to Sport and Exercise Psychology: Global Perspectives and Fundamental Concepts. New York: Routledge: 430–445.

HARDY J, 2005. Exploring the potential disadvantages of high cohesion in sports teams[J]. Small Group Research, 36: 166–187.

HARDY J, 2006. Speaking clearly: A critical review of the self-talk literature[J]. Psychology of Sport and Exercise, 7(1): 81–97.

HARDY J, HALL C R, HARDY L, 2005. Quantifying athlete self-talk[J]. Journal of Sports Sciences, 23: 905–917.

HARDY J, OLIVER E, TOD D A, 2009. A framework for the study and application of self-talk within sport[C]// MELLALIEU S D, HANTON S. Advances in Applied Sport Psychology: A Review. London & New York: Routledge: 37–74.

HARDY J, ROBERTS R, HARDY L, 2009. Awareness and motivation to change negative self-talk[J]. The Sport Psychologist, 23: 435–450.

HARDY L, 1990. A catastrophe model of performance in sport[C]// JONES G, HARDY L. Stress and Performance in Sport. Chichester: Wiley: 81–106.

HARDY L, 1997. Three myths about applied consultancy work[J]. Journal of Applied Sport Psychology, 9: 107–118.

HARDY L, BARLOW M, EVANS L, et al., 2017. Great British medalists: Psychosocial biographies of Super-Elite and Elite athletes from Olympic sports[C]// WALSH V, WILSON M, PARKIN B. Sport and the Brain: The Science of Preparing, Enduring and Winning. Cambridge: Academic Press, Elsevier: 1–119.

HARDY L, BELL J, BEATTIE S, 2014. A neuropsychological model of mentally tough behavior[J]. Journal of Personality, 82: 69–81.

HARDY L, JONES G, GOULD D, 1996. Understand Psychological Preparation for Sport: Theory and Practice of Elite Performers[M]. Hoboken: John Wiley & Sons.

HARMISON R J, 2007. Peak performance in sport: Identifying ideal performance states and developing athletes' psychological skills[J]. Professional Psychology: Research and Practice, 37: 233–243.

HARRISON F, GOODMAN A, VAN SLUIJS E M F, et al., 2017. Weather and children's physical activity; How and why do relationships vary between countries? [J]. International Journal of Behavioral Nutrition and Physical Activity, 14(1): 74.

HARWOOD C G, 2008. Developmental consulting in a professional football academy: The 5C's coaching efficacy program[J]. Sport Psychologist, 22: 109–133.

HARWOOD C G, ANDERSON R W, 2015. Coaching Psychological Skills in Youth Football: Developing the 5Cs[M]. London: Bennion-Kearny.

HATZIGEORGIADIS A, GALANIS E, 2017. Self-talk effectiveness and attention[J]. Current Opinion in Psychology, 16: 138–142.

HATZIGEORGIADIS A, GALANIS E, ZOURBANOS N, et al., 2014. Self-talk and competitive sport performance[J]. Journal of Applied Sport Psychology, 26(1): 82–95.

HATZIGEORGIADIS A, THEODORAKIS Y, ZOURBANOS N, 2004. Self-talk in the swimming pool: The effects of self-talk on thought content and performance on water-polo tasks[J]. Journal of Applied Sport Psychology, 16: 138–150.

HATZIGEORGIADIS A, ZOURBANOS N, GALANIS E, et al., 2011. Self-talk and sports performance: A meta-analysis[J]. Perspectives on Psychological Science, 6: 348–356.

HATZIGEORGIADIS A, ZOURBANOS N, GOLTSIOS C, et al., 2008. Investigating the functions of self-talk: The effects of motivational self-talk on self-efficacy and performance in young tennis players[J]. The Sport Psychologist, 22: 458–472.

HAWLEY A H, 1950. Human Ecology: A Theory of Community Structure[M]. New York: The Ronald Press Company.

HEIDER F, 1958. The Psychology of Interpersonal Relations[M]. New York: John Wiley & Sons.

HEINEN E, PANTER J, MACKETT R, et al., 2015. Changes in mode of travel to work: A natural experimental study of new transport infrastructure[J]. International Journal of Behavioral Nutrition and Physical Activity, 12(1): 81.

HENDERSON K E, GRODE G M, O'CONNELL M L, et al., 2015. Environmental factors associated with physical activity in childcare centers[J]. International Journal of Behavioral Nutrition and Physical Activity, 12(1): 43.

HENDIN H M, CHEEK J M, 1997. Assessing hypersensitive narcissism: A reexamination of Murray's Narcism Scale[J]. Journal of Research in Personality, 31: 588–599.

HENDRY L B, KLOEP M, 2002. Lifespan Development: Resources, Challenges and Risks[M]. Oxford:

Thomson Learning.

HENRIKSEN K, SCHINKE R, MOESCH K, et al., 2019. Consensus statement on improving the mental health of high-performance athletes[J]. International Journal of Sport and Exercise Psychology, 18(5): 553–560.

HENRIKSEN K, STAMBULOVA N B, 2017. Creating optimal environments for talent development: A holistic ecological approach[C]// BAKER J, COBLEY S, SCHORER J, et al. Routledge Handbook of Talent Identification and Development in Sport. Milton Park: Routledge: 271–285.

HENSCHEN K, RIPOLL H, HACKFORT D, et al., 1995. Ethical principles of the international society of sport psychology (ISSP) [J]. International Journal of Sport Psychology, 26(4): 588–591.

HERFIANTORO A, SETYAWATI H, SOEKARDI S, 2019. The effect of imagery exercises and emotional quotient on the athletes' anxiety level[J]. Journal of Physical Education and Sports, 8(2): 153–159.

HERRING S A, KIBLER W B, PUTUKIAN M, et al., 2017. Psychological issues related to illness and injury in athletes and the team physician: A consensus statement—2016 update[J]. Medicine Science Sports Exercise, 49(5): 1043–54.

HERRMAN H, PATEL V, KIELING C, et al., 2022. Time for united action on depression: A Lancet World Psychiatric Association Commission[J]. Lancet, 399(10328): 957–1022.

HEWITT, P L, FLETT G L, 1991. Perfectionism in the self and social contexts: Conceptualization, assessment, and association with psychopathology[J]. Journal of Personality and Social Psychology, 60: 456–470.

HEYN P C, JOHNSON K E, KRAMER A F, 2008. Endurance and strength training outcomes on cognitively impaired and cognitively intact older adults: A meta-analysis[J]. The Journal of Nutrition, Health & Aging, 12(6): 401–409.

HIGGERSON J, HALLIDAY E, ORTIZ-NUNEZ A, et al., 2018. Impact of free access to leisure facilities and community outreach on inequalities in physical activity: A quasi-experimental study[J]. Journal of Epidemiology and Community Health, 72(3): 252.

HIGGINS E T, 1987. Self-discrepancy: A theory relating self and affect[J]. Psychological Review, 94: 319–340.

HIGGINS E T, 1997. Beyond pleasure and pain[J]. American Psychologist, 52(12): 1280–1300.

HILL A P, CURRAN T, 2016. Multidimensional perfectionism and burnout: A meta-analysis[J]. Personality and Social Psychology Review, 20: 269–288.

HILL A P, MADIGAN D J, 2017. A short review of perfectionism in sport, dance and exercise: out with the old, in with the 2×2[J]. Current Opinion in Psychology, 16: 72–77.

HILLMAN C H, PONTIFEX M, THEMANSON J R, 2009. Acute aerobic exercise effects on event-related brain potentials[C]// Exercise and Cognitive Function. New York: John Wiley & Sons: 161–178.

HIRSCH J A, MOORE K A, CLARKE P J, et al., 2014. Changes in the built environment and changes in the amount of walking over time: Longitudinal results from the multi-ethnic study of atherosclerosis[J]. American Journal of Epidemiology, 180(8): 799–809.

HIRSCH M A, FARLEY B G, 2009. Exercise and neuroplasticity in persons living with Parkinson's disease[J]. European Journal of Physical and Rehabilitation Medicine, 45(2): 215–229.

HOFFMAN M D, HOFFMAN D R, 2008. Exercisers achieve greater acute exercise-induced mood enhancement than nonexercisers[J]. Archives of Physical Medicine and Rehabilitation, 89(2): 358–363.

HOFMANN S G, SAWYER A T, WITT A A, et al., 2010. The effect of mindfulness-based therapy on anxiety and depression: A meta-analytic review[J]. Journal of Consulting and Clinical Psychology, 78(2): 169.

HOLT N L, KNIGHT C J, ZUKIWSKI P, 2012. Female athletes' perceptions of teammate conflict in sport: Implications for sport psychology consultants[J]. Sport Psychologist, 26: 135–154.

HONG J S, KIM S M, KANG K D, et al., 2020. Effect of physical exercise intervention on mood and frontal alpha asymmetry in internet gaming disorder[J]. Mental Health and Physical Activity, 18: 100318.

HÖTTING K, RÖDER B, 2013. Beneficial effects of physical exercise on neuroplasticity and cognition[J]. Neuroscience & Biobehavioral Reviews, 37(9): 2243–2257.

HOWARD J L, GAGNÉ M, VAN DEN BROECK A, et al., 2020. A review and empirical comparison of motivation scoring methods: An application to self-determination theory[J]. Motivation and Emotion, 44: 534–548.

HSEE C K, ABELSON R P, 1991. Velocity relation: Satisfaction as a function of the first derivative of outcome over time[J]. Journal of Personality and Social Psychology, 60: 341–347.

HUANG Y, WANG Y, WANG H, et al., 2019. Prevalence of mental disorders in China: A cross-sectional epidemiological study[J]. Lancet Psychiatry, 6: 211–224.

HULL C L, 1943. Principles of behavior: An introduction to behavior theory[M]. New York: Appleton-Century-Crofts.

HULL C L, 1952. A behavior system: An introduction to behavior theory concerning the individual organism[M]. New Haven: Yale University Press.

HULL C, 1943. Principles of Behavior[M]. New York: Appleton-Century-Crofts.

HUNTER R F, CHRISTIAN H, VEITCH J, et al., 2015. The impact of interventions to promote physical activity in urban green space: A systematic review and recommendations for future research[J]. Social Science & Medicine, 124: 246–256.

HUNTER S, LEATHERDALE S T, STOREY K, et al., 2016. A quasi-experimental examination of how school-based physical activity changes impact secondary school student moderate- to vigorous-intensity physical activity over time in the COMPASS study[J]. International Journal of Behavioral Nutrition and Physical Activity, 13(1): 86.

HUPPERT F A, 2009. Psychological well-being: Evidence regarding its causes and consequences[J]. Applied Psychology: Health and Well-Being, 1(2): 137–164.

HURLEY D, ALLEN M S, SWANN C, et al., 2018. The development, pilot, and process evaluation of a parent mental health literacy intervention through community sports clubs[J]. Journal of Child and Family Studies, 27(2): 2149–2160.

HWANG J, KIM Y H, 2017. Psychological, social environmental, and physical environmental variables in explaining physical activity in Korean older adults[J]. Journal of Sport and Psycholgoy, 26(1): 83–92.

ISMAIL A H, 1967. The effects of a well-organized physical education programme on intellectual performance[J]. Research in Physical Education, 1: 31–38.

ISOARD-GAUTHEUR S, TROUILLOUD D, GUSTAFSSON H, et al., 2016. Associations between the perceived quality of the coach-athlete relationship and athlete burnout: An examination of the mediating role of achievement goals[J]. Psychol. Sport Exerc. 22: 210–217.

IVARSSON A, STENLING A, FALLBY J, et al., 2015. The predictive ability of the talent development environment on youth elite football players' well-being: A person-centered approach[J]. Psychology of Sport and Exercise, 16: 15–23.

IVERSON G L, 2014. Chronic traumatic encephalopathy and risk of suicide in former athletes[J]. British Journal of Sports Medicine, 48(2): 162–164.

JACKSON B, DIMMOCK J A, GUCCIARDI D F, et al., 2010. Relationship commitment in athletic dyads: Actor and partner effects for Big Five self- and other-ratings[J]. Journal of Research in Personality, 44: 641–648.

JACKSON B, DIMMOCK J A, GUCCIARDI D F, et al., 2011. Personality traits and relationship perceptions in coach-athlete dyads: Do opposites really attract? [J]. Psychology of Sport and Exercise, 12: 222–230.

JACKSON C, SMITH A, CONNER M, 2003. Applying an extended version of the theory of planned behaviour to physical activity[J]. Journal of Sports Sciences, 21(2): 119–133.

JACKSON S A, EKLUND R C, 2002. Assessing flow in physical activity: The Flow State Scale-2 and Dispositional Flow Scale-2[J]. Journal of Sport & Exercise Psychology, 24: 133–150.

JACOBSON E, 1938. Progressive Relaxation[M]. Chicago: University of Chicago Press.

JAHANGIRY L, FARHANGI M A, SHAB-BIDAR S, et al., 2017. Web-based physical activity interventions: A systematic review and meta-analysis of randomized controlled trials[J]. Public Health, 152: 36–46.

JAMES W, 1890. Principles of Psychology[M]. New York: Holt, Rinehart & Winston.

JEFFERSON J W, GREIST J H, CLAGNAZ P J, et al., 1982. Effect of strenuous exercise on serum lithium level in man[J]. The American Journal of Psychiatry, 139(12): 1593–1595.

JEHN K A, 1997. A qualitative analysis of conflict types and dimensions in organizational groups[J]. Administrative Science Quarterly, 42: 530–557.

JEHN K A, MANNIX E A, 2001. The dynamic nature of conflict: A longitudinal study of intragroup conflict and group performance[J]. Academy of Management Journal, 44: 238–251.

JENNIFER CUMMING T O, MICHELLE L, 2007. Self-reported psychological states and physiological responses to different types of motivational general imagery[J]. Journal of Sport & Exercise Psychology, 29: 629–644.

JESSEN F, AMARIGLIO R E, VAN BOXTEL M, et al., 2014. Subjective Cognitive Decline Initiative (SCD-I) Working Group. A conceptual framework for research on subjective cognitive decline in preclinical Alzheimer's disease[J]. Alzheimer's & Dementia: The Journal of the Alzheimer's Association, 10(6): 844–852.

JIA J, WEI C, CHEN S, et al., 2018. The cost of Alzheimer's disease in China and re-estimation of costs worldwide[J]. Alzheimers Dement, 14: 483–491.

JIA L, DU Y, CHU L, et al., 2020. Prevalence, risk factors, and management of dementia and mild cognitive impairment in adults aged 60 years or older in China: A cross-sectional study[J]. Lancet Public Health,

5(12): e661–e671.

JOHN O P, SRIVASTAVA S, 1999. The Big Five trait taxonomy: History, measurement, and theoretical perspectives[C]// PERVIN L, JOHN O P. Handbook of Personality: Theory and Research. New York: Guilford: 102–138.

JOHNSTON A, MCALLISTER-WILLIAMS R H, 2016. Psychotropic Drug Prescribing [M]. Oxford: Oxford University Press: 133–143.

JONES C, GULLIVER A, KEEGAN R, 2022. A brief online video-based intervention to promote mental health help-seeking in the context of injuries for athletes: A pilot study[J]. Psychology of Sport and Exercise, 63: 102281.

JONES G R, BRANDON C, GILL D P, 2017. Physical activity levels of community-dwelling older adults are influenced by winter weather variables[J]. Archives of Gerontology and Geriatrics, 71: 28–33.

JONES G, HARDY L, 1990. Stress in sport: Experiences of some elite performers[C]// JONES G, HARDY L. Stress and Performance in Sport. Chichester: Wiley: 247–277.

JONES G, SWAIN A, 1992. Intensity and direction as dimensions of competitive state anxiety and relationships with competitiveness[J]. Perceptual and Motor Skills, 74, 467–472.

JORM A F, 2012. Mental health literacy: Empowering the community to take action for better mental health[J]. American Psychologist, 67(3): 231–243.

JORM A F, KORTEN A E, JACOMB P A, et al., 1997. "Mental health literacy": A survey of the public's ability to recognise mental disorders and their beliefs about the effectiveness of treatment[J]. Medical Journal of Australia, 166(4): 182–186.

JOWETT S, 2003. When the "Honeymoon" is over: A case study of a coach-athlete dyad in crisis[J]. Sport Psychologist, 17: 444–460.

JOWETT S, 2009. Validating coach-athlete relationship measures with the nomological network[J]. Measurement in Physical Education and Exercise Science, 13: 34–51.

JOWETT S, 2017. Coaching effectiveness: The coach-athlete relationship at its heart[J]. Current Opinion in. Psychology. 16: 154–158.

JOWETT S, CHAUNDY V, 2004. An investigation into the impact of coach leadership and coach-athlete relationship on group cohesion[J]. Group Dynamics: Theory, Research, and Practice, 8(4): 302–311.

JOWETT S, CLARK-CARTER D, 2006. Perceptions of empathic accuracy and assumed similarity in the coach-athlete relationship[J]. British Journal of Social Psychology, 45: 617–637.

JOWETT S, COCKERILL I M, 2002. Incompatibility in the coach-athlete relationship[C]// COCKERILL I M. Solutions in Sport Psychology. London: Thompson Learning: 16–31.

JOWETT S, COCKERILL I M, 2003. Olympic medallists' perspective of the althlete-coach relationship[J]. Psychology of Sport and Exercise, 4: 313–331.

JOWETT S, NEZLEK J, 2012. Relationship interdependence and satisfaction with important outcomes in coach-athlete dyads[J]. Journal of Social and Personal Relationships, 29: 287–301.

JOWETT S, NTOUMANIS N, 2004. The coach-athlete relationship questionnaire (CART-Q): Development and initial validation[J]. Scandinavian Journal of Medicine and Science in Sports, 14(4): 245–257.

JOY E, KUSSMAN A, NATTIV A, 2016. 2016 update on eating disorders in athletes: A comprehensive narrative review with a focus on clinical assessment and management[J]. British Journal of Sports Medicine, 50(3): 154–162.

JUNG H, VON STERNBERG K, DAVIS K, 2017. The impact of mental health literacy, stigma, and social support on attitudes toward mental health help-seeking[J]. International Journal of Mental Health Promotion, 19(5): 252–267.

JUNGE A, FEDDERMANN-DEMONT N, 2016. Prevalence of depression and anxiety in top-level male and female football players[J]. BMJ Open Sport & Exercise Medicine, 2(1): e000087.

KABAT-ZINN J, 1994. Wherever you go, There you are: Mindfulness meditation in everyday life[M]. New York: Hyperion.

KABAT-ZINN J, 2003. Mindfulness-based interventions in context: Past, present, and future[J]. Clinical Psychology: Science and Practice, 10(2): 144–156.

KACZYNSKI A T, STANIS S W, BESENYI G M, 2012. Development and testing of a community stakeholder park audit tool[J]. American Journal of Preventive Medicine, 42(3): 242–249.

KAHNEMAN D, 1973. Attention and Effort[M]. New York: Prentice-Hall.

KAMIJO K, PONTIFEX M B, O'LEARY K C, et al., 2011. The effects of an afterschool physical activity program on working memory in preadolescent children: Fitness and working memory in children[J]. Developmental Science, 14(5): 1046–1058.

KÄRMENIEMI M, LANKILA T, IKÄHEIMO T, et al., 2018. The built environment as a determinant of physical activity: A systematic review of longitudinal studies and natural experiments[J]. Annals of Behavioral Medicine, 52(3): 239–251.

KAUFMAN, K A, GLASS, C R, ARNKOFF D B, 2009. Evaluation of mindful sport performance enhancement (MSPE): A new approach to promote flow in athletes[J]. Journal of Clinical Sport Psychology, 3(4): 334–356.

KAUSHAL N, PREISSNER C, CHARLES K, et al., 2021. Differences and similarities of physical activity determinants between older adults who have and have not experienced a fall: Testing an extended health belief model[J]. Archives of Gerontology and Geriatrics, 92: 104247.

KEE Y, CHATZISARANTIS N, KONG P, et al., 2012. Mindfulness, movement control, and attentional focus strategies: Effects of mindfulness on a postural balance task[J]. Journal of Sport and Exercise Psychology, 34: 562–579.

KELLY G A, 1955. The Psychology of Personal Constructs[M]. Oxford: W W Norton.

KEPPER M M, MYERS C A, DENSTEL K D, et al., 2019. The neighborhood social environment and physical activity: A systematic scoping review[J]. International Journal of Behavioral Nutrition and Physical Activity, 16(1): 124.

KESSLER R C, AGUILAR-GAXIOLA S, ALONSO J, et al., 2009. The global burden of mental disorder: An update from the WHO world mental health (WMH) surveys[J]. Epidemiol Psychiatr Sci, 18(1): 23–33.

KEYES C L M, 2002. The mental health continuum: From languishing to flourishing in life[J]. Journal of Health and Social Behavior, 43: 207–222.

KEYES C L M, 2005. Mental illness and/or mental health? Investigating axioms of the complete state model of health[J]. Journal of Consulting and Clinical Psychology, 73(3): 539–548.

KEYES C L M, 2014. Mental health as a complete state: How the salutogenic perspective completes the picture[C]// BAUR G F, HÄMMIG O. Bridging Occupational, Organizational and Public Health. London: Springer: 179–192.

KEYES C L M, WISSING M, POTGIETER J P, et al., 2008. Evaluation of the mental health continuum-short form (MHC–SF) in setswana-speaking South Africans[J]. Clinical Psychology & Psychotherapy, 15(3): 181–192.

KHARLOVA I, DENG W H, MAMEN J, et al., 2020. The weather impact on physical activity of 6—12 year old children: A clustered study of the health oriented pedagogical Project (HOPP)[J]. Sports, 8(1): 9.

KHODAVERDI Z, BAHRAM A, STODDEN D, et al., 2016. The relationship between actual motor competence and physical activity in children: Mediating roles of perceived motor competence and health-related physical fitness[J]. Journal of Sports Sciences, 34(16): 1523–1529.

KIESLER D J, 1983. The 1982 interpersonal circle: A taxonomy for complementarity in human transactions[J]. Psychological Review, 90: 185–214.

KINGSTON J M, WILSON K, 2008. The application of goal-setting in sport[C]// MELLALIEU S D, HANTON S. Advances in Applied Sport Psychology: A Review. London: Routledge: 75–123.

KNAPEN J, SOMMERIJNS E, VANCAMPFORT D, et al., 2009. State anxiety and subjective well-being responses to acute bouts of aerobic exercise in patients with depressive and anxiety disorders[J]. British Journal of Sports Medicine, 43(10): 756–759.

KNELL G, DURAND C P, SHUVAL K, et al., 2018. If you build it, will they come? A quasi-experiment of sidewalk improvements and physical activity[J]. Translational Journal of the American College of Sports Medicine, 3(9): 66–71.

KOHUT H, 1968. The psychoanalytic treatment of narcissistic personality disorders[J]. The Psychoanalytic Study of the Child, 23: 86–113.

KOIVULA N, HASSMÉN P, FALLBY J, 2002. Self-esteem and perfectionism in elite athletes: Effects on competitive anxiety and self-confidence[J]. Personality and Individual Differences, 32: 865–875.

KONG P, HARRIS L M, 2015. The sporting body: Body image and eating disorder symptomatology among female athletes from leanness focused and nonleanness focused sports[J]. The Journal of Psychology, 149(2): 141–160.

KONTTINEN N, LYYTINEN H, KONTTINEN R, 1995. Brain slow potentials reflecting successful shooting performance[J]. Research Quarterly for Exercise and Sport, 66: 64–72.

KRAFT P, SUTTON S R, REYNOLDS H M, 1999. The transtheoretical model of behaviour change: Are the stages qualitatively different? [J]. Psychology & Health, 14(3): 433–450.

KUETTEL A, BOYLE E, CHRISTENSEN M, et al., 2018. A cross-national comparison of the transition out of elite sport of Swiss, Danish and Polish athletes[J]. Sport & Exercise Psychology Review, 14(1): 2–22.

KUIJPERS W, GROEN, W G, AARONSON N K, et al., 2013. A systematic review of web-based interventions for patient empowerment and physical activity in chronic diseases: Relevance for cancer survivors[J]. Journal of Medical Internet Research, 15(2): e2281.

LAMB K E, THORNTON L E, KING T L, et al., 2020. Methods for accounting for neighbourhood self-selection in physical activity and dietary behaviour research: A systematic review[J]. International Journal of Behavioral Nutrition and Physical Activity, 17(1): 45.

LANCASTER M A, MCCREA M A, NELSON L D, 2016. Psychometric properties and normative data for the brief symptom inventory-18 (BSI-18) in high school and collegiate athletes[J]. The Clinical Neuropsychologist, 30(2): 321–333.

LANDERS D M, 1980. The arousal-performance relationship revisited[J]. Research Quarterly for Exercise and Sport, 51: 77–90.

LANDIN D, 1994. The role of verbal cues in skill learning[J], Quest, 46(3): 299–313.

LANE A M, HARWOOD C, TERRY P C, et al., 2004. Confirmatory factor analysis of the test of performance strategies (TOPS) among adolescent athletes[J]. Journal of Sports Sciences, 22: 803–812.

LANG P J, 1979. A bio-informational theory of emotional imagery[J]. Pyschophysiology, 17: 495–512.

LANG P J, KOZAK M J, MILLER G A, et al., 1980. Emotional imagery: Conceptual structure and pattern of somato-visceral response[J]. Psychophysiology, 17: 179–192.

LARDON M T, FITZGERALD M W, 2013. Performance enhancement and the sports psychiatrist[C]// BARON D, REARDON C, BARON S. Clinical Sports Psychiatry: An International Perspective. Chichester: Wiley-Blackwell: 132–146.

LARSON E B, WANG L, BOWEN J D, et al., 2006. Exercise is associated with reduced risk for incident dementia among persons 65 years of age and older[J]. Annals of Internal Medicine, 144(2): 73–81.

LATINJAK A T, HATZIGEORGIADIS A, COMOUTOS N, et al., 2019. Speaking clearly … 10 years on: The case for an integrative perspective of self-talk in sport[J]. Sport, Exercise and Performance Psychology, 8(4): 353–367.

LATINJAK A T, ZOURBANOS N, LÓPEZ-ROS V, et al., 2014. Goal-directed and undirected self-talk: Exploring a new perspective for the study of athletes' self-talk[J]. Psychology of Sport & Exercise, 15(5): 548–558.

LAWRENCE J W, CARVER C S, SCHEIER M F, 2002. Velocity toward goal attainment in immediate experience as a determinant of affect[J]. Journal of Applied Social Psychology, 32(4): 788–802.

LAZARUS R S, 2000a. How emotions influence performance in competitive sports[J]. The Sport Psychologist, 14: 229–252.

LAZARUS R S, 2000b. Cognitive-motivational-relational theory of emotion[C]// HANIN Y L. Emotions in Sport. Champaign: Human Kinetics: 39–63.

LAZARUS R S, FOLKMAN S, 1984. Stress, Appraisal, and Coping[M]. New York: Springer.

LEE R E, BOOTH K M, REESE-SMITH J Y, et al., 2005. The physical activity resource assessment (PARA) instrument: Evaluating features, amenities and incivilities of physical activity resources in urban neighborhoods[J]. International Journal of Behavioral Nutrition and Physical Activity, 2(1): 13.

LEMIEUX M, GODIN G, 2009. How well do cognitive and environmental variables predict active commuting? [J]. International Journal of Behavioral Nutrition and Physical Activity, 6: 12–12.

LEVINE S L, WERNER K M, CAPALDI J S, et al., 2017. Let's play the blame game: The distinct effects of personal standards and self-critical perfectionism on attributions of success and failure during goal pursuit[J]. Journal of Research in Personality, 71: 57–66.

LEWIN K, 1936. Principles of Topological Psychology[M]. New York: McGraw-Hill.

LEWIN K, 1939. Field theory and experiment in social psychology: Concepts and methods[J]. American Journal of Sociology, 44(6): 868–896.

LIANG W, 2020. Web-based sequentially delivered interventions on health-enhancing physical activity and fruit-vegetable consumption in Chinese college students [D]. HongKong: Doctoral Dissertation of Hong Kong Baptist University.

LIANG W, DUAN Y P, SHANG B R, et al., 2019. A web-based lifestyle intervention program for Chinese college students: Study protocol and baseline characteristics of a randomized placebo-controlled trial[J]. BMC Public Health, 19(1): 1–11.

LIM G Y, TAM W W, LU Y, et al., 2018. Prevalence of depression in the community from 30 countries between 1994 and 2014[J]. Scientific Reports, 8: 2861.

LINDSAY SMITH G, BANTING L, EIME R, et al., 2017. The association between social support and physical activity in older adults: A systematic review[J]. International Journal of Behavioral Nutrition and Physical Activity, 14(1): 56.

LIPPKE S, 2014. Modelling and supporting complex behavior change related to obesity and diabetes prevention and management with the compensatory carry-over action model[J]. Journal of Diabetes and Obesity: 1–5.

LIPPKE S, NIGG C R, MADDOCK J E, 2012. Health-promoting and health-risk behaviors: Theory-driven analyses of multiple health behavior change in three international samples[J]. International Journal of Behavioral Medicine, 19(1): 1–13.

LIPPKE S, ZIEGELMANN J P, 2008. Theory-based health behavior change: Developing, testing, and applying theories for evidence-based interventions[J]. Applied Psychology, 57(4): 698–716.

LIU H, WANG X, WU D H, et al., 2022. Psychometric properties of the Chinese Translated Athlete Burnout Questionnaire: Evidence from Chinese collegiate athletes and elite athletes[J]. Frontiers in Psychology, 13: 823400.

LIU J D, WU J X, ZOU Y D, et al., 2024. Development and initial validation of the Engagement in Athletic Training Scale[J]. Frontiers in Psychology, 15: 1402065.

LOCKE E A, LATHAM G P, 2002. Building a practically useful theory of goal setting and task motivation: A 35-year odyssey[J]. American Psychologist, 57: 705–717.

LOH V H Y, VEITCH J, SALMON J, et al., 2019. Built environment and physical activity among adolescents: The moderating effects of neighborhood safety and social support[J]. International Journal of Behavioral Nutrition and Physical Activity, 16(1): 132.

LONGO Y, JOVANOVIĆ V, SAMPAIO DE CARVALHO J, et al., 2020. The general factor of well-being: Multinational evidence using bifactor ESEM on the mental health continuum–short form[J]. Assessment, 27(3): 596–606.

LORIMER R, JOWETT S, 2009a. Empathic accuracy, meta-perspective, and satisfaction in the coach-athlete relationship[J]. Journal of Applied Sport Psychology, 21(2): 201–212.

LORIMER R, JOWETT S, 2009b. Empathic accuracy in coach-athlete dyads who participate in team and individual sports[J]. Psychology of Sport and Exercise, 10: 152–158.

LU C, HUANG G, CORPELEIJN E, 2019. Environmental correlates of sedentary time and physical activity in preschool children living in a relatively rural setting in the Netherlands: A cross-sectional analysis of the GECKO Drenthe cohort[J]. BMJ Open, 9(5): e027468.

LUSTRIA M L A, NOAR S M, CORTESE J, et al., 2013. A meta-analysis of web-delivered tailored health behavior change interventions[J]. Journal of Health Communication, 18(9): 1039–1069.

MADDISON R, HOORN S V, JIANG Y, et al., 2009. The environment and physical activity: The influence of psychosocial, perceived and built environmental factors[J]. International Journal of Behavioral Nutrition and Physical Activity, 6(1): 19.

MAIMAN L A, BECKER M H, 1974. The health belief model: Origins and correlates in psychological theory[J]. Health Education Monographs, 2(4): 336–353.

MALLETT C J, COULTER T, 2016. The anatomy of a successful Olympic coach: Actor, agent, and author[J]. International Sport Coaching Journal, 3: 113–127.

MALY T, ZAHALKA F, SUGIMOTO D, et al., 2017. The lower extremity strength, bilateral and ipsilateral strength asymetries in elite female soccer players: 2090 Board #103 June 13:30 PM–5:00 PM[J]. Medicine and Science in Sports and Exercise, 49(5S): 575.

MANLEY H, BEATTIE S, ROBERTS R, et al., 2017. The benefit of punishment sensitivity on motor performance under pressure[J]. Journal of Personality, 86: 339–352.

MANN D, WILLIAMS M, WARD P, et al., 2007. Perceptual-cognitive expertise in sport: Meta-analysis[J]. Journal of Sport and Exercise Psychology, 29: 457–478.

MARCUS B, OWEN N, FORSYTH L, et al., 1998. Physical activity interventions using mass media, print media, and information technology[J]. American Journal of Preventive Medicine, 15(4): 362–378.

MARKEVYCH I, SCHOIERER J, HARTIG T, et al., 2017. Exploring pathways linking greenspace to health: Theoretical and methodological guidance[J]. Environmental Research, 158: 301–317.

MARTENS R, 1975. Social Psychology of Sport[M]. New York: Harper & Row.

MARTENS R, 1977. Sport Competition Anxiety Text[M]. Champaign: Human Kinetics.

MARTIN GINIS K A, MA J K, LATIMER-CHEUNG A E, et al., 2016. A systematic review of review articles addressing factors related to physical activity participation among children and adults with physical disabilities[J]. Health Psychology Review, 10(4): 478–494.

MARTIN J, WALDRON J J, MCCABE A, et al., 2009. The impact of "girls on the run" on self-concept and fat attitudes[J]. Journal of Clinical Sport Psychology, 3: 127–138.

MARTIN S E, MORITZ S E, HALL C R, 1999. Imagery use in sport a literature review and applied model[J]. The Sport Psychologist, 13: 245–268.

MATHIEU J, MAYNARD T M, RAPP T, et al., 2008. Team effectiveness 1997—2007: A review of recent advancements and a glimpse into the future[J]. Journal of Management, 34: 410–476.

MATLIN M W, 2002. Cognition[M]. 5th ed. Fort Worth: Harcourt Brace.

MATTHEWS M M, WILLIAMS H G, 2008. Can Tai chi enhance cognitive vitality? A preliminary study of cognitive executive control in older adults after A Tai chi intervention[J]. Journal of the South Carolina

Medical Association (1975): 104(8): 255–257.

MAYO CLINIC, 2020. Mental illness[EB/OL]. [2023-08-30]. https://www.mayoclinic.org/diseases-conditions/mentalillness/symptoms-causes/syc-20374968.

MCADAMS D P, PALS J L, 2006. A new Big Five: Fundamental principles for an integrative science of personality[J]. American Psychologist, 61: 204–217.

MCAULEY E, COURNEYA K S, 1994. The subjective exercise experience scale (SEES): Development and preliminary validation[J]. Journal of Sport and Exercise Psychology, 16: 163–177.

MCCLELLAND D C, 1961. The Achieving Society[M]. Princeton: Van Nostrand.

MCCORMACK G R, FRIEDENREICH C M, GILES-CORTI B, et al., 2013. Do motivation-related cognitions explain the relationship between perceptions of urban form and neighborhood walking? [J]. Journal of Physical Activity and Health, 10(7): 961–973.

MCDONALD N C, STEINER R L, LEE C, et al., 2014. Impact of the safe routes to school program on walking and bicycling[J]. Journal of the American Planning Association, 80(2): 153–167.

MCEACHAN R R, LAWTON R J, CONNER M, 2010. Classifying health-related behaviours: Exploring similarities and differences amongst behaviours[J]. British Journal of Health Psychology, 15(2): 347–366.

MCEACHAN R R, LAWTON R J, JACKSON C, et al., 2008. Evidence, theory and context: Using intervention mapping to develop a worksite physical activity intervention[J]. BMC Public Health, 8(1): 1–12.

MCEWAN D, BEAUCHAMP M R, 2014. Teamwork in sport: A theoretical and integrative review[J]. International Review of Sport and Exercise Psychology, 7: 229–250.

MCEWAN D, ZUMBO B D, EYS M A, et al., 2018. The development and psychometric properties of the multidimensional assessment of teamwork in sport[J]. Journal of Sport and Exercise Psychology, 40: 60–72.

MCGIVERN A, SHANNON S, BRESLIN G, 2021. Resilience, well-being, depression symptoms and concussion levels in equestrian athletes[J]. Journal of Public Mental Health, 20(3): 172–181.

MCGRATH J E, 1964. Social Psychology: A Brief Introduction[M]. New York: Holt, Rinehart & Winston.

MCGRATH L J, HOPKINS W G, HINCKSON E A, 2015. Associations of objectively measured built-environment attributes with youth moderate-vigorous physical activity: A systematic review and meta-analysis[J]. Sports Medicine, 45(6): 841–865.

MCLEROY K R, BIBEAU D, STECKLER A, et al., 1988. An ecological perspective on health promotion programs[J]. Health Education & Behavior 15(4): 351–377.

MCNEILL L H, KREUTER M W, SUBRAMANIAN S V, 2006. Social environment and physical activity: A review of concepts and evidence[J]. Social Science & Medicine, 63(4): 1011–1022.

MELLALIEU S, SHEARER D A, SHEARER C, 2013. A Preliminary survey of interpersonal conflict at major games and championships[J]. Sport Psychologist, 27: 120–129.

MICHIE S, ASHFORD S, SNIEHOTTA F F, et al., 2011. A refined taxonomy of behavior change techniques to help people change their physical activity and healthy eating behaviours: The CALO-RE taxonomy[J]. Psychology & Health, 26(11): 1479–1498.

MICHIE S, ATKINS L, WEST R, 2015. The Behavior Change Wheel: A Guide to Designing Interventions. 2014[M]. Great Britain: Silverback Publishing.

MICHIE S, CAREY R N, JOHNSTON M, et al., 2018. From theory-inspired to theory-based interventions: A protocol for developing and testing a methodology for linking behavior change techniques to theoretical mechanisms of action[J]. Annals of Behavioral Medicine, 52(6): 501–512.

MICHIE S, JOHNSTON M, FRANCIS J, et al., 2008. From theory to intervention: Mapping theoretically derived behavioural determinants to ehavior change techniques[J]. Applied Psychology, 57(4): 660–680.

MICHIE S, RICHARDSON M, JOHNSTON M, et al., 2013. The behavior change technique taxonomy (v1) of 93 hierarchically clustered techniques: Building an international consensus for the reporting of behavior change interventions[J]. Annals of Behavioral Medicine, 46(1): 81–95.

MICHIE S, VAN STRALEN M M, WEST R, 2011. The behaviour change wheel: A new method for characterising and designing behaviour change interventions[J]. Implementation Science, 6(1): 1–12.

MIDDLETON L E, BARNES D E, LUI L-Y, et al., 2010. Physical activity over the life course and its association with cognitive performance and impairment in old age: Life course physical activity and cognition[J]. Journal of the American Geriatrics Society, 58(7): 1322–1326.

MIKKELSEN K, STOJANOVSKA L, POLENAKOVIC M, et al., 2017. Exercise and mental health[J]. Maturitas, 106: 48–56.

MILLER A D, RAMIREZ E M, MURDOCK T B, 2017. The influence of teachers' self-efficacy on perceptions: Perceived teacher competence and respect and student effort and achievement[J]. Teaching and Teacher Education, 64: 260–269.

MILLER B M, BARTHOLOMEW J B, SPRINGER B A, 2005. Post-exercise affect: The effect of mode preference[J]. Journal of Applied Sport Psychology, 17(4): 263–272.

MILLER E B, PAIN R W, SKRIPAL P J, 1978. Sweat lithium in manic-depression[J]. The British Journal of Psychiatry, 133(5): 477–478.

MILLER J D, PRICE J, CAMPBELL W K, 2012. Is the narcissistic personality inventory still relevant? A test of independent grandiosity and entitlement scales in the assessment of narcissism[J]. Assessment, 19: 8–13.

MOESCH K, KENTTÄ G, KLEINERT J, et al., 2018. FEPSAC position statement: Mental health disorders in elite athletes and models of service provision[J]. Psychology of Sport and Exercise, 38: 61–71.

MOORE Z E, 2003. Ethical dilemmas in sport psychology: Discussion and recommendations for practice[J]. Professional Psychology: Research and Practice, 34(6): 601–610.

MOORE Z E, 2012. Counseling performers in distress[C]// MURPHY S. The Oxford Handbook of Sport and Performance Psychology. New York: Oxford University Press: 527–544.

MOORE Z E, GARDNER F L, 2011. Clinical sport psychology[C]// MORRIS T, TERRY P C. The New Sport and Exercise Psychology Companion. Morgantown: Fitness Information Technology: 381–401.

MORAN A, 1996. The Psychology of Concentration in Sport Performers: A Cognitive Analysis[M]. Hove, East Sussex: Psychology Press.

MORAN A, 2004. Sport and Exercise Psychology: A Critical Introduction[M]. London: Routledge.

MORAN A, 2010. Concentration/attention[C]// HANRAHAN S J, ANDERSEN M B. Routledge Handbook of Applied Sport Psychology. London: Routledge: 500–509.

MORAN A, 2012. Concentration: Attention and, performance[C]// MURPHY S. The Oxford Handbook of Sport and Performance Psychology. New York: Oxford University Press: 117–130.

MORF C C, HORVATH S, TORCHETTI L, 2011. Narcissistic self-enhancement: Tales of (successful?) self-portrayal[C]// ALICKE M D, SEDIKIDES C. Handbook of Self-Enhancement and Self-protection. New York: Guilford: 399–424.

MORF C C, RHODEWALT F, 2001. Unraveling the paradoxes of narcissism: A dynamic self-regulatory processing model[J]. Psychological Inquiry, 12: 177–196.

MORGAN W P, 1980. The trait psychology controversy[J]. Research Quarterly for Exercise and Sport, 51: 50–76.

MORITZ S E, HALL C R, VADOCZ E, et al., 1996. What are confident athletes imaging? An examination of image content[J]. The Sport Psychologist, 10: 171–179.

MORRIS T, SPITTLE M, WATT A P, 2005. Imagery in Sport[M]. Champaign: Human Kinetics.

MORTON K L, ATKIN A J, CORDER K, et al., 2016. The school environment and adolescent physical activity and sedentary behaviour: A mixed-studies systematic review[J]. Obesity Reviews, 17(2): 142–158.

MOTL R W, DISHMAN R K, SAUNDERS R P, et al., 2007. Perceptions of physical and social environment variables and self-efficacy as correlates of self-reported physical activity among adolescent girls[J]. Journal of Pediatric Psychology, 32(1): 6–12.

MOUNTJOY M, RHIND D J A, TILBAS A, et al., 2015. Safeguarding the child athlete in sport: A review, a framework and recommendations for the IOC youth athlete development model[J]. British Journal of Sports Medicine, 49: 883–886.

MOUTON A, CLOES M, 2015. Efficacy of a web-based, center-based or combined physical activity intervention among older adults[J]. Health Education Research, 30(3): 422–435.

MULLINEAUX D R, UHL T L, 2010. Coordination-variability and kinematics of misses versus swishes of basketball free throws[J]. Journal of Sports Sciences, 28(9): 1017–1024.

MUNROE-CHANDLER K J, GUERRERO M, 2018. Imagery in sport, exercise and performance[C]// MUGFORD A, CREMADES J G. Sport, Exercise, and Performance Psychology: Theories and Applications. London: Routledge.

MUNROE-CHANDLER K J, HALL C R, FISHBURNE G J, et al., 2005. Using cognitive general imagery to improve soccer strategies[J]. European Journal of Sport Science, 5(1): 41–49.

MURPHY S M, 2012. The Oxford Handbook of Sport and Performance Psychology[M]. Oxford: Oxford University Press.

MURRAY H A, 1938. Explorations in Personality[M]. New York: Oxford University Press.

NEIL R, WOODMAN T, 2017. Performance anxiety, arousal, and coping in sport[C]// HORN T, SMITH A. Advances in Sport and Exercise Psychology. 4th ed. Champaign: Human Kinetics.

NEWCOMB T M, 1953. An approach to the study of communicative acts[J]. Psychological Review, 60: 393–404.

NEWES-ADEYI G, HELITZER D L, CAULFIELD L E, et al., 2000. Theory and practice: Applying the ecological model to formative research for a WIC training program in New York State[J]. Health Education Research, 15(3): 283–291.

NEWTON M, DUDA J L, YIN Z, 2000. Examination of the psychometric properties of the perceived motivational climate in sport questionnaire-2 in a sample of female athletes[J]. Journal of Sports Sciences, 18: 275–290.

NG J Y Y, NTOUMANIS N, THØGERSEN-NTOUMANI C, et al., 2012. Self-determination theory applied to health contexts: A meta-analysis[J]. Perspectives on Psychological Science, 7: 325–340.

NICHOLLS J G, 1984. Achievement motivation: Conceptions of ability, subjective experience, task choice, and performance[J]. Psychological Review, 91: 328–346.

NIEN C L, DUDA J L, 2008. Antecedents and consequences of approach and avoidance achievement goals: A test of gender invariance[J]. Psychology of Sport and Exercise, 9: 352–372.

NIGG C R, COURNEYA K S, 1998. Transtheoretical model: Examining adolescent exercise behavior[J]. Journal of Adolescent Health, 22(3): 214–224.

NIGG C R, COURNEYA K S, ESTABROOKS P A, 1997. Maintaining attendance at a fitness center: An application of the decision balance sheet[J]. Behavioral Medicine, 23(3): 130–137.

NIXDORF I, FRANK R, BECKMANN J, 2016. Comparison of athletes' proneness to depressive symptoms in individual and team sports: Research on psychological mediators in junior elite athletes[J]. Frontiers in Psychology, 7: 1–8.

NIXDORF I, FRANK R, HAUTZINGER M, et al., 2013. Prevalence of depressive symptoms and correlating variables among German elite athletes[J]. Journal of Clinical Sport Psychology, 7: 313–326.

NOBLET A, RODWELL J, MCWILLIAMS J, 2003. Predictors of the strain experienced by professional Australian footballers[J]. Journal of Applied Sport Psychology, 15(2): 184–193.

NORMAN P, BOER H, SEYDEL E R, et al., 2015. Protection motivation theory[C]// CONNER M, NORMAN P. Predicting Health Behaviour: Research and Practice with Social Cognition Models. Maidenhead: Open University Press.

NORMAN P, CONNER M, 2005. Predicting health behaviour: A social cognition approach[J]. Predicting Health Behaviour, 1–27.

NTOUMANIS N, NG J Y Y, PRESTWICH A, et al., 2021. A meta-analysis of self-determination theory-informed intervention studies in the health domain: Effects on motivation, health behavior, physical, and psychological health[J]. Health Psychology Review, 15(2): 214–244.

NTOUMANIS N, TAYLOR I M, THØGERSEN-NTOUMANI C, 2012. A longitudinal examination of coach and peer motivational climates in youth sport: Implications for moral attitudes, well-being, and behavioral investment[J]. Developmental Psychology, 48: 213.

NUZUM H, STICKEL A, CORONA M, et al., 2020. Potential benefits of physical activity in MCI and dementia[J]. Behavioural Neurology, 2020: 7807856.

O'CALLAGHAN F, O'CALLAGHAN M, WILLIAMS G, et al., 2012. Physical activity and intelligence: A causal exploration[J]. Journal of Physical Activity & Health, 9(2): 218–224.

O'DONOGHUE G, KENNEDY A, PUGGINA A, et al., 2018. Socio-economic determinants of physical activity across the life course: A "DEterminants of DIet and Physical Activity" (DEDIPAC) umbrella literature review[J]. PloS One, 13(1): e0190737.

OLENDZKI A, 2010. Unlimiting mind: The radically experiential psychology of buddhism[J]. Publishers' Weekly, 257(10): 50.

OOSTERVEEN E, TZELEPIS F, ASHTON L, et al., 2017. A systematic review of eHealth behavioral interventions targeting smoking, nutrition, alcohol, physical activity and/or obesity for young adults[J]. Preventive Medicine, 99: 197-206.

ORLICK T, PARTINGTON J, 1987. The sport psychology consultant: Analysis of critical components as viewed by Canadian Olympic athletes[J]. The Sport Psychologist, 1: 4–17.

ORLICK T, PARTINGTON J, 1988. Mental links to excellence[J]. The Sport Psychologist, 2: 105–130.

ORSTAD S L, MCDONOUGH M H, STAPLETON S, et al., 2016. A systematic review of agreement between perceived and objective neighborhood environment measures and associations with physical activity outcomes[J]. Environment and Behavior, 49(8): 904–932.

OYSERMAN D, MARKUS H R, 1990. Possible selves and delinquency[J]. Journal of Personality and Social Psychology, 59: 112–125.

OZKAYA G Y, AYDIN H, TORAMAN F N, et al., 2005. Effect of strength and endurance training on cognition in older people[J]. Journal of Sports Science & Medicine, 4(3): 300–313.

PAGE S J, 1999. The effects of imagery on female college swimmers' perceptions of anxiety[J]. the Sport Psychologist, 13(4): 458–469.

PANTER J, JONES A P, VAN SLUIJS E M, et al., 2011. Environmental and psychological correlates of older adult's active commuting[J]. Medicine & Science in Sports & Exercise, 43(7): 1235–1243.

PANTER J, OGILVIE D, 2015. Theorising and testing environmental pathways to behaviour change: Natural experimental study of the perception and use of new infrastructure to promote walking and cycling in local communities[J]. BMJ Open, 5(9): e007593.

PARFITT G, GLEDHILL C, 2004. The effect of choice of exercise mode on psychological responses[J]. Psychology of Sport & Exercise, 5 (2): 111–117.

PATRICK H, KAPLAN A, RYAN A M, 2011. Positive classroom motivational environments: Convergence between mastery goal structure and classroom social climate[J]. Journal of Education and Psychology, 103(2): 367–382.

PAZIN J, GARCIA L M T, FLORINDO A A, et al., 2016. Effects of a new walking and cycling route on leisure-time physical activity of Brazilian adults: A longitudinal quasi-experiment[J]. Health & Place, 39: 18–25.

PEETERS M A G, VAN TUIJL H F J M, RUTTE C G, et al., 2006. Personality and team performance: A meta-analysis[J]. European Journal of Personality, 20: 377–396.

PERKOS S, THEODORAKIS Y, CHRONI S, 2002. Enhancing performance and skill acquisition in novice basketball players with instructional self-talk[J]. The Sport Psychologist, 16(4): 368–383.

PERLIS M L, GRANDNER M A, BROWN G K, et al., 2016. Nocturnal wakefulness as a previously unrecognized risk factor for suicide[J]. The Journal of Clinical Psychiatry, 77(6): 12828.

PHIPP D J, HANNAN T E, RHODES R E, et al., 2021. A dual-process model of affective and instrumental attitudes in predicting physical activity[J]. Psychology of Sport and Exercise, 54: 101899.

PIGEON W R, PINQUART M, CONNER K, 2012. Meta-analysis of sleep disturbance and suicidal thoughts and behaviors[J]. The Journal of Clinical Psychiatry, 73(9): 11734.

PIKORA T, GILES-CORTI B, BULL F, et al., 2003. Developing a framework for assessment of the environmental determinants of walking and cycling[J]. Social Science & Medicine, 56(8): 1693–1703.

PINCUS A L, ANSELL E B, PIMENTEL C A, et al., 2009. Initial construction and validation of the pathological narcissism inventory[J]. Psychological Assessment, 21: 365–379.

PINKLEY R L, 1990. Dimensions of conflict frame: Disputant interpretations of conflict[J]. Journal of Applied Psychology, 75: 117–126.

PINTO B M, GOLDSTEIN M G, PAPANDONATOS G D, et al., 2011. Maintenance of exercise after phase II cardiac rehabilitation: A randomized controlled trial[J]. American Journal of Preventive Medicine, 41(3): 274–283.

POCZWARDOWSKI A, BAROTT J E, JOWETT S, 2006. Diversifying approaches to research on athlete-coach relationships[J]. Psychology of Sport and Exercise, 7: 125–142.

POCZWARDOWSKI A, CONROY D E, 2002. Coping responses to failure and success among elite athletes and performing artists[J]. Journal of Applied Sport Psychology, 14(4): 313–329.

POLANCZYK G V, SALUM G A, SUGAYA L S, et al., 2015. Annual research review: A meta-analysis of the worldwide prevalence of mental disorders in children and adolescents[J]. Journal of Child Psychology and Psychiatry, 56(3): 345–365.

POPESCU V, 2014. The influence of physical exercises on the personality of overweight and obese students from bucharest economic studies academy[J]. Marathon, 6(2): 195–203.

POUCHER Z A, TAMMINEN K A, KERR G, 2018. Providing social support to female Olympic athletes[J]. Journal of Sport and Exercise Psychology, 40: 217–228.

POUCHER Z A, TAMMINEN K A, KERR G, et al., 2021. A commentary on mental health research in elite sport[J]. Journal of Applied Sport Psychology, 33(1): 60–82.

PRESTWICH A, SNIEHOTTA F F, WHITTINGTON C, et al., 2014. Does theory influence the effectiveness of health behavior interventions? Meta-analysis[J]. Health Psychology, 33(5): 465.

PRESTWICH A, WEBB T L, CONNER M, 2015. Using theory to develop and test interventions to promote changes in health behavior: Evidence, issues, and recommendations[J]. Current Opinion in Psychology, 5: 1–5.

PROCHASKA J J, SPRING B, NIGG C R, 2008. Multiple health behavior change research: An introduction and overview[J]. Preventive Medicine, 46(3): 181–188.

PROCHASKA J O, DICLEMENTE C C, 1982. Transtheoretical therapy: Toward a more integrative model of change[J]. Psychotherapy: Theory Research and Practice, 20: 161–173.

PROCHASKA J O, DICLEMENTE C C, 1983. Stages and processes of self-change of smoking: Toward an integrative model of change[J]. Journal of Consulting and Clinical Psychology, 51(3): 390.

PROVENCHER H L, KEYES C L M, 2011. Complete mental health recovery: Bridging mental illness with positive mental health[J]. Journal of Public Mental Health, 10: 57–69.

PUTUKIAN M, 2016. The psychological response to injury in student athletes: A narrative review with a focus on mental health[J]. British Journal of Sports Medicine, 50(3): 145–148.

QUARTIROLI A, HARRIS B S, BRÜCKNER S, et al., 2020. The international society of sport psychology registry (ISSP-R) ethical code for sport psychology practice[J]. International Journal of Sport and Exercise Psychology, 19: 907–928.

RAO A L, HONG E S, 2016. Understanding depression and suicide in college athletes: Emerging concepts and future directions[J]. British Journal of Sports Medicine, 50(3): 136–137.

RASKIN R N, HALL C S, 1979. A narcissistic personality inventory[J]. Psychological Reports, 45: 590.

REARDON C L, 2016. The sports psychiatrist and psychiatric medication[J]. International Review of Psychiatry, 28(6): 606–613.

REARDON C L, CREADO S, 2016. Psychiatric medication preferences of sports psychiatrists[J]. The Physician and Sportsmedicine, 44(4): 397–402.

REARDON C L, FACTOR R M, 2010. Sport psychiatry: A systematic review of diagnosis and medical treatment of mental illness in athletes[J]. Sports Medicine, 40(11): 961–980.

REARDON C L, HAINLINE B, ARON C M, et al., 2019. Mental health in elite athletes: International Olympic Committee consensus statement, 2019[J]. British Journal of Sports Medicine, 53(11): 667–699.

REED J, BUCK S, 2009. The effect of regular aerobic exercise on positive-activated affect: A meta-analysis[J]. Psychology of Sport and Exercise, 10 (6): 581–594.

REED J, ONES D S, 2006. The effect of acute aerobic exercise on positive activated affect: A meta-analysis[J]. Psychology of Sport and Exercise, 7(5): 477–514.

REES T, HARDY L, GÜLLICH A, et al., 2016. The Great British medalists project: A review of current knowledge on the development of the world's best sporting talent[J]. Sports Medicine, 46: 1041–1058.

REES T, INGLEDEW D K, HARDY L, 2005. Attribution in sport psychology: Seeking congruence between theory, research and practice[J]. Psychology of Sport and Exercise, 6: 189–204.

REGIER D A, BOYD J H, BURKE J D, et al., 1988. One-month prevalence of mental disorders in the United States [J]. Archives of General Psychiatry, 45: 977–986.

REN R, Qi J, LIN S, et al., 2022. The China alzheimer report 2022[J]. General Psychiatry,35(1): e100751.

REYNDERS B, VAN PUYENBROECK S, DECROOS S, et al., 2019. Coaching the coach: Intervention effects on need-supportive coaching behavior and athlete motivation and engagement[J]. Psychology of Sport and Exercise, 43: 288–300.

REZNIK S J, ALLEN J J B, 2018. Frontal asymmetry as a mediator and moderator of emotion: An updated review[J]. Psychophysiology, 55(1): 1–32.

RHIND D J A, JOWETT S, 2010. Relationship maintenance strategies in the coach-athlete relationship: The COMPASS model[J]. J Appl. Sport Psychol, 22: 106–121.

RHODES R E, 2017. The evolving understanding of physical activity behavior: A multi-process action control approach[J]. Advances in Motivation Science, 4: 171–205.

RHODES R E, DE BRUIJN G J, 2013. How big is the physical activity intention-behaviour gap? A meta-analysis using the action control framework[J]. British Journal of Health Psychology, 18(2): 296–309.

RHODES R E, JANSSEN I, BREDIN S S, et al., 2017. Physical activity: Health impact, prevalence, correlates and interventions[J]. Psychology & Health, 32(8): 942–975.

RHODES R E, LA H, QUINLAN A, et al., 2021. Enacting physical activity intention: A multi-process action control approach[C]// ENGLERT C, TAYLOR L M. Motivation and Self-Regulation in Sport and Exercise. London: Routledge: 8–19.

RHODES R E, SMITH N E, 2006. Personality correlates of physical activity: A review and meta-analysis[J]. British Journal of Sports Medicine, 40(12): 958–965.

RHODES R E, ZHANG R, ZHANG C Q, 2020. Direct and indirect relationships between the built environment and individual-level perceptions of physical activity: A systematic review[J]. Annals of Behavioral Medicine, 54(7): 495–509.

RICE K G, MIRZADEH S A, 2000. Perfectionism, attachment, and adjustment[J]. Journal of Counseling Psychology, 47: 238–250.

RICE S M, PARKER A G, MAWREN D, et al., 2019. Preliminary psychometric validation of a brief screening tool for athlete mental health among male elite athletes: The athlete psychological strain questionnaire[J]. International Journal of Sport and Exercise Psychology, 18(6): 850–865.

RICE S M, PURCELL R, DE SILVA S, et al., 2016. The mental health of elite athletes: A narrative systematic review[J]. Sports Medicine, 46(9): 1333–1353.

RICHARD V, MASON J, ALVAREZ-ALVARADO S, et al., 2021. Effect of preperformance routine on advanced swimmers' performance and motor efficiency, self-efficacy, and idiosyncratic emotions[J]. The Sport Psychologist, 35(2): 97–107.

RIDGERS N D, FAIRCLOUGH S J, STRATTON G, 2010. Twelve-month effects of a playground intervention on children's morning and lunchtime recess physical activity levels[J]. Journal of Physical Activity and Health, 7(2): 167–175.

RIDGERS N D, STRATTON G, FAIRCLOUGH S J, et al., 2007a. Children's physical activity levels during school recess: A quasi-experimental intervention study[J]. International Journal of Behavioral Nutrition and Physical Activity, 4: 19–19.

RIDGERS N D, STRATTON G, FAIRCLOUGH S J, et al., 2007b. Long-term effects of a playground markings and physical structures on children's recess physical activity levels[J]. Preventive Medicine, 44(5): 393–397.

RITTERBAND L M, TATE D F, 2009. The science of internet interventions[J]. Annals of Behavioral Medicine, 38(1): 1–3.

ROBERTS G C, TREASURE D, CONROY D E, 2007. Understanding the dynamics of motivation in sport and physical activity: An achievement goal interpretation[C]// TENENBAUM G, EKLUND R C. Handbook of Sport Psychology. 3rd ed. Hoboken: Wiley: 3–30.

ROBERTS R, CALLOW N, HARDY L, et al., 2010. Interactive effects of different visual imagery perspectives and narcissism on motor performance[J]. Journal of Sport & Exercise Psychology, 32: 499–517.

ROBERTS R, COOKE A, WOODMAN T, et al., 2019. When the going gets tough, who gets going? An examination of the relationship between narcissism, effort, and performance[J]. Sport, Exercise, and

Performance Psychology, 8: 93–105.

ROBERTS R, WOODMAN T, 2015. Contemporary personality perspectives in sport psychology[C]// MELLALIEU S D, HANTAN S. Contemporary Advances in Sport Psychology: A Review. London: Routledge: 1–27.

ROBERTS R, WOODMAN T, 2017. Personality and performance: Moving beyond the big 5[J]. Current Opinion in Psychology, 16: 104–108.

ROBERTS R, WOODMAN T, HARDY L, et al., 2013. Psychological skills do not always help performance. The moderating role of narcissism[J]. Journal of Applied Sport Psychology, 25: 316–325.

ROBERTS R, WOODMAN T, LOFTHOUSE S, et al., 2015. Not all players are equally motivated: The role of narcissism[J]. European Journal of Sport Science, 15: 536–542.

ROBERTS R, WOODMAN T, SEDIKIDES C, 2018. Pass me the ball: Narcissism in performance settings[J]. International Review of Sport and Exercise Psychology, 11: 190–213.

ROBERTS S S H, TEO W P, WARMINGTON S A, 2019. Effects of training and competition on the sleep of elite athletes: A systematic review and meta-analysis[J]. British Journal of Sports Medicine, 53(8): 513–522.

ROCCAS S, SAGIV L, SCHWARTZ S H, et al., 2002. The Big Five personality factors and personal values[J]. Personality and Social Psychology Bulletin, 28 (6): 789–801.

ROEST A M, ZUIDERSMA M, DE JONGE P, 2012. Myocardial infarction and generalized anxiety disorder: 10-year follow-up[J]. Br J Psychiatry, 200(4): 324–329.

ROGERS R W, 1975. A protection motivation theory of fear appeals and attitude change1[J]. The Journal of Psychology, 91(1): 93–114.

ROGERS R W, 1983. Cognitive and psychological processes in fear appeals and attitude change: A revised theory of protection motivation[C]// ROGERS R W. Social Psychophysiology: A Sourcebook. New York: GUIFord Press: 153–176.

ROGULJ N, NAZOR M, SRHOJ V, et al., 2006. Differences between competitively efficient and less efficient junior handball players according to their personality traits[J]. Kinesiology, 38: 158–163.

ROSENSTOCK I M, 1974. The health belief model and preventive health behavior[J]. Health Education Monographs, 2(4): 354–386.

ROSENTHAL S A, HOOLEY J M, 2010. Narcissism assessment in social-personality research: Does the association between narcissism and psychological health result from a confound with self-esteem? [J]. Journal of Research in Personality, 44: 453–465.

ROTTER J B, 1954. Social Learning and Clinical Psychology[M]. Englewood Cliffs: Prentice-Hall.

ROUSSELET M, GUÉRINEAU B, PARUIT M C, et al., 2017. Disordered eating in French high-level athletes: Association with type of sport, doping behavior, and psychological features[J]. Eating and Weight Disorders-Studies on Anorexia, Bulimia and Obesity, 22(1): 61–68.

ROY-BYRNE P P, DAVIDSON K W, KESSLER R C, et al., 2008. Anxiety disorders and comorbid medical illness[J]. Gen Hosp Psychiatry, 30(3): 208–225.

RUSSELL J A, 1980. A circumplex model of affect[J]. Journal of Personality and Social Psychology, 39(6):

1161–1178.

RYAN R M, DECI E L, 2017. Self-Determination Theory: Basic Psychological Needs in Motivation, Development, and Wellness[M]. New York: Guilford Press.

SAELENS B E, FRANK L D, AUFFREY C, et al., 2006. Measuring physical environments of parks and playgrounds: EAPRS instrument development and inter-rater reliability [J]. Journal of Physical Activity and Health, 3(S1): S190–S207.

SAELENS B E, SALLIS J F, BLACK J B, et al., 2003. Neighborhood-based differences in physical activity: An environment scale evaluation[J]. American Journal of Public Health, 93(9): 1552–1558.

SALLIS J F, CERIN E, KERR J, et al., 2020. Built environment, physical activity, and obesity: Findings from the international physical activity and environment network (IPEN) adult study[J]. Annual Review of Public Health, 41(1): 119–139.

SALLIS J F, CERVERO R B, ASCHER W, et al., 2006. An ecological approach to creating active living communities[J]. Annual Review of Public Health, 27: 297–322.

SARAC N, SARAC B, PEDROZA A, et al., 2018. Epidemiology of mental health conditions in incoming division I collegiate athletes[J]. The Physician and Sportsmedicine, 46(2): 242–248.

SARKAR M, FLETCHER D, 2014. Psychological resilience in sport performers: A review of stressors and protective factors[J]. Journal of Sports Sciences, 32(15): 1419–1434.

SCHAAL K, TAFFLET M, NASSIF H, et al., 2011. Psychological balance in high level athletes: Gender-based differences and sport-specific patterns[J]. PLoS One, 6(5): e19007.

SCHACK T, WHITMARSH B, PIKE R, et al., 2005. Routines[C]// TAYLOR J, WILSON G. Applying Sport Psychology: Four Perspectives. Champaign: Human Kinetics: 137–150.

SCHINKE R J, STAMBULOVA N B, SI G, et al., 2017. International society of sport psychology position stand: Athletes' mental health, performance, and development[J]. International Journal of Sport and Exercise Psychology, 16(6): 622–639.

SCHMID A B, PEPER E, WILSON V, 2001. Strategies for training concentration[C]// WILLIAMS J M. Applied Sport Psychology: Personal Growth to Peak Performance. 4th ed. Mountain View: Mayfield Pub Co: 333–346.

SCHMIDT R A, LEE T D, WINSTEIN C J, et al., 2019. Motor Control and Learning: A Behavioral Emphasis [M]. 6th ed. Champaign: Human Kinetics.

SCHUCH F B, STUBBS B, MEYER J, et al., 2019. Physical activity protects from incident anxiety: A meta-analysis of prospective cohort studies[J]. Depression and Anxiety, 36(9): 846–858.

SCHUCH F B, VANCAMPFORT D, 2021. Physical activity, exercise, and mental disorders: It is time to move on[J]. Trends in Psychiatry and Psychotherapy, 43(3): 177–184.

SCHUCH F B, VANCAMPFORT D, FIRTH J, et al., 2018. Physical activity and incident depression: A meta-analysis of prospective cohort studies[J]. The American Journal of Psychiatry, 175(7): 631–648.

SCHUCH F B, VANCAMPFORT D, RICHARDS J, et al., 2016. Exercise as a treatment for depression: A meta-analysis adjusting for publication bias[J]. Journal of Psychiatric Research, 77: 42–51.

SCHWARZER R, 2008. Modeling health behavior change: How to predict and modify the adoption and maintenance of health behaviors[J]. Applied Psychology, 57(1): 1–29.

SCHWARZER R, 2016. Health action process approach (HAPA) as a theoretical framework to understand behavior change[J]. Actualidades en Psicología, 30(121): 119–130.

SEBBENS J, HASSMÉN P, CRISP D, et al., 2016. Mental health in sport (MHS): Improving the early intervention knowledge and confidence of elite sport staff[J]. Frontiers in Psychology, 7: 911.

SELYE H, 1983. The stress concept: Past, present, and future[C]// COOPER C L. Stress Research. New York: John Wiley & Sons: 1–20.

SHANG B, DUAN Y, HUANG W Y, et al., 2018. Fluctuation-A common but neglected pattern of physical activity behaviour: An exploratory review of studies in recent 20 years[J]. European Journal of Sport Science, 18(2): 266–278.

SHANNON S, SHEVLIN M, BRESLIN G, 2023. Psychometric assessment of the mental health continuum-short form in athletes: A bifactor modeling approach[J]. Journal of Clinical Sport Psychology, 17(3): 306–326.

SHAO C, WANG J, LIU J, et al., 2018. Effect of a health belief model-based education program on patients' belief, physical activity, and serum uric acid: A randomized controlled trial[J]. Patient Preference and Adherence, 12: 1239.

SHEERAN P, WEBB T L, 2016. The intention–behavior gap[J]. Social and Personality Psychology Compass, 10(9): 503–518.

SHEERAN P, WRIGHT C E, AVISHAI A, et al., 2020. Self-determination theory interventions for health behavior change: Meta-analysis and meta-analytic structural equation modeling of randomized controlled trials[J]. Journal of Consulting and Clinical Psychology, 88(8): 726–737.

SHEPHARD R J, 2012. The association between school-based physical activity, including physical education, and academic performance: A systematic review of the literature [J]. Yearbook of Sports Medicine, 2012: 358–359.

SHERIDAN D, COFFEE P, LAVALLEE D, 2014. A systematic review of social support in youth sport[J]. International Review of Sport and Exercise Psychology, 7: 198–228.

SHIFFRIN R M, ATKINSON R C, 1969. Storage and retrieval processing in long-term memory[J]. Psychological Review, 76: 179–193.

SHRIVER H, WOLLENBERG G, GATES G E, 2016. Prevalence of disordered eating and its association with emotion regulation in female college athletes[J]. International Journal of Sport Nutrition and Exercise Metabolism, 26(3): 240–248.

SI G, LI X, HUANG Z, et al., 2021. The mental health of Chinese elite athletes: Revisiting the assessment methods and introducing a management framework[J]. International Journal of Sport and Exercise Psychology, 3: 1–15.

SIEBERS M, BIEDERMANN S V, FUSS J, 2023. Do endocannabinoids cause the runner's high? Evidence and open questions[J]. The Neuroscientist: A Review Journal Bringing Neurobiology, Neurology and Psychiatry, 29(3): 352–369.

SIMONS T L, PETERSON R S, 2000. Task conflict and relationship conflict in top management teams: The pivotal role of intragroup trust[J]. Journal of Applied Psychology, 85: 102–111.

SIMPSON N S, GIBBS E L, MATHESON G O, 2017. Optimizing sleep to maximize performance:

Implications and recommendations for elite athletes[J]. Scandinavian Journal of Medicine & Science in Sports, 27(3): 266–274.

SINGER R N, 2002. Preperformance state, routines and automaticity: What does it take to realize expertise in self-paced events?[J]. Journal of Sport & Exercise Psychology, 24(4): 359–375.

SINGH A, UIJTDEWILLIGEN L, TWISK J W R, et al., 2012. Physical activity and performance at school: A systematic review of the literature including a methodological quality assessment[J]. Archives of Pediatrics & Adolescent Medicine, 166(1): 49–55.

SLAWINSKA M M, DAVIS P A, 2020. Recall of affective responses to exercise: Examining the influence of intensity and time[J]. Frontiers in Sports and Active Living, 2: 573525.

SMITH D, HOLMES P, 2004. The effect of imagery modality on golf putting performance[J]. Journal of Sport & Exercise Psychology, 26(3): 385–395.

SMITH D, HOLMES P, WHITEMORE L, et al., 2001. The effect of theoretically based imagery scripts on field hockey performance[J]. Journal of Sport Behaviour, 24: 408–419.

SMITH D, ROMANO-SMITH S, WRIGHT D J, et al., 2019. The effects of combining PETTLEP imagery and action observation on bicep strength: a single case design[J]. Journal of Applied Sport Psychology, 32(4): 377–391.

SMITH H W, 1994. The 10 Natural Laws of Successful Time and Life Management: Proven Strategies for Increased Productivity and Inner Peace[M]. New York: Warner.

SMITH L, FOLEY L, PANTER J, 2019. Activity spaces in studies of the environment and physical activity: A review and synthesis of implications for causality[J]. Health & Place, 58: 102113.

SMITH N, QUESTED E, APPLETON P R, et al., 2017. Observing the coach-created motivational environment across training and competition in youth sport[J]. Journal of Sports Sciences, 35(2): 149–158.

SMITH N, TESSIER D, TZIOUMAKIS Y, et al., 2015. Development and validation of the multidimensional motivational climate observation system (MMCOS)[J]. Journal of Sport and Exercise Psychology, 37: 4–22.

SMOLL F, SMITH R, 1989. Leadership behaviors in sport: A theoretical model and research paradigm1[J]. Journal of Applied Social Psychology, 19: 1522–1551.

SNIEHOTTA F F, GELLERT P, WITHAM M D, et al., 2013. Psychological theory in an interdisciplinary context: Psychological, demographic, health-related, social, and environmental correlates of physical activity in a representative cohort of community-dwelling older adults[J]. International Journal of Behavioral Nutrition and Physical Activity, 10: 106.

SNIEHOTTA F F, SCHOLZ U, SCHWARZER R, 2005. Bridging the intention-behaviour gap: Planning, self-efficacy, and action control in the adoption and maintenance of physical exercise[J]. Psychology & Health, 20(2): 143–160.

SOLSO R, 1998. Cognitive Psychology[M] 5th ed. Boston: Allyn and Bacon.

SOLTERO E G, HERNANDEZ D C, O'CONNOR D P, et al., 2015. Does social support mediate the relationship among neighborhood disadvantage, incivilities, crime and physical activity? [J]. Preventive Medicine, 72: 44–49.

STACEY F G, JAMES E L, CHAPMAN K, et al., 2015. A systematic review and meta-analysis of social cognitive theory-based physical activity and/or nutrition behavior change interventions for cancer survivors[J]. Journal of Cancer Survivorship, 9(2): 305–338.

STEELE R M, MUMMERY W K, DWYER T, 2009. A comparison of face-to-face or internet-delivered physical activity intervention on targeted determinants[J]. Health Education & Behavior, 36(6): 1051–1064.

STEPHAN Y, SUTIN A R, TERRACCIANO A, 2014. Physical activity and personality development across adulthood and old age: Evidence from two longitudinal studies[J]. Journal of Research in Personality, 49: 1–7.

STILES W B, BARKHAM M, TWIGG E, et al., 2006. Effectiveness of cognitive-behavioural, person-centred and psychodynamic therapies as practised in UK National Health Service settings[J]. Psychological Medicine, 36: 555–566.

STILLMAN M A, BROWN T, RITVO E C, et al., 2016. Sport psychiatry and psychotherapeutic intervention, circa 2016[J]. International Review of Psychiatry, 28(6): 614–622.

STILLMAN M A, RITVO E C, GLICK I D, 2013. Psychotherapeutic treatment of athletes and their significant others[C]// BARON D A, REARDON C, BARON S H. Clinical Sports Psychiatry: An International Perspective. New York: Wiley: 115–123.

STOEBER J, OTTO K, 2006. Positive conceptions of perfectionism: Approaches, evidence, challenges[J]. Personality and Social Psychology Review, 10: 295–319.

STOKES J P, WILSON D G, 1984. The inventory of socially supportive behaviors: Dimensionality, prediction, and gender differences[J]. American Journal of Community Psychology, 12: 53–69.

STOKOLS D, 1992. Establishing and maintaining healthy environments: Toward a social ecology of health promotion[J]. American Psychologist, 47(1): 6–22.

STOKOLS D, 1996. Translating social ecological theory into guidelines for community health promotion[J]. American Journal of Health Promotion, 10(4): 282–298.

STRECHER V J, ROSENSTOCK I M, 1997. The health belief model[C]// NEWMAN S. Cambridge Handbook of Psychology, Health and Medicine. Cambridge: Cambridge University Press: 113–117.

STRÖHLE A, 2019. Sports psychiatry: Mental health and mental disorders in athletes and exercise treatment of mental disorders[J]. European Archives of Psychiatry and Clinical Neuroscience, 269(5): 485–498.

STRÖHLE A, HÖFLER M, PFISTER H, et al., 2007. Physical activity and prevalence and incidence of mental disorders in adolescents and young adults[J]. Psychological Medicine, 37(11): 1657–1666.

STROOP J R, 1935. Studies of interference in serial verbal reactions[J]. Journal of Experimental Psychology, 18(6): 643–662.

STUBBS B, VANCAMPFORT D, ROSENBAUM S, et al., 2017. An examination of the anxiolytic effects of exercise for people with anxiety and stress-related disorders: A meta-analysis[J]. Psychiatry Research, 249: 102–108.

SU N, 2020. The Effects of a Mindfulness and Acceptance-Based Training Program on Relevant Psychological Factors and Sport Training Performance in Hong Kong Elite Adolescent Athletes

(Unpublished Doctoral Dissertation)[M]. HongKong: The Education University of Hong Kong.

SU N, SI G Y, ZHANG C Q, 2019. Mindfulness and acceptance-based training for Chinese athletes: The mindfulness-acceptance-insight-commitment (MAIC) program[J]. Journal of Sport Psychology in Action, 10(4): 255.

SUJATHA B, SARUMATHI S, TINU PRIYA R, 2019. Effect of endurance exercise on attention and depression in Parkinson's disease patients—A new approach[J]. International Journal of Research in Pharmaceutical Sciences, 10(3): 1592–1595.

SUMIC A, MICHAEL Y L, CARLSON N E, et al., 2007. Physical activity and the risk of dementia in oldest old[J]. Journal of Aging and Health, 19(2): 242–259.

SUN H, GAO X, QUE X, et al., 2020. The causal relationships of device-measured physical activity with bipolar disorder and schizophrenia in adults: A 2-Sample mendelian randomization study[J]. Journal of Affective Disorders, 263: 598–604.

SUN Y, WANG A, YU S, et al., 2020. A blended intervention to promote physical activity, health and work productivity among office employees using intervention mapping: A study protocol for a cluster-randomized controlled trial[J]. BMC Public Health, 20(1): 1–12.

SUNDGOT-BORGEN J, 1994. Risk and trigger factors for the development of eating disorders in female elite athletes[J]. Medicine & Science in Sports & Exercise, 26(4): 414–419.

SUNDGOT-BORGEN J, TORSTVEIT M K, 2004. Prevalence of eating disorders in elite athletes is higher than in the general population[J]. Clinical Journal of Sport Medicine, 14(1): 25–32.

SUTHERLAND R, CAMPBELL E, LUBANS D R, et al., 2016. "Physical Activity 4 Everyone" school-based intervention to prevent decline in adolescent physical activity levels: 12 month (mid-intervention) report on a cluster randomised trial[J]. British Journal of Sports Medicine, 50(8): 488–495.

SUTTON S, 2005. Stage theories of health behaviour. [C]// CONNER M, NORMAN P. Predicting Health Behaviour: Research and Practice with Social Cognition Models. Maidenhead: Open University Press.

TALIAFERRO L A, RIENZO B A, PIGG R M, et al., 2009. Associations between physical activity and reduced rates of hopelessness, depression, and suicidal behavior among college students[J]. Journal of American College Health, 57(4): 427–436.

TAN B W, POOLEY J A, SPEELMAN C P, 2016. A meta-analytic review of the efficacy of physical exercise interventions on cognition in individuals with autism spectrum disorder and ADHD[J]. Journal of Autism and Developmental Disorders, 46(9): 3126–3143.

TANAKA K, DE QUADROS A C, SANTO R F, et al., 2009. Benefits of physical exercise on executive functions in older people with Parkinson's disease[J]. Brain and Cognition, 69(2): 435–441.

TARSHIS B, 1977. TENNIS and the MIND[M]. New York: Tennis Magazine.

TAYLOR N, CONNER M, LAWTON R, 2012. The impact of theory on the effectiveness of worksite physical activity interventions: A meta-analysis and meta-regression[J]. Health Psychology Review, 6(1): 33–73.

TERRY A, SZABO A, GRIFFITHS M, 2004. The exercise addiction inventory: A new brief screening tool[J]. Addiction Research & Theory, 12(5): 489–499.

THEEBOOM M, DE KNOP P, WEISS M R, 1995. Motivational climate, psychological responses, and motor skill development in children's sport: A field-based intervention study[J]. Journal of Sport & Exercise Psychology, 17(3): 294–311.

The Lancet Global Health, 2020. Mental health matters[J]. Lancet Glob Health, 8(11): e1352.

THEODORAKIS Y, HATZIGEORGIADIS A, CHRONI S, 2008. The functions of self-talk questionnaire: Investigating how self-talk strategies operate[J]. Measurement in Physical Education and Exercise Science, 12: 10–30.

THOMPSON A, PETRIE T, ANDERSON C, 2017. Eating disorders and weight control behaviors change over a collegiate sport season[J]. Journal of Science and Medicine in Sport, 20(9): 808–813.

TIKAC G, UNAL A, ALTUG F, 2022. Regular exercise improves the levels of self-efficacy, self-esteem and body awareness of young adults[J]. The Journal of Sports Medicine and Physical Fitness, 62(1): 157–161.

TORSTVEIT M K, SUNDGOT-BORGEN J, 2014. Disordered Eating and Eating Disorders in Female Athletes[M]. New York: John Wiley & Sons, Inc.

TREISMAN A M, 1964. Verbal cues, language, and meaning in selective attention[J]. American Journal of Psychology, 77: 206–219.

TROST S G, OWEN N, BAUMAN A E, et al., 2002. Correlates of adults' participation in physical activity: Review and update[J]. Medicine & Science in Sports & Exercise, 34(12): 1996–2001.

TSENG J, POPPENK J, 2020. Brain meta-state transitions demarcate thoughts across task contexts exposing the mental noise of trait neuroticism[J]. Nature Communications, 11(1): 1–12.

TUCKER P, GILLILAND J, 2007. The effect of season and weather on physical activity: A systematic review[J]. Public Health, 121(12): 909–922.

UCHINO B N, 2009. Understanding the links between social support and physical health: A life-span perspective with emphasis on the separability of perceived and received support[J]. Perspectives on Psychological Science, 4(3): 236–255.

UPHILL M, SLY D, SWAIN J, 2016. From mental health to mental wealth in athletes: Looking back and moving forward[J]. Frontiers in Psychology, 7: 935.

VALLERAND J R, RHODES R E, WALKER G J, et al., 2016. Understanding strength exercise intentions and behavior in hematologic cancer survivors: An analysis of the intention-behavior gap[J]. Journal of Cancer Survivorship, 10(6): 945–955.

VAN CAUWENBERG J, NATHAN A, BARNETT A, et al., 2018. Relationships between neighbourhood physical environmental attributes and older adults' leisure-time physical activity: A systematic review and meta-analysis[J]. Sports Medicine, 48(7): 1635–1660.

VAN HOLLE V, DEFORCHE B, VAN CAUWENBERG J, et al., 2012. Relationship between the physical environment and different domains of physical activity in European adults: A systematic review[J]. BMC public health, 12(1): 1–17.

VAN RAALTE J L, VAN CORNELIUS A E, ANDREWS S, et al., 2015. Mental health referral for student-athletes: Web-based education and training[J]. Journal of Clinical Sport Psychology, 9: 197–212.

VAN VIANEN A E M, DE DREU C K W, 2001. Personality in teams: Its relationship to social cohesion, task cohesion, and team performance[J]. European Journal of Work and Organizational Psychology, 10(2): 97–120.

VANCAMPFORT D, FIRTH J, SCHUCH F B, et al., 2017. Sedentary behavior and physical activity levels in people with schizophrenia, bipolar disorder and major depressive disorder: A global systematic review and meta-analysis[J]. World Psychiatry, 16(3): 308–315.

VANHELST J, BÉGHIN L, DUHAMEL A, et al., 2016. Physical activity is associated with attention capacity in adolescents[J]. The Journal of Pediatrics, 168(Suppl C): 126–131(e2).

VASCONCELLOS D, PARKER P D, HILLAND T, et al., 2020. Self-determination theory applied to physical education: A systematic review and meta-analysis[J]. Journal of Educational Psychology, 112(7): 1444–1469.

VAZOU S, NTOUMANIS N, DUDA J L, 2006. Predicting young athletes' motivational indices as a function of their perceptions of the coach- and per-created climate[J]. Psychology of Sport and Exercise, 7: 215–233.

VEALEY R S, 2002. Personality and sport behavior[C]// HORN T S. Advances in Sport Psychology. Champaign: Human Kinetics: 43–74.

VEITCH J, BALL K, CRAWFORD D, et al., 2012. Park improvements and park activity: A natural experiment[J]. American Journal of Preventive Medicine, 42(6): 616–619.

VEITCH J, SALMON J, BALL K, 2010. Individual, social and physical environmental correlates of children's active free-play: A cross-sectional study[J]. International Journal of Behavioral Nutrition and Physical Activity, 7: 11–11.

VEITCH J, SALMON J, CRAWFORD D, et al., 2018. The REVAMP natural experiment study: The impact of a play-scape installation on park visitation and park-based physical activity[J]. International Journal of Behavioral Nutrition and Physical Activity, 15(1): 10.

VELLA S A, BENSON A, SUTCLIFFE J, et al., 2021. Self-determined motivation, social identification and the mental health of adolescent male team sport participants[J]. Journal of Applied Sport Psychology, 33(4): 452–466.

VOGT S, 1995. On relations between perceiving, imagining and performing in the learning of cyclical movement sequences[J]. British Journal of Psychology, 86: 191–216.

VOGT T, SCHNEIDER S, BRÜMMER V, et al., 2010. Frontal EEG asymmetry: The effects of sustained walking in the elderly[J]. Neuroscience Letters, 485(2): 134–137.

VOLLRATH M, TORGERSEN S, 2000. Personality types and coping[J]. Personality and Individual Differences, 29: 367–378.

VROOM V H, 1964. Work and Motivation[M]. New York: Wiley.

WACHSMUTH S, JOWETT S, HARWOOD C, 2018. On understanding the nature of interpersonal conflict between coaches and athletes[J]. J Sports Sci, 36: 1955–1962.

WAGNER J C, 1991. Enhancement of athletic performance with drugs[J]. Sports Medicine, 12(4): 250–265.

WALLACE H M, BAUMEISTER R F, 2002. The performance of narcissists rises and falls with perceived opportunity for glory[J]. Journal of Personality and Social Psychology, 82(5): 819–834.

WALSH J M, WHEAT M E, FREUND K, 2000. Detection, evaluation, and treatment of eating disorders[J].

Journal of General Internal Medicine, 15(8): 577–590.

WANG L, ZHANG Y, 2016. An extended version of the theory of planned behaviour: The role of self-efficacy and past behaviour in predicting the physical activity of Chinese adolescents[J]. Journal of Sports Sciences, 34(7): 587–597.

WANG X, LIANG W, LIU J D, et al., 2022. Further examination of the psychometric properties of the multicomponent mental health literacy scale: Evidence from Chinese elite athletes[J]. International Journal of Environmental Research and Public Health, 19(19): 12620.

WANTLAND D J, PORTILLO C J, HOLZEMER W L, et al., 2004. The effectiveness of Web based vs. non-Web-based interventions: A meta-analysis of behavioral change outcomes[J]. Journal of Medical Internet Research, 6(4): e116.

WATKINS D, STILLA E A, 1980. Self-esteem and causal attribution of achievement: A filipino investigation[J]. Australian Psychologist, 15(2): 219–225.

WATSON D, CLARK L A, TELLEGEN A, 1988. Development and validation of brief measures of positive and negative affect: The PANAS scales[J]. Journal of Personality and Social Psychology, 54(6): 1063–1070.

WATSON J C, 2005. College student-athletes' attitudes toward help-seeking behavior and expectations of counseling services[J]. Journal of College Student Development, 46(4): 442–449.

WATSON N F, BADR M S, BELENKY G, et al., 2015. Joint consensus statement of the American academy of sleep medicine and sleep research society on the recommended amount of sleep for a healthy adult: Methodology and discussion[J]. Sleep, 38(8): 1161–1183.

WATSON P J, BIDERMAN M D, 1993. Narcissistic personality inventory factors, splitting, and self-consciousness[J]. Journal of Personality Assessment, 61: 41–57.

WATSON P J, GRISHAM S O, TROTTER M V, et al., 1984. Narcissism and empathy: Validity evidence for the narcissistic personality inventory[J]. Journal of Personality Assessment, 48: 301–305.

WEBB T, JOSEPH J, YARDLEY L, et al., 2010. Using the internet to promote health behavior change: A systematic review and meta-analysis of the impact of theoretical basis, use of behavior change techniques, and mode of delivery on efficacy[J]. Journal of Medical Internet Research, 12(1): e4.

WEBER S, PUTA C, LESINSKI M, et al., 2018. Symptoms of anxiety and depression in young athletes using the hospital anxiety and depression scale[J]. Frontiers in Physiology, 9: 182.

WECHSLER H, DEVEREAUX R S, DAVIS M, et al., 2000. Using the school environment to promote physical activity and healthy eating[J]. Preventive Medicine, 31(2): S121-S137.

WEINBERG R S, BUTT J, 2014. Goal-setting and performance[C]// PAPAIOANNOU A G, HACKFORT D. Routledge Companion to Sport and Exercise Psychology: Global Perspectives and Fundamental Concepts. New York: Routledge: 343–355.

WEINBERG R S, GOULD D, 2011. Foundations of Sport and Exercise Psychology[M]. 5th edition. Champaign: Human Kinetics.

WEINBERG R S, GOULD D, 2014. Foundations of Sport and Exercise Psychology[M]. 6th edition. Champaign: Human Kinetics.

WEINBERG R S, GOULD D, 2019. Foundations of Sport and Exercise Psychology[M]. 7th edition.

Champaign: Human Kinetics.

WEINER B, 1986. An Attributional Theory of Motivation and Emotion[M]. New York: Springer.

WEINSTEIN N D, ROTHMAN A J, SUTTON S R, 1998. Stage theories of health behavior: Conceptual and methodological issues[J]. Health Psychology, 17(3): 290–299.

WEINSTOCK J, WHELAN J P, MEYERS A W, et al., 2007. Gambling behavior of student-athletes and a student cohort: What are the odds?[J]. Journal of Gambling Studies, 23(1): 13–24.

WELLS N M, YANG Y, 2008. Neighborhood design and walking: A quasi-experimental longitudinal study[J]. American Journal of Preventive Medicine, 34(4): 313–319.

WEST R, 2005. Time for a change: Putting the Transtheoretical (stages of change) Model to rest[J]. Addiction, 100(8): 1036–1039.

WESTON N, GREENLEES I, THELWELL R, 2013. A review of Butler and Hardy's (1992) performance profiling procedure within sport[J]. International Review of Sport and Exercise Psychology, 6(1): 1–21.

WICKER A W, 1984. An Introduction to Ecological Psychology[M]. Cambridge: Cambridge University Press.

WIKMAN J M, STELTE R, MELZER M, et al., 2014. Effects of goal setting on fear of failure in young elite athletes[J]. International Journal of Sport and Exercise Psychology, 12(3): 185–205.

WILLIAMS A M, WARD P, SMEETON N, 2004. Perceptual and cognitive expertise in sport: Implications for skill acquisition and performance enhancement[C]// WILLIAMS A M, HODGES N J. Skill Acquisition in Sport: Research, Theory, and Practice. London: Routledge: 328–347.

WILLIAMS L R, PARKIN W A, 1980. Personality factor profiles of three hockey groups[J]. International Journal of Sport Psychology, 11: 113–120.

WILLIAMS S E, BURNS V E, CUMMING J, 2013. Methodological variations in guided imagery interventions using movement imagery scripts in sport: A systematic review[J]. Journal of Imagery Research in Sport and Physical Activity, 8(1): 13–34.

WILLIAMS S E, CUMMING J, NTOUMANIS N, et al., 2012. Further validation and development of the movement imagery questionnaire[J]. Journal of Sport & Exercise Psychology, 34: 621–646.

WINK P, 1991. Two faces of narcissism[J]. Journal of Personality and Social Psychology, 61(4): 590–597.

WIPPERT P M, WIPPERT J, 2008. Perceived stress and prevalence of traumatic stress symptoms following athletic career termination[J]. Journal of Clinical Sport Psychology, 2(1): 1–16.

WOLANIN A, HONG E, MARKS D, et al., 2016. Prevalence of clinically elevated depressive symptoms in college athletes and differences by gender and sport[J]. British Journal of Sports Medicine, 50(3): 167–171.

WOODMAN T, ROBERTS R, HARDY L, et al., 2011. There is an "I" in TEAM: Narcissism and social loafing[J]. Research Quarterly for Exercise and Sport, 82(2): 285–290.

WOODMAN T, ZOURBANOS N, HARDY L, et al., 2010. Do performance strategies moderate the relationship between personality and training behaviors? An exploratory study[J]. Journal of Applied Sport Psychology, 22(2): 183–197.

World Anti-Doping Agency (WADA), 2019. WADA Prohibited List[EB/OL].[2023-12-30]. https://www.

usada.org/substances/prohibited-list/.

World Health Organization, 2002. Prevention and Promotion in Mental Health[M]. Geneva: WHO Press.

World Health Organization, 2004. The ICD-10 Classification of Mental and Behavioural Disorders: Clinical Descriptions and Diagnostic Guidelines[M]. 2nd ed. Geneva: World Health Organization.

World Health Organization, 2016. Retrieved July 19, 2016, [EB/OL].[2023-12-30]. http://www.who.int/about/defifinition/en/ print.html.

World Health Organization, 2017. Depression and other common mental disorders: Global health estimates[EB/OL]. [2024-01-30]. http://apps.who.int/iris/bitstream/handle/10665/254610/WHOMSD?sequence=1.

WULF G, 2007. Attention and Motor Skill Learning[M]. Champaign: Human Kinetics.

WULF G, 2007. Attentional focus and motor learning: A review of 10 years of research[J]. E-Journal Bewegung and Training, 1: 1–64.

WULF G, RAUPACH M, PFEIFFER F, 2005. Self-controlled observational practice enhances learning[J]. Research Quarterly for Exercise and Sport, 76(1): 107–111.

WYLLEMAN P, ROSIER N, DE KNOP P, 2015. Transitional challenges and elite athletes' mental health[C]// BAKER J, SAFAI P, FRASET THOMAS J. Health and Elite Sport: Is High Performance Sport a Healthy Pursuit? London: Routledge: 99–116.

YAFFE K, BARNES D, NEVITT M, et al., 2001. A prospective study of physical activity and cognitive decline in elderly women: Women who walk[J]. Archives of Internal Medicine, 161(14): 1703.

YAO Q, XU F, LIN J, 2020. A qualitative study on pre-performance routines of diving: Evidence from elite Chinese diving athletes[J]. Frontiers in Psychology, 11: 193.

YERKES R M, DODSON J D, 1908. The relation of strength of stimulus to rapidity of habit-formation[J]. Journal of Comparative Neurology and Psychology, 18(5): 459–482.

YEROKHIN V, ANDERSON-HANLEY C, HOGAN M J, et al., 2012. Neuropsychological and neurophysiological effects of strengthening exercise for early dementia: A pilot study[J]. Aging, Neuropsychology and Cognition, 19(3): 380–401.

YOUNG M D, PLOTNIKOFF R C, COLLINS C E, et al., 2014. Social cognitive theory and physical activity: A systematic review and meta-analysis[J]. Obesity Reviews, 15(12): 983–995.

ZERVAS Y, STAVROU N A, PSYCHOUNTAKI M, 2007. Development and validation of the self-talk questionnaire (S-TQ) for sports[J]. Journal of Applied Sport Psychology, 19(2): 142–159.

ZHANG C Q, CHUNG P K, SI G, 2017. Assessing acceptance in mindfulness with direct-worded items: The development and initial validation of the athlete mindfulness questionnaire[J]. Journal of Sport and Health Science, 6(3): 311–320.

ZHANG C Q, ZHANG R, SCHWARZER R, et al., 2019. A meta-analysis of the health action process approach[J]. Health Psychology, 38(7): 623.

ZHANG R, ZHANG C-Q, RHODES R E, 2021. The pathways linking objectively-measured greenspace exposure and mental health: A systematic review of observational studies[J]. Environmental Research, 198: 111233.

ZHANG S, BEATTIE S, PITKETHLY A, et al., 2019. Lead me to train better: Transformational leadership's moderation of the negative relationship between athlete personality and training behaviours[J]. The Sport Psychologist, 33: 119–128.

ZHANG S, ROBERTS R, WOODMAN T, 2024. Who gets "dance" under the spotlight? The past, present and future of narcissism research in sport[C]// VAUGHAN R. Sport and Exercise Psychology: A Student's Guide to Understanding and Conducting Research. London: McGraw Hill.

ZHANG S, ROBERTS R, WOODMAN T, et al., 2020. I am great, but only when I also want to dominate: Maladaptive narcissism moderates the relationship between adaptive narcissism and performance under pressure[J]. Journal of Sport and Exercise Psychology, 42: 323–335.

ZHANG S, ROBERTS R, WOODMAN T, et al., 2021. Foresee the glory and train better: Narcissism, goal-setting and athlete training[J]. Sport, Exercise, and Performance Psychology, 10(3): 381–393.

ZHANG X, ZONG B, ZHAO W, et al., 2021. Effects of mind-body exercise on brain structure and function: A systematic review on MRI studies[J]. Brain Sciences, 11(2): 205.

ZHANG Y, LI C, ZOU L, et al., 2018. The effects of mind-body exercise on cognitive performance in elderly: A systematic review and meta-analysis[J]. International Journal of Environmental Research and Public Health, 15(12): 2791.

ZHAO Y, LI Y, WANG L, et al., 2022. Physical activity and cognition in sedentary older adults: A systematic review and meta-analysis[J]. Journal of Alzheimer's Disease: JAD, 87(3): 957–968.

ZOURBANOS N, HATZIGEORGIADIS A, CHRONI S, et al., 2009. Automatic self-talk questionnaire for sports (ASTQS): Development and preliminary validation of a measure identifying the structure of athletes' self-talk[J]. The Sport Psychologist, 23: 233–251.

附 录

附录 1-1

运动领域任务和自我取向问卷（TEOSQ）

（Duda & Nicholls, 1992；陈坚、姒刚彦, 1998）

请仔细思考：什么时候你在体育运动中最有成功的感觉？请仔细阅读每句话，从 1（非常不同意）到 5（非常同意）中选出你对下列描述的同意程度。

	在体育运动中我最有成功的感觉，每当……	1 非常不同意			5 非常同意	
1	我学一种新技术，这学习使得我想做更多的练习时	1	2	3	4	5
2	我是唯一掌握这种技术或技巧的人时	1	2	3	4	5
3	我学习一种使我觉得很有乐趣的动作时	1	2	3	4	5
4	我比其他人做得更出色时	1	2	3	4	5
5	我努力来学一种新技术时	1	2	3	4	5
6	其他人没法做得像我一样好时	1	2	3	4	5
7	我非常努力训练时	1	2	3	4	5
8	其他人有问题而我没有时	1	2	3	4	5
9	我学一种激励我去做更多练习的技术时	1	2	3	4	5
10	我获得最好或最高成绩时	1	2	3	4	5
11	我很好地掌握一种新学会的动作时	1	2	3	4	5
12	我是最优秀者时	1	2	3	4	5
13	我尽了自己最大努力时	1	2	3	4	5

分量表及条目信息：
任务取向：条目 1、3、5、7、9、11、13。
自我取向：条目 2、4、6、8、10、12。

相关文献：
DUDA J L, 1989. Relationship between task and ego orientation and the perceived purpose of sport among high school athletes[J]. Journal of Sport and Exercise Psychology, 11(3): 318–335.
DUDA J L, NICHOLLS J G, 1992. Dimensions of achievement motivation in schoolwork and sport[J]. Journal of Educational Psychology, 84(3): 290–299.
陈坚, 姒刚彦, 1998.《运动中任务定向和自我定向问卷》与《学业中任务定向和自我定向问卷》的初步检验 [J]. 湖北体育科技 (3): 44–48.

附录 1-2

2×2 成就目标问卷 – 运动领域（AGQ-S）

（Conroy, Elliot & Hofer, 2003）

请根据你的真实感受，选出下列描述对你而言的真实程度（1 表示非常不真实，7 表示非常真实）。Please indicate the extent to which you thought each item is true for you on a 1 (not at all true of me) to 7 (very true of me) scale.

序号	条目	1 非常不真实　　7 非常真实						
1	It is important to me to perform as well as I possibly can. 对我而言，重要的是尽自己所能表现得最好	1	2	3	4	5	6	7
2	I want to perform as well as it is possible for me to perform. 我想要尽可能表现得很好	1	2	3	4	5	6	7
3	It is important for me to master all aspects of my performance. 对我而言，掌握表现过程中的所有方面十分重要	1	2	3	4	5	6	7
4	I worry that I may not perform as well as I possibly can. 我担心，我也许不能尽自己所能发挥好	1	2	3	4	5	6	7
5	Sometimes I'm afraid that I may not perform as well as I'd like. 有时，我会害怕我的表现不能达到自己的期待	1	2	3	4	5	6	7
6	I'm often concerned that I may not perform as well as I can perform. 我经常担心，我可能不能发挥出自己的水平	1	2	3	4	5	6	7
7	It is important to me to do well compared to others. 对我而言，重要的是与他人相比我表现得更好	1	2	3	4	5	6	7
8	It is important for me to perform better than others. 对我而言，重要的是表现得比他人更好	1	2	3	4	5	6	7

续表

序号	条目	1 非常不真实　　7 非常真实
9	My goal is to do better than most other performers. 我的目标是，要做的比绝大部分人都更好	1　2　3　4　5　6　7
10	I just want to avoid performing worse than others. 我只想避免比其他人做得差	1　2　3　4　5　6　7
11	My goal is to avoid performing worse than everyone else. 我的目标是避免表现得比其他人差	1　2　3　4　5　6　7
12	It is important for me to avoid being one of the worst performers in the group. 对我而言，重要的是避免成为组内表现最遭的人	1　2　3　4　5　6　7

分量表及条目信息：
掌握 – 趋近取向：条目 1、2、3。
掌握 – 回避取向：条目 4、5、6。
表现 – 趋近取向：条目 7、8、9。
表现 – 回避取向：条目 10、11、12。

相关文献：
ELLIOT A J, MCGREGOR H A, 2001. A 2×2 achievement goal framework[J]. Journal of Personality and Social Psychology, 80(3): 501–519.
CONROY D E, ELLIOT A J, HOFER S M, 2003. A 2×2 achievement goals questionnaire for sport: Evidence for factorial invariance, temporal stability, and external validity[J]. Journal of Sport and Exercise Psychology, 25(4): 456–476.
谢圣松，董侠，2017. 青少年运动员运动目标定向理论研究 [J]. 湖北体育科技 (8): 747–752.

附录 1–3

运动行为调节问卷（BRSQ-6）

（Losdale, Hodge & Rose, 2008；尤日虹 等，2017）

请仔细阅读以下题目，根据你自己的真实感受选择以下描述对你的符合程度（1 表示非常不符合，7 表示非常符合）。

	我从事我的运动专项……	1 非常不符合　　7 非常符合
1	因为我享受它	1　2　3　4　5　6　7
2	因为它是我的一部分	1　2　3　4　5　6　7
3	因为运动的益处对我来说很重要	1　2　3　4　5　6　7

续表

	我从事我的运动专项……	1 非常不符合　　7 非常符合						
4	因为如果我退出我会觉得羞愧	1	2	3	4	5	6	7
5	因为如果我不参加了,其他人会因此不高兴	1	2	3	4	5	6	7
6	但我怀疑其中的意义	1	2	3	4	5	6	7
7	因为我喜欢它	1	2	3	4	5	6	7
8	因为它是做我自己的一个机会	1	2	3	4	5	6	7
9	因为它教会我自律	1	2	3	4	5	6	7
10	因为如果我退出我会觉得很失败	1	2	3	4	5	6	7
11	因为我感到来自他人的压力才继续的	1	2	3	4	5	6	7
12	但我也不知道为什么要继续	1	2	3	4	5	6	7
13	因为它有趣	1	2	3	4	5	6	7
14	因为运动是表达自我的一种方式	1	2	3	4	5	6	7
15	因为我看重运动的益处	1	2	3	4	5	6	7
16	因为我觉得我有义务继续下去	1	2	3	4	5	6	7
17	因为其他人逼迫我继续的	1	2	3	4	5	6	7
18	但我已经不是很清楚到底是出于什么原因了	1	2	3	4	5	6	7
19	因为它令人愉快	1	2	3	4	5	6	7
20	因为它让我以一种符合真我的方式生活	1	2	3	4	5	6	7
21	因为它是一种学习对我的人生有用的东西的好方式	1	2	3	4	5	6	7
22	因为如果我退出我会感到内疚	1	2	3	4	5	6	7
23	为了满足那些希望我从事运动的人	1	2	3	4	5	6	7
24	但我也不知道为什么我要参加	1	2	3	4	5	6	7

分量表及条目信息：

内部动机（IM）：条目 1、7、13、19。
整合调节（IG）：条目 2、8、14、20。
认同调节（ID）：条目 3、9、15、21。
内摄调节（IJ）：条目 4、10、16、22。
外部调节（EX）：条目 5、11、17、23。
无动机（AM）：条目 6、12、18、24。

相关文献：

LONSDALE C, HODGE K, ROSE E A, 2008. The behavioral regulation in sport questionnaire (BRSQ): Instrument development and initial validity evidence[J]. Journal of Sport & Exercise Psychology, 30: 323-355.

尤日虹，赵大亮，蒋小波，等，2017. 运动行为调节问卷在中国大学生运动员中的检验 [J]. 中国运动医学杂志 (11): 984-991.

附录 1-4

运动动机量表 -2（SMS-Ⅱ）

（Pelletier et al., 2013; Li, Kawabata & Zhang, 2018）

请选择以下描述对你来说的真实程度（1 表示完全不真实，7 表示非常真实）。

	你为什么从事你的专项……	1非常不真实						7非常真实
INTR1	因为不参加这项运动，我会觉得自己不好	1	2	3	4	5	6	7
AM1	我曾经拥有良好的理由参与这项运动，但现在我不知道为什么要继续参加	1	2	3	4	5	6	7
IM1	因为学习提高运动专项的方法很有趣	1	2	3	4	5	6	7
INT1	因为参与这项运动反映了最真实的自己	1	2	3	4	5	6	7
EXT1	因为不参加这项运动，身边重要的人会对我发脾气	1	2	3	4	5	6	7
IDEN1	因为参加这项运动是提高自己所看重的素质的一个好办法	1	2	3	4	5	6	7
INTR2	因为不参加这项运动，我会觉得自己的价值降低	1	2	3	4	5	6	7
EXT2	因为不参加这项运动，身边重要的人会对我表示不满	1	2	3	4	5	6	7
IM2	因为发现提高运动专项能力的办法很愉快	1	2	3	4	5	6	7
AM2	我觉得我在自己的运动专项上毫无作为，我不知道为何要继续参加	1	2	3	4	5	6	7
INT2	因为参加这项运动已成为我生命中不可缺少的一部分	1	2	3	4	5	6	7

续表

	你为什么从事你的专项……	1 非常不真实　　7 非常真实						
IDEN2	因为参加这项运动是自我提升的一个好方式	1	2	3	4	5	6	7
AM3	参加这项运动的原因已不再清晰，我真不觉得我属于这项运动	1	2	3	4	5	6	7
INT3	因为参与这项运动与我的价值观相符	1	2	3	4	5	6	7
EXT3	因为参加这项运动，身边重要的人会给我奖励	1	2	3	4	5	6	7
INTR3	因为参加这项运动，我对自己感觉会好些	1	2	3	4	5	6	7
IM3	因为参加这项运动给我带来乐趣	1	2	3	4	5	6	7
IDEN3	因为参加这项运动是发展我其他方面能力的一个好途径	1	2	3	4	5	6	7

分量表及条目信息：

内部动机（IM）：条目 IM1-3。
整合调节（INT）：条目 INT1-3。
认同调节（IDEN）：条目 IDEN1-3。
内摄调节（INTR）：条目 INTR1-3。
外部调节（EXT）：条目 EXT1-3。
无动机（AM）：条目 AM1-3。

相关文献：

PELLETIER L G, FORTIER M S, VALLERAND R J, et al., 1995. Toward a new measure of intrinsic motivation, extrinsic motivation, and amotivation in sports: The Sport Motivation Scale (SMS) [J]. Journal of Sport and Exercise Psychology, 17: 35–53.

PELLETIER L G, ROCCHI M A, VALLERAND R J, et al., 2013. Validation of the revised Sport motivation scale (SMS-Ⅱ) [J]. Psychology of Sport and Exercise, 14: 329–341.

LI C, KAWABATA M, ZHANG L, 2018. Validity and reliability of the Sport Motivation Scale-Ⅱ for Chinese athletes[J]. International Journal of Sport and Exercise Psychology, 16(1): 51–64.

附录 1-5

运动领域知觉激励氛围问卷-2（PMCSQ-2）

（Newton, Duda & Yin, 2000）

Please think about how it has felt to play on your team throughout this season. What is it usually like on your team? Read the following statements carefully and respond to each in terms of how you view the typical atmosphere on your team. Perceptions naturally vary from person to person, so be certain to take your time and answer as honestly as possible. Circle the number that best represents how you feel (1 = strongly disagree, 5 = strongly agree).

	On this team...	1 strongly disagree 5 strongly agree				
1	The coach wants us to try new skills.	1	2	3	4	5
2	The coach gets mad when a player makes a mistake.	1	2	3	4	5
3	The coach gives most of his or her attention to the stars.	1	2	3	4	5
4	Each player contributes in some important way.	1	2	3	4	5
5	The coach believes that all of us are crucial to the success of the team.	1	2	3	4	5
6	The coach praises players only when they out play team-mates.	1	2	3	4	5
7	The coach thinks only the starters contribute to the success of the team.	1	2	3	4	5
8	Players feel good when they try their best.	1	2	3	4	5
9	Players are taken out of a game for mistakes.	1	2	3	4	5
10	Players at all skill levels have an important role on the team.	1	2	3	4	5
11	Players help each other learn.	1	2	3	4	5
12	Players are encouraged to outplay the other players.	1	2	3	4	5
13	The coach has his or her own favorites.	1	2	3	4	5
14	The coach makes sure players improve on skills they're not good at.	1	2	3	4	5
15	The coach yells at players for messing up.	1	2	3	4	5
16	Players feel successful when they improve.	1	2	3	4	5
17	Only the players with the best "stats" get praise.	1	2	3	4	5
18	Players are punished when they make a mistake.	1	2	3	4	5
19	Each player has an important role.	1	2	3	4	5
20	Trying hard is rewarded.	1	2	3	4	5
21	The coach encourages players to help each other.	1	2	3	4	5
22	The coach makes it clear who he or she thinks are the best players.	1	2	3	4	5
23	Players are "psyched" when they do better than their team-mates in a game.	1	2	3	4	5
24	If you want to play in a game you must be one of the best players.	1	2	3	4	5
25	The coach emphasizes always trying your best.	1	2	3	4	5
26	Only the top players "get noticed" by the coach.	1	2	3	4	5
27	Players are afraid to make mistakes.	1	2	3	4	5
28	Players are encouraged to work on their weaknesses.	1	2	3	4	5
29	The coach favors some players more than others.	1	2	3	4	5
30	The focus is to improve each game/practice.	1	2	3	4	5

续表

	On this team...	1 strongly disagree 5 strongly agree				
31	The players really "work together" as a team.	1	2	3	4	5
32	Each player feels as if they are an important team member.	1	2	3	4	5
33	The players help each other to get better and excel.	1	2	3	4	5

分量表及条目信息：
task-involving（任务卷入）
  cooperative learning（合作学习）：条目11、21、31、33。
  important role（重要角色）：条目4、5、10、19、32。
  effort/improvement（努力改善）：条目1、8、14、16、20、25、28、30。
ego-involving（自我卷入）
  punishment for mistakes（惩罚失误）：条目2、7、9、15、18、27。
  unequal recognition（不平等认可）：条目3、13、17、22、24、26、29。
  intra-team member rivalry（队内竞争）：条目6、12、23。

相关文献：
NEWTON M, DUDA J L, YIN Z, 2000. Examination of the psychometric properties of the perceived motivational climate questionnaire-2 in a sample of female athletes[J]. J Sports Sci, 18: 275–290.
SEIFRIZ J J, DUDA J L, CHI L, 1992. The relationship of perceived motivational climate to intrinsic motivation and beliefs about success in basketball[J]. J Sport Exerc Psychol, 14: 375–391.
WALLING M D, DUDA J L, CHI L, 1993. The perceived motivational climate in sport questionnaire: Construct and predictive validity[J]. J Sport Exerc Psychol, 15: 172–183.
WU X, ZAINAL ABIDIN N E Z, JALADIN R A M, 2021. Motivational processes influencing mental health among winter sports athletes in China[J]. Frontiers in Psychology, 12: 726072.
蔡端伟, 2016. 教练员领导行为、激励氛围对运动员动机内化影响研究[D]. 上海：上海体育学院.

附录1-6

教练员赋权去权激励氛围问卷（EDMCQ-C）

（Appleton et al., 2016）

Please think about how things have gone in your team most of the time during the last 3 or 4 weeks. Circle the number that best represents how you feel (1 = strongly disagree, 5 = strongly agree).

	How you feel...	1 strongly disagree 5 strongly agree				
1	My coach encouraged players to try new skills.	1	2	3	4	5

续表

	How you feel...	1 strongly disagree 5 strongly agree				
2	My coach was less friendly with players if they didn't make the effort to see things his or her way.	1	2	3	4	5
3	My coach gave players choices and options.	1	2	3	4	5
4	My coach tried to make sure players felt good when they tried their best.	1	2	3	4	5
5	My coach substituted players when they made a mistake.	1	2	3	4	5
6	My coach thought that it is important that players participate in this sport because the players really want to.	1	2	3	4	5
7	My coach was less supportive of players when they were not training and/or playing well.	1	2	3	4	5
8	My coach could really be counted on to care, no matter what happened.	1	2	3	4	5
9	My coach gave most attention to the best players.	1	2	3	4	5
10	My coach yelled at players for messing up.	1	2	3	4	5
11	My coach made sure players felt successful when they improved.	1	2	3	4	5
12	My coach paid less attention to players if they displeased him or her.	1	2	3	4	5
13	My coach acknowledged players who tried hard.	1	2	3	4	5
14	My coach really appreciated players as people, not just as athletes.	1	2	3	4	5
15	My coach only allows something we like to do at the end of training if players have done well during the session.	1	2	3	4	5
16	My coach answered players' questions fully and carefully.	1	2	3	4	5
17	My coach was less accepting of players if they disappointed him or her.	1	2	3	4	5
18	My coach made sure that each player contributed in some important way.	1	2	3	4	5
19	My coach had his or her favorite players.	1	2	3	4	5
20	My coach only rewards players with prizes or treats if they have played well.	1	2	3	4	5
21	My coach only praised players who performed the best during a match.	1	2	3	4	5
22	When my coach asked players to do something, he or she tried to explain why this would be good to do so.	1	2	3	4	5
23	My coach made sure everyone had an important role on the team.	1	2	3	4	5

续表

	How you feel...	1 strongly disagree 5 strongly agree				
24	My coach shouts at players in front of others to make them do certain things.	1	2	3	4	5
25	My coach thought that only the best players should play in a match.	1	2	3	4	5
26	My coach threatened to punish players to keep them in line during training.	1	2	3	4	5
27	My coach listened openly and did not judge players' personal feelings.	1	2	3	4	5
28	My coach let us know that all the players are part of the team's success.	1	2	3	4	5
29	The coach mainly used rewards/praise to make players complete all the tasks he or she sets during training.	1	2	3	4	5
30	My coach encouraged players to help each other learn.	1	2	3	4	5
31	My coach tried to interfere in aspects of players' lives outside of this sport.	1	2	3	4	5
32	My coach thought that it is important for players to play this sport because they (the players) enjoy it.	1	2	3	4	5
33	My coach favored some players more than others.	1	2	3	4	5
34	My coach encouraged players to really work together as a team.	1	2	3	4	5

分量表及条目信息：
Empowering Climate（赋权激励氛围）
　　Task-involving（任务卷入）：条目1、4、11、13、18、23、28、30、34。
　　Autonomy-supportive（自主支持）：条目3、6、16、22、32。
　　Socially-supportive（社会支持）：条目8、14、27。
Disempowering Climate（去权激励氛围）
　　Ego-involving（自我卷入）：条目5、9、10、19、21、25、33。
　　Controlling coaching（控制执教）：条目2、7、12、15、17、20、24、26、29、31。

相关文献：
APPLETON P R, NTOUMANIS N, QUESTED E, et al., 2016. Initial validation of the coach-created empowering and disempowering motivational climate questionnaire (EDMCQ–C)[J]. Psychol Sport Exerc, 22: 53–65.
CASTILLO-JIMÉNEZ N, LÓPEZ-WALLE J M, TOMÁS I, et al., 2022. Empowering and disempowering motivational climates, mediating psychological processes, and future intentions of sport participation[J]. International Journal of Environmental Research and Public Health, 19(2): 896.

附录 1-7

教练员需求支持执教风格量表（修订版）

（Liu & Chung, 2017）

请仔细阅读以下题目，根据你的真实感受选择你对以下描述的同意程度（1 表示非常不同意，7 表示非常同意）。

	在我的运动专项中……	1 非常不同意					7 非常同意	
1	我的教练喜欢我	1	2	3	4	5	6	7
2	我觉得教练是理解我的	1	2	3	4	5	6	7
3	我的教练会示范如何解决问题	1	2	3	4	5	6	7
4	教练会试着了解我的看法	1	2	3	4	5	6	7
5	如果我无法解决某个问题，教练会向我示范其他的解决方式	1	2	3	4	5	6	7
6	我的教练真心关心我	1	2	3	4	5	6	7
7	教练在进行下一个任务前会确认我是否明白了上一个任务	1	2	3	4	5	6	7
8	我的教练了解我	1	2	3	4	5	6	7
9	教练会听取我的意见	1	2	3	4	5	6	7
10	教练在进行下一个任务前会确认我是否做好了准备	1	2	3	4	5	6	7

分量表及条目信息：
自主性支持：条目 2、4、9。
能力感支持：条目 3、5、7、10。
关联感支持：条目 1、6、8。

相关文献：

LIU J D, CHUNG P K, 2017. Factor structure and measurement invariance of the need-supportive teaching style scale for physical education[J]. Perceptual and Motor Skills, 124 (4): 864–879.

SKINNER E A, BELMONT M J, 1993. Motivation in the classroom: Reciprocal effects of teacher-behavior and student engagement across the school year[J]. Journal of Educational Psychology, 85(4): 571–581.

附录 1-8

控制执教行为量表（CCBS）

（赵大亮、蒋小波、刘靖东，2015）

请仔细阅读以下题目，请根据你的真实感受选择你对以下描述的同意程度（1表示非常不同意，7表示非常同意）。

	在我的运动专项中……	1非常不同意　　7非常同意						
1*	我的教练试图通过承诺奖励的方式激励我	1	2	3	4	5	6	7
2	我没有努力以教练的方式看待问题，他/她就会对我不再那么友好	1	2	3	4	5	6	7
3	我的教练会在众人面前以吼喝的方式让我做某些事情	1	2	3	4	5	6	7
4*	我的教练期望我将整个生活重心放在我的运动项目上	1	2	3	4	5	6	7
5	我的教练只用奖励/表扬的方式让我更努力训练	1	2	3	4	5	6	7
6	当我在训练或比赛中表现得不好时，我的教练就没有那么支持我了	1	2	3	4	5	6	7
7	在训练中，我的教练通过威胁处罚的方式来管束我	1	2	3	4	5	6	7
8	我的教练试图控制我业余时间做的事	1	2	3	4	5	6	7
9	我的教练用奖励/表扬的方式促使我完成训练中他/她布置的所有任务	1	2	3	4	5	6	7
10	如果我让教练不高兴，他/她就会减少对我的关注	1	2	3	4	5	6	7
11	我的教练胁迫我做他/她想要我做的事情	1	2	3	4	5	6	7
12	我的教练试图干涉我运动以外的生活	1	2	3	4	5	6	7
13	我的教练会用奖励/表扬的方式促使我在训练中将注意力集中在训练任务上	1	2	3	4	5	6	7
14	如果我让教练失望，他/她对我的接受度就会降低	1	2	3	4	5	6	7
15	如果我没有做他/她要我做的事，教练会当众让我难堪	1	2	3	4	5	6	7

注：量表的序号与其英文版对应，标记"*"的条目（1、4）从中文版中删除。

> **分量表及条目信息：**
> 奖励控制：条目 1*、5、9、13。
> 消极条件关注：条目 2、6、10、14。
> 威迫：条目 3、7、11、15。
> 过度个人控制：条目 4*、8、12。
>
> **相关文献：**
> BARTHOLOMEW K J, NTOUMANIS N, THØGERSEN-NTOUMANI C, 2010. The controlling interpersonal style in a coaching context: Development and initial validation of a psychometric scale[J]. Journal of Sport & Exercise Psychology, 32: 193-216.
> 赵大亮，蒋小波，刘靖东，2015. 控制执教行为量表在中国运动员人群中的初步检验 [J]. 中国运动医学杂志，34（5）：479-485.

附录 1-9

心理需求满足与阻碍量表

（Chen et al., 2015）

请你回顾一下当前生活中你的一些确切感受。请仔细阅读每句话，从 1（非常不同意）到 5（非常同意）中选出你对下列描述的同意程度。

	条目	1 非常不同意				5 非常同意
1	对于我所做的事情，我有可以自己去自由选择的感觉	1	2	3	4	5
2	我觉得我所做的事情大多都是出于不得已才去做的	1	2	3	4	5
3	我觉得我在乎的人也在乎着我	1	2	3	4	5
4	我觉得被我想要融入的群体排挤	1	2	3	4	5
5	我有信心自己能把事情做好	1	2	3	4	5
6	我怀疑自己是否真的能把事情做好	1	2	3	4	5
7	我感觉我的决定反映了我真正想要的	1	2	3	4	5
8	我觉得我要被迫做很多我自己不会选择去做的事情	1	2	3	4	5
9	对在乎我和我在乎的人，我觉得我和他们的心是连着的	1	2	3	4	5
10	对我来说重要的人，我却感到他们对我冷漠，让我有距离感	1	2	3	4	5
11	我觉得自己做事能力挺强的	1	2	3	4	5
12	我对自己的许多表现感到失望	1	2	3	4	5

续表

	条目	1 非常不同意　5 非常同意				
13	我感觉我所做的选择表达了真实的自己	1	2	3	4	5
14	我做了太多感觉有压力才去做的事	1	2	3	4	5
15	那些对我来说重要的人，我觉得和他们有一种亲近感	1	2	3	4	5
16	我感觉和我经常相处在一起的人讨厌我	1	2	3	4	5
17	我觉得我有能力去达成自己的目标	1	2	3	4	5
18	我对自己的能力缺乏信心、没有安全感	1	2	3	4	5
19	我感觉我一直在做自己真正感兴趣的事情	1	2	3	4	5
20	我觉得我的日常活动像一串我不得不去完成的任务	1	2	3	4	5
21	我和经常相处的人在一起时，能感受到温暖的感觉	1	2	3	4	5
22	我感觉自己和别人的交往都只是很表面的	1	2	3	4	5
23	我感到我能成功完成有难度的任务	1	2	3	4	5
24	我犯下的一些错误让我觉得自己挺失败的	1	2	3	4	5

分量表及条目信息：
自主性需求满足：条目1、7、13、19。
关联感需求满足：条目3、9、15、21。
能力感需求满足：条目5、11、17、23。
自主性需求阻碍：条目2、8、14、20。
关联感需求阻碍：条目4、10、16、22。
能力感需求阻碍：条目6、12、18、24。

相关文献：
CHEN B, VAN ASSCHE J, VANSTEENKISTE M, et al., 2015. Does psychological need satisfaction matter when environmental or financial safety are at risk? [J]. Journal of Happiness Studies, 16: 745–766.
CHEN B, VANSTEENKISTE M, BEYERS W, et al., 2015. Basic psychological need satisfaction, need frustration, and need strength across four cultures[J]. Motivation and Emotion, 39: 216–236.

附录1–10

运动员基本心理需求满足量表（修订版）

（Liu & Chung, 2014；李志杰，2022）

请根据你在运动专项中的经历和感受，回答以下问题。请仔细阅读以下句子，选择最能代表你的感受的数字（1 = 非常不同意，7 = 非常同意）。

	在我的运动专项中……	1 非常不同意				7 非常同意		
1	我觉得我有机会表达我的意见和想法	1	2	3	4	5	6	7
2	我有机会觉得自己擅长专项	1	2	3	4	5	6	7
3	我觉得我有能力做出很好的表现	1	2	3	4	5	6	7
4	我从事的活动是我喜欢的	1	2	3	4	5	6	7
5	我与其他人相处时感到舒服自在	1	2	3	4	5	6	7
6	我与其他人友善交往	1	2	3	4	5	6	7
7	其他人觉得我擅长该项目	1	2	3	4	5	6	7
8	专项符合我个人的意愿	1	2	3	4	5	6	7
9	我与其他人融洽相处	1	2	3	4	5	6	7
10	我可以以我喜欢的方式做事	1	2	3	4	5	6	7

分量表及条目信息：
自主性需求满足：条目 1、4、8、10。
关联感需求满足：条目 5、6、9。
能力感需求满足：条目 2、3、7。

相关文献：
LIU J D, CHUNG P K, 2014. Development and initial validation of the psychological needs satisfaction scale in physical education[J]. Measurement in Physical Education and Exercise Science, 18(2): 101–122.
李志杰, 2022. 教练员执教方式与运动员训练投入和运动员倦怠的关系研究：基本心理需求的中介作用[D]. 广州：中山大学.

附录 1-11

运动员基本心理需求阻碍量表（修订版）

（Liu & Chung, 2015；李志杰, 2022）

请根据你在运动专项中的经历和感受，回答以下问题。请仔细阅读以下句子，选择最能代表你的感受的数字（1 = 非常不同意，7 = 非常同意）。

	在我的运动专项中……	1 非常不同意				7 非常同意		
1	我经常觉得自己力不从心	1	2	3	4	5	6	7

续表

	在我的运动专项中……	1 非常不同意					7 非常同意	
2	我觉得我被其他人所轻视	1	2	3	4	5	6	7
3	我经常觉得被迫以指定的方式做事	1	2	3	4	5	6	7
4	经常会有让我感到能力不足的情况	1	2	3	4	5	6	7
5	我觉得有人不甚喜欢我	1	2	3	4	5	6	7
6	我经常觉得要依照别人的要求做事	1	2	3	4	5	6	7
7	我经常怀疑自己能否做出适当表现	1	2	3	4	5	6	7
8	我经常觉得被迫做我不想做的事	1	2	3	4	5	6	7
9	我会觉得孤独	1	2	3	4	5	6	7

分量表及条目信息：
自主性需求阻碍：条目3、6、8。
关联感需求阻碍：条目2、5、9。
能力感需求阻碍：条目1、4、7。

相关文献：
LIU J D, CHUNG P K, 2015. Development and initial validation of the Chinese version of psychological needs thwarting scale in physical education[J]. Journal of Teaching in Physical Education, 34(3): 402-423.
李志杰, 2022. 教练员执教方式与运动员训练投入和运动员倦怠的关系研究：基本心理需求的中介作用[D]. 广州：中山大学.

附录1-12

运动员训练投入量表

（王忠浩，2021；Liu et al., 2024）

请根据你今天的训练情况，对你的训练投入程度进行评价。请仔细阅读每句话，圈出最符合你个人感受的数字（1 = 非常不同意，5 = 非常同意）。

	在过去一周 / 今天 / 刚刚的训练中……	1 非常不同意			5 非常同意	
1	我在训练过程中兴奋不起来	1	2	3	4	5
2	我达到了自己给自己定下的训练要求	1	2	3	4	5
3	我在训练中会经常觉察自己的状态	1	2	3	4	5

续表

	在过去一周 / 今天 / 刚刚的训练中……	1 非常不同意　5 非常同意				
4	我对训练任务的目的了解得很清晰	1	2	3	4	5
5	我在训练中反复体会、分析技术动作	1	2	3	4	5
6	我对训练任务和内容很抵触	1	2	3	4	5
7	我达到了教练布置的技术要求	1	2	3	4	5
8	我很好地完成了教练布置的训练任务	1	2	3	4	5
9	我在训练中摸索适合自己的方式	1	2	3	4	5
10	我达到了教练布置的耐力要求	1	2	3	4	5
11	我在训练过程中仔细思考技战术动作	1	2	3	4	5
12	我很享受训练过程	1	2	3	4	5
13	我期待后续的训练	1	2	3	4	5
14	我在训练过程中情绪低落	1	2	3	4	5
15	我觉得训练任务和内容乏味	1	2	3	4	5
16	我达到了教练布置的难度要求	1	2	3	4	5
17	我觉得训练任务和内容有趣	1	2	3	4	5
18	我在训练间歇会观察和分析别人的动作	1	2	3	4	5
19	训练时我感觉时间过得很快	1	2	3	4	5

分量表及条目信息：

认知投入：条目 3、4、5、9、11、18。

行为投入：条目 2、7、8、10、16。

积极情感投入：条目 12、13、17、19。

消极情感投入：条目 1、6、14、15。

相关文献：

王忠浩，2021. 运动员训练投入：概念、结构与测量 [D]. 广州：中山大学 .

李志杰，2022. 教练员执教方式与运动员训练投入和运动员倦怠的关系研究：基本心理需求的中介作用 [D]. 广州：中山大学 .

LIU J D, WU J X, ZOU Y D, et al., 2024. Development and initial validation of the Engagement in Athletic Training Scale [J]. Frontiers in Psychology, 15: 1402065.

REYNDERS B, VAN PUYENBROECK S, DECROOS S, et al., 2019. Coaching the coach: Intervention effects on need-supportive coaching behavior and athlete motivation and engagement[J]. Psychology of Sport and Exercise, 43: 288–300.

附录 1-13

运动员倦怠问卷（ABQ）

（Raedeke & Smith, 2001; Liu et al., 2022）

请根据你在运动专项中的经历和感受，回答以下问题。请仔细阅读以下句子，选择最能代表你的感受的数字（1 = 从来没有，5 = 总是）。

	条目	1 从来没有				5 总是
1*	在我的运动中，我正在完成一些有价值的事情	1	2	3	4	5
2	训练使我感到很疲倦以至没有精力去做其他的事	1	2	3	4	5
3*	我花在运动上的努力如果用来做其他的事可能会好	1	2	3	4	5
4	我的运动让我感到极度疲劳	1	2	3	4	5
5	我的运动成绩不佳	1	2	3	4	5
6	我不再像以前那样关心我的运动表现了	1	2	3	4	5
7	我无法展现我的运动水平	1	2	3	4	5
8	我感觉我快要垮掉了	1	2	3	4	5
9	我不像以前那样投入了	1	2	3	4	5
10	我感觉体力不支	1	2	3	4	5
11	我不再像以前那样关注我在运动方面成功与否了	1	2	3	4	5
12	感到运动使我身心疲惫	1	2	3	4	5
13	好像不管我做什么，我都无法表现出我该有的水平	1	2	3	4	5
14*	我在运动方面是成功的	1	2	3	4	5
15	对我的运动专项，我有抵触情绪	1	2	3	4	5

注：问卷条目序号与英文版对应。标注"*"的条目（1、3、14）从中文版中删除。

分量表及条目信息:

情绪/体力耗竭:条目2、4、8、10、12。

运动消极评价:条目3*、6、9、11、15。

成就感降低:条目1*、5、7、13、14*。

相关文献:

RAEDEKE T D, SMITH A L, 2001. Development and preliminary validation of an athlete burnout measure[J]. J Sport Exerc Psychol. 23: 281–306.

LIU H, WANG X, WU D-H, et al., 2022. Psychometric properties of the Chinese translated athlete burnout questionnaire: Evidence from Chinese collegiate athletes and elite athletes[J]. Front Psychol 13: 823400.

李志杰, 2022. 教练员执教方式与运动员训练投入和运动员倦怠的关系研究:基本心理需求的中介作用[D]. 广州:中山大学.

卢俊宏, 陈龙弘, 卓国雄, 2006. Raedeke 和 Smith 运动员倦怠问卷(ABQ)之信效度研究[J]. 体育学报, 39(3): 83–94.

陈作松, 周爱光, 2007. 运动员倦怠的测量与ABQ的初步修订[J]. 体育科学, 27(8): 66–70.

附录 4-1

运动员应激量表

（谭先明、陈小敏，2000）

指导语：下列 45 个条目分别描述了你在日常生活、训练和比赛中可能发生的各种情况，每个条目分别有从"没有"到"极重"五个不同程度的答案选项。所有的答案并无对错之分，请根据你最近 3 个月来的真实情况作答，在符合自己实际情况的答案所对应的方框内打"√"。

条目	没有	很轻	中等	较重	极重
1. 训练或比赛时害怕受伤					
2. 在陌生的比赛场地感觉不好					
3. 被人误会、错怪					
4. 个人竞技困难对自己的影响					
5. 感到自己身体状况不好					
6. 严重失眠影响训练与比赛					
7. 担心比赛时裁判不公正					
8. 训练或比赛时受伤					
9. 教练总是批评自己					
10. 对比赛环境难以适应					
11. 家庭成员重病使我担忧					
12. 比赛时容易分散精力					
13. 与教练闹别扭					
14. 训练环境太差，影响自己进步					
15. 介入民事法律纠纷对自己的影响					
16. 比赛时过分紧张					
17. 舆论压力太大					
18. 遭受意外事故对自己的打击					
19. 先前受伤的阴影总不能消除					
20. 遭受惩罚					
21. 远走异国他乡比赛，感觉很坏					
22. 没有可说知心话的人					
23. 因运动损伤影响训练和比赛					
24. 欠债较多对自己的影响					

续表

条目	没有	很轻	中等	较重	极重
25. 过多考虑比赛成绩					
26. 失恋对自己的打击很大					
27. 家庭成员不和对自己的影响					
28. 比赛时获胜欲望不强					
29. 临场时突然丧失自信心					
30. 与队友关系不协调					
31. 旧伤时常复发困扰着自己					
32. 亲朋亡故对自己的影响					
33. 赛前总觉得没胃口					
34. 担心以后的前途					
35. 想起别人严重受伤的情况就害怕					
36. 生重病影响训练或比赛					
37. 担心比赛对手过于强大					
38. 观众不友好对自己的影响					
39. 担心完不成比赛任务					
40. 财产遭受重大损失对自己的影响					
41. 觉得别人对自己不够友好					
42. 担心关键时刻出问题					
43. 临近比赛时过度兴奋					
44. 比赛时对专项技能的充分发挥无把握					
45. 由于不了解对手使自己取胜的信心不足					

评分方法：

量表采用 5 级评分法，"没有"计 0 分，"很轻"计 1 分，"中等"计 2 分，"较重"计 3 分，"极重"计 4 分。所有条目计总分，得分越高，表明遭遇越多应激。量表共包含 6 个维度，所有维度及每个维度所包含的条目如下：

人际关系：条目 3、9、13、22、30、41。
运动受伤：条目 1、8、19、23、31、35。
比赛失利：条目 7、16、25、28、29、34、37、39、42、44。
环境因素：条目 2、10、14、21、38、45。
日常生活遭遇：条目 4、6、11、15、18、20、24、26、32、40。
内外压力：条目 5、12、17、27、33、36、43。

相关文献：

谭先明，陈小敏，2000. 运动员心理应激量表的编制与初步分析 [J]. 广州体育学院学报，20(4)：73-77.

张力为，毛志雄，2010. 体育科学常用心理量表评定手册 [M]. 2 版. 北京：北京体育大学出版社.

附录 4-2

竞赛状态焦虑问卷 -2（CSAI-2）

（周成林、鲍海涛，2000）

指导语：下面是运动员在赛前（或赛后）对自己的感受通常所描述的内容。仔细阅读每一句话，然后勾选出你此时此刻各种感受的程度。回答无对错之分，每一条不必用太多的时间去考虑，但要回答出最符合你此时所感受到的状况。

条目	一点也不	有点儿	适中	非常强烈
1. 我对此次比赛感到担心	1	2	3	4
2. 我感到神经紧张	1	2	3	4
3. 我是心理稳定的	1	2	3	4
4. 我怀疑自己	1	2	3	4
5. 我感到心神不宁	1	2	3	4
6. 我感到身体舒适	1	2	3	4
7. 我担心此次比赛不能像往常那样比得好	1	2	3	4
8. 我身体感到紧张	1	2	3	4
9. 我感到自己对这场比赛有信心	1	2	3	4
10. 我担心会在比赛中失败	1	2	3	4
11. 我感到胃部紧张	1	2	3	4
12. 我对这场比赛有把握	1	2	3	4
13. 我担心在这种压力下不能成功	1	2	3	4
14. 我感到身体是放松的	1	2	3	4
15. 我有信心面对这场挑战	1	2	3	4
16. 我担心在比赛中发挥不好	1	2	3	4
17. 我心跳得很厉害	1	2	3	4
18. 我相信我会有出色的表现	1	2	3	4
19. 我担心不能达到自己的目标	1	2	3	4
20. 我感到胃部下沉	1	2	3	4
21. 我感到精神是放松的	1	2	3	4
22. 我担心别人会对我的表现感到失望	1	2	3	4
23. 我的手又湿又凉	1	2	3	4
24. 我很有信心，因为在我内心已达到自己的目标	1	2	3	4

续表

条目	一点也不	有点儿	适中	非常强烈
25. 我担心不能集中注意力	1	2	3	4
26. 我感到身体发僵	1	2	3	4
27. 我有信心在这种压力下完成比赛任务	1	2	3	4

评分方法：
　　每个分量表单独计分，分数越高，说明对应状态的程度越高。第14题为逆向计分（转换方式为：转换分数=5-原始分数）。
　　认知状态焦虑：条目1、4、7、10、13、16、19、22、25。
　　躯体状态焦虑：条目2、5、8、11、14（反向）、17、20、23、26。
　　状态自信心：条目3、6、9、12、15、18、21、24、27。

相关文献：

周成林，鲍海涛，2000.运动心理测量与评价[M].海拉尔：内蒙古文化出版社.
张力为，毛志雄，2010.体育科学常用心理量表评定手册[M].2版.北京：北京体育大学出版社.

附录 5-1

动作表象问卷 – 修订版（MIQ-R）

（Hall & Martin, 1997）

指导语：这个问卷包括了进行心理表象运动的两种方式，它们更多地被一部分人使用，或者更适用于一部分运动。其中，第一种是在您的头脑中试图形成一个运动的视觉表象或图像，第二种是在没有真正执行这一运动时尝试体验执行这一运动的感觉。您需要做量表中的多种心理表象任务，并且为所做的每一任务的容易/困难程度打分。您所给的分数并不是用来评定您执行这些心理任务方式的好坏。它们是尝试发现每个人执行不同的心理任务的能力。评分没有对或错，也不会有某一些评分比另外一些好。

下面每一项都描述了一种特殊的活动或运动。请仔细阅读每一项并认真按照所描述的做，每个动作只做一遍。然后就好像您将要第二次做这个动作一样，回到这一动作的起始位置。按照下面的要求二选一做：①形成有关这一运动尽可能清晰和生动的表象；②在没有真正做的时候，试着体验您自己正在做这一动作。

在您已经完成所要求的心理任务时，给您所做的任务评定难易。根据下面的等级量表评分。请尽可能准确地按您的感觉的等级进行评分。您可以给您"看到"或"听到"的任何动作评定为相同的等级，并不是必须利用这个量表。

视觉表象等级量表

1	2	3	4	5	6	7
非常难看见	难看见	有些不容易	中等（不容易也不难）	有些容易看见	容易看见	非常容易看见

动觉表象等级量表

1	2	3	4	5	6	7
非常难感觉	难感觉	有些难感觉	中等（不容易也不难）	有些容易感觉	容易感觉	非常容易感觉

1.	起始位置：	双腿并拢站立并且双臂垂放在两侧。
	动作：	尽可能高地抬起右膝以使您能用左腿站立并且右腿膝盖弯曲。现在放下右腿以使您能用双腿站立。请慢慢地做这些动作。
	心理表象任务：	假想起始位置。尝试在没有真正运动时感觉您自己正在做这个动作。现在为您所进行这一心理表象容易/困难评定打分。
	等级：	_____

续表

2.	起始位置：	双脚微微分开站立并且双手垂放在两侧。
	动作：	弯低腰然后尽可能高地笔直跃向空中，同时双臂在头顶伸直。双脚张开着陆并将双臂放回身侧。
	心理表象任务：	假想起始位置。尝试尽可能清晰而生动地看到您自己正在做这个动作。现在为您所进行这一心理表象容易/困难评定打分。
	等级：	_____
3.	起始位置：	笔直站立，在身侧伸出您的非利手的胳膊，使它和地面平行，手掌朝下。
	动作：	向前移动您的胳膊直到它正处于您身体的正前方仍然平行于地面。移动时保持您的胳膊伸直，并慢慢做这些动作。
	心理表象任务：	假想起始位置。尝试在没有真正运动时感觉您自己正在做这个动作。现在为您所进行这一心理表象容易/困难评定打分。
	等级：	_____
4.	起始位置：	双脚微微分开站立，双臂在头顶完全伸直。
	动作：	慢慢向前弯腰并试着用您的手指尖触摸您的脚趾（如果可能，请用您的手指尖或双手触摸地面）。现在回到起始位置，双臂在头顶完全伸直站立。
	心理表象任务：	假想起始位置，尝试尽可能清晰而生动地看到您自己正在做这个动作。现在为您所进行这一心理表象容易/困难评定打分。
	等级：	_____
5.	起始位置：	双腿并拢站立并且双臂垂放在身体两侧。
	动作：	弯低腰然后尽可能高地笔直跃向空中，同时双臂在头顶伸直。双脚张开着陆并将双臂放回身侧。
	心理表象任务：	假想起始位置。尝试在没有真正运动时感觉您自己正在做这个动作。现在为您所进行这一心理表象容易/困难评定打分。
	等级：	_____
6.	起始位置：	双腿并拢站立并且双臂垂放在两侧。
	动作：	尽可能高地抬起右膝以使您能用左腿站立并且右腿膝盖弯曲。现在放下右腿以使您又能用双腿站立。请慢慢地做这些动作。
	心理表象任务：	假想起始位置，尝试尽可能清晰而生动地看到您自己正在做这个动作。现在为您所进行这一心理表象容易/困难评定打分。
	等级：	_____

续表

7.	起始位置：	双脚微微分开站立，双臂在头顶完全伸直。
	动作：	慢慢向前弯腰并试着用您的手指尖触摸您的脚趾（如果可能，请用您的手指尖或双手触摸地面）。现在回到起始位置，双臂在头顶完全伸直站立。
	心理表象任务：	假想起始位置。尝试在没有真正运动时感觉您自己正在做这个动作。现在为您所进行这一心理表象容易/困难评定打分。
	等级：	_____
8.	起始位置：	笔直站立，在身侧伸出您的非利手的胳膊，使它和地面平行，手掌朝下。
	动作：	向前移动您的胳膊直到它正处于您身体的正前方仍然平行于地面。移动时保持您的胳膊伸直，并慢慢做这些动作。
	心理表象任务：	假想起始位置。尝试尽可能清晰而生动地看到您自己正在做这个动作。现在为您所进行这一心理表象容易/困难评定打分。
	等级：	_____

分量表及条目信息：
动觉表象等级量表：条目1、3、5、7。
视觉表象等级量表：条目2、4、6、8。

相关文献：
HALL C R, MARTIN K A, 1997. Measuring movement imagery abilities: A revision of the movement imagery questionnaire[J]. Journal of Mental Imagery, 21: 143–154.
张力为, 毛志雄, 2010. 体育科学常用心理量表评定手册[M]. 2版. 北京：北京体育大学出版社.

附录 5-2

动作表象生动性问卷 -2（VMIQ-2）

（Roberts et al., 2008）

指导语：内部视觉表象（internal visual imagery, IVI）是指以第一人称视角看自己的视觉表象，外部视觉表象（external visual imagery, EVI）是指以第三人称视角看自己的视觉表象，动作表象（kinesthetic imagery, KIN）是指对动作感觉的表象。请在三种表象情景要求下，分别对下列12个条目进行评分。请如实选择在每一项的方框中的适当数字。

情景一（内部表象）：想象你正在向外看你做如下动作时的清晰程度。
情景二（外部表象）：想象你正在看你自己在做如下动作时的清晰程度。
情景三（动觉表象）：想象你做这些动作时感受的清晰程度。

1	2	3	4	5
非常清晰，像正常的视觉一样生动	清新合理生动	清晰生动	模糊不清	根本没有表象，只是表象技能

条目	1	2	3	4	5
1. 行走					
2. 跑					
3. 踢石头					
4. 弯腰捡硬币					
5. 爬上楼					
6. 横向跳					
7. 向空中扔石头					
8. 在空中踢球					
9. 走下坡路					
10. 骑自行车					
11. 在绳子上荡来荡去					
12. 从高墙跳下					

计分方法：
每种情景下的项目累加得分。分数越低，表象生动性越好。

相关文献：
ISAAC A R, MARKS D F, RUSSELL D G, 1986. An instrument for assessing imagery of movement: The vividness of movement imagery questionnaire[J]. Journal of Mental Imagery, 10: 23–30.

ROBERTS R, CALLOW N, HARDY L, et al., 2008. Movement imagery ability: Development and assessment of a revised version of the vividness of movement imagery questionnaire[J]. Journal of Sport and Exercise Psychology, 30(2): 200–221.

张力为，毛志雄，2010. 体育科学常用心理量表评定手册[M]. 2版. 北京：北京体育大学出版社.

附录 5-3

运动表象问卷（SIQ）

（Hall et al., 1998）

指导语：当您回答此问卷时，请记住表象不仅仅限于头脑里的"眼睛"看到什么。生动的表象不仅包括视觉表象，而且包括体验到的一切感觉：听觉表象、触觉表象、味觉表象、嗅觉表象。以下句子是描述人们在进行比赛或训练时所想到的各种内容，没有正确表象和错误表象之分，用你的想象技能尽可能清楚地生动地描述普通情境下的表象。请在右栏合适的数字上打"√"，以代表平时您自己所想的相应内容的次数。"1"代表"从来没有"，"7"代表"总是这样"。答案无所谓对和错，请您按照平时真正所想的来做选择。

条目	1 从来没有						7 总是这样
1. 我想象观众为我的成绩而欢呼	1	2	3	4	5	6	7
2. 当我想象一场比赛时，我感到自己非常兴奋	1	2	3	4	5	6	7
3. 我能轻易地改变头脑中的技术动作	1	2	3	4	5	6	7
4. 我想象万一比赛原计划失败后所采用的新策略	1	2	3	4	5	6	7
5. 我想象自己在困难的情况下，依然能控制形势	1	2	3	4	5	6	7
6. 我想象其他选手祝贺我取得好成绩	1	2	3	4	5	6	7
7. 当我想象自己即将参加的比赛时，我感到焦虑	1	2	3	4	5	6	7
8. 我可以在头脑中纠正技术动作	1	2	3	4	5	6	7
9. 我在头脑中确定新计划或新策略	1	2	3	4	5	6	7
10. 我想象自己在一个极具挑战性的情景中成为大家关注的焦点	1	2	3	4	5	6	7
11. 我想象自己赢得奖牌	1	2	3	4	5	6	7
12. 我想象到比赛时兴奋的感觉	1	2	3	4	5	6	7
13. 当我想到某个技术动作时，我通常能在头脑中很好地完成它	1	2	3	4	5	6	7
14. 我想象比赛过程中的各个部分（如进攻或防守）	1	2	3	4	5	6	7
15. 我想象自己在一个艰难的情况下成功完成比赛（如遇强手或交替得分时）	1	2	3	4	5	6	7
16. 我想象颁奖时的气氛	1	2	3	4	5	6	7
17. 我能重现以前比赛时所感受到的情绪体验	1	2	3	4	5	6	7
18. 我能在头脑中稳定的控制技术动作	1	2	3	4	5	6	7
19. 我想象坚持执行自己的比赛计划，甚至在情况比较糟糕时也一样	1	2	3	4	5	6	7
20. 我想象自己意志坚强	1	2	3	4	5	6	7

续表

条目	1 从来没有						7 总是这样
21. 我想象自己作为冠军在接受采访	1	2	3	4	5	6	7
22. 我想象到现实比赛中的压力和焦虑	1	2	3	4	5	6	7
23. 在做某一动作前,我想象自己能很完美地完成动作	1	2	3	4	5	6	7
24. 我想象在比赛中按照自己的意愿完成整个比赛	1	2	3	4	5	6	7
25. 我想象到自己 100% 地投入一场比赛中	1	2	3	4	5	6	7
26. 我想象赢得冠军时的气氛	1	2	3	4	5	6	7
27. 我想象自己控制了比赛时的压力和兴奋,依然保持冷静	1	2	3	4	5	6	7
28. 当我学习新动作时,我想象自己很好地完成这个动作	1	2	3	4	5	6	7
29. 我想象自己能成功地按照自己的计划进行比赛	1	2	3	4	5	6	7
30. 我想象自己在对手前表现得非常自信	1	2	3	4	5	6	7

计分方法：

共有 5 个分量表，每个分量表都有若干个条目，每个分量表的所有条目所得分相加，就是该分量表的所得分数，分值在 6~42 之间。分值越高，说明频率越高；反之，则越低。

动机具体表象（motivational specific, MS）分量表：条目 1、6、11、16、21、26 的分值相加，分值越高，说明使用动机具体的表象越多；

动机一般唤醒表象（motivational general-arousal, MG-A）分量表：条目 2、7、12、17、22、27 的分值相加，分值越高，说明使用动机一般唤醒的表象越多；

动机一般掌握表象（motivational general-mastery, MG-M）分量表：条目 5、10、15、20、25、30 的分值相加，分值越高，说明使用动机一般掌握表象越多；

认知具体表象（cognitive specific, CS）分量表：条目 3、8、13、18、23、28 的分值相加，分值越高，说明使用认知具体表象越多；

认知一般表象（cognitive general, CG）分量表：条目 4、9、14、19、24、29 的分值相加，分值越高，说明使用认知一般表象越多。

相关文献：

HALL C, MACK D, PAIVIO A, et al., 1998. Imagery use by athletes: Development of the sport imagery questionnaire[J]. International Journal of Sport Psychology, 29:73–89.

MUNROE-CHANDLER K J, HALL C R, FISHBURNE G J, et al., 2005. Using cognitive general imagery to improve soccer strategies[J]. European Journal of Sport Science, 5: 41–49.

张力为, 毛志雄, 2010. 体育科学常用心理量表评定手册[M]. 2 版. 北京: 北京体育大学出版社.

附录 5-4

自我谈话使用问卷（STUQ）

（Hardy et al., 2005）

Definition and Instructions

Self-talk, as the name suggests, is best thought of as what you say to yourself. You may talk to yourself out loud or you may talk to yourself in your mind, so that only you can hear what you are saying. For example, you may say things to get yourself psyched up or calmed down, to stay focused, to keep going, etc.

The following questions/statements are concerned with what you say to yourself <u>in relation to your sport</u>. Your responses will be kept strictly confidential. Neither your coaches nor anyone other than the researcher will see your responses. There are no right or wrong answers but please give an honest reply. Unless instructed otherwise, use the scale below to rate how frequently you <u>talk to yourself</u> for each of the following questions. Thank you!

never	rarely		sometimes		often		all the time	
1	2	3	4	5	6	7	8	9

Temporal aspects of self-talk (When)

How often do you use self-talk in relation to your sport...

 before a practice?
 before a competition?
 during a practice?
 during a competition?
 after a practice?
 after a competition?

Functions of self-talk (Why)

In practice, how often do you say things to yourself...

 to refine an already learned skill?
 to refine a strategy/play/plan/routine?
 to psych yourself up?
 to relax?
 to control your nerves?
 to regain or keep focus?
 to boost your self-confidence?
 to help mentally prepare yourself?

续表

to cope in tough situations?
to increase or maintain your motivation?
to control how much effort you exert?
to remind yourself of your goals?

In competition, how often do you say things to yourself...
to execute a skill?
to execute a strategy/play/plan/routine?
to psych yourself up?
to relax?
to control your nerves?
to regain or keep focus?
to boost your self-confidence?
to help mentally prepare yourself?
to cope in tough situations?
to increase or maintain your motivation?
to control how much effort you exert?
to remind yourself of your goals?

Content of self-talk (What)

In your opinion, ...
  generally what percentage of your self-talk is positive in nature? _____% +
  generally what percentage of your self-talk is neutral in nature? _____% +
  generally what percentage of your self-talk is negative in nature? _____% = 100%

In your opinion, ...
  what percentage of what you say to yourself is said as single words? _____% +
  what percentage of what you say to yourself is said as short (3 or 4 words) phrases? _____% +
  what percentage of what you say to yourself is said as complete sentences? _____% = 100%

In your opinion, ...
  in general, what percentage of your self-talk is said out loud so that others can potentially hear what you are saying to yourself? _____% +
  in general, what percentage of your self-talk is said in a "muttered" fashion or under your breath so that only you can hear what you are saying to yourself? _____% +
  in general, what percentage of your self-talk is said in your head so that only you can hear what you are saying to yourself? _____% = 100%

计分方法：
Temporal aspects of self-talk (When)：自我谈话使用的时机。
Functions of self-talk (Why)：自我谈话的功能。
Content of self-talk (What)：自我谈话的内容。

相关文献：
HARDY J, GAMMAGE K, HALL C R, 2001. A description of athlete self-talk[J]. The Sport Psychologist, 15: 306–318.
HARDY J, HALL C R, 2005. A comparison of test-retest reliabilities using the self-talk use questionnaire[J]. Journal of sport behavior, 28: 201–215.
HARDY J, HALL C R, HARDY L, 2004. A note on athletes' use of self-talk[J]. Journal of Applied Sport Psychology, 16: 251–257.
HARDY J, HALL C R, HARDY L, 2005. Quantifying athlete self-talk[J]. Journal of Sports Sciences, 23(9): 905–917.

附录 5-5

自我谈话问卷（S-TQ）

（Zervas, Stavrou & Psychountaki, 2007）

Directions: Below are some statements that describe athletes' self-talk during an important competition. Please read each one carefully and indicate "√" how often you have used self-talk. Your answers will be treated as absolutely confidential.

No.	When I compete...	Never	Rarely	Some times	Often	Always
1	I talk to myself in order to be able to concentrate more fully on the competition.	1	2	3	4	5
2	I talk to myself about the technical elements of the competition.	1	2	3	4	5
3	I talk to myself to give directions.	1	2	3	4	5
4	I talk to myself to enhance my self-confidence.	1	2	3	4	5
5	I talk to myself to motivate myself.	1	2	3	4	5
6	I talk to myself to increase my effort.	1	2	3	4	5
7	I talk to myself to encourage myself.	1	2	3	4	5
8	I talk to myself to strengthen a positive thought.	1	2	3	4	5
9	I talk to myself to stop negative thinking.	1	2	3	4	5

续表

No.	When I compete...	Never	Rarely	Some times	Often	Always
10	I talk to myself in order to help myself to relax.	1	2	3	4	5
11	I talk to myself to correct my mistakes.	1	2	3	4	5

计分方法：
动机功能：条目 4、5、6、7、8、9、10。
认知功能：条目 1、2、3、11。
各分量表得分 = 分量表得分总和 / 分量表条目数量。

相关文献：
ZERVAS Y, STAVROU N A, PSYCHOUNTAKI M, 2007. Development and validation of the self-talk questionnaire (S-TQ) for sports[J]. Journal of Applied Sport Psychology, 19(2): 142–159.

附录 5-6

自我谈话功能问卷（FSTQ）

（Theodorakis, Hatzigeorgiadis & Chroni, 2008）

Definition and Instructions

Self-talk, as the name suggests, is best thought of as what you say to yourself. You may talk to yourself out loud or you may talk to yourself in your mind, so that only you can hear what you are saying. For example, you may say things to get yourself psyched up or calmed down, to stay focused, to keep going, etc.

Whether you talk to yourselves while performing and, if so, to report examples of ST you usually engage in during training or competition. Subsequently, you need to report your perceptions regarding the functions of their ST by completing the 25-item instrument, stemmed by the phrase "when I talk to myself during training or competition...," on a 7-point scale (1=not at all, 7=very much). Thank you!

No.	When I talk to myself during training or competition...	Not at all						Very much
1	I try harder.	1	2	3	4	5	6	7
2	I boost my confidence.	1	2	3	4	5	6	7
3	I execute as if on an automatic pilot.	1	2	3	4	5	6	7
4	I reduce my nervousness.	1	2	3	4	5	6	7
5	I concentrate better on the execution.	1	2	3	4	5	6	7
6	I make my efforts more intense.	1	2	3	4	5	6	7

续表

No.	When I talk to myself during training or competition...	Not at all						Very much
7	I feel more certain for myself.	1	2	3	4	5	6	7
8	The execution is spontaneous.	1	2	3	4	5	6	7
9	I let go of my anxiety.	1	2	3	4	5	6	7
10	I stay focused.	1	2	3	4	5	6	7
11	I increase effort.	1	2	3	4	5	6	7
12	I feel stronger.	1	2	3	4	5	6	7
13	I execute automatically.	1	2	3	4	5	6	7
14	I feel more relaxed.	1	2	3	4	5	6	7
15	I concentrate on what I have to do.	1	2	3	4	5	6	7
16	I keep trying my best.	1	2	3	4	5	6	7
17	I psych-up myself.	1	2	3	4	5	6	7
18	The execution comes automatic.	1	2	3	4	5	6	7
19	I interrupt negative thoughts.	1	2	3	4	5	6	7
20	I direct my attention efficiently.	1	2	3	4	5	6	7
21	I maintain effort to high levels.	1	2	3	4	5	6	7
22	I feel more confident in my abilities.	1	2	3	4	5	6	7
23	I execute impulsively.	1	2	3	4	5	6	7
24	I stay calm.	1	2	3	4	5	6	7
25	I concentrate on what I'm doing at the moment.	1	2	3	4	5	6	7

分量表及条目信息：

Confidence：Items 2, 7, 12, 17, 22.

Automaticity：Items 3, 8, 13, 18, 23.

Cognitive and emotional control：Items 4, 9, 14, 19, 24.

Attention：Items 5, 10, 15, 20, 25.

Effort：Items 1, 6, 11, 16, 21.

相关文献：

THEODORAKIS Y, HATZIGEORGIADIS A, CHRONI S, 2008. Self-talk: It works, but how? Development and preliminary validation of the functions of self-talk questionnaire[J]. Measurement in Physical Education and Exercise Science, 12(1): 10-30.

附录 5-7

A. 简单运动表现概况（SPP）

在您的运动项目中表现得好，最重要的是什么？	当前水平	最高水平

在目标设定过程中，你想关注哪两个领域？	当前水平	最高水平

如何提高这两个领域的水平？

1. _____
2. _____

B. 目标设置网格（我的目标）

项目	第4周	第5周	第6周	第7周	第8周	第9周	第10周	第11周	第12周
短期目标1实现									
短期目标2实现									
短期目标3实现									

C. 运动表现剖面环（PPC）

姓名：_____
日期：_____

重叠部分：今天的水平
半重叠部分：发展目标
（1：最低水平；10：国家队）

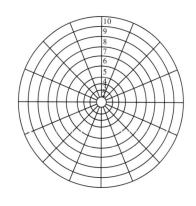

附录 5-8

五因素正念问卷（FFMQ）

（Baer et al., 2006; Deng et al., 2011；张鸽子 等，2012）

请根据以下给予的等级来评定每句话。把最符合您真实想法的等级数字（1 = 一点也不符合；2 = 较少符合；3 = 有些符合；4 = 非常符合；5 = 完全符合）填在下列的每句话前面的横线上。

_____ 1. 在行走时，我会有意关注身体部位在行进中的感觉。
_____ 2. 我擅长于用言语描述我的情感。
_____ 3. 我为自己有不理智的情绪或不合适的情绪而责备自己。
_____ 4. 我感受到了我的情绪和情感，但我不必对它们做出反应。
_____ 5. 在做事的时候，我经常走神，而且很容易受到干扰。
_____ 6. 在洗澡时，我会留心于水淌过身体的感觉。
_____ 7. 我能清晰表达自己的信念、观点以及期望。
_____ 8. 我没有注意到我在做什么事情，这是因为我在做白日梦、在担忧或分心于外界。
_____ 9. 我观察自己的情绪，而不迷失其中。
_____ 10. 我告诉自己，我不应该以我现在的这种方式来感受此时的情感。
_____ 11. 我留意到食物和饮料是如何影响着我的想法、身体的感觉和情绪的。
_____ 12. 我难以找到词语来表达我的所思所想。
_____ 13. 我很容易分心。
_____ 14. 我认为我的一些想法是异常的、不好的；我不应该那样想。
_____ 16. 我很难用合适的言语来表达我对事物的感受。
_____ 17. 我会评判自己的想法是好的或是坏的。
_____ 18. 我难以把注意力集中在当前发生的事情上。

续表

_____ 19. 当我有悲伤的想法或景象时，我会"退一步"，并去觉知那些想法或景象的存在，而不被其所控制。

_____ 20. 我会注意一些声音，如时钟的滴答声、小鸟的叽喳声或汽车穿过街道的声音。

_____ 21. 在困难的情境下，我会暂停一下，不马上做出反应。

_____ 22. 当我身体有种感觉时，我很难找到合适的词语来描述它。

_____ 23. 我好像是自动地在做一些事情，并没有完全意识到它。

_____ 24. 当我有令人伤感的想法或者景象时，我通常能很快恢复平静。

_____ 25. 我告诉我自己，不应该思考自己此刻正思考的东西。

_____ 26. 我闻到了周围一些东西的气味或者芳香。

_____ 27. 即便是我感到非常不安时，我也能找到词语来表达它。

_____ 28. 我草草地做完一些事情，而没有真正地集中注意力在其上。

_____ 29. 当陷入令人烦恼的情绪或情境中，我能做到只是去注意它们，而不做出相应反应。

_____ 30. 我想有些情绪是不对的或者是不合时宜的，我不应该体验到它们。

_____ 31. 我注意到了艺术品和自然界中事物的一些视觉元素，如颜色、形状、纹理、光和影子。

_____ 32. 我总是倾向于用词语来描述自己的体验。

_____ 33. 当我有令人痛苦的想法或景象时，我通常只是不再注意他们，顺其自然。

_____ 34. 我总是自动地工作或完成某项任务，而没有意识到自己在做什么。

_____ 35. 通常当我有些令人困扰的想法或者景象时，我会根据自己当时所想的内容或者脑海中出现的景象来判断自己是对还是错。

_____ 36. 我会去注意，我的情绪是如何影响自己的想法和行为的。

_____ 37. 我通常能够非常详细地描述出自己此刻的感觉。

_____ 38. 我发现自己做事情的时候，不专心在所做的事情上。

_____ 39. 当不理智的想法出现时，我会自己否决。

分量表及条目信息：
描述：条目 2、7、12、16、22、27、32、37。
观察：条目 6、9、11、15、20、26、31、36。
觉察行为：条目 5、8、13、18、23、28、34、38（此维度条目反向计分）。
不反应：条目 1、4、19、21、24、29、33。
不判断：条目 3、10、14、17、25、30、35、39（此维度条目反向计分）。

相关文献：
BAER R A, SMITH G T, HOPKINS J, et al., 2006. Using self-report assessment methods to explore facets of mindfulness[J]. Assessment, 13: 27–45.
BAER R A, SMITH G T, LYKINS E, et al., 2008. Construct validity of the five facet mindfulness questionnaire in meditating and nonmeditating samples[J]. Assessment, 15: 329–342.
DENG Y Q, LIU X H, RODRIGUEZ M A, et al., 2011. The five facet mindfulness questionnaire psychometric properties of the Chinese version[J]. Mindfulness, 2(2): 123–128.
张鹤子，卜丹冉，姒刚彦，2012. 以正念接受为基础的心理干预：一种运动员心理训练的新范式[J]. 中国运动医学杂志，31(12)：1109–1116.

附录 6-1

组内冲突量表（Intragroup Conflict Scale）

（Jehn & Mannix, 2001）

指导语：请根据你的真实情况，针对如下描述选择适合你的数字。

No.	Items	Not at all					A great deal
1	How much relationship tension is there in your work group?	0	1	2	3	4	5
2	How often do people get angry while working in your group?	0	1	2	3	4	5
3	How much emotional conflict is there in your work group?	0	1	2	3	4	5
4	How much conflict of ideas is there in your work group?	0	1	2	3	4	5
5	How frequently do you have disagreements within your work group about the task of the project you are working on?	0	1	2	3	4	5
6	How often do people in your work group have conflicting opinions about the project you are working on?	0	1	2	3	4	5
7	How often are there disagreements about who should do what in your work group?	0	1	2	3	4	5
8	How much conflict is there in your group about task responsibilities?	0	1	2	3	4	5
9	How often do you disagree about resource allocation in your work group?	0	1	2	3	4	5

分量表及条目信息：
任务冲突：条目 1、2、3。
关系冲突：条目 4、5、6。
过程冲突：条目 7、8、9。

相关文献：
JEHN K A, MANNIX E A, 2001. The dynamic nature of conflict: A longitudinal study of intragroup conflict and group performance[J]. Academy of Management Journal, 44: 238-251.

附录 6-2

教练员 – 运动员关系问卷（CART-Q）

（Jowett & Ntoumanis, 2004）

指导语：请根据你的真实情况，针对如下描述选择适合你的数字。

No.	Items	Strongly disagree						Strongly agree
1	I feel close to my athlete/coach.	1	2	3	4	5	6	7
2	I feel committed to my athlete/coach.	1	2	3	4	5	6	7
3	I feel that my sport career is promising with my athlete/coach.	1	2	3	4	5	6	7
4	I like my athlete/coach.	1	2	3	4	5	6	7
5	I trust my athlete/coach.	1	2	3	4	5	6	7
6	I respect my athlete/coach.	1	2	3	4	5	6	7
7	I feel appreciation for the sacrifices my athlete/coach has experienced in order to improve his/her performance.	1	2	3	4	5	6	7
8	When I coach my athlete/When I am coached by my coach, I feel at ease?	1	2	3	4	5	6	7
9	When I coach my athlete/When I am coached by my coach, I feel responsive to his/her efforts?	1	2	3	4	5	6	7
10	When I coach my athlete/When I am coached by my coach, I am ready to do my best?	1	2	3	4	5	6	7
11	When I coach my athlete/When I am coached by my coach, I adopt a friendly stance?	1	2	3	4	5	6	7

分量表及条目信息：
承诺：条目 1、2、3。
亲密：条目 4、5、6、7。
互补性：条目 8、9、10、11。

相关文献：
JOWETT S, NTOUMANIS N, 2004. The coach-athlete relationship questionnaire (CART-Q): Development and initial validation[J]. Scandinavian Journal of Medicine and Science in Sports, 14: 245-257.

附录 6-3

运动感知支持问卷（PASS-Q）

（Freeman, Coffee & Ree, 2011）

指导语：请根据你的真实情况，针对如下描述选择适合你的数字。

No.	Items	Not at all				Extremely
1	provide you with comfort and security	0	1	2	3	4
2	always be there for you	0	1	2	3	4
3	care for you	0	1	2	3	4
4	show concern for you	0	1	2	3	4
5	reinforce the positives	0	1	2	3	4
6	enhance your self-esteem	0	1	2	3	4
7	instill you with the confidence to deal with pressure	0	1	2	3	4
8	boost your sense of competence	0	1	2	3	4
9	give you constructive criticism	0	1	2	3	4
10	give you tactical advice	0	1	2	3	4
11	give you advice about performing in competitive situations	0	1	2	3	4
12	give you advice when you're performing poorly	0	1	2	3	4
13	help with travel to training and matches	0	1	2	3	4
14	help with tasks to leave you free to concentrate	0	1	2	3	4
15	do things for you at competitions/matches	0	1	2	3	4
16	help you organize and plan your competitions/matches	0	1	2	3	4

分量表及条目信息：
情感支持：条目 1、2、3、4。
自尊支持：条目 5、6、7、8。
信息支持：条目 9、10、11、12。
感知支持：条目 13、14、15、16。

相关文献：
FREEMAN P, COFFEE P, REES T, 2011. The PASS-Q: The perceived available support in sport questionnaire[J]. Journal of Sport and Exercise Psychology, 33: 54–74.

附录 6-4

团队感知社会支持问卷（TASS-Q）

（Coffee, Freeman & Allen, 2017）

指导语：请根据你的真实情况，针对如下描述选择适合你的数字。

No.	Items	Not at all well/Relevant				Extremely well/Relevant
1	provide your team with comfort and security	0	1	2	3	4
2	always be there for your team	0	1	2	3	4
3	care for your team	0	1	2	3	4
4	show concern for your team	0	1	2	3	4
5	reinforce the positives	0	1	2	3	4
6	enhance your collective-esteem	0	1	2	3	4
7	instill your team with the confidence to deal with pressure	0	1	2	3	4
8	boost your team's sense of competence	0	1	2	3	4
9	give your team constructive criticism	0	1	2	3	4
10	give your team tactical advice	0	1	2	3	4
11	give your team advice about performing in competitive situations	0	1	2	3	4
12	give your team advice when the team is performing poorly	0	1	2	3	4
13	help your team with travel to training and matches	0	1	2	3	4
14	help with tasks to leave your team free to concentrate	0	1	2	3	4
15	do things for your team at competitions/matches	0	1	2	3	4
16	help your team organize and plan competitions/matches	0	1	2	3	4

分量表及条目信息：
情感支持：条目 1、2、3、4。
自尊支持：条目 5、6、7、8。
信息支持：条目 9、10、11、12。
感知支持：条目 13、14、15、16。

相关文献：
COFFEE P, FREEMAN P, ALLEN M S, 2017. The TASS-Q: The team-referent availability of social support questionnaire[J]. Psychology of Sport and Exercise, 33: 55-65.

附录 6-5

社会支持行为量表（ISSB）

（Stokes & Wilson, 1984）

指导语：我们很想知道在过去的 4 个星期里，你觉得人们是如何帮助你的，或者是如何努力让你的生活更愉快的。下面你会发现最近几周，别人可能为你或和你一起做了一些活动。请仔细阅读每个项目，并指出这些活动在过去 4 周内发生的频率。

请根据你的真实情况，针对如下描述选择适合你的数字（1 = 从来都没有；2 = 一两次；3 = 几乎每周一次；4 = 每周几次；5 = 几乎每天）。

No.	Items	Not at all				Every day
1	Told you she/he feels close to you.	1	2	3	4	5
2	Comforted you by showing you some physical affection.	1	2	3	4	5
3	Told you that you are OK just the way you are.	1	2	3	4	5
4	Let you know that she/he will be around if you need assistance.	1	2	3	4	5
5	Expressed interest and concern in your well-being.	1	2	3	4	5
6	Listened to you talk about your private feelings.	1	2	3	4	5
7	Was right there with you (physically) in a stressful situation.	1	2	3	4	5
8	Expressed esteem or respect for a competency or personal quality of yours.	1	2	3	4	5
9	Watched after your possessions when you were away.	1	2	3	4	5
10	Provided you with a place to stay.	1	2	3	4	5

续表

No.	Items	Not at all				Every day
11	Loaned you over $25 (or equivalent amount of money).	1	2	3	4	5
12	Gave you over $25 (or equivalent amount of money).	1	2	3	4	5
13	Pitched in to help you do something that needed to get done.	1	2	3	4	5
14	Looked after a family member when you were away.	1	2	3	4	5
15	Provided you with a place where could get away.	1	2	3	4	5
16	Told you how she/he felt in a situation that was similar to yours.	1	2	3	4	5
17	Told you what she/he did in a situation that was similar to yours.	1	2	3	4	5
18	Gave you feedback on how you were doing without saying it was good or bad.	1	2	3	4	5
19	Said things that made your situation clearer and easier to understand.	1	2	3	4	5
20	Talked with you about some interest of yours.	1	2	3	4	5
21	Did some activity together to help you get your mind off things.	1	2	3	4	5
22	Told you what to expect in a situation that was about to happen.	1	2	3	4	5
23	Joked and kidded to try to cheer you up.	1	2	3	4	5
24	Suggested some action that you should take.	1	2	3	4	5
25	Gave you some information on how to do something.	1	2	3	4	5
26	Checked back to see if you followed the advice you were given.	1	2	3	4	5
27	Made it clear what was expected of you.	1	2	3	4	5
28	Gave you under $25 (or equivalent amount of money).	1	2	3	4	5
29	Tole you who you should see for assistance.	1	2	3	4	5
30	Loaned you under $25 (or equivalent amount of money).	1	2	3	4	5
31	Assisted you in setting a goal for yourself.	1	2	3	4	5
32	Helped you understand why you didn't do something well.	1	2	3	4	5
33	Gave you some information to help you understand a situation you were in.	1	2	3	4	5

分量表及条目信息：
情感支持：条目 1～8。
有形援助：条目 9～15。
认知信息：条目 16～25。
指引：条目 26～33。

相关文献：
STOKES J P, WILSON D G, 1984. The inventory of socially supportive behaviors: Dimensionality, prediction, and gender differences[J]. American Journal of Community Psychology, 12: 53–69.

附录 6-6

多维运动团队协作量表（MATS）

(McEwan et al., 2018)

指导语：请根据你的真实情况，针对如下描述选择适合你的数字。

No.	Items	Completely disagree	Mostly disagree	Slightly disagree	Slightly disagree	Slightly agree	Slightly agree	Completely agree
1	Our team has identified an overall purpose for being together.	1	2	3	4	5	6	7
2	We have analyzed what our team's purpose should be.	1	2	3	4	5	6	7
3	We have defined a team purpose that is appropriate to us.	1	2	3	4	5	6	7
4	Our team has specified a mission on which all members agree.	1	2	3	4	5	6	7
5	Our team has established a team mission to which we are all committed.	1	2	3	4	5	6	7
6	Our team identifies specific team goals in order to achieve our team mission.	1	2	3	4	5	6	7
7	We set challenging team goals.	1	2	3	4	5	6	7
8	Our team specifies goals that are appropriate to us.	1	2	3	4	5	6	7
9	We set team goals that are clearly understood by all members.	1	2	3	4	5	6	7
10	Our team sets goals to which all members are committed.	1	2	3	4	5	6	7
11	We establish goals on which all teammates agree.	1	2	3	4	5	6	7

续表

No.	Items	Completely disagree	Mostly disagree	Slightly disagree	Slightly disagree	Slightly agree	Slightly agree	Completely agree
12	We make action plans for how we will achieve our team goals.	1	2	3	4	5	6	7
13	Our team develops plans on which we all agree.	1	2	3	4	5	6	7
14	Our team prioritizes the most important things that need to be done to be successful.	1	2	3	4	5	6	7
15	We identify responsibilities that each member has to the team.	1	2	3	4	5	6	7
16	Our team develops action plans that are clearly understood by all members.	1	2	3	4	5	6	7
17	Team members carry out the action plans that have been made.	1	2	3	4	5	6	7
18	Overall, team members coordinate actions well with each other.	1	2	3	4	5	6	7
19	Team members are in the correct physical position while executing their tasks.	1	2	3	4	5	6	7
20	Team members execute their tasks with the correct timing.	1	2	3	4	5	6	7
21	The actions of all team members are properly sequenced with each other.	1	2	3	4	5	6	7
22	In general, team members work together effectively.	1	2	3	4	5	6	7
23	Team members work together as one unit rather than a bunch of individuals.	1	2	3	4	5	6	7
24	Teammates help each other when needed.	1	2	3	4	5	6	7
25	Members do anything that is necessary for the team's benefit.	1	2	3	4	5	6	7
26	Our team communicates well with each other.	1	2	3	4	5	6	7
27	Teammates communicate an ideal amount with each other.	1	2	3	4	5	6	7
28	Team members communicate in a clear manner.	1	2	3	4	5	6	7
29	Team members communicate in a time-efficient manner.	1	2	3	4	5	6	7
30	Team members communicate at the appropriate times.	1	2	3	4	5	6	7
31	Our team monitors its performance.	1	2	3	4	5	6	7

续表

No.	Items	Completely disagree	Mostly disagree	Slightly disagree	Slightly disagree	Slightly agree	Slightly agree	Completely agree
32	We evaluate our progression toward team goal accomplishment.	1	2	3	4	5	6	7
33	We assess how we are all performing as individuals.	1	2	3	4	5	6	7
34	We assess which performances have been successful.	1	2	3	4	5	6	7
35	We assess which performances have been unsuccessful.	1	2	3	4	5	6	7
36	Our team notes what we still need to do to accomplish our goals.	1	2	3	4	5	6	7
37	Our team monitors any information that may affect us.	1	2	3	4	5	6	7
38	Our team monitors situations that occur during competitions.	1	2	3	4	5	6	7
39	We keep track of changes in personnel that occur within our team.	1	2	3	4	5	6	7
40	We monitor external factors that may impact our team.	1	2	3	4	5	6	7
41	Our team problem solves when we have not performed well.	1	2	3	4	5	6	7
42	All team members contribute ideas for how we can get better.	1	2	3	4	5	6	7
43	If our team is unsuccessful, we identify the reasons why this has occurred.	1	2	3	4	5	6	7
44	We consider a variety of potential solutions to problems in team performance.	1	2	3	4	5	6	7
45	Our team modifies our approaches when necessary.	1	2	3	4	5	6	7
46	We utilize new tactics when previous plans prove to be unsuccessful.	1	2	3	4	5	6	7
47	Our team applies creative approaches if we are not performing well.	1	2	3	4	5	6	7
48	If we are unsuccessful as a team, we adjust our plans at the appropriate time.	1	2	3	4	5	6	7
49	Team members provide verbal feedback to each other about how to improve their individual performance.	1	2	3	4	5	6	7
50	Members of this team take time to give advice to each other on their personal performance.	1	2	3	4	5	6	7

续表

No.	Items	Completely disagree	Mostly disagree	Slightly disagree	Slightly disagree	Slightly agree	Slightly agree	Completely agree
51	Team members willingly receive constructive advice from their teammates on their own performance.	1	2	3	4	5	6	7
52	Teammates discuss how they can overcome individual performance-related problems.	1	2	3	4	5	6	7
53	Teammates demonstrate to each other how they can improve their personal performance.	1	2	3	4	5	6	7
54	Teammates take time to assist other members perform better.	1	2	3	4	5	6	7
55	Members of this team willingly receive help from teammates for improving their performance.	1	2	3	4	5	6	7
56	Teammates fill in for each other when needed.	1	2	3	4	5	6	7
57	Team members assist teammates with their responsibilities to the team if necessary.	1	2	3	4	5	6	7
58	Teammates resolve conflicts with each other effectively if they arise.	1	2	3	4	5	6	7
59	Conflicts between team members are solved in a respectful manner.	1	2	3	4	5	6	7
60	Teammates try to find solutions to conflicts that are best for the team.	1	2	3	4	5	6	7
61	Conflicts are resolved in a time-efficient manner.	1	2	3	4	5	6	7
62	Members provide support to teammates who are experiencing personal struggles.	1	2	3	4	5	6	7
63	Members of this team provide emotional support to each other.	1	2	3	4	5	6	7
64	Teammates encourage one another to feel confident about themselves.	1	2	3	4	5	6	7
65	Team members provide advice to each other for dealing with personal issues.	1	2	3	4	5	6	7
66	Team members provide practical assistance to each other when their teammates need help.	1	2	3	4	5	6	7

分量表及条目信息：
团队合作准备：
  任务分析：条目 1～5。
  目标说明：条目 6～11。
  行动计划：条目 12～17。
团队合作执行：
  协调：条目 18～21。
  合作：条目 22～25。
  沟通：条目 26～30。
团队评估：
  绩效监测：条目 31～36。
  系统监测：条目 37～40。
团队调整：
  解决问题：条目 41～44。
  创新：条目 45～48。
  团队内辅导和支持：条目 49～57。
团队维持及管理：
  综合冲突管理：条目 58～61。
  心理支持：条目 62～66。

相关文献：

MCEWAN D, ZUMBO B D, EYS M A, et al., 2018. The development and psychometric properties of the multidimensional assessment of teamwork in sport[J]. Journal of Sport and Exercise Psychology, 40: 60–72.

附录 7-1

运动领域心理健康识别工具1（SMHRT-1）

（Gouttebarge et al., 2021）

The International Olympic Committee (IOC) Sport Mental Health Recognition Tool 1 (SMHRT-1) can be used by athletes, coaches, family members and all other members of the athlete's entourage to recognise mental health problems but not to diagnose them. The SMHRT-1 presents a list of athlete experiences (thoughts, feelings, behaviours, physical changes) that could be indicative of mental health problems. If an athlete reports and/or displays these experiences and they are significant and/or persistent, you have an important role in encouraging the athlete to get the support needed as early as possible.

---

1. Common experiences of mental health problems

Thoughts:
Excessive self-criticism, low self-esteem, pessimism, hopelessness, problems with focus, concentration and memory.

Feelings:
Irritability, anger, mood swings, sadness, extreme disappointment that you just can't shake, depression, loneliness, emptiness, lack of passion and sense of purpose, lack of motivation.

Actions:
Aggression, withdrawal from others / not going outside as much, being much more quiet than usual, unexpected drop in performance (e.g., in sport, school, work).

Physical changes:
Low energy, poor sleep, changes in appetite, changes in weight and appearance, physical signs of harm by self or others including cuts and bruises, evidence of alcohol or other substance misuse (e.g., tremors, blood-shot eyes, change in pupil size, characteristic smell of marijuana or alcohol, slowed or poor coordination, injuries or arrests after using).

Red flags
If an athlete (or you) experience or observe any of the following, seek immediate help.

- Comments related to harming self or others.
- Talking about feeling hopeless or so overwhelmed that you cannot function.
- Dramatic weight changes.
- Other highly uncharacteristic behaviours, emotions and appearances.
- An episode of overwhelming sudden onset of fear with marked physical symptoms such as sweating or shortness of breath that has never before been experienced or is different from prior episodes (could be a panic attack or another medical problem).

续表

2. What to do when mental health problems occur?

If you are observing mental health problems in an athlete, consider the following (depending on your role):
- Allow the athlete to tell their story.
- Be non-judgemental and understanding (e.g., with simple statements such as "I'm so sorry you are feeling this way; I'm glad you told me about it.").
- Know which resources are available and encourage help-seeking.
- Remember to look after yourself when assisting an athlete with mental health challenges.
- Consider what adjustments in your coaching approach might be needed to help an athlete's mental health while maintaining or creating a positive environment (e.g., recognizing the need for positive feedback, encouragement and the right balance of challenge versus support).
- Consult with the medical team and discuss the possible adjustment of an athlete's training, in consultation with your technical staff.

If you personally are experiencing mental health problems:

Remember that seeking help is a sign of strength. Pay attention to what you are experiencing. Prioritize your mental health and life balance. Talk to someone you trust such as your coach, your parents, a friend and/or a teammate. Be open to advice and support. Consider seeking professional help.

相关文献：
GOUTTEBARGE V, BINDRA A, BLAUWET C, et al., 2021. International Olympic Committee (IOC) sport mental health assessment tool 1 (SMHAT-1) and sport mental health recognition tool 1 (SMHRT-1): Towards better support of athletes' mental health[J]. British Journal of Sports Medicine, 55(1): 30–37.

附录 7-2

运动员心理压力问卷（APSQ）

（Rice et al., 2020）

These questions concern how you have been feeling over the past 30 days. Please circle the answer that best represents how you have been.

No.	Items	None of the time	A little of the time	Some of the time	Most of the time	All of the time
1	It was difficult to be around teammates.	1	2	3	4	5
2	I found it difficult to do what I needed to do.	1	2	3	4	5

续表

No.	Items	None of the time	A little of the time	Some of the time	Most of the time	All of the time
3	I was less motivated.	1	2	3	4	5
4	I was irritable, angry or aggressive.	1	2	3	4	5
5	I could not stop worrying about injury or my performance.	1	2	3	4	5
6	I found training more stressful.	1	2	3	4	5
7	I found it hard to cope with selection pressures.	1	2	3	4	5
8	I worried about life after sport.	1	2	3	4	5
9	I needed alcohol or other substances to relax.	1	2	3	4	5
10	I took unusual risks off-field.	1	2	3	4	5

分量表及条目信息（结合本书第146页图7-2）：

问卷得分 = 所有条目得分累计相加。如果得分大于16分，则需结合步骤2相关筛查结果，进行步骤3b。

相关文献：

GOUTTEBARGE V, BINDRA A, BLAUWET C, et al., 2021. International Olympic Committee (IOC) sport mental health assessment tool 1 (SMHAT-1) and sport mental health recognition tool 1 (SMHRT-1): Towards better support of athletes' mental health[J]. British Journal of Sports Medicine, 55(1): 30-37.

LIMA Y, RICE S M, 2022. Mental health symptoms and correlates among amateur football players: A cross-sectional study[J]. International Journal of Environmental Health Research, 33(12): 1–12.

RICE S M, PARKER A G, MAWREN D, et al., 2020. Preliminary psychometric validation of a brief screening tool for athlete mental health among male elite athletes: The athlete psychological strain questionnaire[J]. International Journal of Sport and Exercise Psychology,18(6):850－865.

附录 7-3

病人健康问卷 -9（PHQ-9）

（Kroenke, Spitzer & William, 2001）

The following questions relate to feeling depressed, sad, or blue. Over the past 2 weeks, how often have you been bothered by any of the following problems? Please circle the answer that best represents how you have been.

No.	Items	Not at all	Several days	More than half the days	Nearly every day
1	Little interest or pleasure in doing things	0	1	2	3
2	Feeling down, depressed or hopeless	0	1	2	3
3	Trouble falling asleep, staying asleep, or sleeping too much	0	1	2	3
4	Feeling tired or having little energy	0	1	2	3
5	Poor appetite or overeating	0	1	2	3
6	Feeling bad about yourself–or that you're a failure or have let yourself or your family down	0	1	2	3
7	Trouble concentrating on things, such as reading the newspaper or watching television	0	1	2	3
8	Moving or speaking so slowly that other people could have noticed. Or, the opposite–being so fidgety or restless that you have been moving around a lot more than usual	0	1	2	3
9	Thoughts that you would be better off dead or of hurting yourself in some way	0	1	2	3

使用方法：

问卷得分 = 所有条目得分累计相加。得分区间为 0～27 分。

如果问卷总得分大于 9 分，则需立即采取行动以确保运动员安全。

相关文献：

GOUTTEBARGE V, BINDRA A, BLAUWET C, et al., 2021. International Olympic Committee (IOC) sport mental health assessment tool 1 (SMHAT-1) and sport mental health recognition tool 1 (SMHRT-1): Towards better support of athletes' mental health[J]. British Journal of Sports Medicine, 55(1): 30–37.

KROENKE K, SPITZER R L, WILLIAMS J B, 2001. The PHQ-9: Validity of a brief depression severity measure[J]. Journal of general internal medicine, 16(9): 606–613.

SPITZER R L, KROENKE K, WILLIAMS J B, et al., 1999. Validation and utility of a self-report version of PRIME-MD: The PHQ primary care study[J]. Jama, 282(18): 1737–1744.

附录 7-4

广泛焦虑障碍量表 -7（GAD-7）

（Spitzer et al., 2006）

The following questions relate to feeling anxious or stressed. Over the last 2 weeks, how often have you been bothered by the following problems? Please circle the answer that best represents how you have been.

No.	Items	Not at all	Several days	More than half the days	Nearly every day
1	Feeling nervous, anxious, or on edge	0	1	2	3
2	Not being able to stop or control worrying	0	1	2	3
3	Worrying too much about different things	0	1	2	3
4	Trouble relaxing	0	1	2	3
5	Being so restless that it's hard to sit still	0	1	2	3
6	Becoming easily annoyed or irritable	0	1	2	3
7	Feeling afraid as if something awful might happen	0	1	2	3

使用方法（结合本书第 146 页图 7-2）：

问卷得分 = 所有条目得分累计相加。得分区间为 0～21 分。

如果得分小于 15 分，则需结合步骤 2 相关筛查结果，进行步骤 3a。

如果得分大于 15 分，则需结合步骤 2 相关筛查结果，进行步骤 3b。

相关文献：

GOUTTEBARGE V, BINDRA A, BLAUWET C, et al., 2021. International Olympic Committee (IOC) sport mental health assessment tool 1 (SMHAT-1) and sport mental health recognition tool 1 (SMHRT-1): Towards better support of athletes' mental health[J]. British Journal of Sports Medicine, 55(1): 30-37.

SPITZER R L, KROENKE K, WILLIAMS J B, et al., 2006.. A brief measure for assessing generalized anxiety disorder: The GAD-7[J]. Archives of Internal Medicine, 166(10): 1092-1097.

附录 7-5

运动员睡眠筛查问卷（ASSQ）

（Gouttebarge et al., 2021）

The following questions relate to your sleep habits. Please circle the best answer which you think represents your typical sleep habits over the recent past.

1. During the recent past, how many hours of actual sleep did you get at night? (This may be different than the number of hours you spent in bed.)

5 to 6 hours	4
6 to 7 hours	3
7 to 8 hours	2
8 to 9 hours	1
more than 9 hours	0

2. How satisfied/dissatisfied are you with the quality of your sleep?

very satisfied	0
somewhat satisfied	1
neither satisfied nor dissatisfied	2
somewhat dissatisfied	3
very dissatisfied	4

3. How often do you have trouble staying asleep?

never	0
once or twice per week	1
three or four times per week	2
five to seven days per week	3

4. During the recent past, how long has it usually taken you to fall asleep each night?

15 minutes or less	0
16～30 minutes	1
31～60 minutes	2
longer than 60 minutes	3

5. During the recent past, how often have you taken medicine to help you sleep (prescribed or over-the-counter)?

never	0
once or twice per week	1
three or four times per week	2
five to seven times per week	3

分量表及条目信息（结合本书第146页图7-2）：
　　问卷得分＝所有条目得分累计相加。得分区间为0～17分。
　　评分标准：无问题为0～4，轻微问题为5～7，中等问题为8～10，严重问题为11～17。
　　如果得分小于等于8分，则需结合步骤2相关筛查结果，进行步骤3a。
　　如果得分大于8分，则需结合步骤2相关筛查结果，进行步骤3b。

> **相关文献：**
> BENDER A M, LAWSON D, WERTHNER P, et al., 2018. The clinical validation of the athlete sleep screening questionnaire: An instrument to identify athletes that need further sleep assessment[J]. Sports Medicine – Open, 4(1): 1–8.
> DRILLER M W, MAH C D, HALSON S L, 2018. Development of the athlete sleep behavior questionnaire: A tool for identifying maladaptive sleep practices in elite athletes[J]. Sleep Science, 11(1): 37.
> GOUTTEBARGE V, BINDRA A, BLAUWET C, et al., 2021. International Olympic Committee (IOC) sport mental health assessment tool 1 (SMHAT-1) and sport mental health recognition tool 1 (SMHRT-1): Towards better support of athletes' mental health[J]. British Journal of Sports Medicine, 55(1): 30–37.
> SAMUELS C, JAMES L, LAWSON D, et al., 2016. The athlete sleep screening questionnaire: A new tool for assessing and managing sleep in elite athletes[J]. British Journal of Sports Medicine, 50(7): 418–422.

附录 7-6

酒精使用障碍识别测试（AUDIT-C）

（Bradley et al., 2007）

The following questions are about alcohol use. Please respond to each question by circling the number from "0" to "4" that represents your alcohol use.

1. How often do you have a drink containing alcohol?

never	0
monthly or less	1
2～4 times a month	2
2～3 times a week	3
4 or more times a week	4

2. How many standard drinks containing alcohol do you have on a typical day when you drink?

1 to 2	0
3 to 4	1
5 to 6	2
7 to 9	3
10 to more	4

3. How often do you have six or more drinks on one occasion?

never	0
less than monthly	1
monthly	2
weekly	3
daily or almost daily	4

> **使用方法（结合本书第146页图7-2）：**
> 问卷得分＝所有条目得分累计相加。得分区间为0～12分。
> 对于男性而言，临界值为3分；对于女性而言，临界值为2分。
> 如果得分小于等于临界值，则需结合步骤2相关筛查结果，进行步骤3a。
> 如果得分大于临界值，则需结合步骤2相关筛查结果，进行步骤3b。
>
> **相关文献：**
> BRADLEY K A, DEBENEDETTI A F, VOLK R J, et al., 2007. AUDIT-C as a brief screen for alcohol misuse in primary care[J]. Alcoholism: Clinical and Experimental Research, 31(7): 1208–1217.
> DAWSON D A, GRANT B F, STINSON F S, et al., 2005. Effectiveness of the derived alcohol use disorders identification test (AUDIT-C) in screening for alcohol use disorders and risk drinking in the US general population[J]. Alcoholism: Clinical and Experimental Research, 29(5): 844–854.
> DE MENESES-GAYA C, ZUARDI A W, LOUREIRO S R, et al., 2009. Alcohol use disorders identification test (AUDIT): An updated systematic review of psychometric properties[J]. Psychology & Neuroscience, 2(1): 83.
> GOUTTEBARGE V, BINDRA A, BLAUWET C, et al., 2021. International Olympic Committee (IOC) sport mental health assessment tool 1 (SMHAT-1) and sport mental health recognition tool 1 (SMHRT-1): Towards better support of athletes' mental health[J]. British Journal of Sports Medicine, 55(1): 30–37.

附录7-7

减药、因批评而恼怒、内疚感和含有药物的助醒物问卷（CAGE-AID）

（Gouttebarge et al., 2021）

The following questions are about drug(s) use in the last 3 months. Please respond to each question by circling "yes" or "no". When thinking about drug use consider legal ones like caffeine or nicotine, illicit/illegal drugs (including cannabis even if legal in your state/country) and prescription medications used in ways other than prescribed (i.e., higher dosages; different ways of taking them, i.e., crushing/sniffing, injecting). Do NOT include alcohol in these responses.

Items	Yes	No
1. In the last three months, have you felt you should cut down or stop using drugs?	1	0
2. In the last three months, has anyone annoyed you or gotten on your nerves by telling you to cut down or stop using drugs?	1	0
3. In the last three months, have you felt guilty or bad about how much you use drugs?	1	0
4. In the last three months, have you been waking up wanting to use drugs?	1	0

In the last 3 months, which drug(s) or substance(s) listed below caused concerns or problems in your life? Concerns may include drug-related stress, depression, insomnia, financial strain, relationship conflict, heavy use/overdose, cravings, withdrawal, blackouts, flashbacks, fights, arrests, missed work, and/or medical problems like hepatitis, seizures or weight loss. Please circle all that apply.

None	Stimulants–nicotine	Hallucinogens (LSD; mushrooms)
Cannabis–marijuana	Stimulants–powder cocaine	Inhalants (volatile solvents)
Cannabis–oil	Stimulants–crack cocaine	Opioids–heroin
Cannabis–edibles	Stimulants–methamphetamine (meth)	Opioids–opium
Cannabis–synthetics (K2; Spice)	Stimulants–methylphenidate (ADD/ADHD medication)	Opioids–pain medications (e.g. oxycodone, hydrocodone)
Club Drugs (MDMA–ectasy; GHB)	Stimulants–amphetamine salts (ADD/ADHD medication)	Synthetic Cathinones (bath salts)
Stimulants–caffeine	Dissociative Drugs (Ketamine; PCP)	Other (specify)

使用方法（结合本书第146页图7-2）：

问卷得分＝第一条目得分。得分区间为0～4分。

如果得分小于1，则需结合步骤2相关筛查结果，进行步骤3a。

如果得分大于1，则需结合步骤2相关筛查结果，进行步骤3b。

相关文献：

BROWN R L, ROUNDS L A, 1995. Conjoint screening questionnaires for alcohol and other drug abuse: Criterion validity in a primary care practice[J]. Wisconsin Medical Journal, 94:135–140.

BROWN R L, LEONARD T, SAUNDERS L A, et al., 1998. The prevalence and detection of substance use disorders among inpatients ages 18 to 49: An opportunity for prevention[J]. Preventive Medicine, 27(1): 101–110.

COUWENBERGH C, VAN DER GAAG R J, KOETER M, et al., 2009. Screening for substance abuse among adolescents validity of the CAGE-AID in youth mental health care[J]. Substance Use & Misuse, 44(6): 823–834.

DYSON V, APPLEBY L, ALTMAN E, et al., 1998. Efficiency and validity of commonly used substance abuse screening instruments in public psychiatric patients[J]. Journal of Addictive Diseases, 17(2): 57-76.

EWING J A, 1984. Detecting alcoholism. The CAGE questionnaire[J]. The Journal of the American Medical Association, 252:1905-1907.

GOUTTEBARGE V, BINDRA A, BLAUWET C, et al., 2021. International Olympic Committee (IOC) sport mental health assessment tool 1 (SMHAT-1) and sport mental health recognition tool 1 (SMHRT-1): Towards better support of athletes' mental health[J]. British Journal of Sports Medicine, 55(1): 30-37.

MEERSSEMAN P, VANHOUTTE S, VAN DAMME J, et al., 2016. A comparative study of screening instruments and biomarkers for the detection of cannabis use[J]. Substance Abuse, 37(1): 176-180.

SATTAGORNPORNPROM N, WANNASEWOK K, BUSSARATID S, et al., 2013. Validity of CAGE-AID questionnaire in screening for amphetamine dependence or abuse in pregnancy[J]. Journal of the Psychiatric Association of Thailand, 58(4): 385-394.

附录 7-8

运动员简明进食障碍问卷（BEDA-Q）

(Martinsen et al., 2014)

The following questions are related to your eating habits and your thoughts about food, eating, your weight and your body image. Over the past 2 weeks, how often have you been bothered by any of the following problems? Please circle the answer that best represents how you have been.

No.	Items	Always	Usually	Often	Sometimes	Rarely	Never
1	I feel extremely guilty after overeating.	3	2	1	0	0	0
2	I am preoccupied with the desire to be thinner.	3	2	1	0	0	0
3	I think that my stomach is too big.	3	2	1	0	0	0
4	I feel satisfied with the shape of my body.	0	0	0	1	2	3
5	My parents have expected excellence of me.	3	2	1	0	0	0
6	As a child, I tried very hard to avoid disappointing my parents and teachers.	3	2	1	0	0	0
7	Are you trying to lose weight now?	Yes			No		

续表

No.	Items	Always	Usually	Often	Sometimes	Rarely	Never
8	Have you tried to lose weight?		Yes			No	
9	If yes, how many times have you tried to lose weight?	1～2 times		3～5 times		>5 times	

分量表及条目信息（结合本书第146页图7-2）：

问卷得分=第1～6题得分累计相加，第7～9题不计分。第4题反向计分。得分区间为0～18分。

  如果得分小于4，则需结合步骤2相关筛查结果，进行步骤3a。
  如果得分大于4，则需结合步骤2相关筛查结果，进行步骤3b。

相关文献：

GOUTTEBARGE V, BINDRA A, BLAUWET C, et al., 2021. International Olympic Committee (IOC) sport mental health assessment tool 1 (SMHAT–1) and sport mental health recognition tool 1 (SMHRT–1): Towards better support of athletes' mental health[J]. British Journal of Sports Medicine, 55(1): 30–37.

MARTINSEN M, HOLME I, PENSGAARD A M, et al., 2014. The development of the brief eating disorder in athletes questionnaire[J]. Med Sci Sports Exerc, 46(8): 1666–1675.

附录 7-9

心理健康连续体问卷（简版）（MHC-SF）

（Keyes et al., 2008；尹可丽，何嘉梅，2012）

英文指导语：Over the past month, please rate how often you felt...
中文指导语：在过去一个月，我感到……

No.	Itmes 条目	Never 从来 没有	Once or twice 1～2次	About once a week 每周 1次	About 2 or 3 times a week 每周 2～3次	Almost everyday 几乎 每天	Every day 每天
1	happy 愉快	0	1	2	3	4	5
2	interested in life 生活有乐趣	0	1	2	3	4	5
3	satisfied with life 对生活满意	0	1	2	3	4	5

续表

No.	Itmes 条目	Never 从来没有	Once or twice 1～2次	About once a week 每周1次	About 2 or 3 times a week 每周2～3次	Almost everyday 几乎每天	Every day 每天
4	that you had something important to contribute to society 对社会有贡献	0	1	2	3	4	5
5	that you belonged to a community (like a social group, or your neighbourhood) 属于一个团体（如单位或邻居群体或班级*）	0	1	2	3	4	5
6	that our society is a good place, or is becoming a better place, for all people 社会正在变得越来越好	0	1	2	3	4	5
7	that people are basic all good 大多数人是好的	0	1	2	3	4	5
8	that the way our society works makes sense to you 这个社会运行的模式是合理的	0	1	2	3	4	5
9	that you liked most parts of your personality 我喜欢自己个性的大部分	0	1	2	3	4	5
10	good at managing the responsibilities of your daily life 我擅长处理日常生活中的责任	0	1	2	3	4	5
11	that you had warm and trusting relationships with others 我和他人有着温暖而值得信赖的关系	0	1	2	3	4	5
12	that you had experiences that challenged you to grow and become a better person 我有挑战自己并获得成长的体验	0	1	2	3	4	5
13	confident to think or express your own ideas and opinions 我有信心去思考或表达自己的意见	0	1	2	3	4	5
14	that your life has a sense of direction or meaning to it 我的生活有目标和有意义	0	1	2	3	4	5

*班级用于青少年版本举例。

> **分量表及条目信息：**
> 情感：条目 1、2、3。
> 社会：条目 4、5、6、7、8。
> 心理：条目 9、10、11、12、13、14。
>
> **相关文献：**
> KEYES C L M, 2002. The mental health continuum: From languishing to flourishing in life[J]. Journal of Health and Social Behavior, 43(2): 207–222.
> KEYES C L M, 2005. Mental illness and/or mental health? Investigating axioms of the complete state model of health[J]. Journal of Consulting and Clinical Psychology, 73(3): 539.
> KEYES C L M, WISSING M, POTGIETER J P, et al., 2008. Evaluation of the mental health continuum-short form (MHC-SF) in setswana-speaking South Africans[J]. Clinical Psychology & Psychotherapy, 15(3): 181–192.
> VELLA S A, BENSON A, SUTCLIFFE J, et al., 2021. Self-determined motivation, social identification and the mental health of adolescent male team sport participants[J]. Journal of Applied Sport Psychology, 33(4): 452–466.
> MCGIVERN A, SHANNON S, BRESLIN G, 2021. Resilience, well-being, depression symptoms and concussion levels in equestrian athletes[J]. Journal of Public Mental Health, 20(3): 172–181.
> SHANNON S, SHEVLIN M, BRESLIN G, 2023. Psychometric assessment of the mental health continuum-short form in athletes: A bifactor modeling approach[J]. Journal of Clinical Sport Psychology, 17(3): 306–326.
> 尹可丽，何嘉梅，2012. 简版心理健康连续体量表(成人版)的信效度[J]. 中国心理卫生杂志(5): 388–392.
> 余冰，2016. 青少年简版心理健康连续体量表的修订[D]. 昆明：云南师范大学.

附录 7-10

运动心理健康连续体问卷（简版）（Sport MHC-SF）

（Forster & Chow, 2019）

During the past month, how often did your sport participation make you feel...

No.	Items	Never					Every day
1	happy	0	1	2	3	4	5
2	interested in your sport	0	1	2	3	4	5
3	satisfied	0	1	2	3	4	5
4	that you had something important to contribute to your team or sport community	0	1	2	3	4	5

续表

No.	Items	Never					Every day
5	that you belonged to your team or sport community	0	1	2	3	4	5
6	that your team or sport community is a good place for all participants	0	1	2	3	4	5
7	that people in your sport are basic all good	0	1	2	3	4	5
8	that the way our sport is organized makes sense to you	0	1	2	3	4	5
9	that you liked most parts of your athletic personality	0	1	2	3	4	5
10	good at managing the daily responsibilities of your sport	0	1	2	3	4	5
11	that you had warm and trusting relationships with others in your sport	0	1	2	3	4	5
12	that you had sport experiences that challenged you to grow and become a better person	0	1	2	3	4	5
13	confident to think or express your own ideas and opinions to people in your sport	0	1	2	3	4	5
14	that your life has a sense of direction or meaning within your sport	0	1	2	3	4	5

分量表及条目信息：

快乐：条目1、2、3。

社会：条目4、5、6、7、8。

幸福：条目9、10、11、12、13、14。

相关文献：

KEYES C L M, 2002. The mental health continuum: From languishing to flourishing in life[J]. Journal of Health and Social Behavior, 43(2): 207-222.

KEYES C L M, 2005. Mental illness and/or mental health? Investigating axioms of the complete state model of health[J]. Journal of Consulting and Clinical Psychology, 73(3): 539.

KEYES C L M, WISSING M, POTGIETER J P, et al., 2008. Evaluation of the mental health continuum-short form (MHC-SF) in setswana-speaking South Africans[J]. Clinical Psychology & Psychotherapy, 15(3): 181-192.

FOSTER B J, CHOW G M, 2019. Development of the Sport mental health continuum-short form (Sport MHC-SF)[J]. Journal of Clinical Sport Psychology, 13(4): 593-608.

MCGIVERN A, SHANNON S, BRESLIN G, 2021. Resilience, well-being, depression symptoms and concussion levels in equestrian athletes[J]. Journal of Public Mental Health, 20(3): 172-181.

SHANNON S, SHEVLIN M, BRESLIN G, 2023. Psychometric assessment of the mental health continuum-short form in athletes: A bifactor modeling approach[J]. Journal of Clinical Sport Psychology, 17(3): 306-326.

附录 11-1

国际身体活动问卷（简版）

（Macfarlane et al., 2007; Liang et al., 2019; Duan et al., 2022）

请您回想一下在刚刚过去的 7 天里，您所进行的每次持续时间至少为 10 分钟的剧烈身体活动（心跳加速并大量出汗）。

过去 7 天，您有几天进行过剧烈的身体活动，如负担重物、快速跑步、快速骑自行车等？

＿＿天；每天剧烈身体活动，通常持续多长时间：＿＿小时 ＿＿分钟。

请您回想一下在刚刚过去的 7 天里，您所进行的每次持续时间至少 10 分钟的中等强度的身体活动（轻微流汗但不会疲劳）。

过去 7 天，您有几天进行过中等强度的身体活动，如搬运较轻的物品、骑自行车、快步走（但不包括散步）？

＿＿天；每天中等强度的身体活动，通常持续多长时间：＿＿小时 ＿＿分钟。

请您回想一下在刚刚过去的 7 天里，您所进行的步行活动（轻松且没有出汗）。例如，步行往返于两地，在公园里慢走等。

过去 7 天，您有几天进行过每次持续至少 10 分钟的散步？

＿＿天；每天步行活动，通常持续多长时间：＿＿小时 ＿＿分钟。

国际身体活动问卷（简版）的计分方法：

身体活动总时间（分钟/周）= 高强度身体活动总时间 + 中等强度身体活动总时间 + 低强度身体活动总时间 = 高强度身体活动总天数 × 每天时间 + 中等强度身体活动总天数 × 每天时间 + 低强度身体活动总天数 × 每天时间

身体活动总时间也可以转化为能耗量（metabolic equivalents, METs），即每周身体活动总能耗量 = 8.0 METs × 高强度身体活动总时间 + 4.0 METs × 中等强度身体活动总时间 + 3.3 METs × 低强度身体活动总时间

相关文献：

CRAIG C L, MARSHALL A L, SJÖSTRÖM M, et al., 2003. International physical activity questionnaire: 12-country reliability and validity[J]. Medicine and Science in Sports and Exercise, 35(8): 1381–1395.

DUAN Y, LIANG W, WANG Y, et al., 2022. The effectiveness of sequentially delivered web-based interventions on promoting physical activity and fruit-vegetable consumption among Chinese college students: Mixed methods study[J]. Journal of Medical Internet Research, 24(1): e30566.

LIANG W, DUAN Y P, SHANG B R, et al., 2019. A web-based lifestyle intervention program for Chinese college students: Study protocol and baseline characteristics of a randomized placebo-controlled trial[J]. BMC Public Health, 19(1): 1–11.

MACFARLANE D J, LEE C C, HO E Y, et al., 2007. Reliability and validity of the Chinese version of IPAQ (short, last 7 days)[J]. Journal of Science and Medicine in Sport, 10(1): 45–51.

附录 11-2

锻炼行为变化相关的社会认知因素
"阶段问卷"

(Lippke et al., 2009; Duan et al., 2017)

请您仔细阅读下列描述，在符合您自身情况的选项前面打"√"。

> 您平时定期进行身体活动吗？例如，每周进行累计至少 150 分钟中等强度（轻微流汗但不会疲劳）的身体活动（体育锻炼、做家务、搬运重物等），或每周累计至少 75 分钟的高强度（大量流汗并感觉到疲劳）的身体活动（体育锻炼、做家务、搬运重物等）。
> 1. 我没有做到，也并未打算这样做
> 2. 我没有做到，但正打算这样做
> 3. 我没有做到，但真的很想这样做
> 4. 我能够做到，但只持续了很短的时间
> 5. 我能够做到，并且是长期这样做的

> **"阶段问卷"的计分方法：**
> 五个选项可以划分为三个阶段：第 1 个选项划分为"无意向阶段"，编码为 0；第 2 个和第 3 个选项划分为"有意向阶段"，编码为 1；第 4 个和第 5 个选项划分为"行动阶段"，编码为 2。
>
> **相关文献：**
> DUAN Y P, WIENERT J, HU C, et al., 2017. Web-based intervention for physical activity and fruit and vegetable intake among Chinese university students: A randomized controlled trial[J]. Journal of Medical Internet Research, 19(4): e7152.
> LIPPKE S, ZIEGELMANN J P, SCHWARZER R, et al., 2009. Validity of stage assessment in the adoption and maintenance of physical activity and fruit and vegetable consumption[J]. Health Psychology, 28(2): 183.

风险感知问卷

(Perloff & Fetzer, 1986; Duan et al., 2017)

请结合自身情况（如家族史），预测一下您今后出现以下慢性疾病的可能性有多大？

	您今后出现以下疾病的可能性有多大？	1 完全不可能					7 完全有可能	
1	高血压、高血脂、高血糖	1	2	3	4	5	6	7
2	中风，心血管疾病等	1	2	3	4	5	6	7

续表

	您今后出现以下疾病的可能性有多大?	1 完全不可能					7 完全有可能	
3	Ⅱ型糖尿病	1	2	3	4	5	6	7
4	超重、肥胖等	1	2	3	4	5	6	7
5	癌症	1	2	3	4	5	6	7
6	骨骼肌肉方面的疾病	1	2	3	4	5	6	7
7	情绪认知障碍（如抑郁症、老年痴呆等）	1	2	3	4	5	6	7

"风险感知问卷"的计分方法：
风险感知得分为 7 个条目的平均分。

相关文献：
PERLOFF L S, FETZER B K, 1986. Self-other judgments and perceived vulnerability to victimization[J]. Journal of Personality and Social Psychology, 50(3): 502.
DUAN Y P, WIENERT J, HU C, et al., 2017. Web-based intervention for physical activity and fruit and vegetable intake among Chinese university students: A randomized controlled trial[J]. Journal of Medical Internet Research, 19(4): e7152.

态度问卷

（Rhodes & Courneya, 2003; Kwan et al., 2022）

下面问题涉及您对身体活动的态度，选项数值越大/越小，表明越符合对应的形容词；中间 0 代表两边的形容词都没有代表性或具有相同的代表性。请根据您的真实想法，在对应的选项打"√"。

您认为在接下来的一个月内，进行定期的身体活动（例如，每进行累计至少 150 分钟的中等强度，或 75 分钟的高强度体育锻炼）是：								
1	令人不愉快的	−3	−2	−1	0	1	2	3	令人愉快的
2	感到无趣的	−3	−2	−1	0	1	2	3	感到有趣的
3	无法享受/有压力的	−3	−2	−1	0	1	2	3	很享受/放松的
4	对健康无益的	−3	−2	−1	0	1	2	3	对健康有益的
5	对我无用的	−3	−2	−1	0	1	2	3	对我有用的
6	很困难的	−3	−2	−1	0	1	2	3	很简单的

"态度问卷"的计分方法：
分维度及条目信息：
情感态度（情感评判）：条目 1、2、3。
实用态度（认知评判）：条目 4、5、6。
各分维度得分 = 分维度得分总和 / 分维度条目数量。
态度总分为各分维度得分的平均分。
具体应用时，可根据研究目的，选择使用态度总分或分维度得分。

相关文献：

RHODES R E, COURNEYA K S, 2003. Investigating multiple components of attitude, subjective norm, and perceived control: An examination of the theory of planned ehavior in the exercise domain[J]. British Journal of Social Psychology, 42(1): 129–146.

KWAN M Y, BROWN D M, DUTTA P, et al., 2022. Application of the multi-process action control model to predict physical activity during late adolescence[J]. Journal of Sport and Exercise Psychology, 44(1): 35–41.

意向问卷

（Lippke et al., 2009; Liang et al., 2019, 2022; Duan et al., 2022）

下面的问题是有关您参加身体活动的行动意向（或打算），请根据您的真实想法，在相符的选项上打"√"。

在接下来的一段时间，我想要/打算进行定期运动，例如，每周至少 5 天，每天至少 30 分钟的；或者每周累积时间至少 150 分钟的……		1 非常不符合			4 非常符合
1	剧烈的身体活动（心跳加速并且大量出汗）	1	2	3	4
2	中等强度的身体活动（轻微流汗但不致疲劳）	1	2	3	4
3	小强度的身体活动（轻松且不会出汗）	1	2	3	4

"意向问卷"的计分方法：
采用李克特 4 点计分，计算 3 个条目的平均分。

补充说明：
除了通常广泛采用的李克特问卷外，还有少数学者采用计算次数的方式，测量锻炼意向强度（Rhodes et al., 2019）。例如：
我打算/想要每周进行几次中高强度的身体活动（每次时间超过 10 分钟）？ ____ 次/周
我打算/想要每周进行几次低强度的身体活动（每次时间超过 10 分钟）？ ____ 次/周

相关文献：

DUAN Y, LI X, GUO L, et al., 2022. A wechat mini program-based intervention for physical activity, fruit and vegetable consumption among Chinese cardiovascular patients in home-based rehabilitation: A study protocol[J]. Frontiers in Public Health, 10: 739100.

LIANG W, DUAN Y P, SHANG B R, et al., 2019. A web-based lifestyle intervention program for Chinese college students: Study protocol and baseline characteristics of a randomized placebo-controlled trial[J]. BMC Public Health, 19(1): 1–11.

LIANG W, DUAN Y, WANG Y, et al., 2022. Psychosocial mediators of web-based interventions for promoting a healthy lifestyle among Chinese college students: Secondary analysis of a randomized controlled trial[J]. J Med Internet Res, 24(9): e37563.

LIPPKE S, WIEDEMANN A U, ZIEGELMANN J P, et al., 2009. Self-efficacy moderates the mediation of intentions into behavior via plans[J]. American Journal of Health Behavior, 33(5): 521–529.

RHODES R E, BERRY T, FAULKNER G, et al., 2019. Application of the multi-process action control framework to understand parental support of child and youth physical activity, sleep, and screen time behaviours[J]. Applied Psychology: Health and Well-Being, 11(2): 223–239.

自我效能问卷

（Lippke et al., 2009; Liang et al., 2019, 2022; Duan et al., 2022）

下面的问题是有关您进行身体活动方面的信心，请根据您的真实想法，回答是否同意选项中的表述。

	我确信自己能够参加，每周至少 5 天，每天至少 30 分钟（或者每周累积运动时间至少 150 分钟）的身体活动	1 非常不同意 5 非常同意				
1	即使很难，我仍确信自己能够参加	1	2	3	4	5
	我确信自己能够坚持，每周至少 5 天，每天至少 30 分钟（或者每周累积运动时间至少 150 分钟）的身体活动	1 非常不同意 5 非常同意				
2	即使我需要花时间去适应，我仍确信自己能够坚持	1	2	3	4	5
3	即使在过程中遇到了一些困难（如时间不够或天气不好），但我仍确信自己能够坚持	1	2	3	4	5
	我确信自己在中断一段时间后，能够再次进行每周至少 5 天，每天至少 30 分钟（或者每周累积运动时间至少 150 分钟）的身体活动	1 非常不同意 5 非常同意				
4	即使有几次改变了运动计划，我仍确信自己可以再次开始	1	2	3	4	5
5	即使有几次中断了没能参加身体活动，或活动量不足，我仍确信自己可以重新做到	1	2	3	4	5

"自我效能问卷"的计分方法：
分维度及条目信息：
行动自我效能：条目 1。
维持自我效能：条目 2、3。
恢复自我效能：条目 4、5。
各分维度得分 = 分维度得分总和 / 分维度条目数量。
自我效能总分为三个分维度得分的平均分。
具体应用时，可根据研究目的，选择使用自我效能总分或分维度得分。

相关文献：

DUAN Y, LI X, GUO L, et al., 2022. A wechat mini program-based intervention for physical activity, fruit and vegetable consumption among Chinese cardiovascular patients in home-based rehabilitation: A study protocol[J]. Frontiers in Public Health, 10: 739100.

LIANG W, DUAN Y P, SHANG B R, et al., 2019. A web-based lifestyle intervention program for Chinese college students: Study protocol and baseline characteristics of a randomized placebo-controlled trial[J]. BMC Public Health, 19(1): 1–11.

LIANG W, DUAN Y, WANG Y, et al., 2022. Psychosocial mediators of web-based interventions for promoting a healthy lifestyle among Chinese college students: Secondary analysis of a randomized controlled trial[J]. J Med Internet Res, 24(9): e37563.

LIPPKE S, WIEDEMANN A U, ZIEGELMANN J P, et al., 2009. Self-efficacy moderates the mediation of intentions into behavior via plans[J]. American Journal of Health Behavior, 33(5): 521–529.

计划问卷

（Schwarzer, 2008；Liang et al., 2019, 2022；Duan et al., 2022）

下面的问题是有关您进行身体活动方面的计划，请根据您的真实想法，回答是否同意选项中的表述。

	我在参加或坚持身体活动方面制订了详细计划，包括……	1非常不同意 5非常同意				
1	在哪里进行身体活动	1	2	3	4	5
2	进行哪种身体活动	1	2	3	4	5
3	在什么时间和谁一起进行身体活动	1	2	3	4	5
4	在特殊情况下，怎么样坚持身体活动（例如，出差、度假、外出或有其他活动时，定计划做运动）	1	2	3	4	5
5	在困难情况下，怎么样坚持进行身体活动（例如，工作很忙时，合理规划一定的时间进行运动）	1	2	3	4	5
6	在做运动时，遇到一些突发状况，怎么样能继续坚持运动（例如，在户外跑步时，突然下雨，就可以回到家中继续做一些伸展运动）	1	2	3	4	5

"计划问卷"的计分方法：
分维度及条目信息：
行动计划：条目1、2、3。
应对计划：条目4、5、6。
各分维度得分 = 分维度得分总和 / 分维度条目数量。
计划总分为两个分维度得分的平均分。
具体应用时，可根据研究目的，选择使用计划总分或分维度得分。

相关文献：

DUAN Y, LI X, GUO L, et al., 2022. A wechat mini program-based intervention for physical activity, fruit and vegetable consumption among Chinese cardiovascular patients in home-based rehabilitation: A study protocol[J]. Frontiers in Public Health, 10: 739100.

LIANG W, DUAN Y P, SHANG B R, et al., 2019. A web-based lifestyle intervention program for Chinese college students: Study protocol and baseline characteristics of a randomized placebo-controlled trial[J]. BMC Public Health, 19(1): 1–11.

LIANG W, DUAN Y, WANG Y, et al., 2022. Psychosocial mediators of web-based interventions for promoting a healthy lifestyle among Chinese college students: Secondary analysis of a randomized controlled trial[J]. J Med Internet Res, 24(9): e37563.

SCHWARZER R, 2008. Modeling health behavior change: How to predict and modify the adoption and maintenance of health behaviors[J]. Applied Psychology, 57(1): 1–29.

行为控制问卷

（Sniehotta, Scholz & Schwarzer, 2005; Duan et al., 2022）

下面的问题是有关您进行身体活动方面的行为控制，请根据您的真实想法，回答是否同意选项中的表述。

	我在身体活动方面具有以下表现，包括……	1 非常不同意			5 非常同意	
1	经常监控自己是否进行了足够的身体活动	1	2	3	4	5
2	认真留意到自己每次的身体活动是否达到自己制定的标准（如每次至少 30 分钟）	1	2	3	4	5
3	经常意识到自己的脑海中有想去进行身体活动的念头	1	2	3	4	5
4	总能意识到自己制订的身体活动方案	1	2	3	4	5
5	有努力去尝试进行定期的身体活动	1	2	3	4	5
6	有努力去达到自己制订的身体活动的标准	1	2	3	4	5

"行动控制问卷"的计分方法：
分维度及条目信息：
自我调控：条目 1、2。
对标准的意识：条目 3、4。
努力：条目 5、6。
各分维度得分 = 分维度得分总和 / 分维度条目数量。
行动控制总分为三个分维度得分的平均分。
具体应用时，可根据研究目的，选择使用行动控制总分或分维度得分。

相关文献：

DUAN Y, LI X, GUO L, et al., 2022. A wechat mini program-based intervention for physical activity, fruit and vegetable consumption among Chinese cardiovascular patients in home-based rehabilitation: A study protocol[J]. Frontiers in Public Health, 10: 739100.

SNIEHOTTA F F, SCHOLZ U, SCHWARZER R, 2005. Bridging the intention-behavior gap: Planning, self-efficacy, and action control in the adoption and maintenance of physical exercise[J]. Psychology & Health, 20(2): 143–160.

习惯强度问卷

（Gardner, De Bruijn & Lally, 2011）

请评价下列每个选项是否符合您的真实情况。

	对我而言，进行定期的身体活动是……	1 完全不符合				5 完全符合
1	不需要专门考虑就会去做的	1	2	3	4	5
2	我自动就会去做的	1	2	3	4	5
3	经常在我意识到之前，就已经做了	1	2	3	4	5
4	我不需要刻意记着就会去做的	1	2	3	4	5

"习惯强度问卷"的计分方法：
习惯强度得分为 4 个条目的平均分。

相关文献：

GARDNER B, DE BRUIJN G J, LALLY P, 2011. A systematic review and meta-analysis of applications of the self-report habit index to nutrition and physical activity behaviours[J]. Annals of Behavioral Medicine, 42(2): 174–187.

锻炼身份认同问卷

（Wilson & Muon, 2008）

您是否同意下列的表述，请勾选。

序号	条目	1 完全不同意				5 完全同意
1	我认为自己是一个体育锻炼爱好者	1	2	3	4	5
2	当我向他人描述自己的时候，我经常提到自己会参加体育锻炼	1	2	3	4	5

续表

序号	条目	1 完全不同意　　5 完全同意				
3	在别人眼中，我是一个经常参加体育锻炼的人	1	2	3	4	5
4	我有很多与体育锻炼相关的目标	1	2	3	4	5
5	体育锻炼是我自我概念的核心要素（"自我"的意思是：我是什么样的人，有什么样的人格和人生价值观，别人眼中的我是什么样的，等等）	1	2	3	4	5
6	对我而言，成为一个体育锻炼爱好者，并不仅仅意味着去参与体育锻炼	1	2	3	4	5

"锻炼身份认同问卷"的计分方法：
锻炼身份认同得分为6个条目的平均分。

相关文献：
WILSON P M, MUON S, 2008. Psychometric properties of the exercise identity scale in a university sample[J]. International Journal of Sport and Exercise Psychology, 6(2): 115–131.

社会支持问卷

（Jackson, Lippke & Gray, 2011; Liang et al., 2019, 2022; Duan et al., 2022）

下列问题是您在身体活动方面得到的社会支持情况，请选择您是否同意下列每项表述。

序号	条目	1 完全不同意　　5 完全同意			
1	我在参加或坚持身体活动方面得到了家人的支持、鼓励或帮助	1	2	3	4
2	我在参加或坚持身体活动方面得到了朋友的支持、鼓励或帮助	1	2	3	4
3	我在参加或坚持身体活动方面得到了除家人、朋友以外的其他方面的社会支持（例如，在学校、工作单位或社区等其他地方获得了支持、鼓励或帮助）	1	2	3	4

"社会支持问卷"的计分方法：
社会支持得分为3个条目的平均分。

相关文献：
DUAN Y, LI X, GUO L, et al., 2022. A wechat mini program-based intervention for physical activity, fruit and vegetable consumption among Chinese cardiovascular patients in home-based rehabilitation: A study protocol[J]. Frontiers in Public Health, 10: 739100.

LIANG W, DUAN Y P, SHANG B R, et al., 2019. A web-based lifestyle intervention program for Chinese college students: Study protocol and baseline characteristics of a randomized placebo-controlled trial[J]. BMC Public Health, 19(1): 1-11.

LIANG W, DUAN Y, WANG Y, et al., 2022. Psychosocial mediators of web-based interventions for promoting a healthy lifestyle among Chinese college students: Secondary analysis of a randomized controlled trial[J]. J Med Internet Res, 24(9): e37563.

JACKSON J, LIPPKE S, GRAY C D, 2011. Stage-specific prediction of physical activity in orthopaedic patients after rehabilitation treatment[J]. International Journal of Sport Psychology, 42(6): 586.

附录 12-1

社区环境可步行性量表（NEWS）

（Saelens et al., 2003; Cerin et al., 2010）

指导语：我们想找出一些你对邻近地区的理解或想法。请圈出最适用于你和你邻近地区的答案，答案没有对错之分，请按你自己最真实的感觉做出回答。邻近地区及步行范围内的地区是指由你家步行 10～15 分钟可到达之处。

第一部分　社区密度

	条目	没有	很少	有些	很多	全部
1	在最接近你的邻近地区，独立的单一家庭住宅（如别墅）有多普遍？	1	2	3	4	5
2	在最接近你的邻近地区，一至三层高的房屋或住宅有多普遍？	1	2	3	4	5
3	在最接近你的邻近地区，四至六层高的房屋或住宅有多普遍？	1	2	3	4	5
4	在最接近你的邻近地区，七至十二层高的房屋或住宅有多普遍？	1	2	3	4	5
5	在最接近你的邻近地区，十三至二十层高的房屋或住宅有多普遍？	1	2	3	4	5
6	在最接近你的邻近地区，超过二十层高的房屋或住宅有多普遍？	1	2	3	4	5

第二部分　土地使用的多样性

从你家到最接近的下列店铺或设施，约需多长时间？请只用一个（√）记号表示所需的时间		1～5 分钟	6～10 分钟	11～20 分钟	21～30 分钟	30 分钟以上	不知道
	例子：加油站			√			
1	便利店/小型杂货店						
2	超市						
3	菜市场						
4	五金铺						
5	服装店/鞋店						
6	药房						
7	书店						
8	CD 或 DVD 零售店						
9	图书馆						
10	干洗店						

续表

	从你家到最接近的下列店铺或设施，约需多长时间？请只用一个(√)记号表示所需的时间	1～5分钟	6～10分钟	11～20分钟	21～30分钟	30分钟以上	不知道
11	理发店						
12	银行						
13	邮局						
14	诊所/门诊/医院						
15	小学/初中/高中						
16	幼儿园/托儿所						
17	西式或中式连锁式快餐店（如麦当劳）						
18	中式茶餐厅/面馆（如米线店）						
19	中式饭店						
20	西式餐厅						
21	咖啡店（如星巴克）						
22	公园						
23	养老院/老年人活动中心/社区中心						
24	体育馆/健身俱乐部						
25	游泳池						
26	宗教场所（如教堂、庙宇等）						
27	公共厕所						
28	面包店/甜品店						
29	公交站/地铁站/出租车停靠点						
30	体育彩票投注站						

第三部分 土地使用的可及性

	条目	非常不同意	部分不同意	部分同意	非常同意
1	店铺是能从我家轻松步行到达的范围内	1	2	3	4
2	乘坐公共交通工具前往商场是容易的	1	2	3	4

续表

	条目	非常不同意	部分不同意	部分同意	非常同意
3	有很多地方是可以从我家轻松步行到达的	1	2	3	4
4	从我家步行至车站（汽车、火车）是容易的	1	2	3	4
5	我邻近地区的街道有很多斜坡，使这个地区难于步行	1	2	3	4
6	本区有很多主要的步行障碍（如高速公路、路轨、河流、很斜的梯级、掘路工程），令我往返各个地方都感到困难	1	2	3	4
7	街道上行人太多，令我感到步行困难	1	2	3	4
8	我要经过天桥或隧道才能到达最邻近的店铺/设施	1	2	3	4
9	我可以容易地从家中到达住所的出入口	1	2	3	4

第四部分　街道连贯性

	条目	非常不同意	部分不同意	部分同意	非常同意
1	我邻近地区的街道有很多死路/死巷/死胡同	1	2	3	4
2	我邻近地区路口与路口之间的距离一般是短的	1	2	3	4
3	我邻近地区的街道四通八达，我可以每次选择不同的路线往返于邻近的目的地	1	2	3	4

第五部分　设施

	条目	非常不同意	部分不同意	部分同意	非常同意
1	我邻近地区的街道设有人行路	1	2	3	4
2	我邻近地区的人行路被车辆停泊，使步行困难	1	2	3	4
3	我邻近地区的人行路与街道有栏杆分隔	1	2	3	4
4	在晚间，我邻近地区的街道有充足的照明	1	2	3	4
5	我邻近地区的人行路和街道被流动小贩或商铺的物品阻塞	1	2	3	4
6	我邻近地区有很多有井盖的人行路	1	2	3	4

续表

	条目	非常不同意	部分不同意	部分同意	非常同意
7	我邻近地区有室内及空气调节的地方（商场）可供步行	1	2	3	4
8	我邻近地区的街道和人行路经常是湿滑的	1	2	3	4
9	我邻近地区有设施可供坐下休息，如长椅	1	2	3	4

第六部分　美观性

	条目	非常不同意	部分不同意	部分同意	非常同意
1	我邻近地区的街道旁种植树木	1	2	3	4
2	当我在邻近地区步行时，可以看到很多有趣的事物	1	2	3	4
3	我邻近地区有很多引人入胜的自然景色，如山景、园景、海景	1	2	3	4
4	我邻近地区有很多引人入胜的建筑物或住宅	1	2	3	4
5	我邻近地区的空气污染程度经常是高的	1	2	3	4
6	我邻近地区有很多动物粪便，影响步行的心情	1	2	3	4
7	我邻近地区有高空掷物使步行不安全	1	2	3	4

第七部分　交通安全性

	条目	非常不同意	部分不同意	部分同意	非常同意
1	由于附近街道的交通十分繁忙，令人感到困难或不乐意去步行	1	2	3	4
2	在附近街道的车辆速度通常是慢的（通常小于 30 千米/小时）	1	2	3	4
3	在我邻近地区，大部分的司机都超速驾驶	1	2	3	4
4	在我邻近地区的路旁，有很多泊车阻碍视线，令我难以安全地过马路	1	2	3	4
5	我邻近地区的马路有很多车辆驶过，令我不敢过马路	1	2	3	4

第八部分　人身安全性

	条目	非常不同意	部分不同意	部分同意	非常同意
1	我邻近地区街道上的行人是容易被其他人见到	1	2	3	4
2	我邻近地区的治安很差	1	2	3	4
3	我邻近地区的治安情况，使人在日间步行时感到不安全	1	2	3	4
4	我邻近地区的治安情况，使人在晚间步行时感到不安全	1	2	3	4
5	我邻近地区有很多流浪汉、吸毒者	1	2	3	4
6	我邻近地区很少行人，有需要时很难找到别人帮助	1	2	3	4

计分方法/使用方法：

（1）社区密度。

没有=1，很少=2，有些=3，很多=4，全部=5。

社区密度=条目1+（10×条目2）+（12×条目3）+（25×条目4）+（50×条目5）+（75×条目6）。

（2）土地使用的多样性。

1~5分钟=1，6~10分钟=2，11~20分钟=3，21~30分钟=4，31分钟以上=5，不知道=5。

土地使用的多样性计分方法：条目得分的平均值。

（3）土地使用的可及性。

反向计分条目：条目5、条目6、条目7、条目8。

非常不同意=1，部分不同意=2，部分同意=3，非常同意=4。

土地使用的可及性计分方法：条目得分的平均值。

（4）街道连贯性。

反向计分条目：条目1。

非常不同意=1，部分不同意=2，部分同意=3，非常同意=4。

街道连贯性计分方法：条目得分的平均值。

（5）设施。

反向计分条目：条目2、条目5、条目8。

非常不同意=1，部分不同意=2，部分同意=3，非常同意=4。

设施计分方法：条目得分的平均值。

（6）美观性。

反向计分条目：条目7、条目8。

非常不同意=1，部分不同意=2，部分同意=3，非常同意=4。

美观性计分方法：条目得分的平均值。

（7）交通安全性。

反向计分条目：条目1、条目3、条目4、条目5。

非常不同意=1，部分不同意=2，部分同意=3，非常同意=4。

交通安全性计分方法：条目得分的平均值。

（8）人身安全性。

反向计分条目：条目2、条目3、条目4、条目5、条目6。

非常不同意=1，部分不同意=2，部分同意=3，非常同意=4。

人身安全性计分方法：条目得分的平均值。

相关文献：

CERIN E, SIT C H, CHEUNG M C, et al., 2010. Reliable and valid NEWS for Chinese seniors: Measuring perceived neighborhood attributes related to walking[J]. International Journal of Behavioral Nutrition and Physical Activity, 7:84.

SAELENS B E, SALLIS J F, BLACK J B, et al., 2003. Neighborhood-based differences in physical activity: An environment scale evaluation[J]. American Journal of Public Health, 93(9): 1552–1558.

附录 12-2

社区环境可步行性量表（简版）（NEWS-A）

（Cerin et al., 2009）

指导语：我们想了解你对邻近地区的理解或想法。请圈出最适用于你和你邻近地区的答案，答案没有对错之分，请按你自己最真实的感觉做出回答。邻近地区及步行范围内的地区是指由你家步行10～15分钟可到达之处。

第一部分　社区密度

	条目	没有	很少	有些	很多	全部
1	在最接近你的邻近地区，独立单一家庭洋房有多普遍？	1	2	3	4	5
2	在最接近你的邻近地区，村屋或墙壁相连成排的平房（一至三层）有多普遍？	1	2	3	4	5
3	在最接近你的邻近地区，一至三层高的房屋或住宅有多普遍？	1	2	3	4	5
4	在最接近你的邻近地区，四至六层高的房屋或住宅有多普遍？	1	2	3	4	5
5	在最接近你的邻近地区，七至十二层高的房屋或住宅有多普遍？	1	2	3	4	5
6	在最接近你的邻近地区，超过十二层高的房屋或住宅有多普遍？	1	2	3	4	5

第二部分　土地使用的多样性

从你家到最接近的下列店铺或设施，约需多长时间？请只用一个（√）记号表示所需的时间		1～5分钟	6～10分钟	11～20分钟	21～30分钟	30分钟以上	不知道
	例子：加油站			√			
1	便利店/小型杂货店						
2	超市						
3	五金铺						
4	水果/蔬菜店铺						
5	洗衣/干洗店						
6	时装店						
7	邮局						
8	图书馆						
9	小学						
10	其他学校						
11	书店						
12	快餐店						
13	咖啡店						
14	银行						
15	非快餐类餐厅						
16	影视店						
17	药房						
18	理发店						
19	工作或上学的地方						
20	公共汽车或火车站						
21	公园						
22	康乐中心						
23	健身房或体育馆						

第三部分　土地使用的可及性

	条目	非常不同意	部分不同意	部分同意	非常同意
1	店铺是能从我家轻松步行到达的范围内	1	2	3	4
2	在本区购物地区泊车是十分困难的	1	2	3	4
3	有很多地方是可以从我家轻松步行到达的	1	2	3	4
4	从我家步行至车站（公共汽车、火车）是容易的	1	2	3	4
5	我邻近地区的街道有很多斜坡，使这个地区难于步行	1	2	3	4
6	本区有很多主要的步行障碍（如高速公路、路轨、河流、很斜的梯级、掘路工程），令我往返各个地方都感到困难	1	2	3	4

第四部分　街道连贯性

	条目	非常不同意	部分不同意	部分同意	非常同意
1	我邻近地区的街道有很多死路/死巷/死胡同	1	2	3	4
2	我邻近地区路口与路口之间的距离一般是短的（足球场的长度或以内）	1	2	3	4
3	我邻近地区的街道四通八达，我可以每次选择不同的路线往返于邻近的目的地	1	2	3	4

第五部分　设施

	条目	非常不同意	部分不同意	部分同意	非常同意
1	我邻近地区的街道设有人行路	1	2	3	4
2	我邻近地区的人行路与交通道路被停泊的车辆所分隔	1	2	3	4
3	我邻近地区的人行路与街道被草地或泥地分隔	1	2	3	4
4	在晚间，我邻近地区的街道有充足的照明	1	2	3	4
5	我邻近地区的行人和单车使用者是容易被家中的人所见到的	1	2	3	4
6	我临近地区有斑马线和行人辅助过马路信号，协助行人横过繁忙的街道	1	2	3	4

第六部分　美观性

	条目	非常不同意	部分不同意	部分同意	非常同意
1	我邻近地区的街道旁种植树木	1	2	3	4
2	当我在邻近地区步行时，可以看到很多有趣的事物	1	2	3	4
3	我邻近地区有很多引人入胜的自然景色，如山景	1	2	3	4
4	我邻近地区有很多引人入胜的建筑物或住宅	1	2	3	4

第七部分　交通安全性

	条目	非常不同意	部分不同意	部分同意	非常同意
1	由于附近街道的交通十分繁忙，令人感到困难或不乐意去步行	1	2	3	4
2	在附近街道的车辆速度通常是慢的（通常小于30千米/小时）	1	2	3	4
3	在我邻近地区，大部分的司机都超速驾驶	1	2	3	4

第八部分　人身安全性

	条目	非常不同意	部分不同意	部分同意	非常同意
1	我邻近地区犯罪率很高	1	2	3	4
2	我邻近地区的治安情况，使人在日间步行时感到不安全	1	2	3	4
3	我邻近地区的治安情况，使人在晚间步行时感到不安全	1	2	3	4

计分方法/使用方法

（1）社区密度。

没有=1，很少=2，有些=3，很多=4，全部=5。

社区密度=条目1+（10×条目2）+（12×条目3）+（25×条目4）+（50×条目5）+（75×条目6）。

（2）土地使用的多样性。

1~5分钟=1，6~10分钟=2，11~20分钟=3，21~30分钟=4，31分钟以上=5，不知道=5。

土地使用的多样性计分方法：条目得分的平均值。

（3）土地使用的可及性。
反向计分条目：条目 2、条目 5、条目 6。
非常不同意 = 1，部分不同意 = 2，部分同意 = 3，非常同意 = 4。
土地使用的可及性计分方法：条目得分的平均值。
（4）街道连贯性。
反向计分条目：条目 1。
非常不同意 = 1，部分不同意 = 2，部分同意 = 3，非常同意 = 4。
街道连贯性计分方法：条目得分的平均值。
（5）设施。
非常不同意 = 1，部分不同意 = 2，部分同意 = 3，非常同意 = 4。
设施计分方法：条目得分的平均值。
（6）美观性。
非常不同意 = 1，部分不同意 = 2，部分同意 = 3，非常同意 = 4。
美观性计分方法：条目得分的平均值。
（7）交通安全性。
反向计分条目：条目 1、条目 3。
非常不同意 = 1，部分不同意 = 2，部分同意 = 3，非常同意 = 4。
交通安全性计分方法：条目得分的平均值。
（8）人身安全性。
反向计分条目：条目 1、条目 2、条目 3。
非常不同意 = 1，部分不同意 = 2，部分同意 = 3，非常同意 = 4。
人身安全性计分方法：条目得分的平均值。

相关文献：
CERIN E, CONWAY T L, SAELENS B E, et al., 2009. Cross-validation of the factorial structure of the Neighborhood Environment Walkability Scale (NEWS) and its abbreviated form (NEWS-A)[J]. International Journal of Behavioral Nutrition and Physical Activity, 6:32.